orange

나는
오렌지3로
인공지능한다

orange3로
데이터분석·인공지능

장병철
서미란
박지훈
정종호

씨마스

저자 소개

Orange3는 참 쉬운 도구입니다. 몇 번의 마우스 조작으로 인공지능 모델을 뚝딱 만들 수 있습니다. 하지만, Orange3의 목적은 쉽게 인공지능 모델을 만드는 데만 있지 않습니다. 인공지능 원리들을 더욱 깊게 이해할 수 있도록 해주는 슈퍼카 같은 도구입니다. 지금까지 우리는 슈퍼카를 가지고 집에서 슈퍼마켓 가는 데에 쓰고 있었던 것은 아닐까요? 이번 책에서 우리는 Orange3로 할 수 있는 모든 것을 담았습니다. 데이터를 분석하고 원리를 이해하고, 나아가 필요하다면 새로운 위젯을 만들어 보는 과정에서 진정 슈퍼카를 제대로 이용하는 경험을 여러분들에게 드리고자 합니다.

장병철 교수

2021년 『나는 오렌지로 데이터 분석한다』를 발간한 이후 4년 동안, 다양한 현장에서 Orange3를 활용하여 학생 지도와 교사 연수를 진행해 왔습니다. 그동안 새로운 버전의 Orange3 교재가 나오기를 간절히 기다려 왔는데, 이렇게 세상에 나오게 되어 무척 기쁩니다. 누구나 사용하기 쉬운 Orange3 프로그램, 다양한 예시, 한눈에 보이는 편집이 어우러진 새 책은 저자이자 독자인 저의 마음에도 쏙 듭니다. 이 책을 활용하여 다양한 융합 수업을 할 것을 생각하면 벌써 너무나 설렙니다.

서미란 교사

Orange3은 복잡한 프로그래밍 없이도 인공지능의 작동 원리를 시각적으로 이해할 수 있는 도구로, 처음 학습하시는 분들도 쉽게 접근할 수 있습니다. 이 교재는 수학·정보·과학 등 여러 영역에서 융합 탐구가 이루어질 수 있도록 간단한 조작과 직관적인 구성을 중심으로 집필했습니다. 특히 Orange3를 활용해 정수 인코딩, 벡터화, 경사하강법 등의 수학적 개념의 원리를 익힐 수 있는 활동도 함께 담았습니다. 이 책이 인공지능을 보다 편안하게 학습하고, 다양한 융합 수업과 연구에 도움이 되시기를 바랍니다.

박지훈 교사

인공지능 시대에 인공지능을 단순히 '사용'하는 것을 넘어, 직접 모델을 만들어보는 일은 그 원리를 이해하는 첫걸음입니다. 이번 책은 1권보다 한층 심화된 내용과 다양한 융합 주제를 담아 초·중·고등학생부터 대학생, 청년 학습자 모두가 인공지능을 쉽게 체험하고 배울 수 있도록 구성했습니다. 데이터를 다루고 스스로 모델을 구현해 보는 과정에서 인공지능을 '이해하는 즐거움'을 느껴보시기 바랍니다.

정종호 교사

장병철
- 한양대학교 창의융합교육원 조교수 / 한양대학교 컴퓨터공학 박사
- 『나는 파이썬으로 피지컬 컴퓨팅한다』, 『안녕! 엔트리 반가워! 인공지능』, 『AI, 나랑 친구할래?』 집필
- 2022 개정 고등학교 『정보』, 『인공지능 기초』, 『프로그래밍』, 『데이터 과학』, 『정보과학』, 『인공지능과 미래 사회』 교과서 집필
- 이화여자대학교 AI 융합교육대학원 초빙교수

서미란
- 경기 보라고등학교 정보 교사 / 한국교원대학교 컴퓨터교육 학사 · 아주대학교 상담심리 석사
- 2022 개정 고등학교 『정보』, 『인공지능 기초』, 『데이터 과학』 교과서 집필
- 경기도 온라인 공동교육과정 『프로그래밍』, 『정보과학』, 『인공지능 기초』 수업 교사
- 『교사를 위한 미래×교육 안내서』 집필

박지훈
- 대전과학고등학교 정보 교사 / 컴퓨터공학 인공지능 전공(박사 수료)
- 2022 대한민국 정보교육상 수상
- 2022개정 고등학교 『인공지능 기초』, 『인공지능 수학』, 『데이터 과학』, 『정보과학』 교과서 집필
- 『선생님이 먼저 배우는 챗GPT』, 『나는 파이썬으로 머신러닝 한다 1, 2』, 『수학과 함께하는 고교 AI 입문』 등 집필

정종호
- 대전둔원중학교 정보 교사 / 한국교원대학교 컴퓨터교육 석사
- 2015 개정 『인공지능 기초』 교과서 심의
- 2020년 교육부 인공지능 핵심교원 연수 강의
- 2021년 인공지능 중심고 담당교사 연수 강의
- 2022 개정 고등학교 『정보』, 『인공지능 기초』, 『데이터 과학』 교과서 집필

구성과 특징

이 책은 유형별·융합별 주제 탐구 및 문제 해결 활동 외에도 **orange3**로 **파이썬 실습**, **위젯 창작**, **마이크로비트 제어** 등을 두루 경험하면서, 인공지능과 데이터 과학 시대에 꼭 필요한 문제 해결력과 창의력, 실전 소프트스킬을 한 번에 키울 수 있는 **탐구형 프로젝트**들로 구성되어 있습니다.

프로젝트로 익히는 orange3와 인공지능

단계별로 구성된 다양한 프로젝트를 통해 orange3 활용법과 인공지능 개념 및 원리를 자연스럽게 익힐 수 있습니다.

Part 1 유형으로 맛보는 인공지능 프로젝트
정형 데이터는 지도학습 분석으로, 비정형 데이터는 이미지·텍스트 분석으로 다루어 봅니다!

Part 2 융합으로 맛보는 인공지능 프로젝트
수학, 과학, 환경부터 사회, 보건, 경제 분야까지 다양한 문제들의 해결 방안을 orange3 로 찾아봅니다!

Part 3 내가 직접 만드는 인공지능 프로젝트
나만의 위젯을 직접 만들어 orange3 로 악성 댓글을 분류하고 마이크로비트를 제어해 봅니다!

Part 1 유형 활동 예시

문제 상황 🍊 활동 목표를 파악할 수 있는 문제 상황을 제시하여 학습 시작 전 흥미와 동기를 유발합니다.

정형 데이터, 지도학습, 회귀 프로젝트

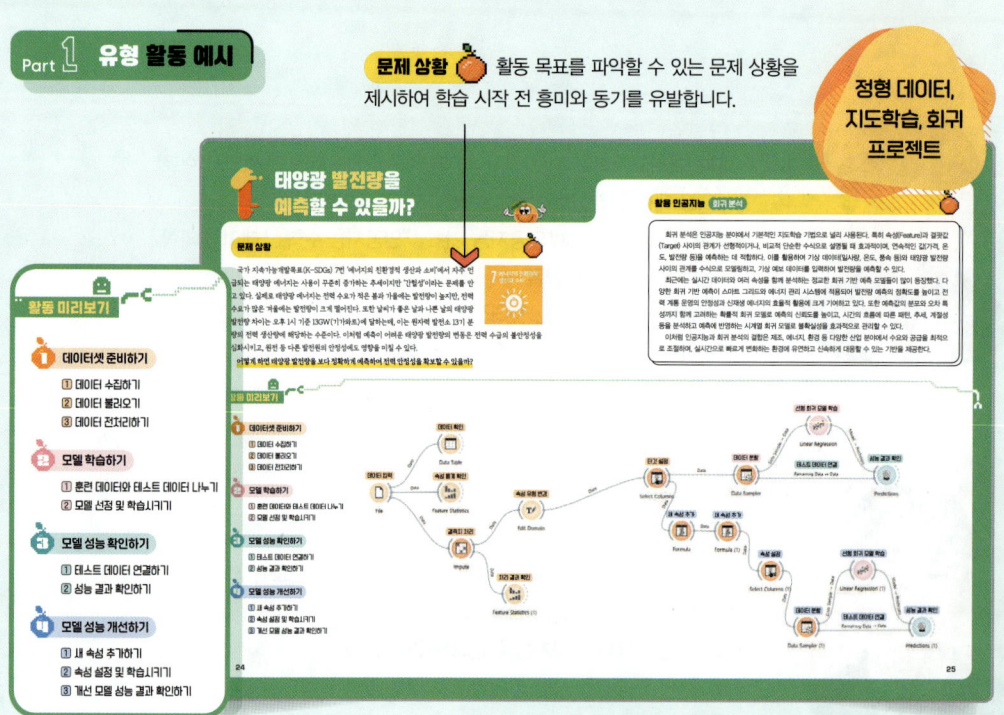

Part 2 **융합 활동 예시**

활용 인공지능 문제 해결에 필요한 인공지능 기술을 안내하고, 융합 분야에서 어떻게 활용되는지 소개합니다.

정보, 과학, 환경 융합 프로젝트

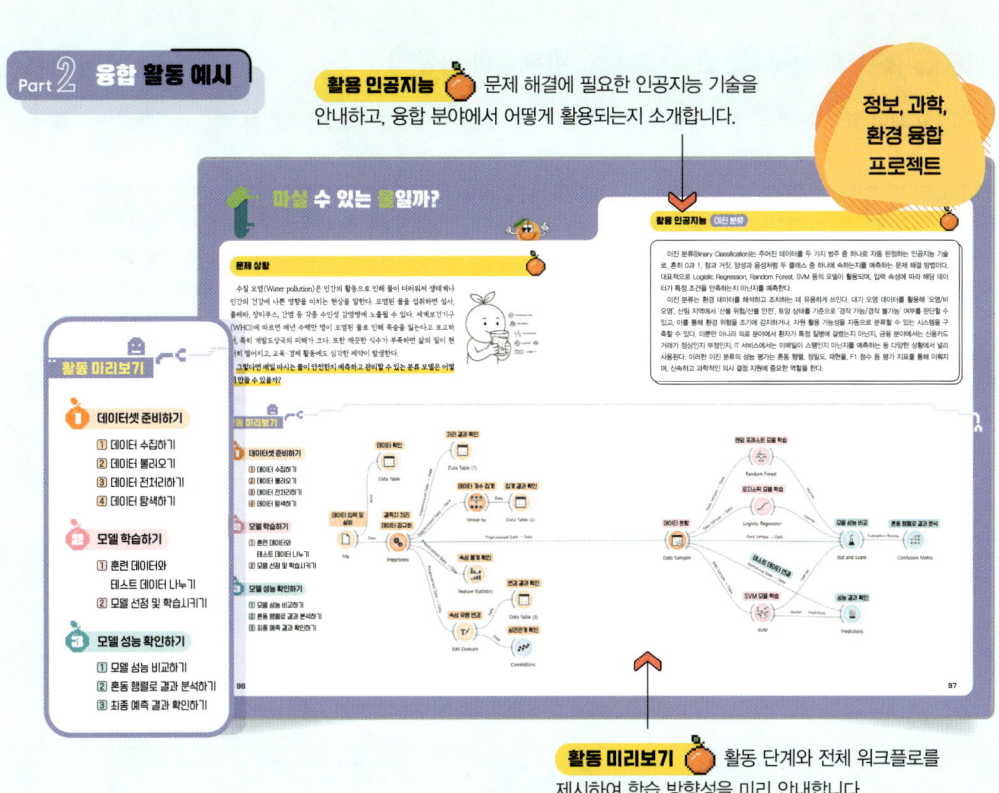

활동 미리보기 활동 단계와 전체 워크플로를 제시하여 학습 방향성을 미리 안내합니다.

Part 3 **제작 활동 예시**

LLM 위젯 만들기 프로젝트

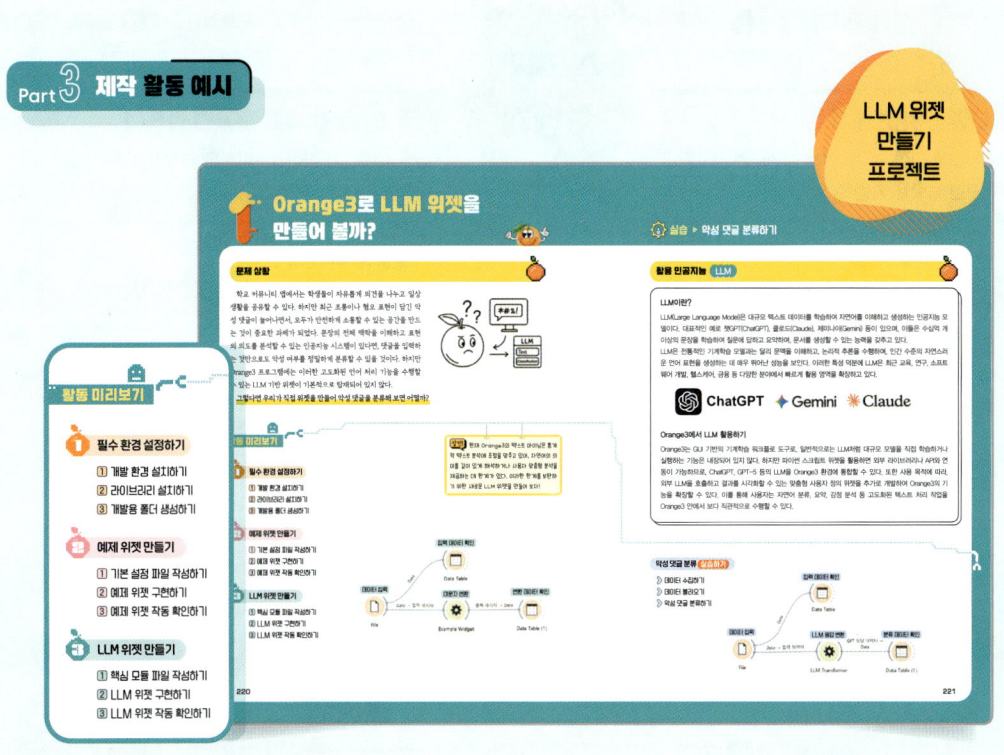

구성과 특징

orange3와 함께 떠나는 인공지능과 문제 해결의 여정

전략 탐구, 수학 개념 학습, 위젯 창작, 피지컬 컴퓨팅까지! 인공지능과 문제 해결 역량을 확장할 수 있습니다.

전략적 문제 해결 탐구
탐색 주제를 설정하고, 속성 간 관계를 체계적으로 분석하여 문제 해결 전략을 도출합니다.

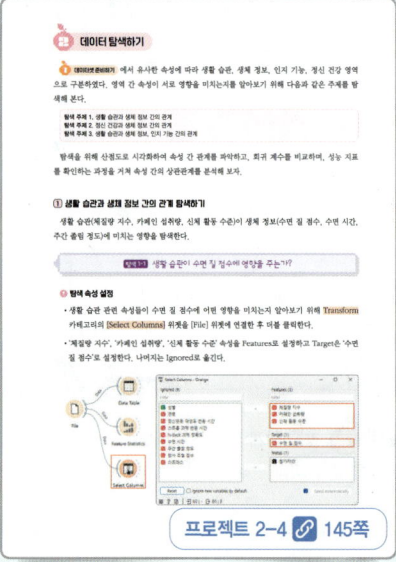

프로젝트 2-4 🔗 145쪽

수학 개념으로 다지는 인공지능
수학 개념을 orange3 와 파이썬으로 풀어가며 익힐 수 있는 특화 활동을 구성하였습니다.

프로젝트 2-6 🔗 185쪽

이 책의 차별점

나만의 위젯 창작
맞춤형 위젯을 직접 제작하면서 창의적인 사고력과 논리적 구현 능력을 키울 수 있습니다.

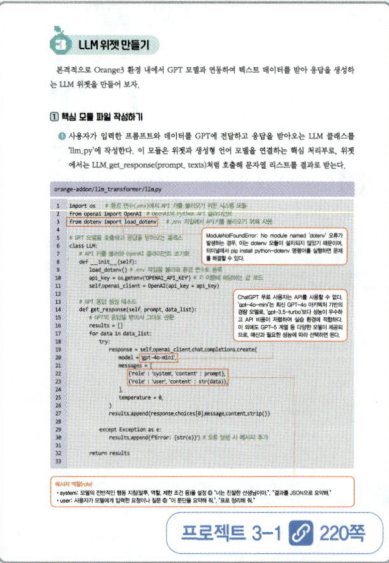

프로젝트 3-1 🔗 220쪽

Orange3로 피지컬 컴퓨팅
orange3 와 마이크로비트를 연계하여 흥미로운 체험형 학습을 제공합니다.

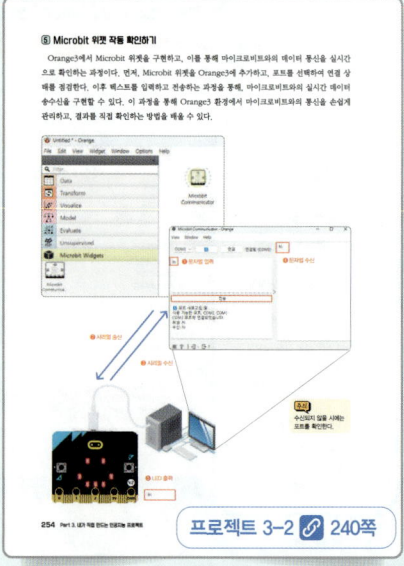

프로젝트 3-2 🔗 240쪽

활동을 더 쉽게, 학습을 더 깊게 도와주는 도움 자료

활동 곳곳에 도움 자료가 함께 제공되어 초보자도 전문가처럼 자신 있게 프로젝트를 완성할 수 있습니다.

위젯안내
각 단계에 사용되는 위젯의 기능과 역할을 상세히 설명하여 학습자의 이해를 돕습니다.

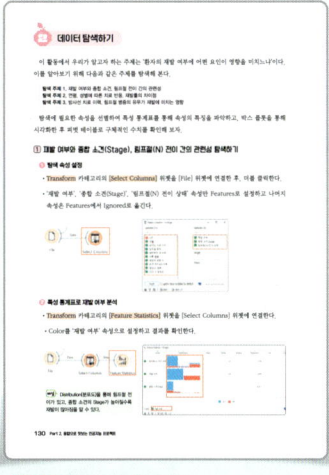

Q&A로 알아보기
인공지능 교육용 도구 중 Oragne3만이 가지고 있는 장점과 기능을 알려 줍니다.

AI전문가되기
내용과 관련된 인공지능 개념이나 기법을 좀 더 자세히 알아보며 사고의 폭을 확장합니다.

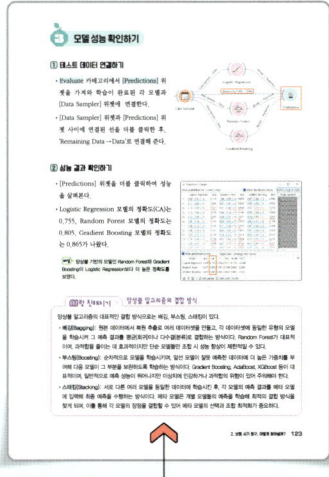

AI랑 친해지기
활동 내용과 관련된 인공지능 및 기계학습의 주요 개념 및 관련 정보를 친절하게 설명합니다.

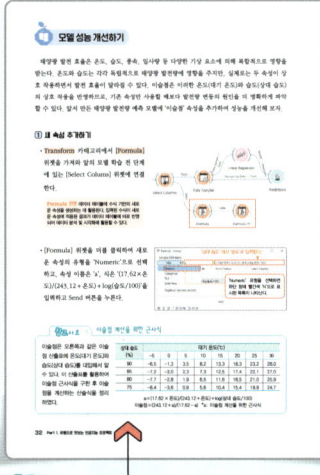

참고자료
학습의 깊이 있는 이해와 몰입을 도울 수 있는 보충 자료를 제공합니다.

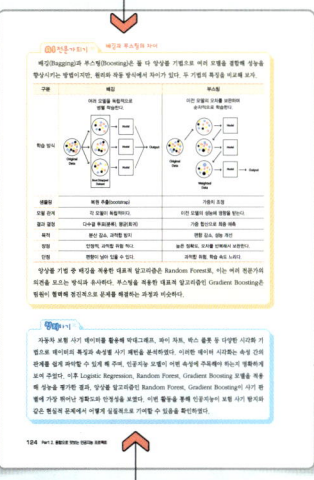

정리하기
전체 활동 내용을 갈무리하고 활동을 통해 얻을 수 있는 인사이트를 제시합니다.

차례

들어가기 인공지능과 Orange3 맛보기 ... 10

① 말로도 코딩하는 세상 ... 12
② 데이터와 인공지능, 어떻게 활용해야 할까? ... 14
③ Orange3와 인공지능 ... 16

Part 1 유형으로 맛보는 인공지능 프로젝트 ... 18

데이터 유형이 학습을 어떻게 결정할까? ... 20

① 태양광 발전량을 예측할 수 있을까? ... 23
② 구매 가능성이 높은 고객을 분류할 수 있을까? ... 35
③ 셀카 사진으로 감정 상태를 알 수 있을까? ... 47
④ 텍스트를 어떻게 숫자로 바꿀까? ... 59
⑤ 텍스트에 숨어 있는 의미를 어떻게 알까? ... 75

활동에 필요한 데이터와 소스 파일은 씨마스에듀 홈페이지(cmassedumall.com)의 〈자료실〉 또는 아래 QR코드로 다운로드받을 수 있습니다!

Part 2 융합으로 맛보는 인공지능 프로젝트   90

인공지능 분석은 어떻게 활용되고 있을까?   92

1. 마실 수 있는 물일까?   95
2. 보험 사기 청구, 어떻게 찾아낼까?   111
3. 어떤 환자의 암이 재발할까?   125
4. 잠을 덜 자면 스트레스에 민감해질까?   145
5. 고유한 언어 특성을 분류할 수 있을까?   167
6. AI는 어떻게 오차를 줄이며 예측할까?   185
7. 기저귀와 맥주는 왜 함께 팔릴까?   201

Part 3 내가 직접 만드는 인공지능 프로젝트   218

1. Orange3로 LLM 위젯을 만들어 볼까?   220
   ┗ 악성 댓글 분류하기
2. Orange3로 Microbit 위젯을 만들어 볼까?   240
   ┗ 마이크로비트에 표정 출력하기

부록 하루 1시간 15일 완성 **학습 플래너**   260

들어가기

인공지능과 Orange3 맛보기

복잡한 코드 없이도 가능한
데이터 분석과 인공지능의 세계로 들어가 보자.

1. 말로도 코딩하는 세상

2. 데이터와 인공지능, 어떻게 활용해야 할까?

3. Orange3와 인공지능

Data Mining Fruitful and Fun

1. 말로도 코딩하는 세상

변화의 기로에 선 인간과 기술

우리의 일상생활은 이미 인공지능이 만든 수많은 선택 속에 놓여 있다. 스마트폰은 최적 경로를 안내하고, 음악 서비스는 나의 취향을 예측하며, 온라인 상점은 다음에 사고 싶을 물건을 제안한다. 이런 기술의 변화는 어느 날 갑자기 등장한 것이 아니라, 오랜 시간 동안 데이터를 모으고 분석해온 결과이다. 사람의 감과 경험이 주도하던 판단의 영역에 이제는 코드로 구현된 알고리즘이 함께 작동하고 있다. 이처럼 인공지능은 편의와 효율을 넘어, 우리가 세상을 이해하고 살아가는 방식을 서서히 바꾸어 가고 있다.

생각하는 기계, 배우는 프로그램

인공지능의 본질은 '기계가 스스로 학습하는 능력'에 있다. 한때 단순한 계산기를 넘어서는 것이 불가능하다고 여겨졌던 기계가, 이제는 패턴을 찾아내고 스스로 판단을 내린다. 데이터 속에서 규칙을 발견하고, 그 규칙을 다시 새로운 문제에 적용하는 과정이 바로 인공지능의 학습이다. 이러한 변화는 인간이 지식을 전달하던 과정을 모방하면서도, 그 속도를 훨씬 능가한다. 결국 인공지능은 인간의 사고를 모방하는 기계가 아니라, 사고의 범위를 확장시키는 동반자로 자리 잡아가고 있다.

인공지능 활용의 흐름

인공지능 개념 확립과 기초 연구 시작 → 전문가 시스템 지식 처리, 산업 현장 적용 시작

> 세상은 끊임없이 변해 왔다. 특히 **기술과 인간의 관계**는 사고와 생활 방식을 근본부터 바꾸어 놓았다. 그 가운데 **인공지능**은 가장 두드러진 **변화를 이끄는, 주역**이다. 그렇다면 우리는 **인공지능이 열어 가는** 새로운 사고의 시대를 어떻게 살아가게 될까?

인간과 기술이 함께 사고하는 시대

예전에는 컴퓨터에 무언가를 시키려면 복잡한 명령어와 문법을 외워야 했다. 그러나 이제는 자연어로 대화하거나, 시각적 구성만으로도 프로그램이 완성된다. 우리가 "이 문제를 해결해 줘."라고 말하면, 기계는 데이터를 이해하고 그에 맞는 방법을 제시한다. 인공지능의 발전은 인간이 기술과 소통하는 방식을 근본적으로 바꾸고 있다. 언어가 곧 프로그래밍이 되고, 생각이 곧 실행으로 이어지는 시대가 열린 것이다.

인공지능 시대를 살아가는 우리에게 필요한 것

인공지능은 그 거대한 데이터 속에 숨어 있는 질서를 찾아내는 도구이자, 우리가 세상을 새롭게 바라보게 하는 거울이다. 말로만 코딩하는 세상은 결국 인간의 사고가 어디까지 확장될 수 있는가를 묻는 또 하나의 실험이기도 하다. 이러한 인공지능의 시대를 살아가는 우리에게 필요한 능력은 단순한 코딩 지식이 아니다. 중요한 것은 데이터를 읽고, 그 안에서 의미를 발견하며, 문제를 스스로 정의하는 힘이다. 숫자와 텍스트, 이미지와 소리까지 모든 것이 데이터가 되는 세상에서 '읽는 법'을 배우는 일은 곧 '세상을 이해하는 방법을 새로 익히는 일'이다.

데이터 기반 학습 기술 발전, 빅데이터 활용 확대 → 이미지·음성·자연어 처리 혁신, 자율주행·챗봇 등 실제 서비스 등장 → 대규모 언어 모델(LLM)과 생성형 AI의 실생활 확산

2. 데이터와 인공지능, 어떻게 활용해야 할까?

과거의 데이터 활용: 현상 파악과 통계적 요약

과거 데이터 분석은 주로 표본을 기반으로 한 통계와 그래프에 집중하며, 데이터가 가진 기본 패턴이나 특성을 발견하는 데 주력했다. 이 방식은 복잡하지 않은 정형 데이터 위주로 진행되어, 비즈니스 성과 분석이나 과학 연구에서 관찰된 현상을 명확히 설명하는 데 중요한 역할을 했다. 그러나 대규모의 복잡한 데이터 처리와 미래 예측에는 한계가 있었다. 당시 분석은 주로 과거 데이터를 총괄하고 설명하는 데 집중했으며, 데이터의 '미래'를 예측하는 능력은 제한적이었다.

현재의 데이터 활용: 인공지능과 융합된 데이터 분석

오늘날 데이터 분석은 인공지능 기술과 융합하면서 분석 방법과 범위가 대폭 확장되었다. 기계학습과 딥러닝 기반 알고리즘이 데이터 속 패턴을 스스로 학습하고 적용해, 이전에 불가능했던 예측과 분류가 가능해졌다. 특히 텍스트, 이미지, 소리 등 다양한 비정형 데이터까지 분석 대상이 되면서, 이질적인 데이터들을 통합적으로 다루는 새로운 분석 생태계가 구축되고 있다. 이에 따라 분석가들은 과거보다 훨씬 더 방대한 데이터와 복잡한 문제를 다룰 수 있게 되었다.

그동안의 데이터 활용

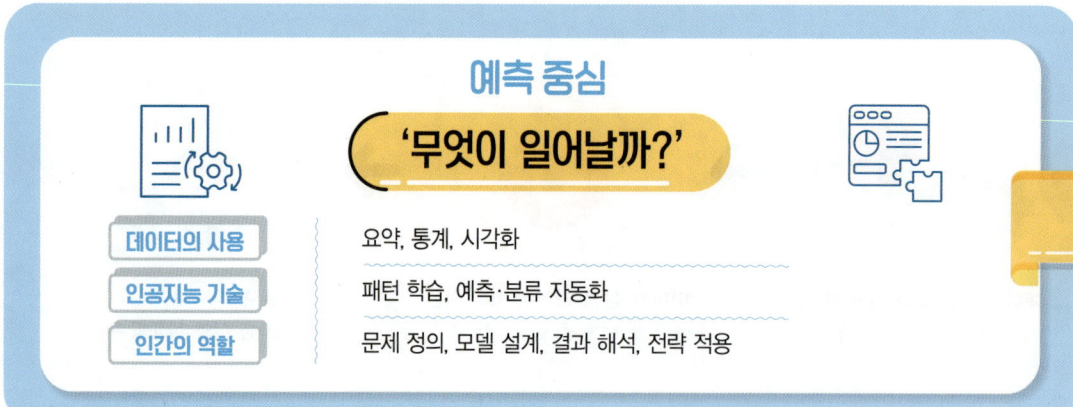

예측 중심
'무엇이 일어날까?'

데이터의 사용	요약, 통계, 시각화
인공지능 기술	패턴 학습, 예측·분류 자동화
인간의 역할	문제 정의, 모델 설계, 결과 해석, 전략 적용

데이터는 오랫동안 중요한 자산으로 여겨져 왔지만, 인공지능과 만나면서 그 가치가 새롭게 정의되고 있다. 단순히 숫자를 모으고 정리하는 단계를 넘어 미래를 예측하고 더 나은 결정을 내리는 시대가 도래한 지금, 우리는 데이터와 인공지능을 어떻게 활용해야 할까?

　인공지능과 결합한 데이터 분석은 실시간 데이터 처리와 자동화된 의사결정을 가능하게 하면서 다양한 산업과 연구 분야에 혁신을 가져왔다. 생성형 AI와 대화형 분석 도구는 비전문가도 전문가 수준의 데이터 작업에 접근할 수 있게 하여 생산성과 창의성 모두를 크게 끌어올렸다. 이러한 변화는 데이터 중심 문화가 확산되는 데 큰 역할을 하며, 기술 활용이 누구에게나 열려 있는 민주적인 공간으로 확장되는 전환점이 되고 있다. 이로 인해 새로운 비즈니스와 기술이 빠르게 성장할 수 있는 토대도 마련되었다.

앞으로의 데이터 활용: 인간과 인공지능의 협업

　앞으로의 데이터 활용은 인공지능의 빠른 계산 능력과 인간의 깊은 통찰력이 협력하는 과정이다. 인공지능은 고품질의 실시간 통합 데이터를 바탕으로 복잡한 패턴과 인사이트를 도출하며, 인간은 이를 사회적 맥락과 윤리적 가치 속에서 해석하고 판단한다. 이 협업은 단순한 업무 효율 향상을 넘어, 문제 해결 방식과 사고의 틀을 근본적으로 변화시키는 전환점이 될 것이며, 창의적 의사 결정을 할 수 있는 인간의 역할이 그 중심에 있을 것이다.

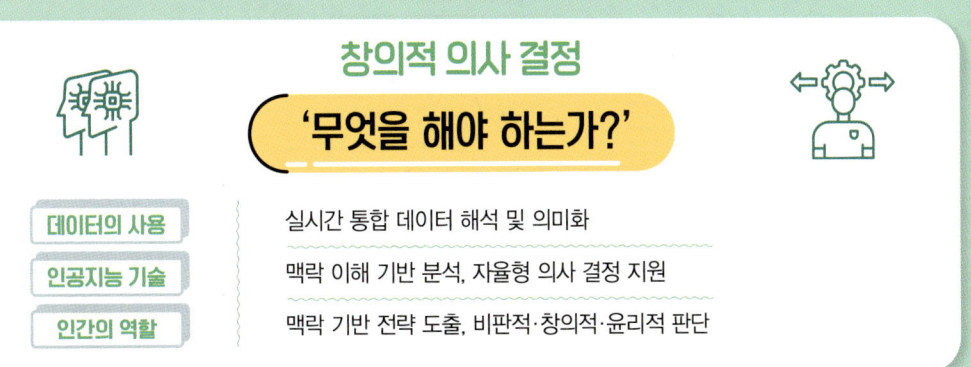

Orange3와 인공지능

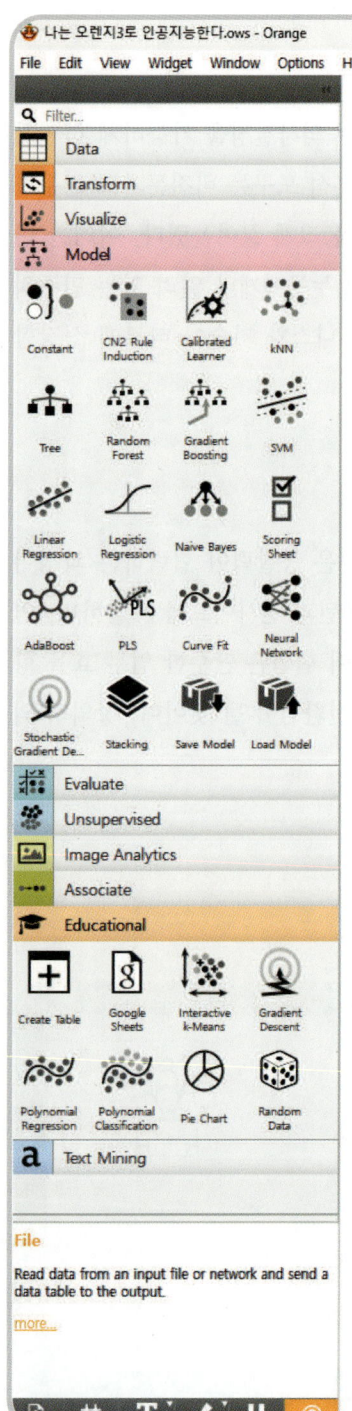

누구나 쉽게 사용하는 프로그래밍 플랫폼

Orange3는 드래그 앤드 드롭 방식의 시각적 워크플로우 환경을 제공하여, 코딩에 익숙하지 않은 교육자, 연구자, 데이터 분석 입문자도 직관적인 사용자 인터페이스를 통해 인공지능 모델을 구축하는 복잡한 과정을 손쉽게 수행할 수 있다. 이는 진입 장벽을 낮추고, 자신의 아이디어와 데이터에 집중하여 빠르게 인사이트를 도출할 수 있도록 돕는다.

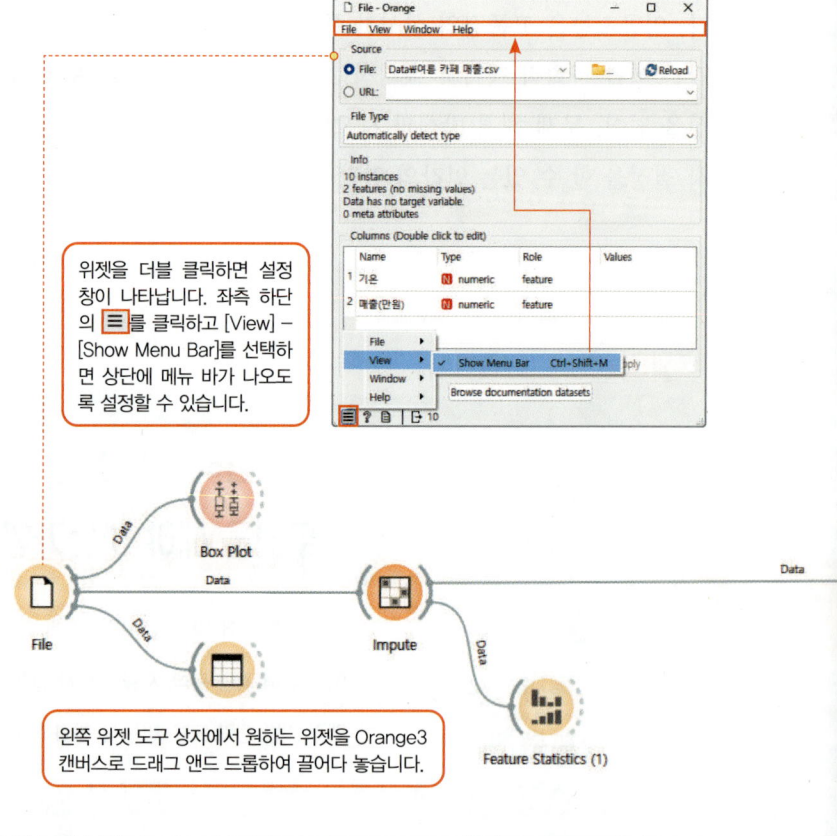

Orange3는 데이터 분석을 넘어 **코딩 없이도 손쉽게 인공지능 모델을 구축하고 평가**할 수 있는 **시각적 프로그래밍 플랫폼**으로 주목받고 있다. 관련 기능에 초점을 맞추어 Orange3의 특징을 알아보자.

데이터 전처리부터 모델 성능 평가까지 통합 지원

Orange3는 데이터 불러오기부터 전처리, 모델 학습, 평가, 해석에 이르는 일련의 문제 해결 프로세스를 위젯으로 구성하여 한눈에 쉽게 이해하고 공유할 수 있다. 결측치 처리, 속성 선택, 정규화 등 데이터 전처리 작업을 위젯으로 쉽게 수행해 데이터 품질 개선과 모델 성능 향상에 도움을 주며, 모델 성능 및 예측 결과 평가까지 통합적으로 지원한다.

다양한 인공지능 모델을 통한 문제 해결

Orange3는 분류, 회귀, 군집화 등이 가능한 모델을 제공한다. 앙상블 기법과 자동화된 하이퍼파라미터 튜닝 등의 기능을 통해 예측 성능을 향상시킬 수 있고, 모델 학습 후 정확도, AUC, F1-score, R^2 등 다양한 지표를 한눈에 비교할 수 있다. 또한 혼동 행렬과 ROC 곡선 등 시각화를 통해 모델의 오차 원인과 특성을 직관적으로 분석하여 문제 해결에 적합한 모델을 선정할 수 있다.

실무 및 연구 현장에서의 효율적 활용

Orange3는 코드 작성과 디버깅에 들이는 시간을 절약하여, 더 많은 가설을 빠르게 검증하고 반복적인 실험을 수행할 수 있다. 이는 연구 개발 속도를 가속화하고 실무 적용 가능성을 높인다. 또한 문제 해결 과정이 직관적이고 시각적으로 구현되므로 인공지능 개발 초심자부터 전문가까지 다양한 수준에서 학습 및 협업이 가능하며, 조직 전체의 데이터 리터러시와 문제 해결 능력을 향상시킬 수 있다.

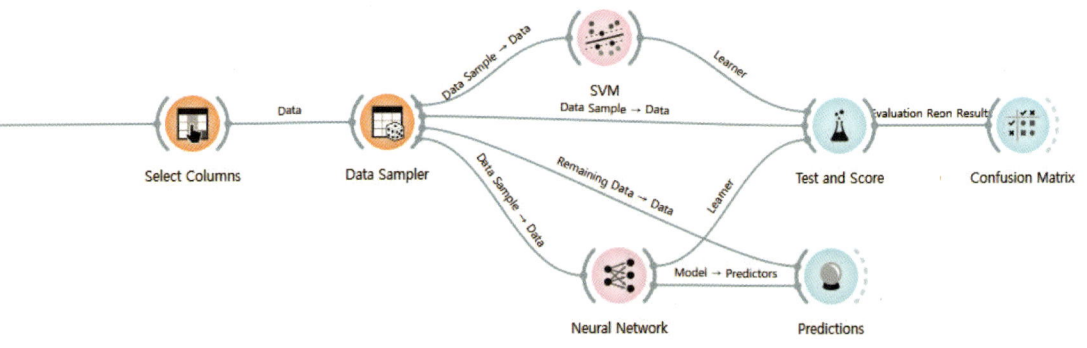

Part 1

유형으로 맛보는
인공지능 프로젝트

정형 데이터는 지도학습으로 분석하고
비정형 데이터는 이미지 · 텍스트 분석으로 다루어 보자!

1. 태양광 발전량을 예측할 수 있을까?
2. 구매 가능성이 높은 고객을 분류할 수 있을까?
3. 셀카 사진으로 감정 상태를 알 수 있을까?
4. 텍스트를 어떻게 숫자로 바꿀까?
5. 텍스트에 숨어 있는 의미를 어떻게 알까?

Data Mining Fruitful and Fun

데이터 유형이 학습을 어떻게 결정할까?

인공지능을 제대로 다루려면 먼저 재료를 알아야 한다. 우리가 떠날 여정은 **데이터 분석가**에서 **인공지능 조련사**로 성장하는 첫걸음이다. 그리고 그 핵심에는 '패턴'이 있다. 카페 사장님은 오랜 경험을 통해 '날씨가 맑은 주말이면 원두가 많이 팔린다.'라는 경험적 패턴으로 다음 주 원두 주문량을 가늠하듯, 인공지능 모델도 데이터를 학습해 규칙을 찾아 예측한다. 여기서 쓰이는 재료, 곧 데이터는 **정형 데이터**와 **비정형 데이터** 두 가지로 나뉜다. 그럼 인공지능이 가장 좋아하고 다루기 쉬운 첫 번째 재료인 정형 데이터로 어떤 예측을 할 수 있는지 먼저 살펴보자.

 ## 정형 데이터　Structured Data

스프레드시트처럼 행과 열이 정해진 틀에 맞추어 깔끔하게 정리된 데이터이다. 각각의 행은 하나의 관측치(observation)를, 각 열은 해당 관측치의 특정 속성(feature)을 나타낸다. 예를 들어, 고객 정보라면 '고객 ID', '이름', '나이', '성별', '주소', '구매 내역' 등이 각각의 열로 구성될 수 있다. 이러한 명확한 구조 덕분에 정형 데이터는 검색, 필터링, 정렬, 그룹화 등 다양한 분석 작업에 매우 효율적이다. 정형 데이터의 깔끔하고 예측 가능한 구조는 인공지능 모델이 데이터를 학습하고 패턴을 발견하는 데 필요한 정보를 효과적으로 제공하며, 모델의 성능과 신뢰도를 높이는 데 크게 기여한다.

첫 AI 조수들, 예측 모델

 데이터라는 재료가 준비되었다면 이제 요리를 할 전문가 즉, 예측 모델을 선택할 차례이다. 각기 다른 개성과 장점을 가진 인공지능 모델들을 만나보자.

선형 회귀　Linear Regression
가장 단순하고 직관적인 규칙을 찾아내는 모델

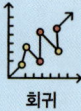
회귀

데이터의 전체적인 흐름을 파악해 하나의 직선으로 경향을 예측한다.

가장 기본적인 회귀 모델로, 데이터의 경향을 가장 잘 나타내는 '하나의 직선'을 긋는다고 생각하면 쉽다. 예를 들어, 집의 평수가 넓어질수록 가격이 높아지는 경향이 있다면 흩어져 있는 데이터 점들을 가장 잘 관통하는 직선 자를 대는 것과 같다. 이 직선만 있다면 새로운 평수의 집이 어느 정도 가격일지 예측할 수 있게 된다.

🔗 30, 34쪽

인공지능, 그중에서도 기계학습은 과거의 데이터를 분석하여 규칙과 패턴을 학습하고, 이를 바탕으로 앞으로 일어날 일을 예측하는 기술이다. 예를 들어, 판매 기록 같은 데이터를 학습해 향후 판매량을 추정한다.

로지스틱 회귀 — Logistic Regression

O/X 퀴즈를 풀듯, 정해진 선택지 중 정답을 고르는 데 특화된 모델

 분류

자신의 예측이 얼마나 확실한지 확률로 이야기한다.
어떤 그룹에 속할 '확률'을 계산하는 데 능한 대표적인 분류 모델이다. "이 메일은 95% 확률로 스팸입니다."처럼 얼마나 확신하는지까지 알려 주어 의사 결정에 큰 도움을 준다. 🔗 44쪽

랜덤 포레스트 — Random Forest

한 명의 천재보다 여러 명의 집단 지성을 신뢰하는 현명한 모델

 분류

여러 개의 작은 결정들을 모아 가장 안정적인 결론을 내린다.
"백지장도 맞들면 낫다."라는 속담처럼, 수백 개의 평범한 의사결정트리(Decision Tree)들의 의견을 모아 더 현명한 결정을 내리는 '숲(Forest)'과 같다. 각 나무의 의견을 종합(투표)하여 최종 결론을 내리는 '집단 지성' 방식이다. 그 덕분에 아주 안정적이고 정확한 예측을 할 수 있다. 🔗 55쪽

신경망 — Neural Network

마치 인간의 뇌처럼, 복잡하게 얽힌 데이터 속에서
미묘한 패턴까지 학습해 내는 최고의 모델

 분류

어려운 문제에서 강력한 힘을 발휘한다.
인간의 뇌 신경망에서 영감을 얻은 모델이다. 수많은 뉴런 역할을 하는 노드들이 여러 층으로 연결되어, 데이터 속의 아주 복잡하고 미묘한 패턴까지 학습할 수 있다. 이미지 인식이나 자연어 처리 같은 어려운 문제에서 특히 우수한 성능을 발휘한다. 🔗 44, 46쪽

이 외에도 명확한 경계선을 그어 데이터를 분류하는 SVM(서포트 벡터 머신 🔗 107쪽), 이전 모델의 실수를 학습하며 성능을 끌어올리는 Gradient Boosting(그래디언트 부스팅 🔗 122쪽), 주변 이웃들의 다수결로 판단하는 kNN(k-최근접 이웃 🔗 189쪽), 그리고 데이터 속 숨겨진 그룹을 찾아내는 k-Means(k-평균 군집화 🔗 161쪽) 등 다양한 기계학습 모델들이 각자의 방식으로 문제를 해결하고 있다.

데이터 유형이 학습을 어떻게 결정할까?

비정형 데이터 — Unstructured Data

정해진 구조 없이 텍스트, 이미지, 소리 등의 형태로 존재하는 데이터이다. 고객이 남긴 리뷰 텍스트나 SNS에 올린 매장 사진 등이 여기에 해당된다. 이러한 데이터에는 풍부한 정보가 담겨 있지만, 컴퓨터가 바로 이해하기는 어렵다. 따라서 임베딩(Embedding)이라는 벡터화 과정을 거쳐 텍스트와 이미지를 컴퓨터가 처리할 수 있는 수치 벡터로 변환할 때, 비로소 인공지능이 학습할 수 있는 귀한 재료가 된다.

이미지와 텍스트 속 의미 찾기

예측 모델들은 숫자와 범주를 다루는 데 능숙하지만, 비정형 데이터인 이미지나 텍스트 속에서 의미를 찾아내는 데는 조금 더 특화된 접근 방식이 필요하다.

이미지 분석 — Image Analytics

인공지능에 세상을 '보는' 눈을 달아주는 기술

숨은 그림을 찾듯, 사진 속에서 객관적인 단서를 찾아낸다.

컴퓨터가 사진이나 그림을 '보고' 이해하게 만드는 기술이다. 임베딩을 통해 이미지를 수치로 변환한 뒤, 신경망 같은 모델을 이용하여 이미지 속 객체를 인식하거나(예 사진 속 고양이 찾기) 특정 기준으로 이미지를 분류할 수 있다. 🔗 49쪽

텍스트 마이닝 — Text Mining

광산에서 금을 캐내듯, 수많은 글자 더미 속에서 보물 같은 정보와 패턴을 찾아내는 기술

텍스트 형태의 고객 의견을 '주제', '감성 점수'와 같은 정형 데이터로 변환한다.

방대한 양의 텍스트 데이터에서 유용한 정보와 패턴을 캐내는 기술이다. 고객 리뷰에서 핵심 키워드를 추출하거나, 글의 감성(긍정/부정)을 분석하기 등이 여기에 해당한다. 이 역시 텍스트를 임베딩하여 모델이 처리할 수 있도록 변환하는 과정이 선행된다. 🔗 61쪽

인공지능을 다룬다는 것은 정형과 비정형이라는 데이터의 특성을 이해하고, 그에 맞는 최적의 모델을 선택해 숨겨진 패턴을 읽어내는 것이다. 이 두 가지 재료를 모두 잘 다룰 때 비로소 데이터는 빛나는 통찰력을 발휘한다.

태양광 발전량을 예측할 수 있을까?

활동 키워드 · 회귀 분석 · Linear Regression

태양광 발전량을 예측할 수 있을까?

문제 상황

국가 지속가능개발목표(K-SDGs) 7번 '에너지의 친환경적 생산과 소비'에서 자주 언급되는 태양광 에너지는 사용이 꾸준히 증가하는 추세이지만 '간헐성'이라는 문제를 안고 있다. 실제로 태양광 에너지는 전력 수요가 적은 봄과 가을에는 발전량이 높지만, 전력 수요가 많은 겨울에는 발전량이 크게 떨어진다. 또한 날씨가 좋은 날과 나쁜 날의 태양광 발전량 차이는 오후 1시 기준 13GW(기가와트)에 달하는데, 이는 원자력 발전소 13기 분량의 전력 생산량에 해당하는 수준이다. 이처럼 예측이 어려운 태양광 발전량의 변동은 전력 수급의 불안정성을 심화시키고, 원전 등 다른 발전원의 안정성에도 영향을 미칠 수 있다.

어떻게 하면 태양광 발전량을 보다 정확하게 예측하여 전력 안정성을 확보할 수 있을까?

활동 미리보기

 데이터셋 준비하기
1. 데이터 수집하기
2. 데이터 불러오기
3. 데이터 전처리하기

 모델 학습하기
1. 훈련 데이터와 테스트 데이터 나누기
2. 모델 선정 및 학습시키기

 모델 성능 확인하기
1. 테스트 데이터 연결하기
2. 성능 결과 확인하기

 모델 성능 개선하기
1. 새 속성 추가하기
2. 속성 설정 및 학습시키기
3. 개선 모델 성능 결과 확인하기

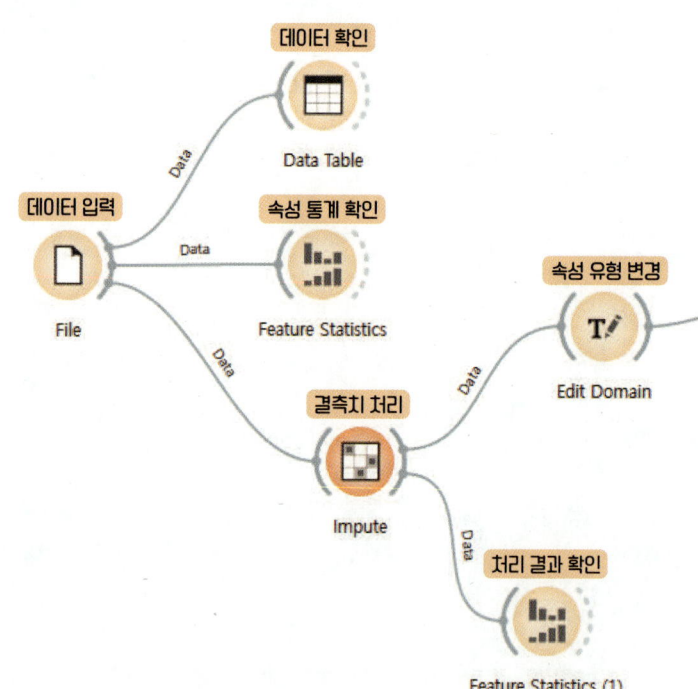

활용 인공지능 회귀 분석

　회귀 분석은 인공지능 분야에서 기본적인 지도학습 기법으로 널리 사용된다. 특히 속성(Feature)과 결괏값(Target) 사이의 관계가 선형적이거나, 비교적 단순한 수식으로 설명될 때 효과적이며, 연속적인 값(가격, 온도, 발전량 등)을 예측하는 데 적합하다. 이를 활용하여 기상 데이터(일사량, 온도, 풍속 등)와 태양광 발전량 사이의 관계를 수식으로 모델링하고, 기상 예보 데이터를 입력하여 발전량을 예측할 수 있다.

　최근에는 실시간 데이터와 여러 속성을 함께 분석하는 정교한 회귀 기반 예측 모델들이 많이 등장했다. 다양한 회귀 기반 예측이 스마트 그리드와 에너지 관리 시스템에 적용되어 발전량 예측의 정확도를 높이고 전력 계통 운영의 안정성과 신재생 에너지의 효율적 활용에 크게 기여하고 있다. 또한 예측값의 분포와 오차 특성까지 함께 고려하는 확률적 회귀 모델로 예측의 신뢰도를 높이고, 시간의 흐름에 따른 패턴, 추세, 계절성 등을 분석하고 예측에 반영하는 시계열 회귀 모델로 불확실성을 효과적으로 관리할 수 있다.

　이처럼 인공지능과 회귀 분석의 결합은 제조, 에너지, 환경 등 다양한 산업 분야에서 수요와 공급을 최적으로 조절하며, 실시간으로 빠르게 변화하는 환경에 유연하고 신속하게 대응할 수 있는 기반을 제공한다.

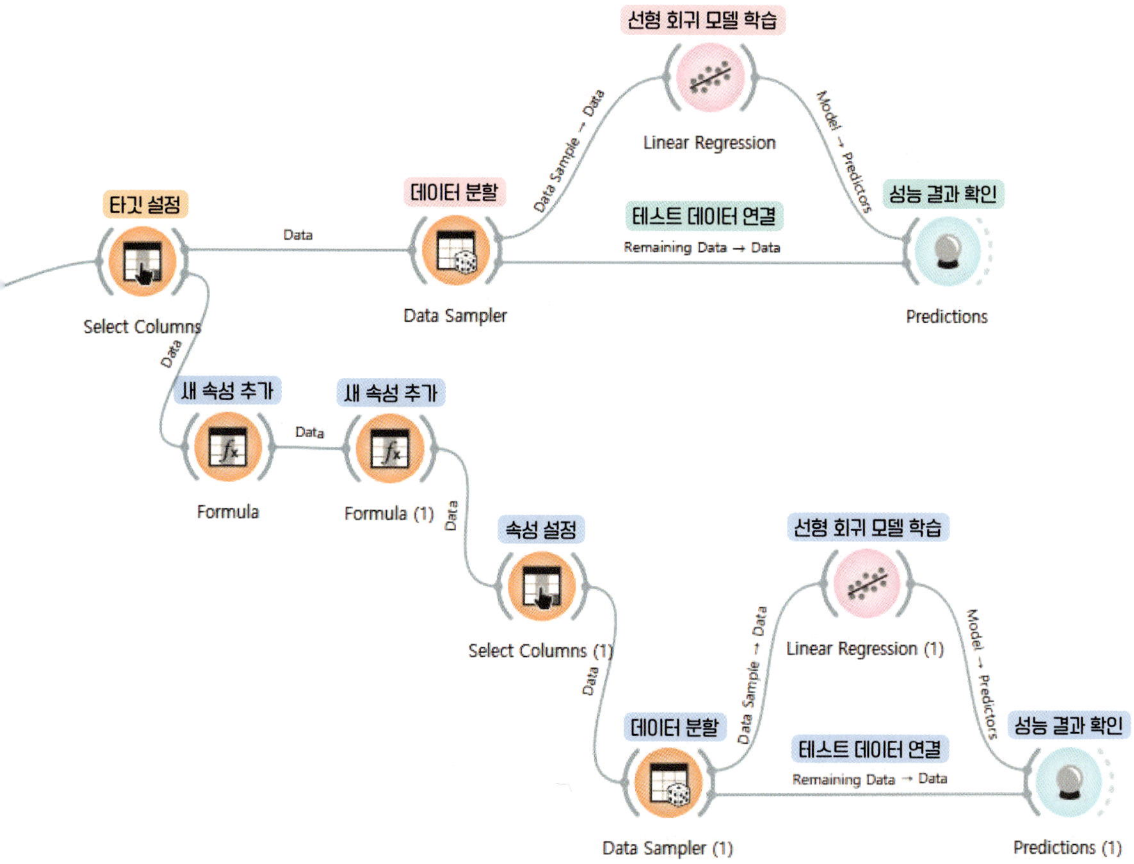

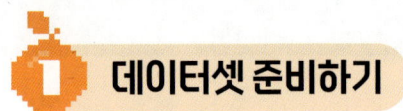

1 데이터셋 준비하기

① 데이터 수집하기

활동에 필요한 '태양광 발전.xlsx' 데이터를 씨마스에듀 홈페이지 자료실(8쪽 참고)에서 다운로드하여 사용한다.

② 데이터 불러오기

다운로드 받은 데이터를 Oragne3로 불러와 확인해 보자.

❶ 데이터 입력

- Data 카테고리에서 [File] 위젯을 캔버스로 가져와 더블 클릭한다.

- 폴더 모양 버튼을 클릭하여 다운로드 받은 '태양광 발전.xlsx'를 불러온다.

> **File 위젯** 로컬 파일에 저장된 데이터셋을 Orange3 실행 환경으로 불러오는 입력 역할을 한다.

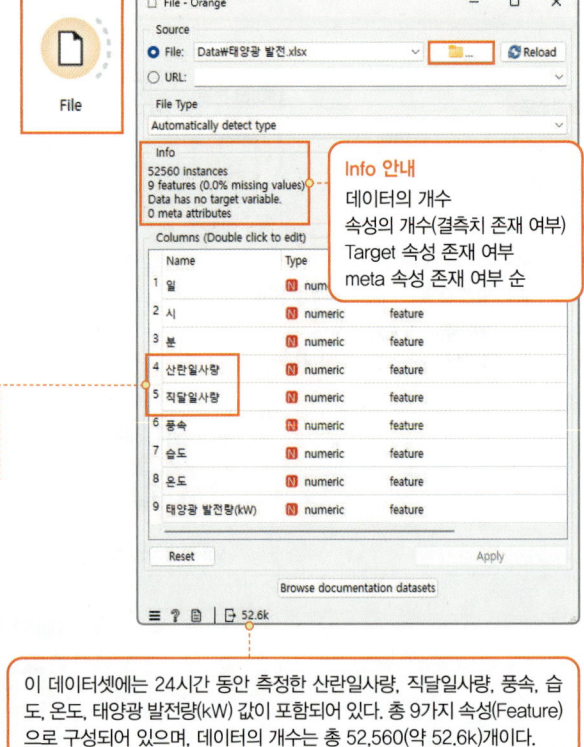

Info 안내
데이터의 개수
속성의 개수(결측치 존재 여부)
Target 속성 존재 여부
meta 속성 존재 여부 순

이 데이터셋에는 24시간 동안 측정한 산란일사량, 직달일사량, 풍속, 습도, 온도, 태양광 발전량(kW) 값이 포함되어 있다. 총 9가지 속성(Feature)으로 구성되어 있으며, 데이터의 개수는 총 52,560(약 52.6k)개이다.

속성 알아보기

속성명	속성 정보
산란 일사량	대기 중의 분자, 구름, 먼지 등에 의해 태양광이 산란되어 지표면에 도달하는 태양 복사 에너지이다.
직달 일사량	대기 중에서 흡수나 산란 없이 태양에서 곧바로 지표면에 도달하는 일사량으로, 흔히 '직사광선'이라고 부른다.

❷ 데이터 확인

Data 카테고리에서 [Data Table] 위젯을 가져와 [File] 위젯에 연결한 후, [Data Table] 위젯을 더블 클릭하여 데이터의 내용을 확인한다.

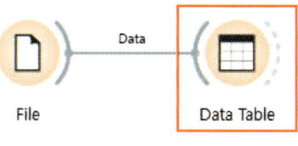

Data Table 위젯 분석 전 데이터가 올바르게 불러와졌는지 확인할 수 있도록 데이터의 실젯값, 구조, 유형, 역할 등을 스프레드시트처럼 직접 보고 점검할 수 있게 해 준다. 이를 통해 전처리 및 인공지능 모델링에 활용할 준비가 되었는지 알 수 있다.

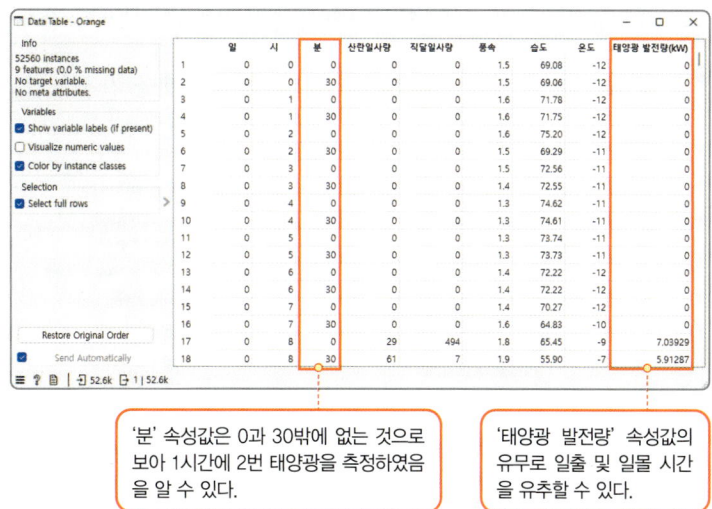

'분' 속성값은 0과 30밖에 없는 것으로 보아 1시간에 2번 태양광을 측정하였음을 알 수 있다.

'태양광 발전량' 속성값의 유무로 일출 및 일몰 시간을 유추할 수 있다.

③ 데이터 전처리하기

데이터의 결측치를 확인해 삭제하고, 속성의 역할을 설정하여 데이터를 전처리해 보자.

❶ 속성 통계 확인

Data 카테고리에서 [Feature Statistics] 위젯을 가져와 [File] 위젯에 연결한 후, 각 속성별 통계값과 결측치 현황을 확인한다.

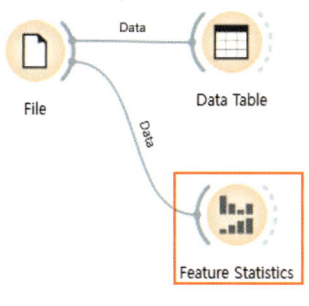

Feature Statistics 위젯 데이터셋의 각 속성에 대한 기초 통계 정보를 요약·시각화하여 평균값, 최빈값, 중앙값, 최솟값, 최댓값, 결측치의 개수 등 핵심적인 정보를 빠르게 확인할 수 있다. 이를 참고하여 이후 데이터 전처리(결측값 처리, 이상치 제거, 정규화 등) 여부를 결정할 수 있으며, 이는 해석의 정확도에 영향을 미친다.

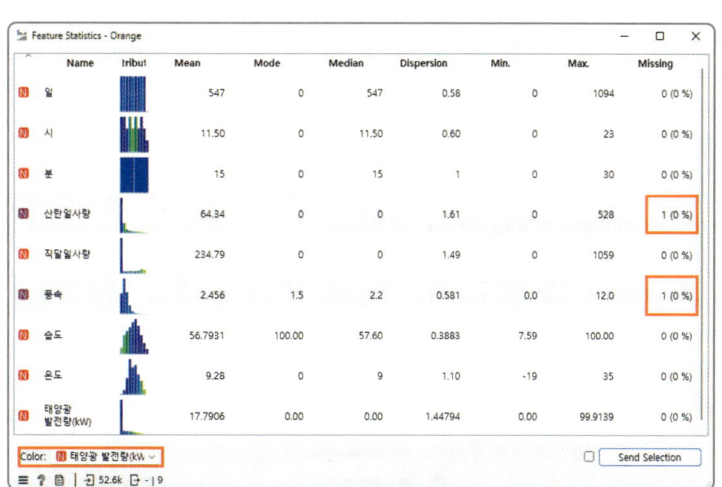

해설 '산란일사량'과 '풍속' 속성에 결측치(Missing value)가 각각 1개씩 있음을 확인할 수 있다.

❷ 결측치 처리 및 확인

- Transform 카테고리에서 [Impute] 위젯을 가져와 [File] 위젯에 연결한다.
- [Impute] 위젯을 더블 클릭하여 Default Method 옵션에서 'Remove instances with unknown values'를 활성화하여 결측치가 포함된 행 전체를 삭제한다.
- Data 카테고리에서 [Feature Statistics] 위젯을 가져와 [Impute] 위젯에 연결하여 결측치가 처리되었는지 확인한다.

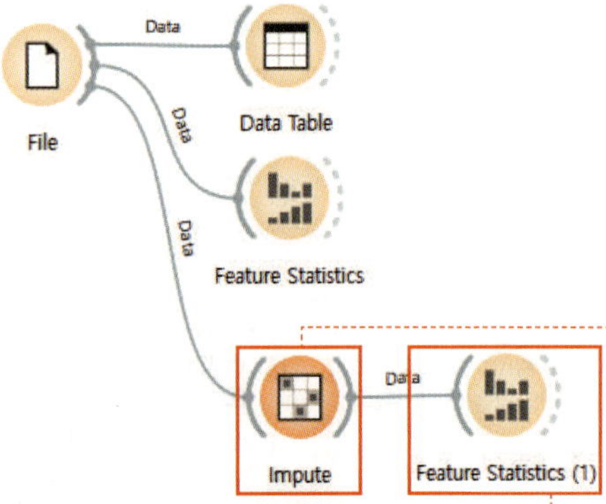

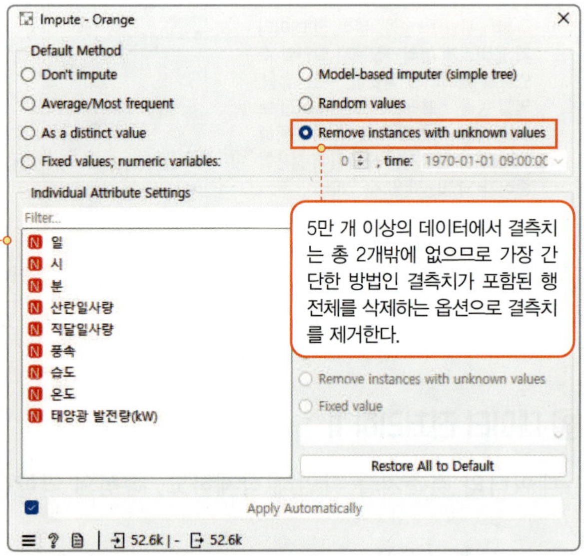

5만 개 이상의 데이터에서 결측치는 총 2개밖에 없으므로 가장 간단한 방법인 결측치가 포함된 행 전체를 삭제하는 옵션으로 결측치를 제거한다.

Impute 위젯 데이터에 포함된 결측치를 다양한 방식으로 처리한다. 결측치 처리 방식에 따라 전체 데이터의 품질과 모델의 성능이 달라질 수 있다.

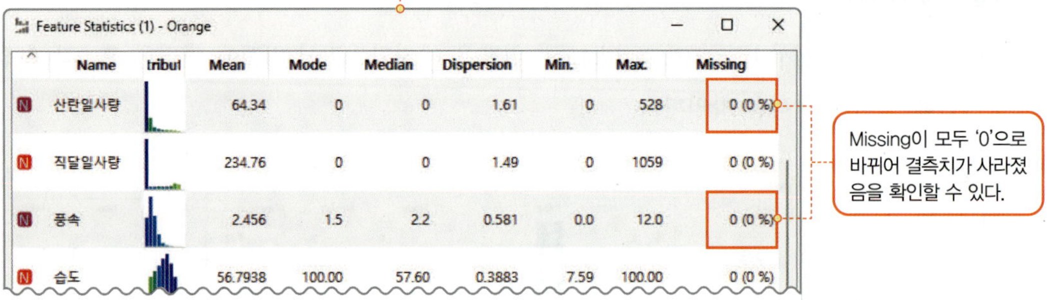

Missing이 모두 '0'으로 바뀌어 결측치가 사라졌음을 확인할 수 있다.

Q&A로 알아보기

Q Impute 위젯으로 결측치를 처리하는 방법에는 어떤 것이 있나요?

A
- 결측치 처리 안 함.
- 평균 또는 가장 빈번한 값(최빈값)으로 처리함.
- 임의의 값을 만들어 처리함.
- 사용자가 지정한 특정 값으로 대체함.
- 데이터의 패턴을 활용해 결측치를 예측함.
- 데이터의 실젯값 범위 내에서 임의로 대체함.
- 결측치가 포함된 행을 삭제함.

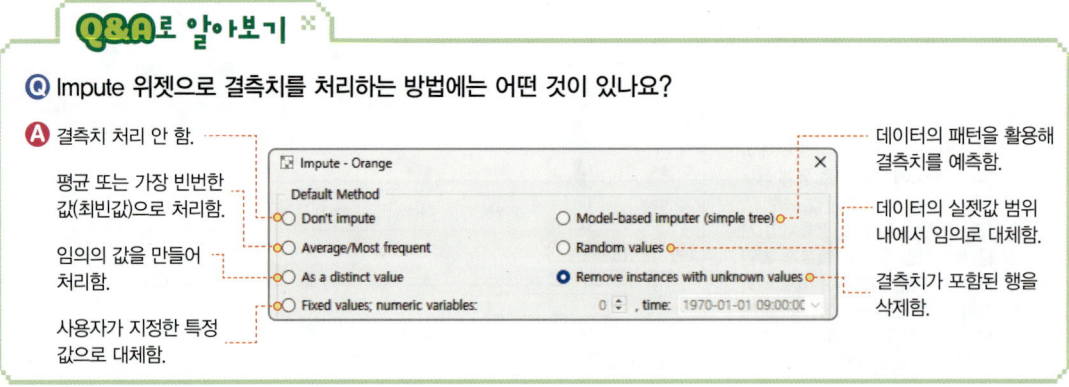

❸ 속성 유형 변경

- Data 카테고리의 [Edit Domain] 위젯을 [Impute] 위젯에 연결한다.

- '시'와 '분' 속성의 Type을 Numeric(수치형)에서 'Categorical(범주형)'으로 바꿔준다.

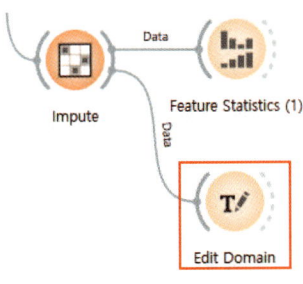
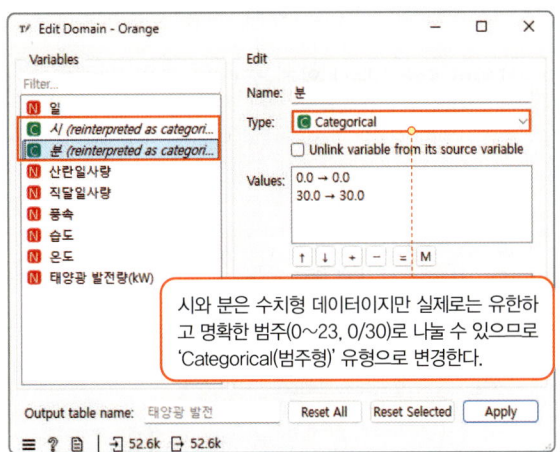

Edit Domain 위젯 데이터의 속성명, 유형, 범주값 등을 직접 수정하여, 데이터 구조를 분석 목적에 맞게 조정한다. 시와 분을 범주형으로 바꾸는 이유는 실제로 이 값들이 '범주'이기 때문이며, 범주형으로 처리하면 모델의 예측 정확도와 해석력이 높아질 수 있다.

시와 분은 수치형 데이터이지만 실제로는 유한하고 명확한 범주(0~23, 0/30)로 나눌 수 있으므로 'Categorical(범주형)' 유형으로 변경한다.

❹ 타깃 설정

- Transform 카테고리의 [Select Columns] 위젯을 [Edit Domain] 위젯에 연결한다.

- 학습에 필요 없는 속성인 '일' 속성을 Ignored로 옮겨 학습에 관여하지 않도록 하고, '태양광 발전량(kW)' 속성을 Target으로 옮겨 준다.

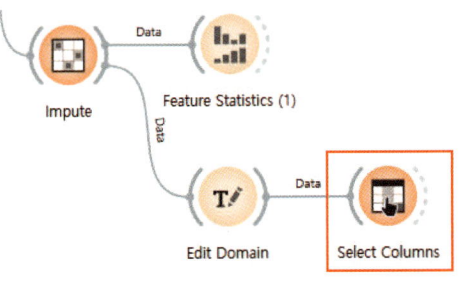
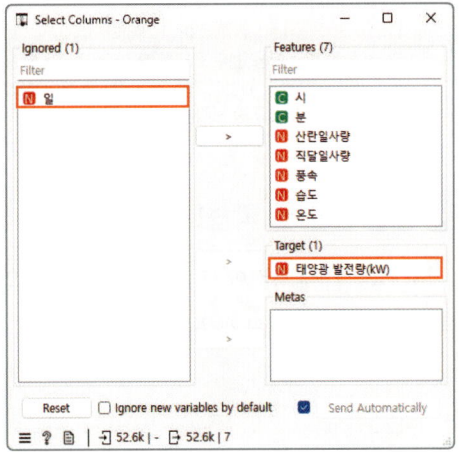

Select Columns 위젯 분석에 사용할 속성을 선택하거나 각 열의 역할(타깃, 메타 데이터, 무시할 속성 등)을 설정할 수 있다. 인공지능 모델은 Feature로 설정된 속성들을 학습에 사용한다.

> **Q&A로 알아보기**
>
> **Q** Meta로 지정한 속성과 Ignored로 지정한 속성의 차이는 무엇인가요?
>
> **A** Meta로 지정한 속성은 모델 학습이나 예측에 사용되지 않지만 데이터셋에 포함되어 이후 시각화나 결과 해석 등에서 부가 정보(ID, 설명, 레이블 등)로 활용할 수 있습니다. 반면 Ignored로 지정한 속성은 데이터셋에서 삭제되어 이후 분석 과정에서 완전히 제외됩니다. 따라서 중요한 부가 정보는 Meta로, 불필요한 속성은 Ignored로 설정합니다.

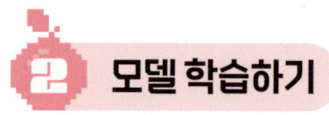

1 훈련 데이터와 테스트 데이터 나누기

- Transform 카테고리에서 [Data Sampler] 위젯을 가져와 [Select Columns] 위젯과 연결한다.

- [Data Sampler] 위젯을 더블 클릭하고 Fixed proportion of data 옵션을 '80%'로 설정하여 훈련 데이터와 테스트 데이터의 비율을 80:20으로 분할한다.

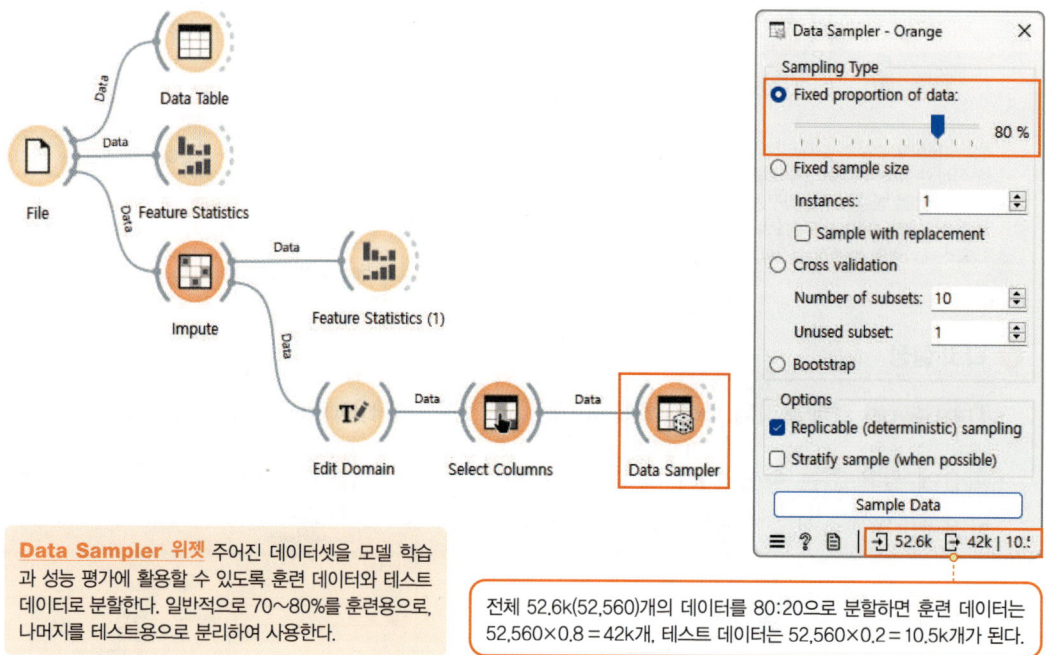

Data Sampler 위젯 주어진 데이터셋을 모델 학습과 성능 평가에 활용할 수 있도록 훈련 데이터와 테스트 데이터로 분할한다. 일반적으로 70~80%를 훈련용으로, 나머지를 테스트용으로 분리하여 사용한다.

전체 52.6k(52,560)개의 데이터를 80:20으로 분할하면 훈련 데이터는 52,560×0.8 = 42k개, 테스트 데이터는 52,560×0.2 = 10.5k개가 된다.

2 모델 선정 및 학습시키기

Model 카테고리에서 선형 회귀 모델인 [Linear Regression] 위젯을 가져와 [Data Samlper] 위젯에 연결하여 모델을 학습시킨다.

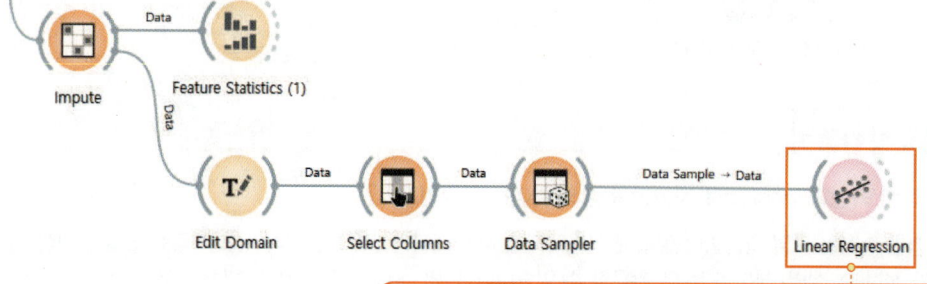

Linear Regression 모델은 구조가 간단해 대용량 데이터에 빠르게 적용할 수 있으며, 실시간 또는 반복적인 예측이 필요한 상황에 적합하다. 다양한 기상 변수 조합에 대한 기본적인 예측 도구로 활용되고 있으며, 다른 고도화된 모델과의 성능 비교에도 자주 사용된다.

모델 성능 확인하기

① 테스트 데이터 연결하기

- Evaluate 카테고리에서 [Predictions] 위젯을 가져와 학습이 완료된 [Linear Regression] 위젯과 [Data Sampler] 위젯에 연결한다.

- [Data Sampler] 위젯과 [Predictions] 위젯 사이에 연결된 선을 더블 클릭한 후, 'Remaining Data → Data'로 연결선을 바꾸어 테스트 데이터를 연결한다.

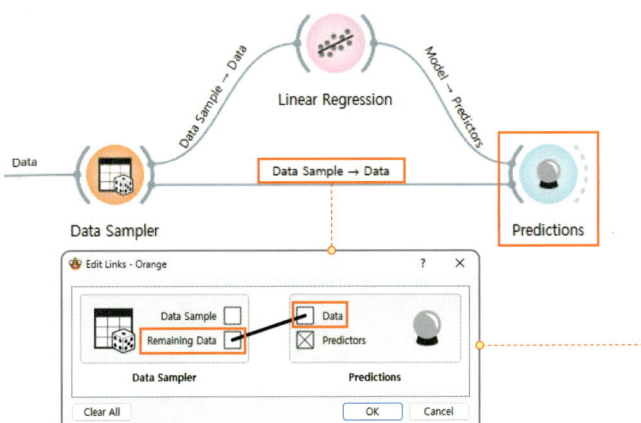

Predictions 위젯 학습된 기계학습 모델로 새로운 데이터(테스트 데이터)를 예측하고, 그 결과를 기준으로 모델의 예측 성능을 평가 및 분석한다. 예측값과 실젯값을 나란히 보여 주어 잘못 예측된 사례(오분류)를 쉽게 확인할 수 있다.

'Data Sample → Data' 부분을 더블 클릭하여 나오는 창에서 화면과 같이 연결선을 바꾸어 주면 훈련 데이터가 아닌 테스트 데이터로 모델 성능을 확인할 수 있다. 연결이 바뀌면 선 위의 'Data Sample → Data'가 'Remaining Data → Data'로 변경된다.

② 성능 결과 확인하기

- [Predictions] 위젯을 더블 클릭하여 성능을 확인한다.

- R2(결정계수, 1에 가까울수록 우수한 성능)는 0.922이고 MAE(평균절대오차, 값이 작을수록 좋음)는 약 5kW 정도의 오차를 보이고 있다.

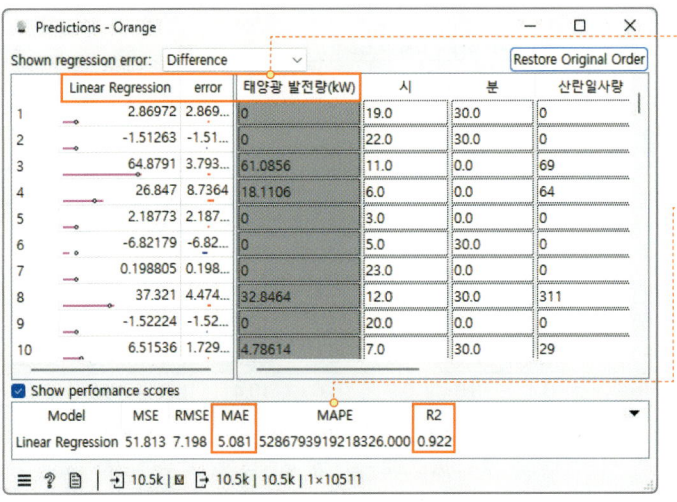

'Linear Regression'의 수치는 예측값, 'error'는 예측값과 실젯값의 차이(오차), '태양광 발전량(kW)'은 실제 측정값이다.

MAPE 값이 비정상적으로 큰 이유는 실젯값이 0인 데이터가 포함되어 있기 때문이다. 이 경우 MAPE는 신뢰할 수 없는 지표로 간주한다.

해설 Difference(오류) 값을 통해 예측이 얼마나 정확한지 확인한 결과이다. R2(결정계수)가 0.922인 것은 모델이 데이터를 92.2% 설명하고 있다는 의미로 예측력이 높음을 알 수 있다.

모델 성능 개선하기

태양광 발전 효율은 온도, 습도, 풍속, 일사량 등 다양한 기상 요소에 의해 복합적으로 영향을 받는다. 온도와 습도는 각각 독립적으로 태양광 발전량에 영향을 주지만, 실제로는 두 속성이 상호 작용하면서 발전 효율이 달라질 수 있다. 이슬점은 이러한 온도(대기 온도)와 습도(상대 습도)의 상호 작용을 반영하므로, 기존 속성만 사용할 때보다 발전량 변동의 원인을 더 명확하게 파악할 수 있다. 앞서 만든 태양광 발전량 예측 모델에 '이슬점' 속성을 추가하여 성능을 개선해 보자.

1 새 속성 추가하기

- Transform 카테고리에서 [Formula] 위젯을 가져와 앞의 모델 학습 전 단계에 있는 [Select Colums] 위젯에 연결한다.

  Formula 위젯 데이터 테이블에 수식 기반의 새로운 속성을 생성하는 데 활용된다. 입력된 수식이 새로운 속성에 적용된 결과가 데이터 테이블에 바로 반영되어 데이터 분석 및 시각화에 활용할 수 있다.

- [Formula] 위젯을 더블 클릭하여 새로운 속성의 유형을 'Numeric'으로 선택하고, 속성 이름은 'a', 식은 '(17.62×온도)/(243.12+온도)+log(습도/100)'을 입력하고 Send 버튼을 누른다.

참고자료 — 이슬점 계산을 위한 근사식

이슬점은 오른쪽과 같은 이슬점 산출표에 온도(대기 온도)와 습도(상대 습도)를 대입해서 알 수 있다. 이 산출표를 활용하여 이슬점 근사식을 구한 후 이슬점을 계산하는 산술식을 정리하였다.

상대 습도 (%)	대기 온도(℃)							
	−5	0	5	10	15	20	25	30
90	−6.5	−1.3	3.5	8.2	13.3	18.3	23.2	28.0
85	−7.2	−2.0	2.3	7.3	12.5	17.4	22.1	27.0
80	−7.7	−2.8	1.9	6.5	11.6	16.5	21.0	25.9
75	−8.4	−3.6	0.9	5.6	10.4	15.4	19.9	24.7

$a = (17.62 \times 온도)/(243.12 + 온도) + \log(상대\ 습도/100)$
이슬점 $= (243.12 + a)/(17.62 - a)$ *a: 이슬점 계산을 위한 근사식

- [Formula] 위젯을 하나 더 가져와 먼저 만든 [Formula] 위젯에 이어서 연결하고 'Numeric' 유형을 선택한 후 속성 이름은 '이슬점', 식은 '(243.12 + a)/(17.62 − a)'을 입력하고 Send 버튼을 누른다.

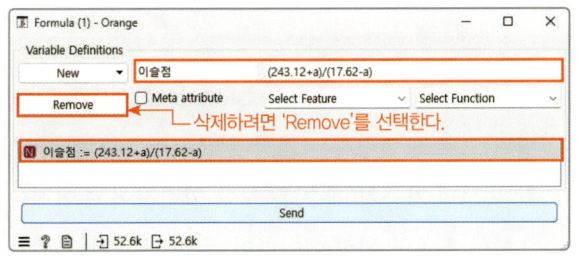

② 속성 설정 및 학습시키기

- Transform 카테고리에서 [Select Columns] 위젯을 가져와 두 번째 [Formula] 위젯에 연결한다.
- [Select Columns] 위젯을 더블 클릭하여 단순 상수를 의미하는 'a'를 Ignored로 옮겨준다.
- [Data Sampler] 위젯으로 훈련 데이터와 테스트 데이터를 나누고 [Linear Regression] 위젯을 연결하여 학습시킨다.

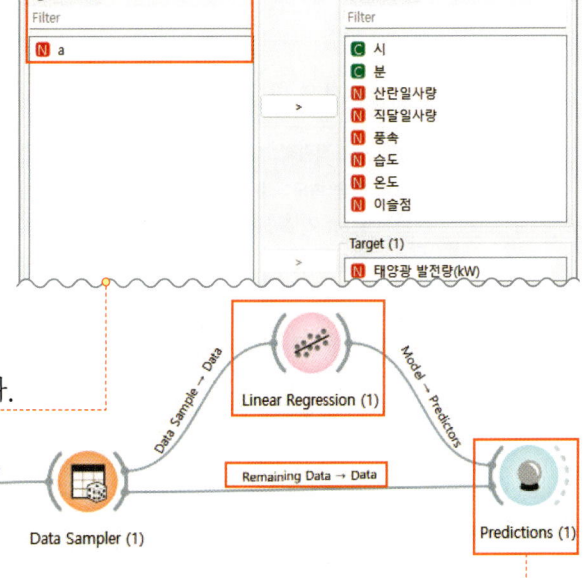

③ 개선 모델 성능 결과 확인하기

- [Predictions] 위젯을 연결하여 개선 모델의 성능을 확인한다.
- R2(결정계수)는 0.929(92.9%)로 이전보다 0.7% 상승하였고 MAE(평균절대오차)는 4.664로 0.417 정도 낮아졌다.

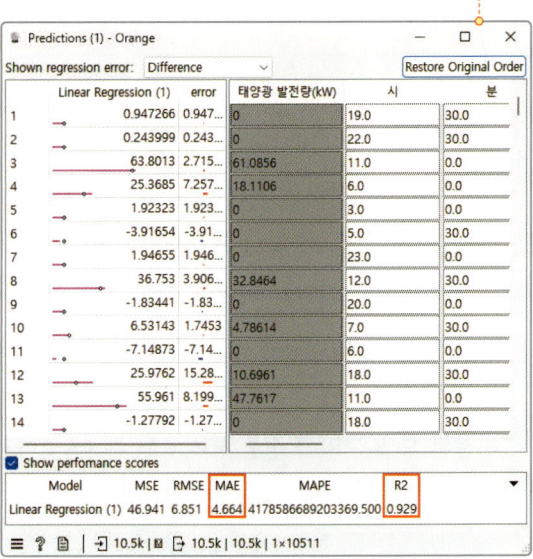

> **해설** 정확도가 더 높아지고 오차 지표가 더 낮아진 것으로 보아 개선된 모델이 기존 태양광 발전량 예측에서 보다 더 정확한 예측 모델임을 알 수 있다.

AI 전문가 되기 — 선형 회귀란?

선형 회귀(Linear Regression)는 속성(Feature)과 결괏값(Target) 사이의 관계를 직선(또는 평면)으로 모델링하는 가장 기본적이고 직관적인 기계학습 알고리즘이다. 주어진 데이터에서 각 특성의 가중치(계수)를 찾아 입력값이 주어졌을 때 결괏값을 예측한다.

선형 회귀의 핵심 아이디어는 '여러 데이터 포인트를 가장 잘 설명하는 직선을 찾는 것'이다. 이때 '가장 잘'의 기준은 예측값과 실젯값의 차이(오차 제곱합)가 최소가 되도록 만드는 것이다. 수식으로는 다음과 같이 표현된다.

$$y = w_1 x_1 + w_2 x_2 + \cdots + w_n x_n + b$$

여기서 y는 예측값, $x_1, x_2, \cdots, x_n$은 입력 특성, $w_1, w_2, \cdots, w_n$은 각 특성의 가중치, b는 절편이다.

선형 회귀의 장단점은 다음과 같다.

장점	• **단순하고 직관적**: 데이터와 변수 간의 관계를 한눈에 파악할 수 있다. • **빠른 학습 속도**: 계산이 간단해 대용량 데이터에도 빠르게 적용할 수 있다. • **해석 용이**: 각 특성이 결과에 미치는 영향(계수)을 명확하게 알 수 있다. • **실무 활용도 높음**: 경제, 사회, 자연과학 등 다양한 분야에서 널리 활용된다.
단점	• **선형성 가정**: 입력 변수와 결과 사이의 관계가 직선이어야 한다는 전제가 있다(실제 데이터가 비선형이면 예측력이 떨어짐). • **이상치에 민감**: 극단적인 값(이상치)이 있으면 모델이 쉽게 왜곡된다. • **복잡한 상호 작용 반영 어려움**: 변수 간의 복잡한 비선형 관계나 상호 작용을 효과적으로 반영하지 못한다.

선형 회귀는 기계학습의 기본이자 출발점으로, 데이터 분석과 예측 모델링에서 반드시 이해하고 넘어가야 할 필수 알고리즘이다. 직관적이면서도 강력한 해석력을 바탕으로 실무와 연구 모두에서 꾸준히 사랑받고 있다.

정리하기

일, 시, 분, 산란일사량, 직달일사량, 풍속, 습도, 온도, 태양광 발전량(kW) 등 9개 속성으로 구성된 데이터에서 결측치를 처리하고, 시와 분 속성은 수치형에서 범주형으로 변환해 예측 정확도를 높이고자 하였다. 이후 Linear Regression 모델을 적용해 태양광 발전량을 예측하였고, 모델의 성능을 R^2(결정계수)와 MAE(평균절대오차)로 평가하였다. 모델의 정확도를 높이기 위해 이슬점 속성을 추가로 계산해 입력 특성에 포함시키고 다시 모델을 학습시켰다. 개선된 모델은 R^2가 상승하고 MAE는 더 낮아짐을 확인하였다. 이번 활동에서는 데이터 분석, 전처리, 모델 학습을 넘어 추가 속성 도입을 통한 모델 성능 개선까지 체험할 수 있었다.

2
구매 가능성이 높은 고객을 분류할 수 있을까?

활동 키워드 : 고객 행동(구매) 분석 · 시각화 · Neural Network

 # 구매 가능성이 높은 고객을 분류할 수 있을까?

문제 상황

클릭 몇 번만으로 원하는 상품을 손쉽게 구매할 수 있는 시대가 되었다. 그러나 단순히 많은 사람이 쇼핑몰을 방문한다고 해서 모두가 구매로 이어지지는 않는다. 수많은 방문자가 제품을 둘러보지만, 그중 실제 구매로 이어지는 경우는 일부에 불과하기 때문이다. 장바구니에 상품을 넣고도 결제 단계에서 이탈하는 경우는 빈번하고, 접속 시간이나 사용 브라우저에 따라서도 구매 전환율에 차이가 나타난다. 고객의 구매 성향이나 탐색 습관 또한 구매 여부를 결정하는 중요한 변수가 된다.

"어떤 고객 행동이 '구매'로 이어질 가능성이 높을까?"라는 질문에 답하려면, 방대한 고객 행동 데이터를 분석해 그 속에 숨겨진 구매 의도 패턴을 발견해야 한다.

==인공지능이 이러한 고객 행동 데이터를 학습한다면, 구매로 연결될 가능성이 높은 고객을 분류할 수 있을까?==

활동 미리보기

 데이터셋 준비하기
1. 데이터 수집하기
2. 데이터 불러오기
3. 데이터 시각화하기

모델 학습하기
1. 훈련 데이터와 테스트 데이터 나누기
2. 모델 선정 및 학습시키기

모델 성능 확인하기
1. 테스트 데이터 연결하기
2. 성능 결과 확인하기

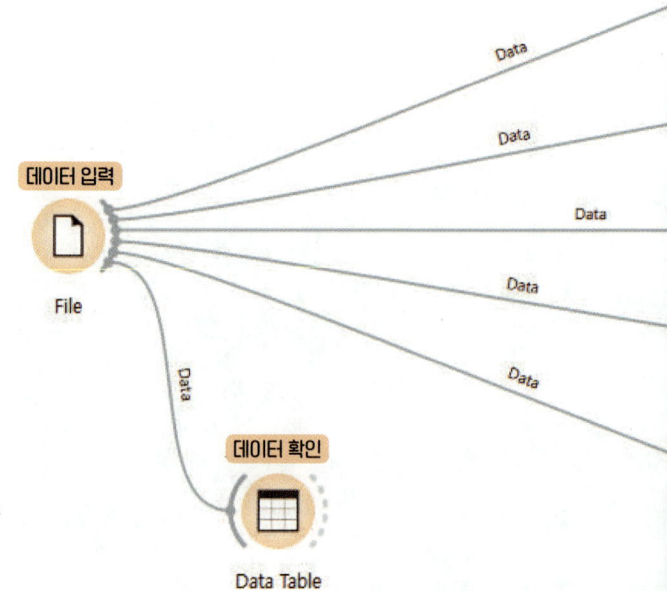

활용 인공지능   고객 행동(구매) 분석

최근 온라인 쇼핑몰에서는 인공지능이 고객 행동 분석의 핵심 도구로 부상하고 있다. 전통적인 분석 방식은 웹로그 데이터를 수치로 요약하고, 트렌드를 시각적으로 확인하는 데 그쳤으나 지금은 다르다. 이제는 인공지능이 고객의 웹페이지 방문 순서, 체류 시간, 요일과 월별 접속 패턴, 사용하는 운영체제 및 브라우저 유형, 트래픽 유입 경로, 심지어 특정 기념일 전후의 클릭 변화까지 수많은 디지털 흔적을 학습해 스스로 '구매 가능성이 높은 고객'을 예측할 수 있다.

구매 전환율(Revenue Conversion Rate)은 온라인 쇼핑몰의 수익성과 직결되기 때문에 이를 예측하고 개선하는 일은 마케팅 전략, 재고 관리, 광고 효율화 등 다양한 측면에서 매우 중요하다. 인공지능은 수천 건의 사용자 행동 이력 속에서 구매 전환을 이끄는 결정적 힌트를 발견하고, 이를 특정 고객군별 타깃 마케팅, 재고 자동 최적화, 한정 쿠폰·프로모션 자동 발행 등 실질적 전략에 바로 적용할 수 있다. 나아가 실시간 데이터 흐름에 즉시 반응하거나, 새로운 쇼핑 트렌드·이벤트 시점의 구매 전환 변화를 신속히 파악해 추가 마케팅의 타이밍까지 조절해 준다. 결국 인공지능 기반의 고객 행동 분석은 데이터 속에서 '구매로 이어지는 본질적 요인'을 찾아내고 이를 실시간·자동화로 연결시킴으로써, 온라인 쇼핑몰의 매출 성장과 사용자 경험 최적화에 혁신적인 변화를 가져올 수 있다.

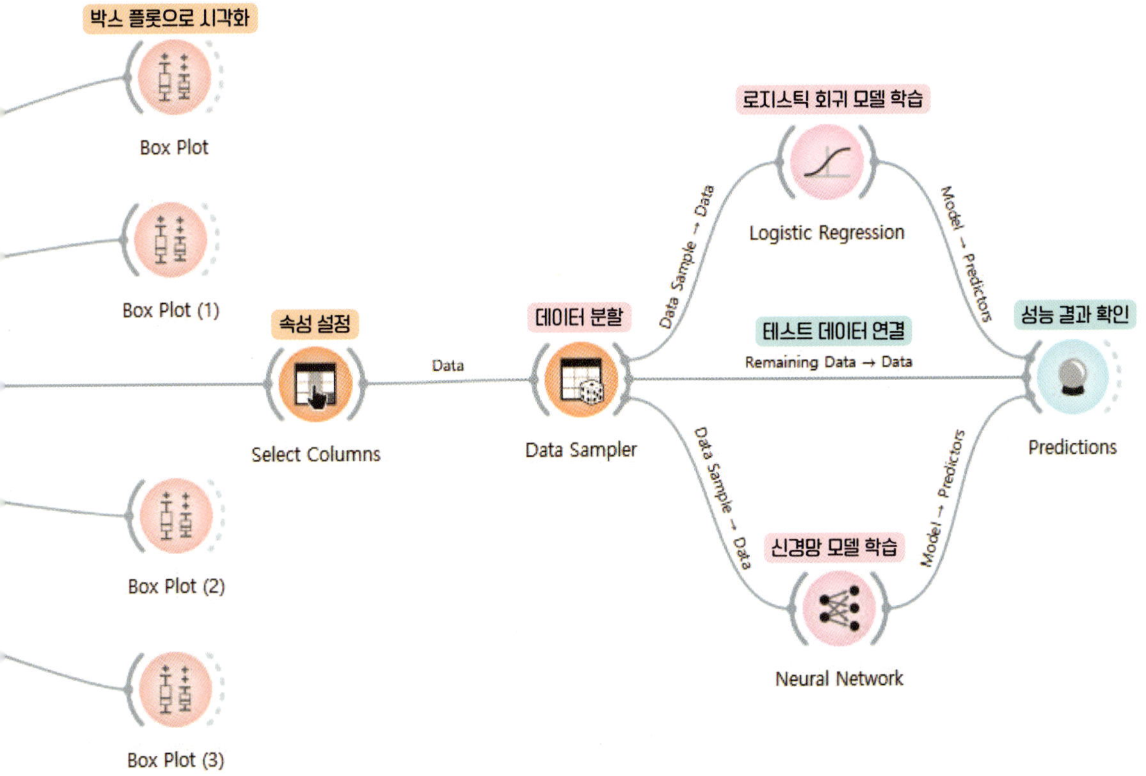

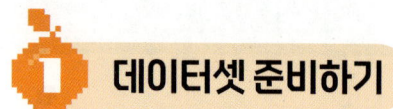

데이터셋 준비하기

1 데이터 수집하기

- 캐글 사이트(https://www.kaggle.com)에 접속해 'Shopper's Behavior and Revenue'를 검색한다.

- 해당 페이지에서 'Shoppers_Behaviour_and_Revenue.csv' 데이터를 다운로드한다.

2 데이터 불러오기

① 데이터 입력

Data 카테고리에서 [File] 위젯을 캔버스로 가져와 다운로드 받은 'Shoppers_Behaviour_and_Revenue.csv'를 불러온다.

속성 알아보기
18개의 속성 중 이번 활동에서 주로 살펴볼 속성의 정보는 다음과 같다.

속성명	속성 정보
Administrative_Duration	관리 웹페이지 체류 시간(회원 정보, 주문 내역, 결제, 장바구니 등)
Informational_Duration	정보 웹페이지 체류 시간 (이용 안내, 고객 센터, FAQ등)
ProductRelated_Duration	상품 웹페이지 체류 시간(초 단위)
BounceRates	첫 웹페이지 이탈률(진입 첫 페이지에서 바로 사이트를 나간 경우)
ExitRates	특정 웹페이지 이탈률(탐색 도중 사이트를 나간 경우)
PageValues	방문 웹페이지 가치(해당 페이지가 구매에 기여한 정도)
Revenue	구매 여부 (FALSE: 비구매, TRUE: 구매)

이 데이터셋에는 온라인 쇼핑몰에 방문한 12,330개의 고객 기록이 포함되어 있다. 각 행이 하나의 방문 세션을 나타내며, 고객의 행동 정보가 기록되어 있어 구매 전환 패턴을 분석하기에 적합하다.

38 Part 1. 유형으로 맛보는 인공지능 프로젝트

❷ **데이터 확인**

- Data 카테고리에서 [Data Table] 위젯을 가져와 [File] 위젯에 연결한다.
- [Data Table] 위젯을 더블 클릭하여 데이터의 내용을 확인한다.

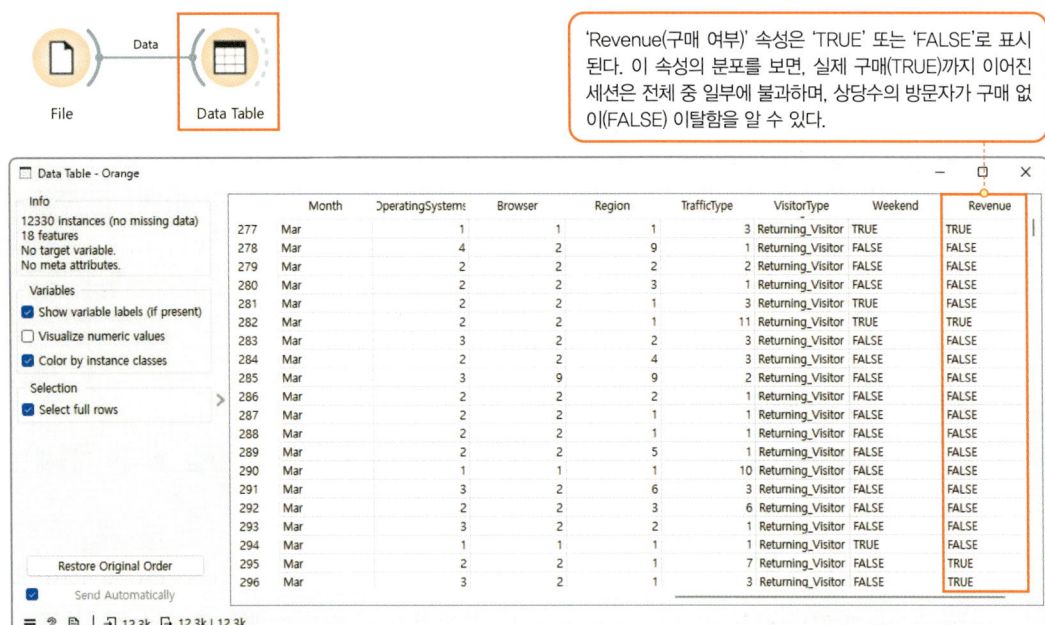

'Revenue(구매 여부)' 속성은 'TRUE' 또는 'FALSE'로 표시된다. 이 속성의 분포를 보면, 실제 구매(TRUE)까지 이어진 세션은 전체 중 일부에 불과하며, 상당수의 방문자가 구매 없이(FALSE) 이탈함을 알 수 있다.

❸ **속성 설정**

- Transform 카테고리에서 [Select Columns] 위젯을 가져와 [File] 위젯에 연결한다.
- 방문 세션이 실제 구매로 이어졌는지를 분류하기 위해 [Select Columns] 위젯을 더블 클릭하여 'Revenue(구매 여부)' 속성을 Target으로 설정한다.

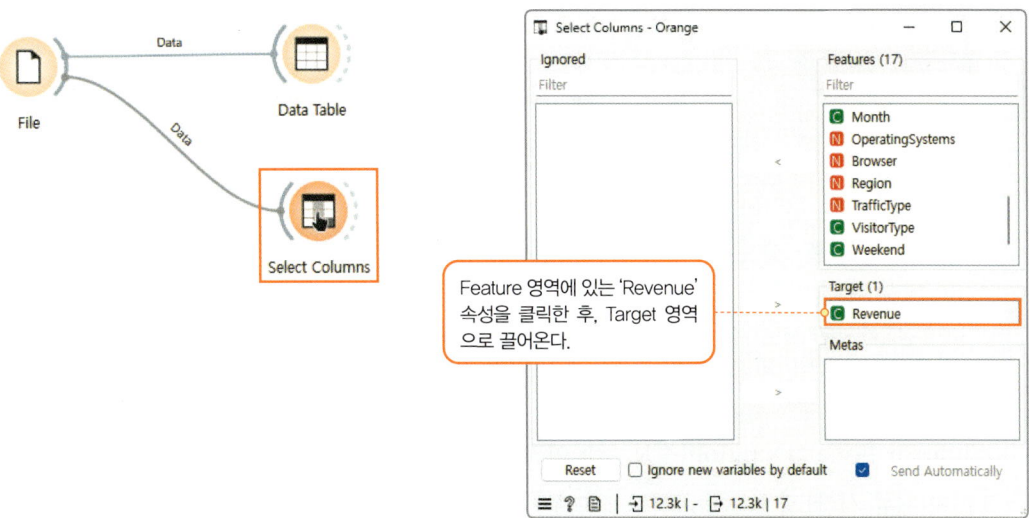

Feature 영역에 있는 'Revenue' 속성을 클릭한 후, Target 영역으로 끌어온다.

2. 구매 가능성이 높은 고객을 분류할 수 있을까? **39**

③ 데이터 시각화하기

사용자의 웹페이지 체류 시간, 방문 웹페이지의 구매 전환 기여도, 웹페이지 이탈률을 시각화하여 고객 행동 패턴이 구매 여부에 미치는 영향을 탐색해 보자. 이 데이터셋은 결측치가 없으므로 전처리 없이 시각화 위젯을 연결해 분석한다. 이러한 분석 결과를 바탕으로 마케팅 전략을 세울 수 있다.

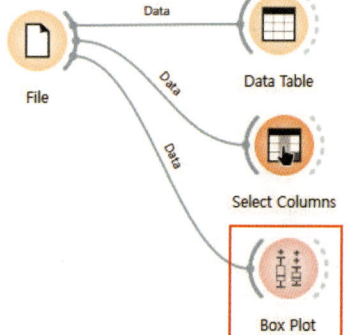

- Visualize 카테고리에서 [Box Plot] 위젯을 가져와 [File] 위젯에 연결한다.

  > **Box Plot 위젯** 각 그룹의 평균값과 중앙값, 사분위수 범위, 이상치 등을 한눈에 보여 주는 시각화 도구이다. 고객 행동 지표의 분포 정보와 특이점을 효과적으로 파악할 수 있어 그룹별 특성 비교와 구매 전환 연관성 분석에 유용하다.

❶ 웹페이지 체류 시간에 따른 구매 여부 시각화

사용자의 체류 패턴을 분석하기 위해 'ProductRelated_Duration(상품 웹페이지 체류 시간)' 속성과 'Revenue(구매 여부)' 속성 간의 관계를 시각화한다.

- [Box Plot] 위젯을 더블 클릭하여 Variable을 'ProductRelated_Duration'으로, Subgroups를 구매 여부 기준인 'Revenue'로 설정하고 시각화 결과를 확인한다.

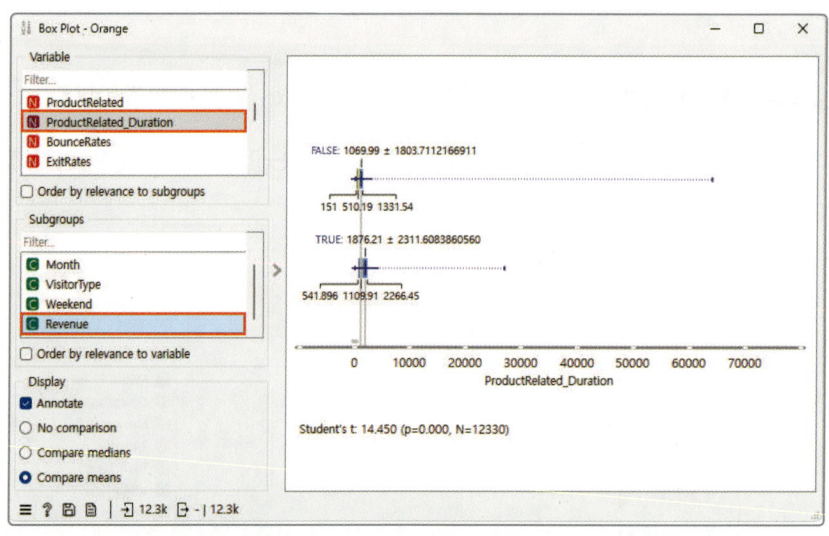

> **해설** 구매 세션(TRUE)은 평균, 중앙값, 사분위수 범위가 모두 비구매 세션(FALSE)보다 높다. 즉, 구매에 성공한 방문자들은 상품 웹페이지에서 상품을 비교적 오랫동안 탐색하는 경향이 있는 반면, 비구매 방문자 대다수의 상품 홈페이지 체류 시간 분포는 낮음을 알 수 있다.

- 'Informational_Duration(정보 웹페이지 체류 시간)', 'Administrative_Duration(관리 웹페이지 체류 시간)'과 'Revenue(구매 여부)' 간의 관계도 시각화하여 결과를 확인해 본다.

❷ **방문 웹페이지 가치에 따른 구매 여부 시각화**

동일한 방법으로 사용자가 방문한 웹페이지가 구매 전환에 얼마나 기여했는지 알아보기 위해 'PageValues(방문 웹페이지 가치)' 속성을 시각화한다. 'PageValues' 속성은 마케팅 성과 분석과 최적화에 필수인 '전환 가치'를 명확하게 보여 주는 지표로, 이 값이 '높다'라는 것은 사용자가 실제로 구매 가능성이 높은 웹페이지들을 방문했다는 의미이다.

- [Box Plot] 위젯을 더블 클릭하여 Variable을 'PageValues'로, Subgroups를 'Revenue'로 설정하고 시각화 결과를 확인한다.

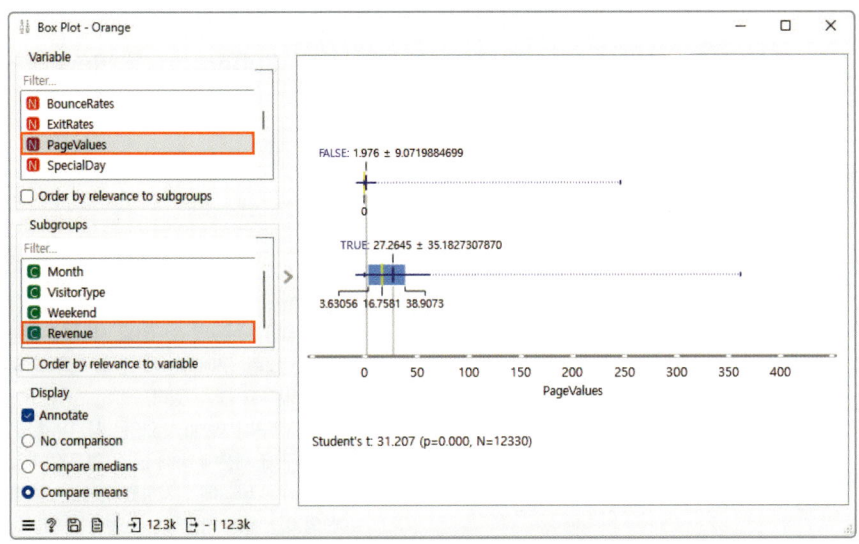

해설 구매 세션(TRUE)은 평균 및 중앙값이 비구매 세션(FALSE)보다 모두 높으며, 사분위수 범위도 더 높은 구간에 분포하고 있다. 반면, 비구매 세션은 대부분의 값이 0에 가깝다.

ⓐ랑 친해지기 ※ 박스 플롯 보는 법

박스 플롯은 데이터의 대략적인 분포와 개별적인 이상치를 동시에 보여 주며, 서로 다른 데이터 뭉치를 쉽게 비교할 수 있는 시각화 기법이다.

Data

	날짜	판매량
1	2023-06-01	-2
2	2023-06-02	42
3	2023-06-03	43
4	2023-06-04	47
5	2023-06-05	325

시각화 ➡

- 범위가 넓은 경우 값의 변동성이 크다.
- 평균값 ± 표준편차
- 사분위수 범위 IQR = Q3−Q1(47−42 = 5)
- 최솟값(정상 범위 내 하한값) Q1−IQR×1.5 = 34.5
- 최댓값(정상 범위 내 상한값) Q3−IQR×1.5 = 54.5
- 44±9.0
- 42 43 47
- 이상치 / 이상치
- 1사분위수 Q1 (25%)
- 중앙값 Q2 (50%)
- 3사분위수 Q3 (75%)

판매량: 30 35 40 45 50 55 60

❸ 웹페이지 이탈률에 따른 구매 여부 시각화

사용자의 이탈 패턴을 살펴보기 위해 웹페이지 이탈률을 의미하는 'BounceRates(첫 웹페이지 이탈)'와 'ExitRate(특정 웹페이지 이탈)' 속성을 시각화한다. 'BounceRates' 분석은 사이트 방문자가 첫 페이지에서 얼마나 빨리 이탈하는지를 파악할 수 있고, 'ExitRate' 분석은 사이트 내 사용자의 탐색 경로 중 이탈이 많이 발생하는 지점을 세밀하게 파악할 수 있다. 따라서 두 속성을 모두 살펴야 초기 방문 문제와 과정 중 이탈 문제를 구분하여 보다 효과적인 개선책을 마련할 수 있다.

▼ 첫 웹페이지 이탈률과 구매 전환 여부

[Box Plot] 위젯을 더블 클릭하여 Variable를 'BounceRates'로, Subgroups를 'Revenue'로 설정하고 시각화 결과를 확인한다.

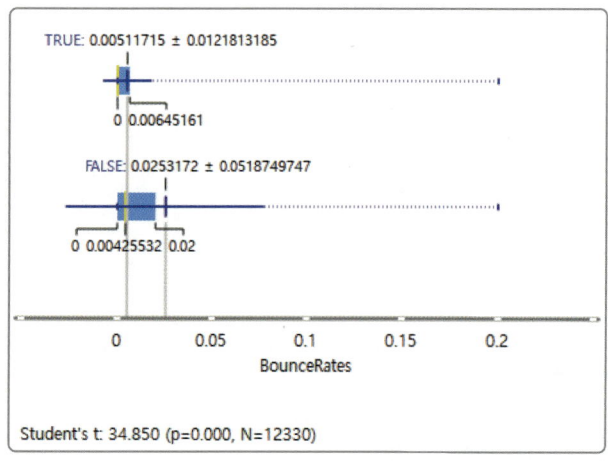

> **해설** 구매 세션(TRUE)은 대부분의 값이 매우 낮은 수준(약 0~0.02 사이)에 집중되어 있다. 즉, 구매자는 첫 진입 이후 이탈이 거의 없다고 볼 수 있다.
> 반면, 비구매 세션(FALSE)은 사분위수의 범위가 구매 세션에 비해 넓고, 평균값이 사분위수 범위 바깥에 위치하였다. 이는 일부 세션의 이탈률이 극단적으로 높음을 의미하는 것으로 보아 비구매자는 진입 즉시 이탈하는 경우가 많음을 알 수 있다.

▼ 특정 웹페이지 이탈률과 구매 전환 여부

[Box Plot] 위젯을 추가로 연결한 후 'Exit Rate'도 같은 방법으로 설정하고 결과를 확인한다.

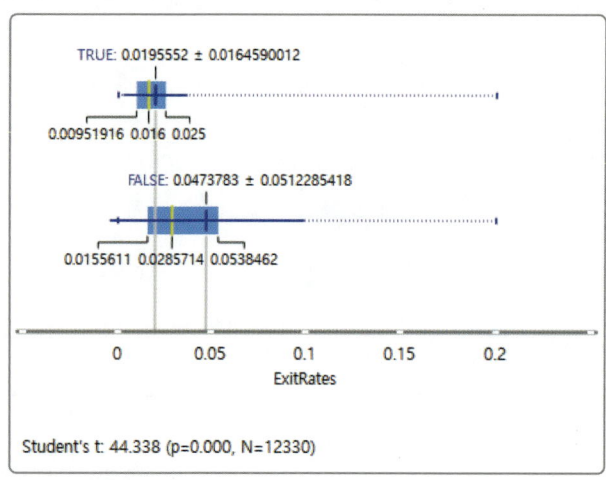

> **해설** 구매 세션(TRUE)은 대부분 값이 낮고 일관적이다. 이는 구매자가 '유입 → 탐색 → 결제 완료'의 흐름을 거치면서 자연스럽게 결제 단계에서 세션이 종료되는 경우가 많음을 의미한다.
> 비구매 세션(FALSE)은 반대로 값의 범위가 넓다. 이로써 비구매자들은 여러 탐색 단계에서 예기치 않게 세션을 종료하는, 즉 중간에 이탈하는 경향이 뚜렷함을 알 수 있다.

❹ 결과 분석 및 전략 도출

여러 속성을 시각화하여 고객 행동이 구매 여부에 미치는 영향을 확인하였다. 이러한 시각화 결과를 종합하여 구매 전환을 유도하는 핵심 속성의 시사점과 마케팅 전략을 도출한다.

▼ 구매 전환 행동 비교 분석

속성	구매 세션	비구매 세션	시사점
ProductRelated_Duration (상품 웹페이지 체류 시간)	높음.	낮음.	상품 정보 탐색이 충분히 이뤄져야 실제 구매로 이어질 수 있음.
Informational_Duration (정보 웹페이지 체류 시간)	높음.	낮음.	상품 안내 외에 고객센터, FAQ 등의 추가 정보 탐색이 구매 행동에 긍정적으로 연결될 수 있음.
Administrative_Duration (관리 웹페이지 체류 시간)	높음.	낮음.	구매 절차와 관련된 활동(계정 및 주문 관리, 장바구니 확인 등)은 실제 구매와 밀접하게 연결되어 있음.
PageValues (웹페이지 가치)	높음.	대부분 0임.	구매 전환 가능성이 높은 웹페이지의 특성을 분석해 마케팅 전략을 집중할 필요가 있음.
BounceRates / ExitRates (웹페이지 이탈률)	낮고 안정적임.	변동이 큼.	구매 전환율을 높이려면 이탈이 높은 구간(웹페이지나 단계)을 찾아 콘텐츠와 UX를 개선할 필요가 있음.

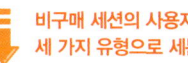

비구매 세션의 사용자 패턴을
세 가지 유형으로 세분화하여 마케팅 전략 도출

▼ 비구매 유형별 마케팅 전략

유형	특성	마케팅 전략
정보 의존형 비구매자	정보 페이지 체류는 높으나 구매로 이어지지 않음.	FAQ 강화, 자동 응답 챗봇 도입
망설이는 탐색자	상품 페이지 다수 방문, 체류 높음.	추천 시스템 강화, 한정 할인 제시
혼란형 이탈자	관리·정보 페이지 체류 높으나 결국 이탈함.	정책 단순화, 페이지 재구성 필요

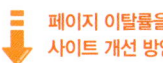

페이지 이탈률을 낮추기 위한
사이트 개선 방안 수립

▼ 사이트 개선 방안

개선 항목	적용 전략
첫 진입 웹페이지(Bounce)	상품 추천이나 혜택 안내를 첫 화면에서 즉시 노출
중간 이탈 웹페이지(Exit)	구매 전환 가능성이 낮은 웹페이지에 프로모션 콘텐츠 삽입
이탈 추적	이탈률 높은 웹페이지를 대상으로 문제를 파악하고 개선된 버전으로 테스트 시행
유입 타깃팅	첫 웹페이지 이탈이 높은 트래픽 유형을 광고 캠페인에서 제외하거나 재설정

온라인 쇼핑몰의 구매 전환율을 높이려면 'PageValue'가 높은 페이지의 유입률을 높이고, 그 웹페이지에서 이탈하지 않도록 구조화해야 한다. 또한 정보 웹페이지는 신뢰와 명확함을 중심으로 디자인해야 하며, 관리 웹페이지는 복잡도를 줄이고 전환 요소와의 연결성을 강화해야 한다. 데이터 시각화를 통해 이런 '패턴 기반 통찰'을 쉽게 도출할 수 있다.

이제 이 데이터를 바탕으로 인공지능 모델을 만들어, 수천 명의 고객 중 누가 실제 구매자가 될 가능성이 높은지 예측해 보자.

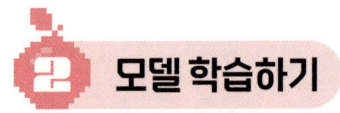

모델 학습하기

① 훈련 데이터와 테스트 데이터 나누기

- Transform 카테고리에서 [Data Sampler] 위젯을 가져와 [Select Columns] 위젯에 연결한다.
- [Data Sampler] 위젯을 더블 클릭하고 Fixed proportion of data 옵션을 '80%'로 설정하여 훈련 데이터와 테스트 데이터를 80:20으로 분리한다.

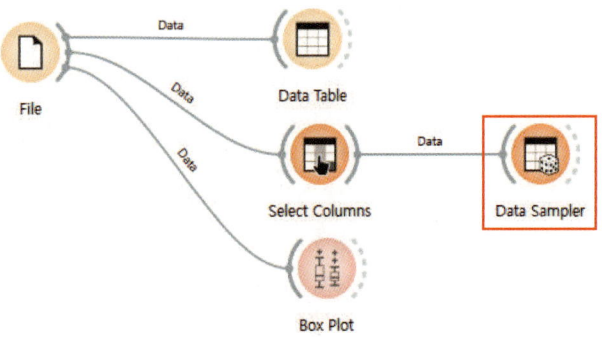

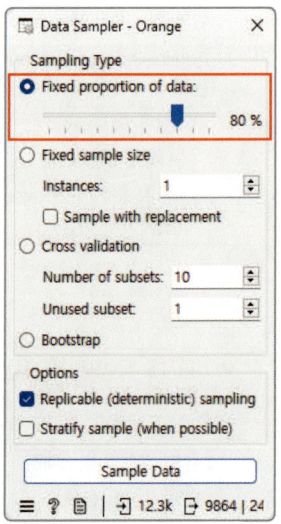

② 모델 선정 및 학습시키기

Model 카테고리에서 [Logistic Regression] 위젯과 [Neural Network] 위젯을 가져와 [Data Sampler] 위젯에 각각 연결하여 학습시킨다.

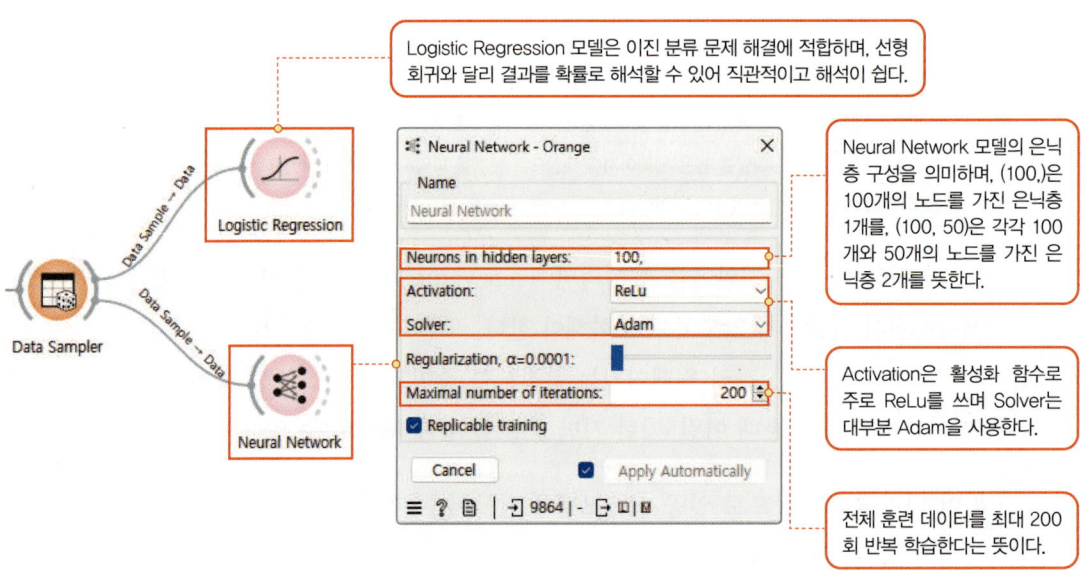

Logistic Regression 모델은 이진 분류 문제 해결에 적합하며, 선형 회귀와 달리 결과를 확률로 해석할 수 있어 직관적이고 해석이 쉽다.

Neural Network 모델의 은닉층 구성을 의미하며, (100,)은 100개의 노드를 가진 은닉층 1개를, (100, 50)은 각각 100개와 50개의 노드를 가진 은닉층 2개를 뜻한다.

Activation은 활성화 함수로 주로 ReLu를 쓰며 Solver는 대부분 Adam을 사용한다.

전체 훈련 데이터를 최대 200회 반복 학습한다는 뜻이다.

3 모델 성능 확인하기

1 테스트 데이터 연결하기

- Evaluate 카테고리에서 [Predictions] 위젯을 가져와 [Logistic Regression], [Neural Network] 위젯과 [Data Sampler] 위젯에 연결한다.

- [Data Sampler] 위젯과 [Predictions] 위젯 사이에 연결된 선을 더블 클릭한 후, 연결선을 'Remaining Data→Data'로 바꾼다.

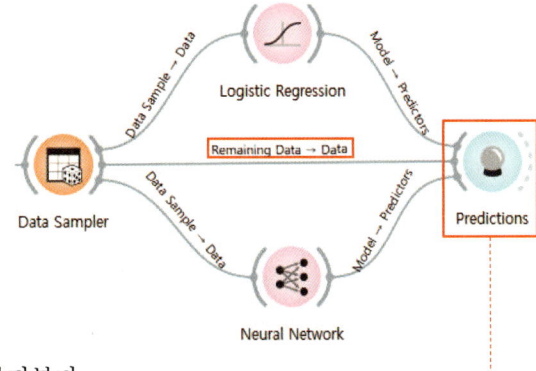

2 성능 결과 확인하기

[Predictions] 위젯을 더블 클릭하여 성능을 살펴본다.

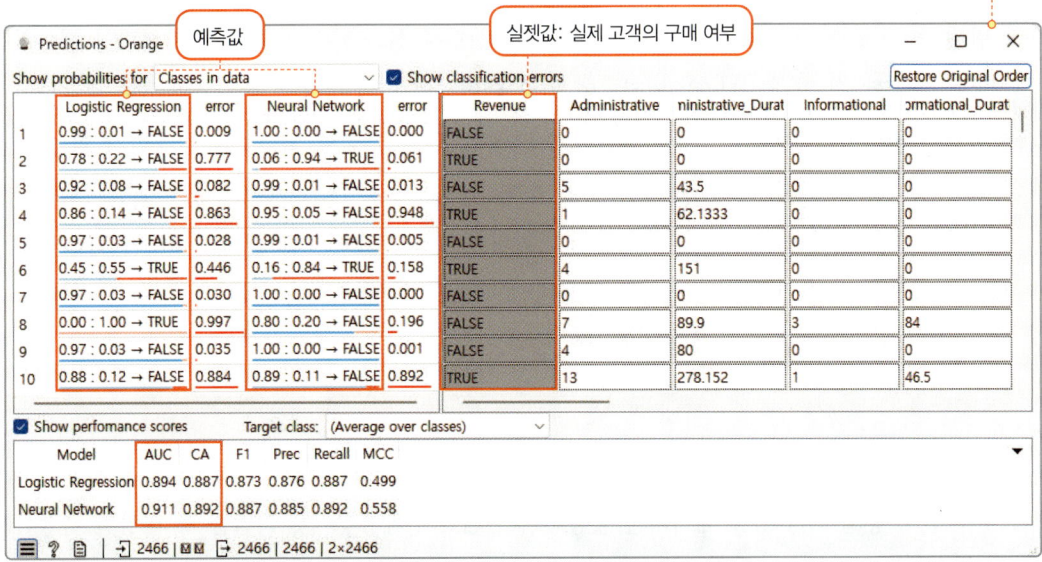

해설 AUC(Area Under the Curve)는 ROC 곡선(구매자를 잘 찾아낸 비율과 비구매자를 잘못 분류한 비율의 그래프) 아래 면적으로, 값이 1에 가까울수록 예측력이 높음을 의미한다. Neural Network 모델의 AUC가 91.1%로 Logistic Regression 모델보다 구매자를 더 잘 구분했다. CA(Classification Accuracy)는 전체 예측이 맞은 비율로, 이 역시 Neural Network 모델이 89.2%로 Logistic Regression 모델보다 더 높은 정확도를 보였다.

딥러닝 기반의 Neural Network 모델이 높은 예측 정확도와 정교한 분류 성능으로 실제 고객 행동 데이터를 통합적으로 학습하여 구매자와 비구매자를 높은 신뢰도로 구분해내었음을 알 수 있다. 이를 통해 구매 가능성이 높은 고객을 실시간으로 예측하여 할인 코드 자동 발송이나 고가 상품 전용 타깃팅 등 다양한 마케팅 전략을 구현할 수 있다.

AI 전문가되기 ※ Neural Network 모델이 Logistic Regression 모델보다 분류를 더 잘하는 이유

이진 분류는 데이터를 두 개의 상호 배타적인 범주로 나누는 문제로, 스팸 메일 판별, 암 진단, 고객 이탈 예측 등 다양한 분야에서 널리 사용된다. 이진 분류의 목표는 주어진 입력 데이터를 바탕으로 해당 데이터가 어느 범주에 속하는지를 예측하는 것이다.

Logistic Regression 모델은 이러한 이진 분류 문제를 해결하기 위한 대표적인 선형 모델로, 입력 속성들의 가중합을 시그모이드 함수에 입력하여 특정 범주에 속할 확률을 예측한다. 단순성과 해석 용이성이 가장 큰 장점이지만, 기본적으로 입력 속성과 결과 사이의 관계를 직선이나 평면과 같은 선형 구조로 가정하기 때문에, 데이터에 내재된 복잡하고 비선형적인 패턴을 충분히 포착하기는 어렵다.

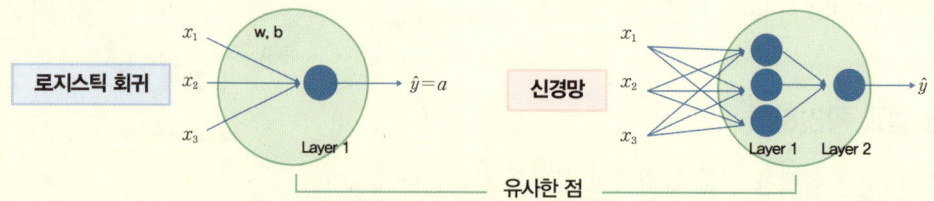

유사한 점
신경망은 로지스틱 회귀를 여러 번 반복해 주는 것으로 Layer가 많아질수록 복잡한 특징(패턴)을 찾을 수 있다.

반면, Neural Network 모델은 다층 구조와 비선형 활성화 함수를 통해 훨씬 복잡한 데이터 패턴을 학습할 수 있다. 은닉층을 거치며 입력 데이터의 다양한 속성을 점진적으로 추출하고 조합하여 비선형적인 결정 경계를 형성하기 때문에, 단순한 선형 모델로는 구분하기 힘든 복잡한 데이터도 효과적으로 분류할 수 있다. 특히 속성의 수가 많고 데이터 규모가 충분할수록 신경망의 장점은 더욱 두드러진다. 고차원 데이터나 대규모 데이터셋에서는 Neural Network 모델이 다양한 속성 간의 복잡한 상호 작용까지 학습할 수 있어, Logistic Regression 모델보다 더 높은 분류 정확도를 달성할 가능성이 높다.

정리하기 ※

온라인 쇼핑몰 고객 행동 데이터를 활용하여 웹페이지 체류 시간, 이탈률 등 다양한 속성을 박스 플롯으로 시각화하며 구매 세션과 비구매 세션의 특징을 비교 분석하였다. 상품·정보·관리 페이지별 체류 시간과 웹페이지 가치, 이탈률에서 나타나는 구매자와 비구매자의 행동 차이를 파악하고, 이를 기반으로 유형별 마케팅 전략과 사이트 개선 방안을 도출하였다. 또한 Neural Network 모델을 이용해 고객 행동 데이터를 학습시키고, 테스트 데이터로 예측한 결과를 실제 구매 데이터와 비교하여 성능을 평가한 결과, 구매자와 비구매자를 높은 신뢰도와 정확도로 구분해냄을 확인하였다. 이를 통해 인공지능 기반의 Neural Network 모델이 마케팅 타깃 설정 및 고객 맞춤 전략 수립 등 다양한 실전 비즈니스 전략에 활용될 수 있음을 알 수 있다.

3
셀카 사진으로 감정 상태를 알 수 있을까?

 활동 키워드   이미지 분석   이미지 임베딩   Logistic Regression

 # 셀카 사진으로 감정 상태를 알 수 있을까?

문제 상황

스마트폰과 SNS의 보급으로 수많은 셀카(Selfie)가 공유되며, 사람들은 표정으로 기쁨, 슬픔, 분노 등 다양한 감정을 표현한다. 표정은 언어보다 직관적으로 감정을 전달할 수 있는 수단이지만, 사람마다 표정에서 느끼는 감정에 대한 해석은 주관적이라서 평가하기 쉽지 않다.

만약 인공지능이 사진 속 표정을 분석해 감정을 자동으로 판별할 수 있다면 사람들의 표정을 보다 객관적으로 파악할 수 있을 것이다. 이는 상담이나 마케팅 등에서 다양하게 활용할 수 있으며, 더 나아가 사람 간 비언어적 소통을 보완하여 원활한 이해와 소통을 하는 데 도움을 줄 수 있을 것이다.

그렇다면 인공지능이 실제 사진 속 감정을 분석하여 읽어낼 수 있을까?

활동 미리보기

 데이터셋 준비하기
1. 데이터 수집하기
2. 데이터 불러오기
3. 데이터 전처리하기

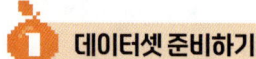 **모델 학습하기**
모델 선정 및 학습시키기

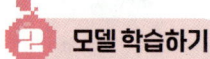 **모델 성능 확인하기**
1. 모델 성능 비교하기
2. 혼동 행렬로 결과 분석하기
3. 최종 예측 결과 확인하기

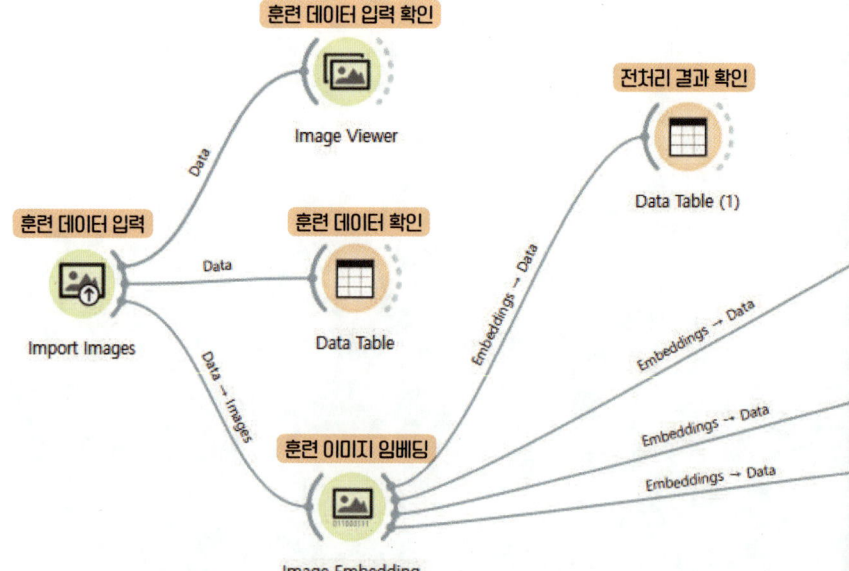

활용 인공지능 · 이미지 분석(Image Analytics)

이미지 분석은 정지된 이미지에서 사물이나 사람의 얼굴과 같은 시각적 요소를 인식하고 의미를 추출하는 인공지능 기술로, 다양한 분야에서 활용되고 있다.

그중 **얼굴 표정 이미지 분류**는 인공지능이 사람의 얼굴 표정을 분석한 후 감정을 자동으로 분류하는 기술이다. 이 기술은 개인의 주관적 판단을 넘어서 다수의 감정을 체계적으로 해석하고, 사회적 현상이나 여론의 흐름을 시각적 데이터로 보여 준다. 또한 특정 시점과 장소에서 수집한 감정 데이터를 기반으로 집단의 정서 상태 변화를 정량적으로 평가하고 예측하여 사회 여러 분야에서 의사 결정과 맞춤형 대응 서비스에 활용된다.

향후 이미지 분석 기술은 고객 행동 분석 측면에서 3D 얼굴 모델링, 실시간 표정 추적, 생체 신호 융합 등을 통한 감정 인식의 정확도와 정밀도를 높이는 방향으로 발전할 것으로 보인다. 또한 증강 현실(AR)과 가상 현실(VR) 같은 융합 기술과 결합된 이미지 분석으로 고객이 가상 환경에서 보이는 표정과 행동을 실시간으로 파악해, 구매 의도와 만족도를 정밀하게 분석할 수 있다. 이를 통해 맞춤형 마케팅 전략을 세우고 제품 개선에 반영할 수 있게 된다. 다만, 이러한 기술 발전은 개인 정보 보호나 윤리적 문제와 같은 과제도 함께 해결되어야 한다.

> **잠깐!** Image Analytics 카테고리를 설치해야 이미지와 관련된 위젯을 사용할 수 있습니다. 프로그램 메뉴 [Options]-[Add-ons...]에서 해당 항목을 체크하여 설치합니다(52쪽 참고).

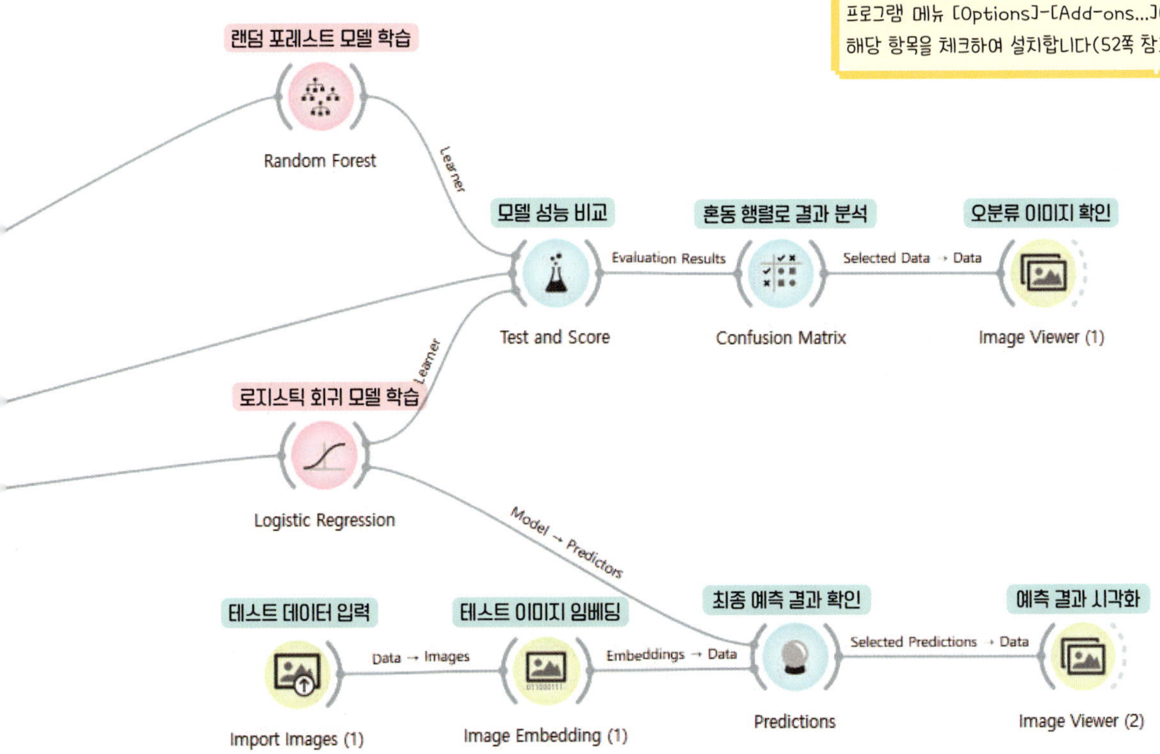

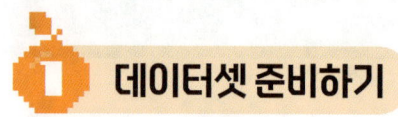 데이터셋 준비하기

① 데이터 수집하기

사람들의 다양한 감정을 표현한 이미지 데이터를 수집해 보자. 데이터는 관련 데이터셋을 제공하는 사이트에서 다운로드하거나 원하는 이미지를 검색해 모으는 방법으로 수집할 수 있다.

방법 1 외부 데이터 수집하기

❶ 데이터 다운로드

캐글에서 'Human Face Emotions'를 검색하고 오른쪽 이미지의 데이터셋을 선택한다. 이후 [Download] – 'Download dataset as zip'을 클릭한 후 데이터셋을 다운로드한다.

❷ 데이터 분할

다운로드한 데이터셋의 각각의 폴더에서 임의로 사진을 골라 '테스트 데이터' 폴더로 옮겨 총 20개의 사진 이미지가 있는 테스트 데이터를 만들고, 나머지는 훈련 데이터로 사용한다.

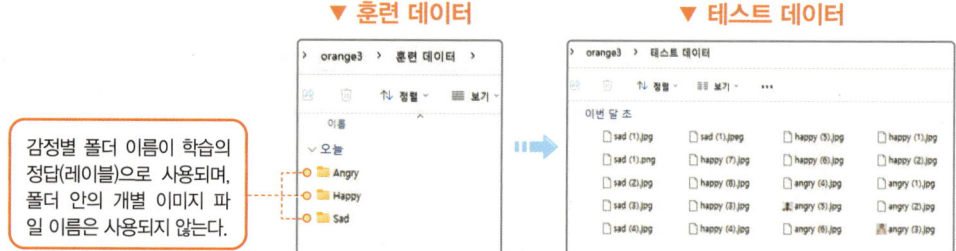

▼ 훈련 데이터 ▼ 테스트 데이터

감정별 폴더 이름이 학습의 정답(레이블)으로 사용되며, 폴더 안의 개별 이미지 파일 이름은 사용되지 않는다.

방법 2 검색 데이터 수집하기

❶ 확장 프로그램 추가

chrome 웹 스토어(https://chromewebstore.google.com/?hl=ko)에 접속한 후, '확장 프로그램' 탭에서 '이미지 다운로더'를 검색하여 선택한 이미지를 한 번에 다운로드할 수 있는 확장 프로그램을 추가한다.

❷ **확장 프로그램 실행**

　검색어를 넣어 이미지 검색을 한 후, 확장 프로그램 아이콘을 클릭하여 'Image Downloader'를 실행한다.

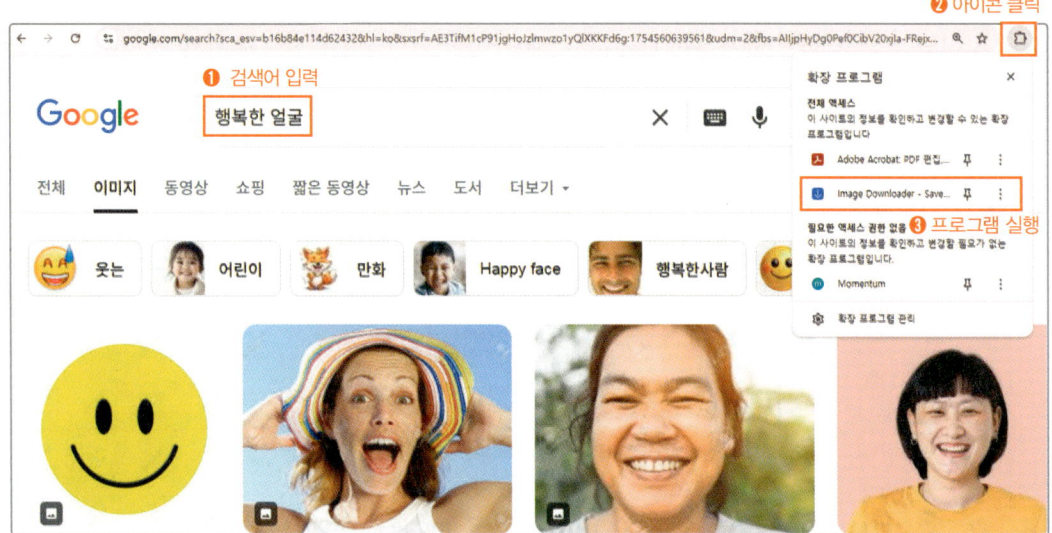

❸ **데이터 저장**

- 이미지 선택 창이 뜨면 스크롤을 내리면서 필요한 사진을 체크하여 선택한다.

- 선택이 끝나면 맨 좌측 상단의 초록색 버튼을 클릭하여 이미지를 한번에 다운로드 받은 후, 'Happy' 폴더를 만들어 저장한다.

- 'Angry'와 'Sad'에 해당하는 이미지도 같은 방법으로 다운로드하고 테스트 데이터도 저장한다.

② 데이터 불러오기

수집한 이미지 데이터를 불러와 확인해 보자.

❶ 카테고리 추가

이미지 분석을 위하여 상단의 Options 메뉴에서 'Add-ons...'를 클릭한 후, Installer 창의 'Image Anaytics' 옆 체크박스(☑)를 클릭하여 해당 카테고리를 설치한다.

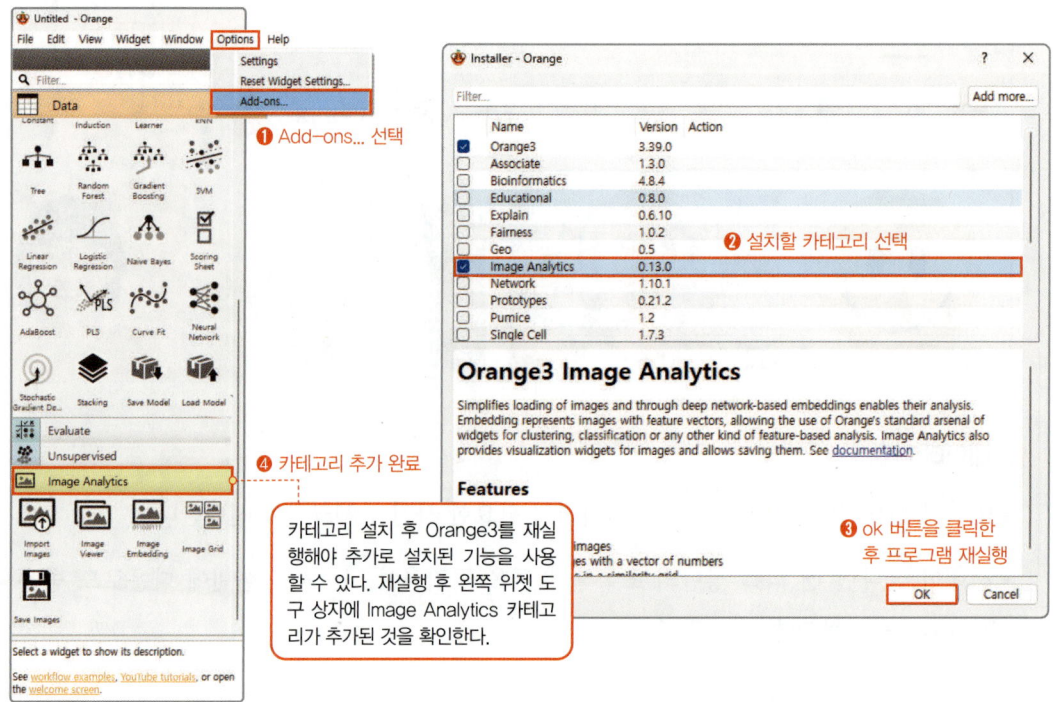

❷ 데이터 입력

- Image Analytics 카테고리에서 [Import Images] 위젯을 캔버스로 가져온다. 위젯을 더블 클릭한 후, 폴더 버튼을 클릭하여 '훈련 데이터'를 업로드한다.

Import Image 위젯 사용자가 이미지가 저장된 폴더를 선택하면, 해당 폴더에 있는 모든 이미지를 불러와서 이미지 시각화, 임베딩, 모델링 등의 단계로 쉽게 확장할 수 있게 해 준다.

- Image Analytics 카테고리의 [Image Viewer] 위젯을 [Import Images] 위젯에 연결한 후, 더블 클릭하여 이미지가 제대로 입력되었는지 확인한다.

Image Viewer 위젯 파일에 저장된 이미지 데이터를 시각화할 수 있는 도구이다. 이 기능을 통해 데이터의 유사점 또는 차이점을 시각적으로 비교할 수 있고, 이미지 분류 모델의 성능을 직관적으로 분석하는 데 활용할 수 있다.

제대로 연결되었다면 [Image Viewer] 위젯을 더블 클릭해서 폴더의 이미지와 파일명을 함께 확인할 수 있다.

❸ 데이터 확인

Data 카테고리의 [Data Table] 위젯을 [Import Images] 위젯에 연결한 후, 더블 클릭하여 이미지 이름과 크기, 가로·세로의 길이 등을 확인한다.

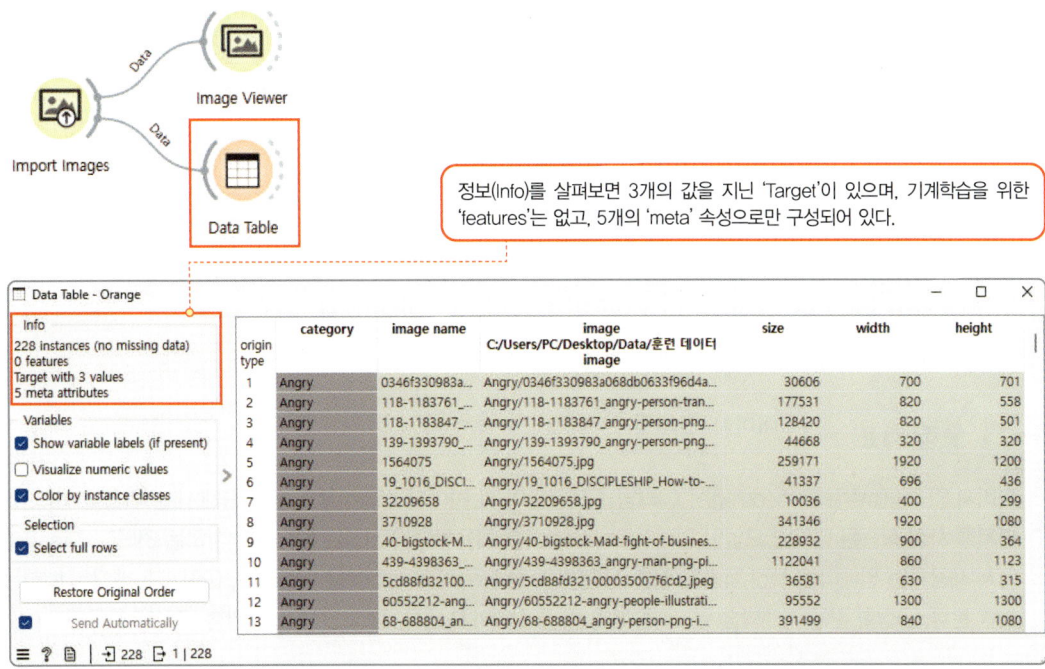

정보(Info)를 살펴보면 3개의 값을 지닌 'Target'이 있으며, 기계학습을 위한 'features'는 없고, 5개의 'meta' 속성으로만 구성되어 있다.

3 데이터 전처리하기

분류 작업을 시작하기 전, 이미지 데이터를 기계학습에 사용할 수 있도록 전처리해 보자.

❶ 이미지 임베딩

Image Analytics 카테고리에서 [Image Embedding] 위젯을 가져와 [Import Images] 위젯에 연결하여 이미지 임베딩(Image Embedding)을 수행한다.

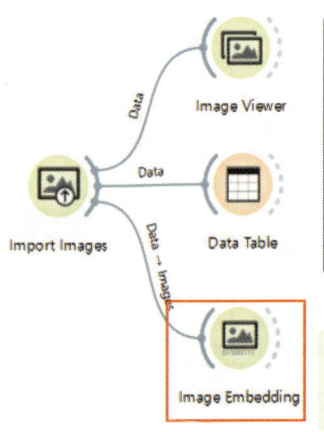
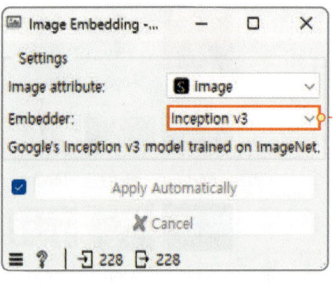

임베더(Embedder) 옵션
- Inception v3: 구글이 개발한 정확도 높은 표준 이미지 인식 모델
- SqueezeNet: 인터넷 없이 초경량 이미지 분석
- VGG-16/19: 옥스퍼드 대학이 개발한 심층 신경망, 고해상도 이미지 특성 추출에 활용
- Painters: 예술(회화) 이미지 분석에 특화
- DeepLoc: 생물학적 이미지 분석 전용
- openface: 얼굴 인식/분석에 사용

Image Embedding 위젯 이미지 원본을 픽셀 단위가 아닌 벡터로 변환하여 분류, 군집화, 예측 등 다양한 기계학습 모델에 바로 입력할 수 있게 해 준다. 임베딩 결과는 [Data Table] 위젯을 연결해 데이터 테이블 형태로 확인할 수 있다.

❷ 전처리 결과 확인

Data 카테고리에서 [Data Table] 위젯을 가져와 [Image Embedding] 위젯에 연결하여 특정 벡터 속성이 추가된 것을 확인한다.

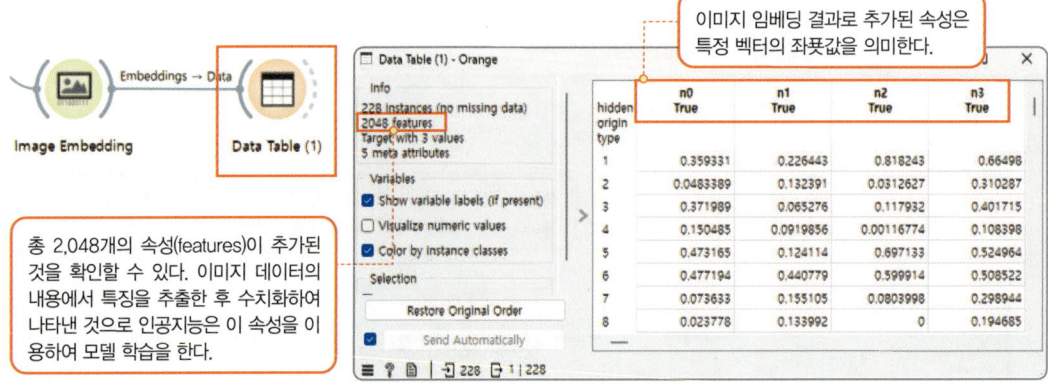

총 2,048개의 속성(features)이 추가된 것을 확인할 수 있다. 이미지 데이터의 내용에서 특징을 추출한 후 수치화하여 나타낸 것으로 인공지능은 이 속성을 이용하여 모델 학습을 한다.

이미지 임베딩 결과로 추가된 속성은 특정 벡터의 좌푯값을 의미한다.

이미지 임베딩

이미지 임베딩(Image Embedding)은 딥러닝을 이용하여 각 이미지의 특징 벡터를 추출해 내는 역할을 한다. 이미지를 사전 학습된 딥러닝 모델인 임베더(Embedder)를 사용하여 수치화된 벡터로 변환하는 것이다. Orange3에서 제공하는 임베더는 사전 학습된 심층 신경망(Deep Neural Network)을 사용한다. 이렇게 임베딩된 벡터는 이후 분류, 군집화 같은 기계학습 알고리즘에 입력되어 이미지 분류, 감정 인식 등 다양한 작업에 활용된다.

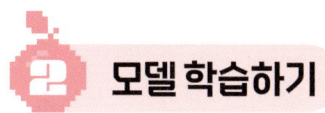 모델 학습하기

이미지 임베딩한 데이터와 이미지를 분류할 수 있는 기계학습 모델을 연결하여 학습을 진행해 보자.

- Model 카테고리에서 [Random Forest], [Logistic Regression] 위젯을 가져와 [Image Embedding] 위젯에 각각 연결하여 학습시킨다.

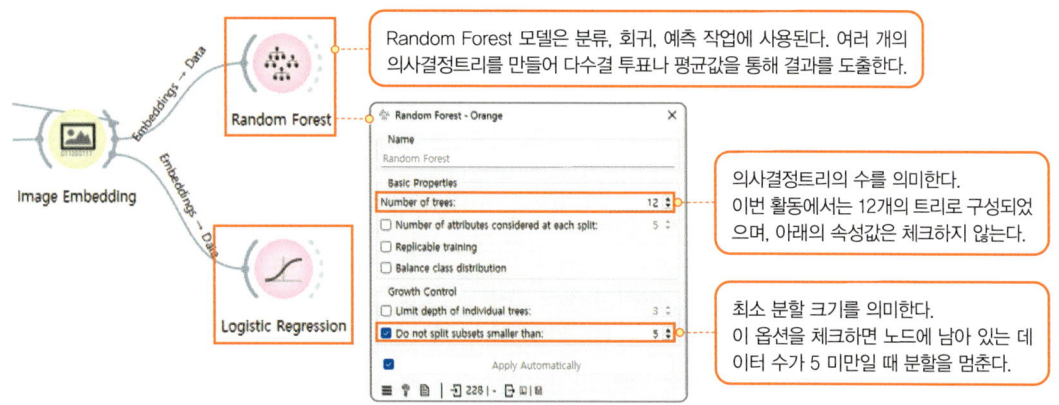

 모델 성능 확인하기

학습이 완료된 모델들의 성능을 확인해 보자.

1 모델 성능 비교하기

- Evaluate 카테고리의 [Test and Score] 위젯을 [Random Forest], [Logistic Regression] 위젯과 [Image Embedding] 위젯에 각각 연결한다.
- [Test and Score] 위젯을 더블 클릭하여 각 모델의 성능 평가 지표를 확인한다.

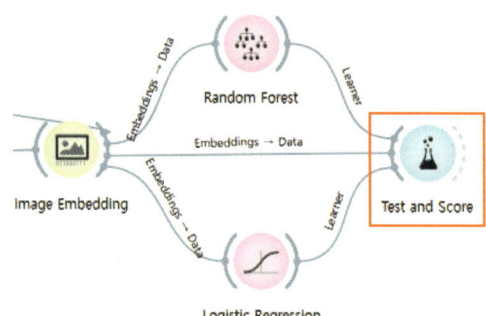

Test and Score 위젯 여러 기계학습 모델을 동일한 기준과 교차 검증으로 평가해 평균 성능을 계산하고, 결과를 정량적인 표 형태로 제시하므로 어떤 모델이 더 우수한 성능을 보이는지 쉽게 비교할 수 있다.

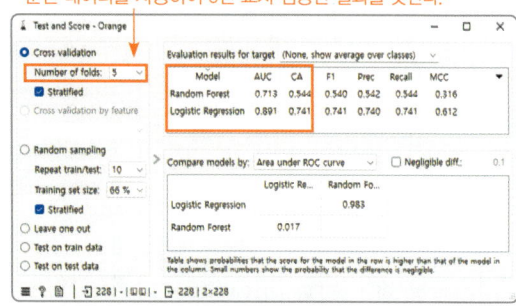

해설 Random Forest 모델은 AUC 0.713과 CA 0.544, Logistic Regression 모델은 AUC 0.891과 CA 0.741로 각각 나타났다. 이를 통해 Logistic Regression 모델이 더 높은 성능을 보임을 알 수 있다.

② 혼동 행렬로 결과 분석하기

❶ 분류 결과 비교

Evaluate 카테고리의 [Confusion Matrix] 위젯을 [Test and Score] 위젯에 연결하여 분류 결과를 확인한다.

Confusion Matrix 위젯 실제 정답 클래스와 모델이 예측한 클래스 간의 관계를 행과 열로 구성된 표 형태로 나타내 오분류된 데이터의 개수를 확인할 수 있다.

실제 감정이 'Happy'인 이미지를 모델이 'Angry'로 잘못 분류한 경우, 해당 셀에는 '7'이라는 숫자(오분류된 이미지의 개수)가 표시된다.

▼ Logistic Regression의 분류 결과

▼ Random Forest 분류 결과

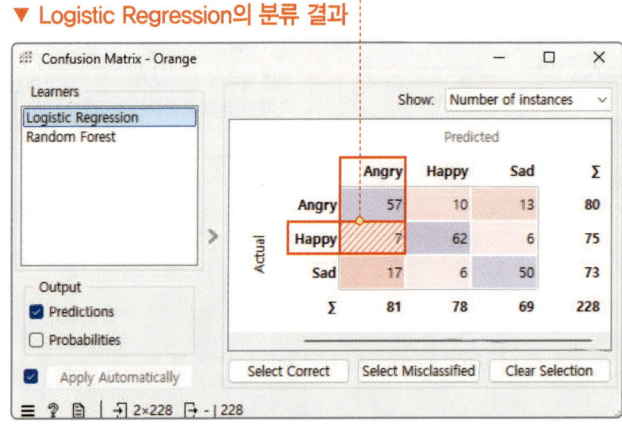
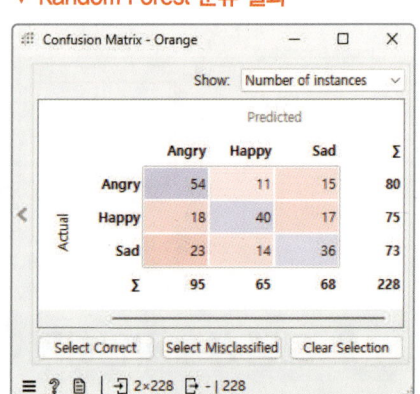

> **[해설]** Logistic Regression 모델은 228건 중 169건(57+62+50개)을 맞게 예측하였으나 Random Forest 모델은 130건(54+40+36개)만 맞게 예측하였다. 따라서 이 데이터에서는 성능 평가 지표로 확인한 것과 마찬가지로 Logistic Regression 모델이 더 안정적이고 정확한 분류 성능을 보인다.

❷ 오분류 이미지 확인

Image Analytics 카테고리의 [Import Viewer] 위젯을 [Confusion Matrix] 위젯에 연결하여 잘못 분류한 이미지에 해당하는 그림을 확인한다.

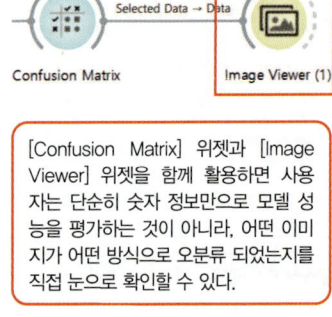

[Confusion Matrix] 위젯과 [Image Viewer] 위젯을 함께 활용하면 사용자는 단순히 숫자 정보만으로 모델 성능을 평가하는 것이 아니라, 어떤 이미지가 어떤 방식으로 오분류 되었는지를 직접 눈으로 확인할 수 있다.

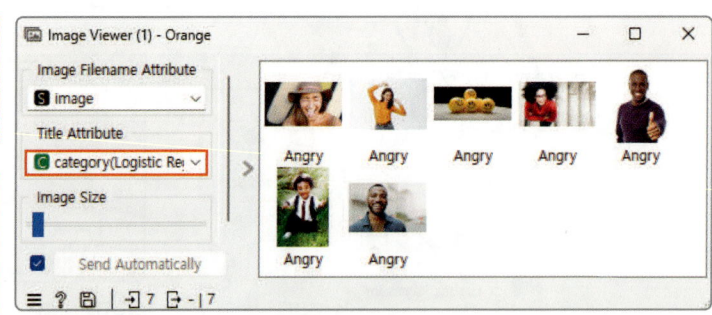

> **[해설]** [Confusion Matrix] 위젯에서 선택한 셀, 즉 Logistic Regression 모델이 실제로는 행복한 얼굴(Happy)인데 화난 얼굴(Angry)에 잘못 분류한 7건의 이미지가 무엇인지 직접 확인할 수 있다.

③ 최종 예측 결과 확인하기

- Image Analytics 카테고리의 [Import Images] 위젯을 기존의 위젯과 별도로 추가한 후, 더블 클릭하여 저장해 놓은 테스트 데이터를 불러온다.

- 이어서 [Import Embedding] 위젯을 연결하여 이미지를 임베딩하고, [Predictions] 위젯을 연결하여 결괏값을 확인한다.

- [Import Viewer] 위젯을 [Predictions] 위젯에 연결한 후, 더블 클릭하여 잘못 예측된 결과를 이미지로 확인한다.

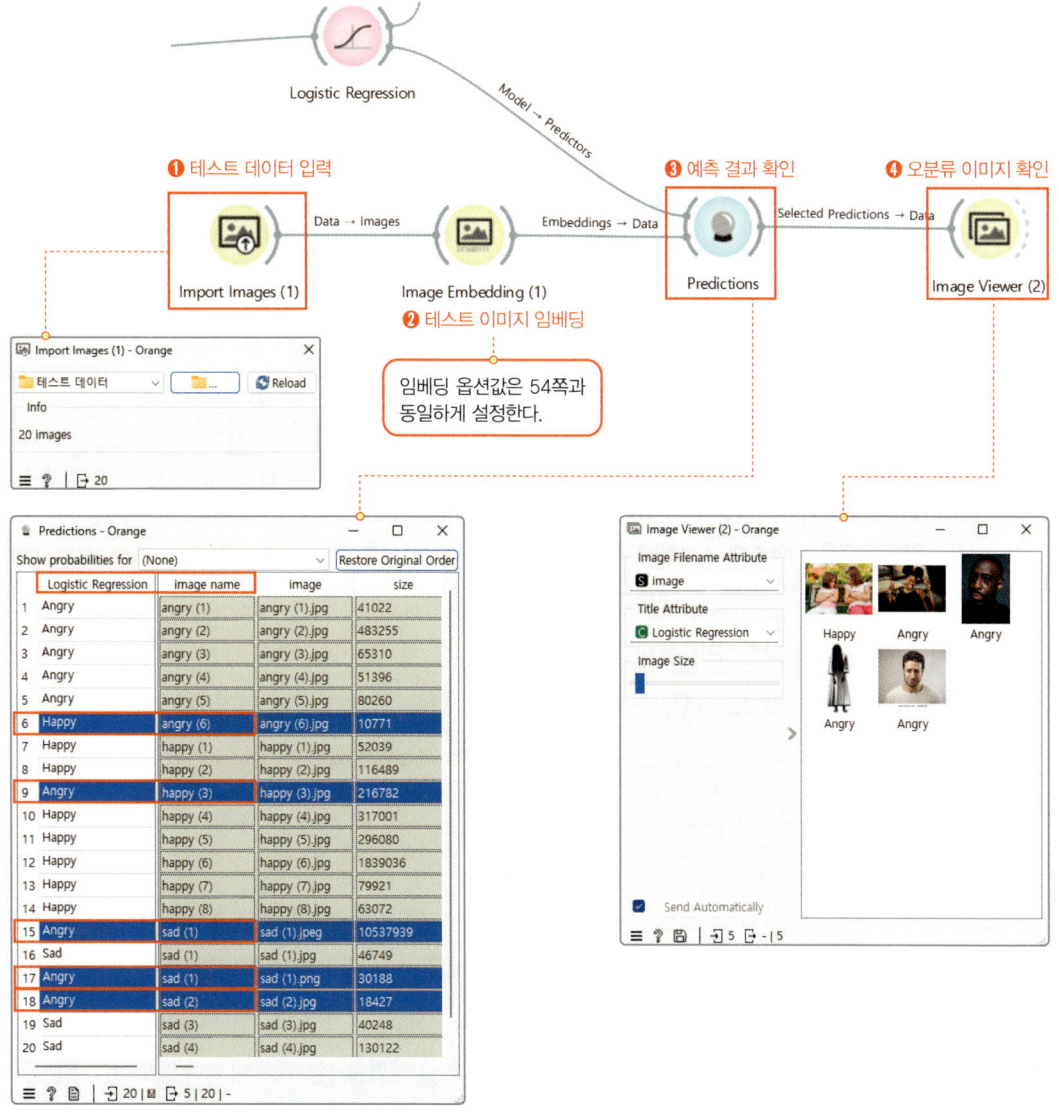

해설 세 가지 감정(Angry, Happy, Sad)에 대한 20개 이미지의 예측 결과(Logistic Regression 열)와 정답(image name 열)을 대조한 결과, 총 5건의 오분류가 나타났다. 오분류 유형은 angry → Happy가 1건, happy → Angry가 1건, sad → Angry가 3건이며, 오분류된 해당 이미지를 직접 확인할 수 있다.

AI 전문가 되기 — 이미지 임베딩 모델

이미지 임베딩은 고차원의 복잡한 이미지 데이터를 저차원의 연속적인 벡터 공간으로 변환할 수 있는 기술이다. CNN(합성곱 신경망)과 같은 신경망 구조를 활용하여 계층적으로 학습한 후 이미지의 저수준(선, 질감)에서 고수준(객체, 장면)까지 다양한 특징을 추출하여 이를 저차원의 벡터로 변환한다. 이 과정에서 CNN은 이미지를 작은 영역으로 나누어 각 영역의 패턴을 학습하고, 이를 바탕으로 이미지 전체의 의미를 이해한다. 이러한 임베딩 벡터는 이미지 간의 유사성 측정에 쓰이며, 분류, 검색, 추천, 군집화, 생성 등 다양한 인공지능과 기계학습의 기초가 된다.

대표적인 CNN 기반의 이미지 임베딩 모델은 다음과 같다.

- **ResNet**: 깊은 신경망의 학습을 돕기 위해 입력을 출력에 더하는 '스킵 연결'을 사용하는 딥러닝 모델
- **VGGNet**: 작은 3x3 필터를 반복해 쌓아 단순하고 균일한 구조를 가진 심층 CNN 모델
- **Inception(GoogLeNet)**: 다양한 크기의 필터를 병렬로 적용해 효율적이고 다양한 특징을 추출하는 CNN 모델
- **EfficientNet**: 모델 크기(깊이, 너비, 해상도)를 균형 있게 조절해 효율성과 성능을 극대화한 CNN 모델

최근에는 이미지를 조각(patch) 단위로 나누어 각 조각 간의 관계를 트랜스포머(Transformer) 구조를 통해 분석하는 Vision Transformer(ViT)와 같은 모델이 주목받고 있다.

이미지 임베딩의 주요 활용 사례는 다음과 같다.

- **이미지 검색**: 사용자가 입력한 이미지와 유사한 이미지를 데이터베이스에서 정확히 찾아낸다.
- **이미지 추천 시스템**: 소셜 미디어나 콘텐츠 플랫폼에서 사용자 취향에 맞는 이미지를 추천한다.
- **객체 인식 및 분류**: 자율주행, 보안, 의료 영상 등에서 이미지 내용 분석 및 객체를 분류한다.
- **생성 모델**: GAN, Diffusion 모델 등 생성 모델에서 이미지 생성 및 변형에 활용된다.

이미지 임베딩은 이뿐만 아니라 의료 영상 분석, 품질 관리, 이상 징후 탐지 등 정밀 분석 및 감시 분야와 이미지-텍스트 검색, 질의응답, 챗봇 등 활용 범위가 계속 확장되고 있다.

정리하기

얼굴 표정 이미지 데이터를 활용해 감정을 분류하는 인공지능 모델을 구축하고, Orange3의 이미지 분석 기능을 통해 이를 시각화하고 평가하였다. 캐글이나 구글 이미지에서 감정 이미지를 수집한 뒤, 이미지 임베딩을 통해 특징 벡터를 생성하고 Random Forest와 Logistic Regression 모델로 학습시켰다. 성능 평가 지표와 혼동 행렬로 결과를 비교하였으며, 오분류된 이미지도 직접 확인하였다. 이러한 과정으로 인공지능을 활용해 이미지 데이터를 효과적으로 분류하고, 감정 분포를 구조적으로 해석할 수 있음을 알 수 있었다.

텍스트를 어떻게 숫자로 바꿀까?

# 텍스트를 어떻게 숫자로 바꿀까?

문제 상황

우리는 매일 수많은 글을 읽고 쓰며 살아간다. 친구와 주고받은 메시지부터, SNS에 올린 글, 뉴스 기사, 블로그 후기까지…. 하지만 이런 문장들을 컴퓨터가 그대로 이해할 수는 없다. 컴퓨터는 텍스트를 곧바로 받아들이지 못하고, 반드시 숫자 형태로 바꿔야만 비로소 분석할 수 있기 때문이다. 그렇다면 컴퓨터는 어떻게 사람의 언어를 숫자로 바꿀 수 있을까? 또 수많은 단어와 문장을 어떻게 하면 가장 효과적으로 숫자로 표현할 수 있을까? 단순히 사전처럼 단어를 하나씩 바꿔 적을 수도 있겠지만, 글의 의미나 문맥까지 반영하려면 어떻게 표현할 수 있을까?

==과연 컴퓨터는 인간의 언어를 어떻게 숫자로 표현할 수 있을까?==

활동 미리보기

1 텍스트 마이닝 기본 이해하기
  1. 데이터 불러오기
  2. 데이터 전처리하기

2 텍스트를 숫자로 표현하기
  1. 정수 인코딩으로 표현하기
  2. 빈도수 기반 벡터로 표현하기
  3. 임베딩 벡터로 표현하기

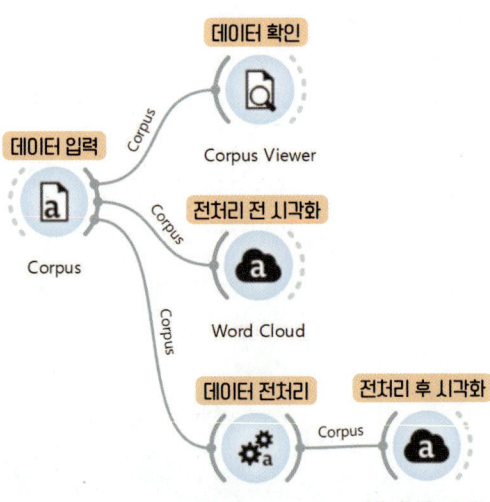

활용 인공지능 텍스트 마이닝

텍스트 마이닝(Text Mining)은 대량의 텍스트 데이터에서 의미 있는 패턴이나 관계, 숨겨진 사실들을 추출하는 기술이다. 또한 텍스트 마이닝은 일반적으로 데이터를 수집하고, 컴퓨터가 이해할 수 있도록 전처리한 다음, 텍스트를 수치로 표현하고 분석한 후, 그 결과를 시각화하는 일련의 분석 과정을 포함한다. 이는 단순한 흐름처럼 보이지만 실제로는 정교하고 복합적인 작업이다.

텍스트 마이닝을 통해 우리는 문서를 요약하거나(summarization), 주제별로 분류하고(classification), 비슷한 문서끼리 묶거나(clustering), 핵심적인 특징을 뽑아낼(feature extraction) 수 있다. 이러한 작업은 자연어 처리(Natural Language Processing, NLP)와도 밀접하게 연관되어 있으며, 두 개념은 종종 혼용되기도 한다.

텍스트 마이닝과 자연어 처리를 목적 기준으로 구분하면 다음과 같다.

구분	자연어 처리(NLP)	텍스트 마이닝(Text Mining)
공통점	텍스트 데이터의 표현, 이해, 분석의 개념에서는 동일	
목적	언어의 의미를 이해하고 생성하는 것에 초점	텍스트에서 유의미한 정보를 추출하는 과정에 초점
응용 분야	기계 번역, 챗봇, 질의응답 시스템	감정 분석, 트렌드 분석, 키워드 추출

> **잠깐!** `Text Mining` 카테고리를 설치해야 텍스트 마이닝에 필요한 위젯을 사용할 수 있습니다. 프로그램 메뉴 [Options]-[Add-ons...]에서 [Text] 항목을 체크하여 설치합니다(52쪽 참고).

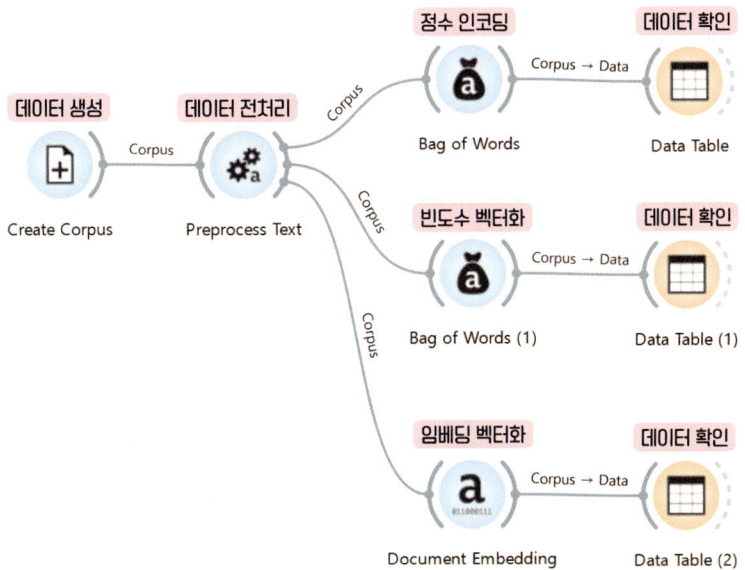

61

1 텍스트 마이닝 기본 이해하기

텍스트 형식의 데이터인 코퍼스(Corpus)를 활용하여 텍스트 마이닝의 기본 개념을 이해해 보자.

1 데이터 불러오기

텍스트 데이터 분석을 위해 Orange3에 내장된 코퍼스 데이터를 불러와 확인해 보자.

❶ 데이터 입력

Text Mining 카테고리에서 [Corpus] 위젯을 캔버스로 가져와 데이터를 불러온다.

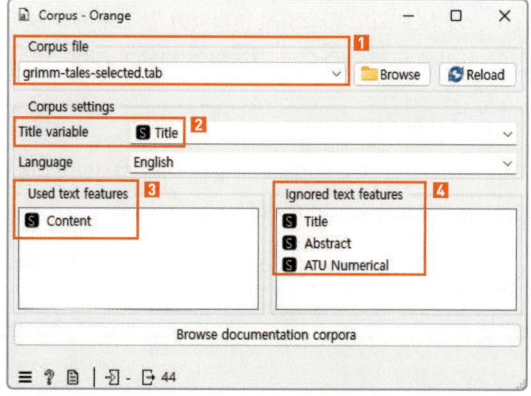

Corpus 위젯 구조화된 파일(.tab, .csv)에서 텍스트 데이터를 로드하거나 내장된 예제 데이터셋을 불러온다.

Corpus(코퍼스)는 라틴어로 '몸', '덩어리'를 의미하는데, 텍스트 마이닝에서는 분석을 목적으로 모아 놓은 자연어 텍스트의 집합으로, 말뭉치라고 부른다. 즉, 여러 개의 문장 또는 문서들을 한데 모은 데이터셋을 의미한다.

1 **corpus file**: 내장되어 있는 말뭉치 파일이다.
 • grimm-tales-selected.tab: 그림 형제의 동화 중 일부
 • book-excerpts.tab: 다양한 책에서 발췌한 문장들
 • election-tweets-2016.tab: 2016년 미국 대선 데이터
 • friends-transcripts.tab: 미드 〈Friends〉의 대사 스크립트
 • andersen.tab: 안데르센 동화집

2 **Title variable**: 각 문서의 제목(Title)을 코퍼스에서 이름처럼 사용한다.
3 **Used text features**: 실제 사용될 필드들이다.
4 **Ignored text features**: 분석에서 제외할 필드들이다.

❷ 데이터 확인

Text Mining 카테고리에서 [Corpus Viewer] 위젯을 가져와 [Corpus] 위젯에 연결한 후, 데이터를 확인한다.

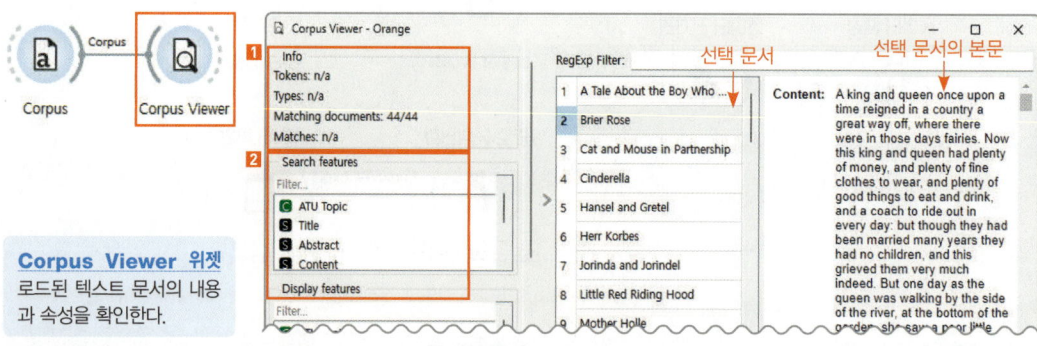

Corpus Viewer 위젯 로드된 텍스트 문서의 내용과 속성을 확인한다.

1 **Info**: 현재 선택된 텍스트에 대한 토큰 수, 타입 수 등을 표시한다. (n/a는 정보 없음을 의미)
2 **Search features / Display features**: 텍스트를 검색하거나 표시할 수 있는 항목들이다.

② 데이터 전처리하기

텍스트 문장은 컴퓨터가 직접 이해하기 어려운 형태이다. 텍스트는 복잡한 구조, 문법, 어휘를 가지고 있으며, 같은 단어도 문맥에 따라 다른 의미가 있을 수 있다. 이러한 '날 것'의 텍스트 데이터를 분석에 적합한 형태로 가공하는 과정을 텍스트 전처리(Text Preprocessing)라고 한다. 전처리 과정을 워드 클라우드로 시각화하여 데이터가 어떻게 달라지는지 확인해 보자.

전처리 전

Text Mining 카테고리의 [Word Cloud] 위젯을 [Corpus] 위젯에 연결한 후, 워드 클라우드로 전처리 전의 단어 출현 빈도를 확인한다.

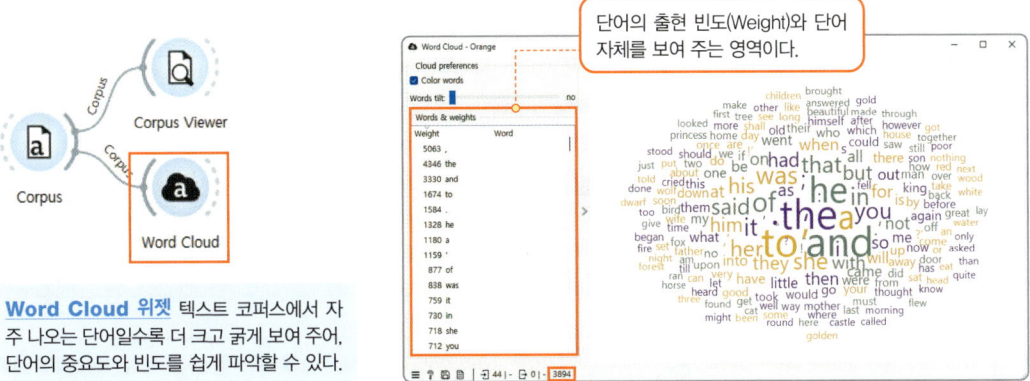

Word Cloud 위젯 텍스트 코퍼스에서 자주 나오는 단어일수록 더 크고 굵게 보여 주어, 단어의 중요도와 빈도를 쉽게 파악할 수 있다.

> **해설** 'Brier Rose(잠자는 숲속의 공주)' 동화에는 총 3,894개의 단어가 포함되어 있으며, 쉼표(,)는 5,063회, 'the' 단어는 4,346회 등장한다. 여기서 단어의 출현 빈도(Weight)는 특정 단어가 전체 말뭉치에서 얼마나 자주 나타나는지를 의미한다.

전처리 후

❶ 데이터 변환 및 정규화

데이터 변환 및 정규화는 텍스트 데이터를 효율적으로 처리하기 위한 과정이다. 이 과정을 통해 텍스트를 소문자로 통일하거나, 단어, 구두점, 기호 등과 같은 더 작은 단위로 분리하고, 분석에 불필요한 쉼표(,), 마침표(.) 등의 문장 부호나 특수 문자를 제거하여 컴퓨터가 텍스트를 더욱 정확하게 분석하고 이해할 수 있도록 한다.

> **Q&A로 알아보기**
>
> **Q** 텍스트 마이닝의 정규화와 기계학습의 정규화는 다른건가요?
>
> **A** 텍스트 마이닝의 정규화와 기계학습 정규화는 둘 다 데이터를 일관된 형태로 정리하는 전처리 과정이지만, 적용 대상과 목적이 다릅니다. 텍스트 마이닝의 정규화는 단어 표현을 통일하는 것이 목적인 반면, 기계학습의 정규화는 숫자 범위를 조정(스케일링)하여 모델 학습의 안정성과 성능을 높이는 데 목적이 있습니다. 즉, 기계학습의 정규화는 데이터의 모든 속성을 동일한 범위(여기서는 0~1)로 맞추어 특정 속성이 값의 크기로 인해 과도하게 반영되는 현상을 방지하고, 알고리즘이 각 속성의 정보를 동일한 비중으로 활용할 수 있게 됩니다.

- 데이터 변환 및 정규화 전처리를 위해 Text Mining 카테고리의 [Preprocess Text] 위젯을 [Corpus] 위젯에 연결한다.

- Transformation 옵션의 'Lowercase(소문자 변환)'를 활성화하여 문서 내의 대문자를 소문자로 바꾼다. 이어서 Tokenization 옵션의 'Regexp(정규 표현식)'를 활성화하고, '₩w+' 패턴을 선택하여 특수 문자를 제외한 문자, 숫자, 밑줄만 추출하도록 전처리한다.

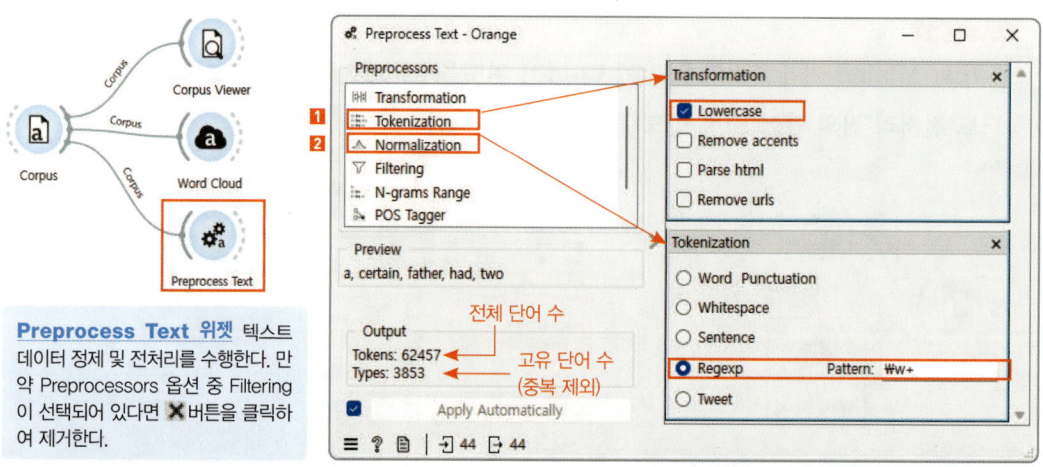

Preprocess Text 위젯 텍스트 데이터 정제 및 전처리를 수행한다. 만약 Preprocessors 옵션 중 Filtering이 선택되어 있다면 ✖ 버튼을 클릭하여 제거한다.

1 Transformation의 Lowercase: 텍스트 내의 모든 알파벳 대문자를 소문자로 바꾸는 기능을 한다. 예를 들어, 'Certain'은 'certain'으로 변환된다. 이렇게 하면 같은 단어가 대소문자 차이 때문에 다르게 인식되는 것을 방지할 수 있다.

2 Tokenization의 Regexp: 사용한 패턴 '₩w+'는 문자, 숫자, 밑줄(_)로 이루어진 연속된 문자열을 의미한다. 예를 들어, 텍스트가 'data_2023-@#name.value%123'인 경우, '₩w+' 패턴을 적용하면 문자, 숫자, 밑줄로 구성된 부분만 추출되고, 하이픈(-), 특수 문자(@, 마침표(.), %) 등은 제외되어 ['data_2023', 'name', 'value', '123']과 같은 결과가 출력된다.

- Text Mining 카테고리의 [Word Cloud] 위젯을 [Preprocess Text] 위젯에 연결하여 소문자 변환과 문자, 숫자, 밑줄만 추출하는 정규화 전처리를 한 후의 결과를 확인한다.

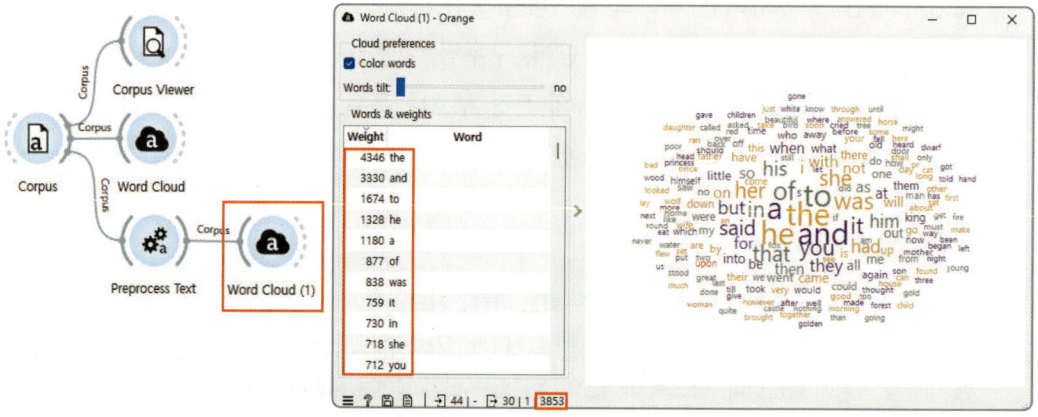

해설 워드 클라우드 시각화 결과, 분석에 불필요한 문자 41개를 제거한 후에도 총 3,853개의 단어가 남았다. 그러나 여전히 'the', 'and', 'to'와 같은 의미 없는 단어들의 빈도수는 높은 수준을 유지하고 있다.

❷ 불용어 제거

텍스트 분석에서 'the', 'a', 'is', 'in', 'and' 등과 같이 자주 등장하지만, 문맥상 큰 의미를 갖지 않는 단어들을 불용어(stopwords)라고 한다. 이러한 불용어는 텍스트의 양을 늘려 분석의 효율성을 떨어뜨리고, 핵심 키워드의 도출을 방해할 수 있으므로 제거하는 것이 좋다.

- [Preprocess Text] 위젯의 Filtering 옵션 중 'Stopwords' 항목을 활성화하면 불용어 제거 기능이 작동한다.

- 불용어 필터링은 언어에 따라 다르게 작동한다. 예를 들어, English만 선택한 후 [Word Cloud] 위젯을 확인하면, 'the', 'and', 'so' 등과 같은 불필요한 단어가 제거된 결과를 확인할 수 있다.

- 사용자가 원하는 단어를 직접 지정하여 불용어로 설정할 수도 있다. 예를 들어, 'little', 'one', 'upon' 등의 단어를 stopwords.txt 파일에 저장한 후, 이를 불용어 목록으로 불러와 지정하면 [Word Cloud] 위젯에서 해당 단어들이 제거된 결과를 확인할 수 있다.

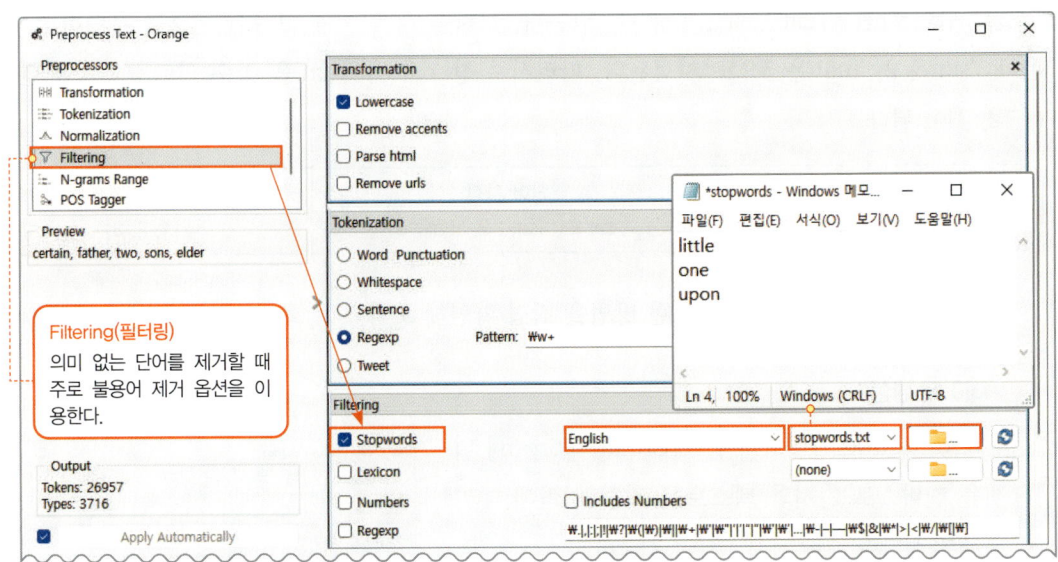

▼ English만 선택한 경우   ▼ English + 불용어 목록을 지정한 경우

2 텍스트를 숫자로 표현하기

텍스트 데이터를 분석하려면 먼저 글자를 컴퓨터가 처리 가능한 수치 형태(벡터)로 바꾸는 과정이 필요하다. 이를 텍스트 표현(Text Representation)이라고 한다. 마치 외국어를 번역하듯이, 우리의 언어를 컴퓨터의 언어인 숫자로 바꾸는 것이다.

텍스트를 숫자로 표현하는 방법은 다양하며, 기본적인 방법부터 시작해 점차 더 많은 정보를 담을 수 있는 복잡한 방법으로 발전해 왔다. 어떤 방법들이 있는지 살펴보자.

1 정수 인코딩으로 표현하기

텍스트를 표현하는 가장 간단한 방법 중 하나인 정수 인코딩(Integer Encoding)은 텍스트에 등장하는 고유한 단어들의 집합인 단어 사전(vocabulary)을 만든 후, 그 단어에 고유한 번호(ID)를 부여하는 방식이다.

예를 들어, 문장 "cat sat mat"을 정수 인코딩 방식으로 표현하면, 먼저 이 문장을 구성하는 단어들로 단어 사전 = {'cat', 'sat', 'mat'}을 만든다. 그다음 각 단어에 고유한 번호를 부여하면, 'cat'은 1, 'sat'은 2, 'mat'은 3으로 지정된다. 따라서 문장 'cat sat mat'을 정수 인코딩으로 표현하면 [1, 2, 3]이 된다.

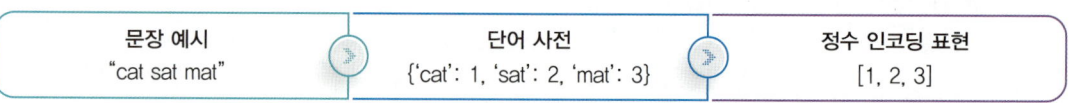

문장 예시	단어 사전	정수 인코딩 표현
"cat sat mat"	{'cat': 1, 'sat': 2, 'mat': 3}	[1, 2, 3]

정수 인코딩을 활용한 텍스트 표현 방법을 직접 확인해 보자.

❶ 데이터 생성

Text Mining 카테고리에서 [Create Corpus] 위젯을 캔버스로 가져와 텍스트를 직접 입력해 데이터를 생성한다.

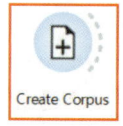

언어를 'Korean'으로 선택하고, 제목과 내용 칸에 화면과 같이 작성한다. 창 하단의 Add document를 클릭하여 입력 칸을 추가할 수 있다.

Create Corpus 위젯 코퍼스를 생성하는 위젯이다. 문서 샘플을 빠르게 생성할 수 있으며, 콘텐츠를 직접 입력하거나 복사하여 붙여넣을 수 있다.

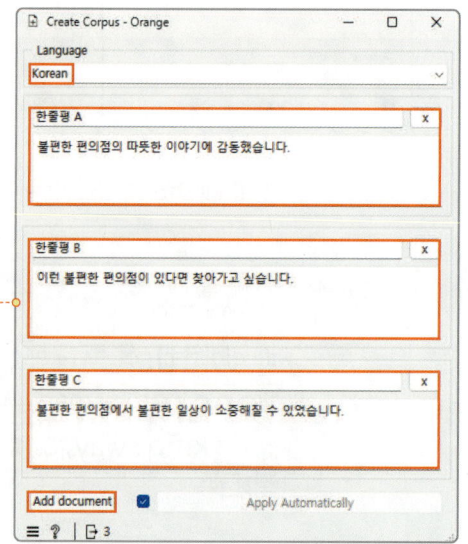

❷ 데이터 전처리

- Text Mining 카테고리의 [Preprocess Text] 위젯을 [Create Corpus] 위젯에 연결한다.
- Tokenization 옵션의 'Regexp'를 활성화하고, '₩w+' 패턴을 선택하여 특수 문자를 제외한 문자, 숫자, 밑줄만 추출하는 정규화 전처리를 한다.

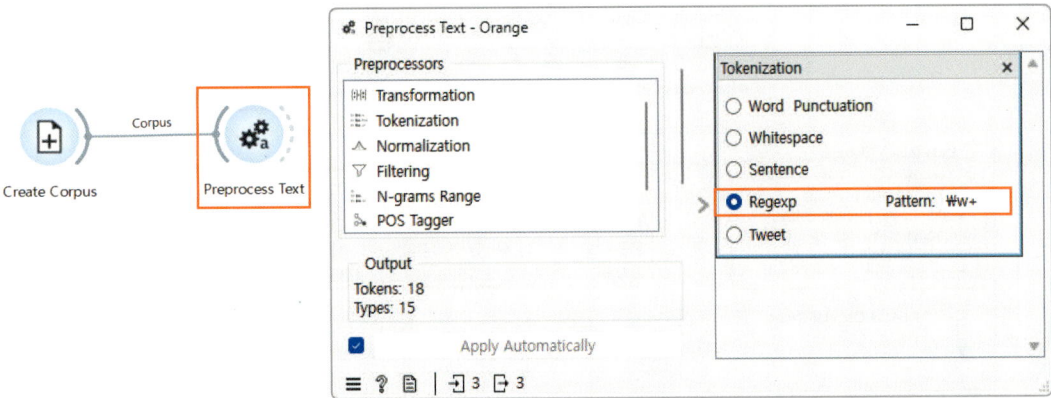

❸ 정수 인코딩

Text Mining 카테고리의 [Bag of Words] 위젯을 [Preprocess Text] 위젯에 연결하고 Term Frequency 옵션을 'Binary'로 선택한다.

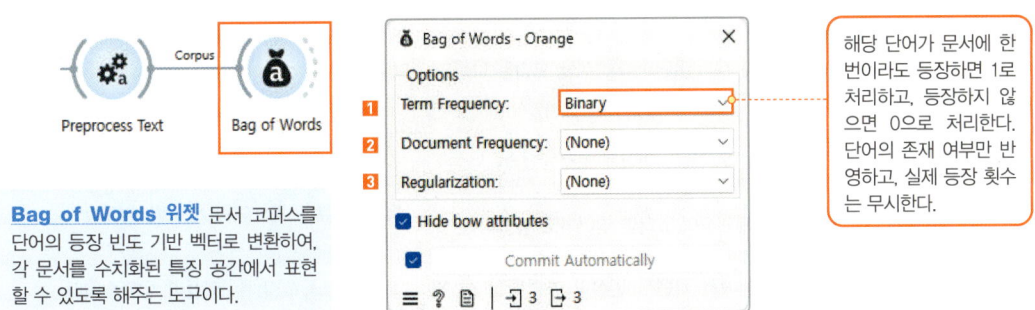

해당 단어가 문서에 한 번이라도 등장하면 1로 처리하고, 등장하지 않으면 0으로 처리한다. 단어의 존재 여부만 반영하고, 실제 등장 횟수는 무시한다.

Bag of Words 위젯 문서 코퍼스를 단어의 등장 빈도 기반 벡터로 변환하여, 각 문서를 수치화된 특징 공간에서 표현할 수 있도록 해주는 도구이다.

❶ Term Frequency(단어 빈도)
일반적인 Term Frequency(TF)는 단어가 문서 안에서 몇 번 등장했는지를 그대로 세어 빈도수를 기록한다.
- Count: 문서에서 단어가 나타난 실제 횟수이다.
- Binary: 단어의 존재 여부(나타나면 1, 아니면 0)이다.
- Sublinear: 단어 빈도의 로그로, 자주 나타나는 단어의 가중치 과대평가를 방지하며 빈도에 따라 가중치를 부여한다.

❷ Document Frequency(문서 빈도)
단어가 전체 코퍼스(말뭉치)의 몇 개 문서에 나타나는지를 나타내는 척도로, 자주 등장하지 않는 단어에 더 높은 가중치를 부여한다.
- IDF: 단어가 전체 문서 집합에서 얼마나 희귀한지를 나타내는 척도이다.
- Smooth IDF: IDF 계산 시 분모가 0이 되는 것을 방지하기 위해 문서 빈도에 1을 더한다.

❸ Reguarization(정규화)
단어 벡터의 길이를 조절하여 모델의 과적합을 방지하고 일반화 성능을 향상시키는 기법이다.
- L1(Sum of elements): 벡터 길이를 특성 벡터 요소의 절댓값의 합으로 정규화한다.
- L2(Euclidean): 벡터 길이를 특성 벡터 각 요소의 제곱합으로 정규화한다.

❹ **데이터 확인**

Data 카테고리의 [Data Table] 위젯을 [Bag of Words] 위젯에 연결하여 확인해 보면, 각 한줄평에서 중복이 제거된 단어 사전 목록이 생성된 것을 볼 수 있다. 이 목록을 하나의 집합처럼 간주하여 각 단어에 고유 번호를 부여할 수 있다.

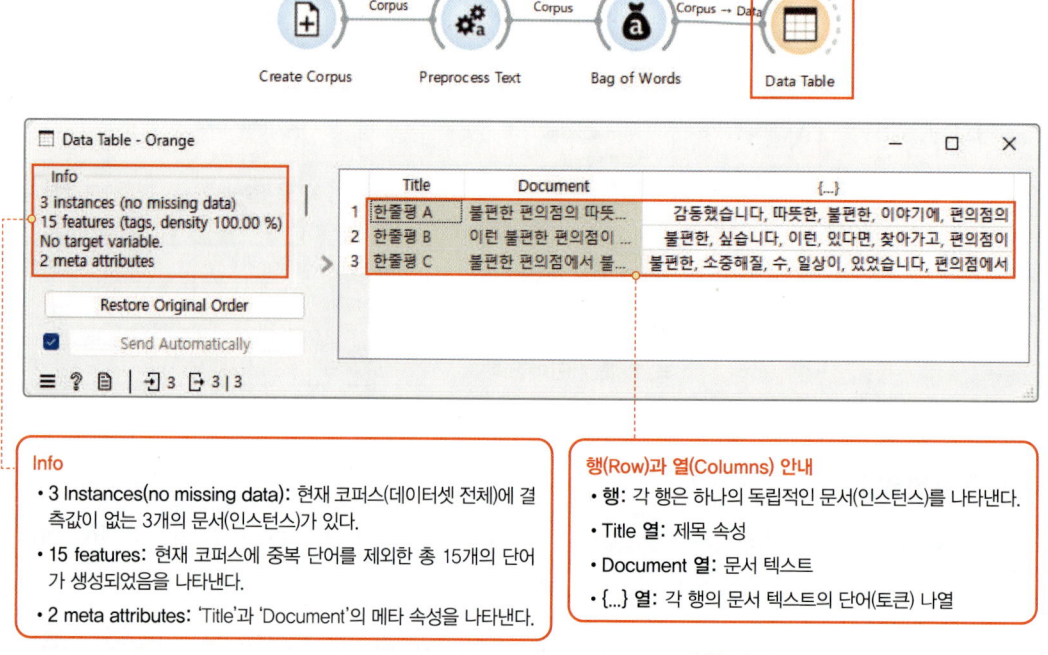

Info
- **3 Instances(no missing data)**: 현재 코퍼스(데이터셋 전체)에 결측값이 없는 3개의 문서(인스턴스)가 있다.
- **15 features**: 현재 코퍼스에 중복 단어를 제외한 총 15개의 단어가 생성되었음을 나타낸다.
- **2 meta attributes**: 'Title'과 'Document'의 메타 속성을 나타낸다.

행(Row)과 열(Columns) 안내
- **행**: 각 행은 하나의 독립적인 문서(인스턴스)를 나타낸다.
- **Title 열**: 제목 속성
- **Document 열**: 문서 텍스트
- **{...} 열**: 각 행의 문서 텍스트의 단어(토큰) 나열

> **해설** 각 문서에 대한 중복을 제거한 단어를 뽑아낸 모습은 다음과 같다.
>
> | 제목 | 문서 | 단어 집합 |
> |---|---|---|
> | 한줄평 A | 불편한 편의점의 따뜻한 이야기에 감동했습니다. | 감동했습니다, 따뜻한, 불편한, 이야기에, 편의점의 |
> | 한줄평 B | 이런 불편한 편의점이 있다면 찾아가고 싶습니다. | 불편한, 싶습니다, 이런, 있다면, 찾아가고, 편의점이 |
> | 한줄평 C | 불편한 편의점에서 불편한 일상이 소중해질 수 있었습니다. | 불편한, 소중해질, 수, 일상이, 있었습니다, 편의점에서 |
>
> 예를 들어, 한줄평 C를 정수 인코딩으로 표현해 보자. 단어 사전에 고유한 번호를 부여하면, {감동했습니다:1, 따뜻한:2, 불편한:3, 이야기에:4, 편의점의:5, 싶습니다:6, 이런:7, 있다면:8, 찾아가고:9, 편의점이:10, 소중해질:11, 수:12, 일상이:13, 있었습니다:14, 편의점에서:15}이다. 이때 한줄평 C의 정수 인코딩은 [3, 15, 3, 13, 11, 12, 14]로 표현이 가능하다.

정수 인코딩은 각 단어를 숫자로 식별할 수 있게 해 주지만, 단어 자체의 의미나 중요도에 대한 정보는 이 숫자 안에 담겨있지 않으며 부여된 숫자 자체에는 수학적인 의미가 없다. 예를 들어, '고유 번호 2' 단어가 '고유 번호 1' 단어보다 '두 배'의 의미를 갖는 것은 아니다. 즉, 정수 인코딩은 각 단어에 고유한 이름표(숫자)를 달아주는 역할은 하지만, 그 이름표만으로는 단어들 사이의 관계나 문맥 속에서의 중요성을 알기 어렵다.

② 빈도수 기반 벡터로 표현하기

정수 인코딩은 각 단어에 고유 번호를 부여하는 방식이었다면, 이번에는 단어나 문장을 여러 숫자의 '묶음', 즉 벡터(vector)로 표현하는 방법을 알아본다. 벡터는 숫자가 순서대로 나열된 리스트와 같으며, 텍스트를 벡터로 표현하면 각 문서를 수학적으로 비교하고 분석할 수 있다.

가장 대표적인 텍스트 벡터 표현 방법 중 하나가 BoW(Bag of Words)이다. 이는 문서에 등장한 단어들의 빈도수만을 세어 벡터로 표현하는 방식이다. 이때 단어의 순서는 고려하지 않으며, 오직 각 단어가 몇 번 등장했는지만 반영한다.

예를 들어, 〈문서 1〉은 "cat sat"이고 〈문서 2〉는 "cat sat mat cat"일 때 단어 사전은 중복 없이 {'cat', 'sat', 'mat'}으로 구성된다. 각 문서를 BoW 방식으로 표현하면 〈문서 1〉은 [1, 1, 0], 〈문서 2〉는 [2, 1, 1]이다. 이처럼 BoW는 구현이 간단하면서도 텍스트 특성을 효율적으로 수치화할 수 있는 기본적인 방법이다.

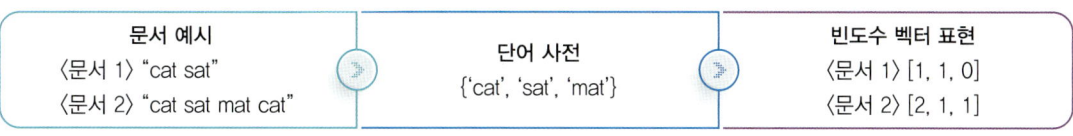

빈도수 벡터를 활용한 텍스트 표현 방법을 직접 확인해 보자.

❶ 빈도수 벡터화

- 데이터 생성과 전처리는 정수 인코딩 방법과 동일하게 진행한다.
- Text Mining 카테고리의 [Bag of Words] 위젯을 [Preprocess Text] 위젯에 연결하고 Term Frequency 옵션을 'Count'로 선택한다. 이렇게 설정하면 각 단어의 빈도수를 세어 BoW를 만들 수 있다.

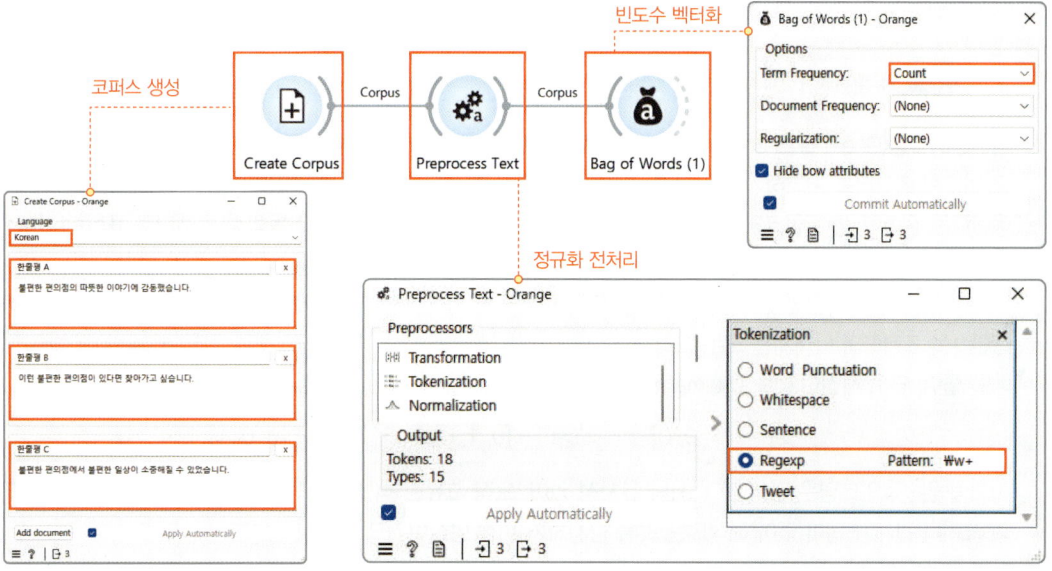

❷ **데이터 확인**

Data 카테고리의 [Data Table] 위젯을 [Bag of Words] 위젯에 연결하여 각 단어의 빈도수를 확인한다.

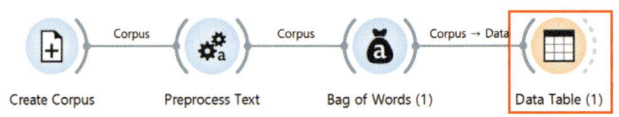

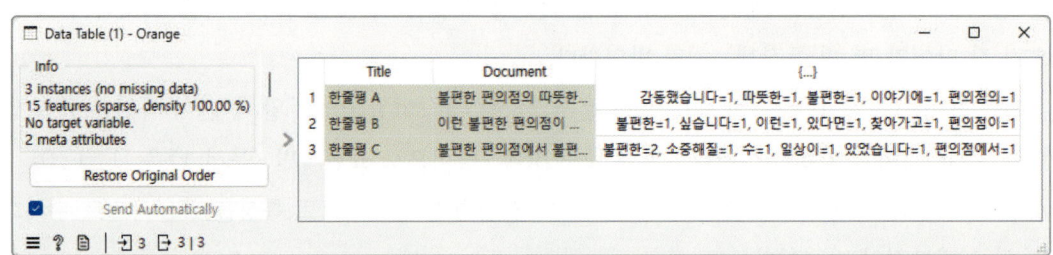

해설 문서별 단어 빈도 정보는 아래 표와 같다.

제목	문서별 단어 빈도 정보
한줄평 A	감동했습니다=1, 따뜻한=1, 불편한=1, 이야기에=1, 편의점의=1
한줄평 B	불편한=1, 싶습니다=1, 이런=1, 있다면=1, 찾아가고=1, 편의점이=1
한줄평 C	불편한=2, 소중해질=1, 수=1, 일상이=1, 있었습니다=1, 편의점에서=1

예를 들어, 주어진 단어 빈도 정보를 바탕으로 한줄평 C를 BoW 방식으로 표현해 보자. 단어 사전은 {감동했습니다, 따뜻한, 불편한, 이야기에, 편의점의, 싶습니다, 이런, 있다면, 찾아가고, 편의점이, 소중해질, 수, 일상이, 있었습니다, 편의점에서}로 구성되며, 이때, 한줄평 C의 BoW 방식은 [0, 0, 2, 0, 0, 0, 0, 0, 0, 0, 1, 1, 1, 1, 1]로 표현이 가능하다.

BoW는 텍스트를 단어 빈도 기반으로 수치화하는 간단한 방법이지만, 단어의 순서와 문맥을 반영하지 못해 문장의 의미를 왜곡할 수 있으며, 단어 수가 많아질수록 고차원 희소 벡터(대부분의 값이 0인 상태)가 되어 계산 효율이 낮아지는 한계가 있다. 이러한 한계를 넘어서 개별 단어를 명확히 식별하기 위하여 원-핫 인코딩 벡터를 사용한다.

참고자료 **원-핫 인코딩**

원-핫 인코딩(One-hot Encoding)은 단어를 수치화하여 벡터로 표현하는 가장 기본적인 방식 중 하나로, 주로 범주형 데이터를 처리하거나 단어를 구분하기 위해 사용된다. 이 방식은 단어마다 고유한 위치(index)를 부여한다는 점에서 정수 인코딩과 유사한 출발점을 갖지만, 각 단어를 동등하고 독립적인 벡터로 표현한다는 점에서 차별화된다.
구체적으로, 단어 사전에 있는 전체 단어 수만큼의 길이를 가진 벡터를 만들고, 표현하고자 하는 단어의 위치에만 1을 표시하며 나머지는 모두 0으로 채운다.
예를 들어, 단어 사전이 {cat, sat, mat}일 경우, 각 단어는 다음과 같은 벡터로 표현된다.

'cat' → [1, 0, 0]   'sat' → [0, 1, 0]   'mat' → [0, 0, 1]

이처럼 원-핫 인코딩은 단어 간 순서나 유사성 없이, 오직 고유한 식별자로만 단어를 표현한다. 이는 숫자 간의 크기나 관계가 의미 없이 해석되는 것을 방지하기 위한 방식이기도 하다.

③ 임베딩 벡터로 표현하기

임베딩 벡터는 앞에서 살펴본 방법보다 한 단계 발전된 방법으로, 단어나 문서를 밀집 벡터(Dense Vector)로 표현하는 기술이다. 임베딩 벡터는 일반적으로 100~300 차원의 비교적 낮은 차원으로 구성되며, 각 요소가 0이 아닌 실숫값으로 이루어져 있어 단어의 의미와 문맥 정보를 함축적으로 담는다. 반면, 원-핫 인코딩은 단어를 고차원에서 0과 1로만 구분하는 희소 벡터(Sparse Vector)로 표현하기 때문에 의미적 관계를 반영하지 못하고, 단어 사전의 크기만큼 차원이 커져 계산 효율성도 떨어진다. 따라서 문서 전체 표현 방식인 빈도수 기반 벡터보다는 단어 자체를 표현하는 원-핫 인코딩과 임베딩 벡터를 비교하는 것이 적절하다.

예를 들어, '강아지'라는 단어는 다음과 같이 표현할 수 있다.

> **예시** 원-핫 인코딩
> [1, 0, 0, 0, 0, 0, 0, 0]
> 차원이 크고 대부분의 값이 0인 희소 벡터로,
> 단어 간 의미 관계를 표현하지 못한다.

> **예시** 임베딩 벡터
> [0.5, 0.6]
> 낮은 차원의 실숫값으로 구성된 밀집 벡터로,
> 단어의 의미와 유사성을 효율적으로 표현한다.

임베딩은 딥러닝을 활용해 방대한 텍스트 데이터를 학습하면서 단어가 어떤 문맥에서 사용되는지를 파악한다. 이 과정에서 비슷한 문맥에 자주 등장하는 단어들은 가까운 벡터값을 갖게 된다. 예를 들어, '강아지'와 '고양이'는 '귀엽다', '키우다', '동물'과 함께 자주 등장하므로 벡터 공간에서 인접하게 배치된다.

원-핫 인코딩이 'king', 'queen', 'man', 'woman'을 독립된 차원으로만 구분하는 반면, 임베딩은 vector('king') − vector('man') + vector('woman') ≈ vector('queen')과 같이 단어 간 의미적 관계를 수학적으로 포착한다.

단어	원-핫 인코딩	임베딩 벡터
king	[1,0,0,0,0,0]	[1.1, 1.1]
man	[0,1,0,0,0,0]	[1.1, 1.4]
queen	[0,0,1,0,0,0]	[5.2, 5.2]
woman	[0,0,0,0,0,1]	[5.2, 5.5]

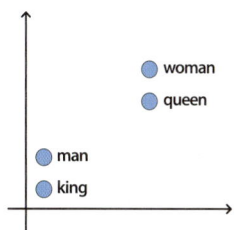

또한 임베딩은 같은 단어라도 문맥에 따라 다른 의미로 사용되는 경우를 어느 정도 구분할 수 있다. 예를 들어, '사과'가 과일을 뜻하는지, '미안하다'를 뜻하는지 문맥에 따라 달라질 수 있는데, 임베딩은 이를 반영할 수 있다. 더불어 단어 사전의 크기와 상관없이 고정된 차원의 벡터로 표현되므로 계산 효율성도 높다. 이처럼 임베딩은 단어를 단순히 구분하는 수준을 넘어, 그 의미적 관계와 문맥까지 담아내는 강력한 도구로 자리 잡고 있다.

임베딩 벡터를 활용한 텍스트 표현 방법을 직접 확인해 보자.

❶ 데이터 생성 및 전처리

- Text Mining 카테고리에서 [Create Corpus] 위젯을 가져와 제목과 내용을 직접해 데이터를 생성하거나, [Corpus] 위젯으로 원하는 데이터를 불러온다.
- [Preprocess Text] 위젯을 연결하여 정규화 전처리를 한다.

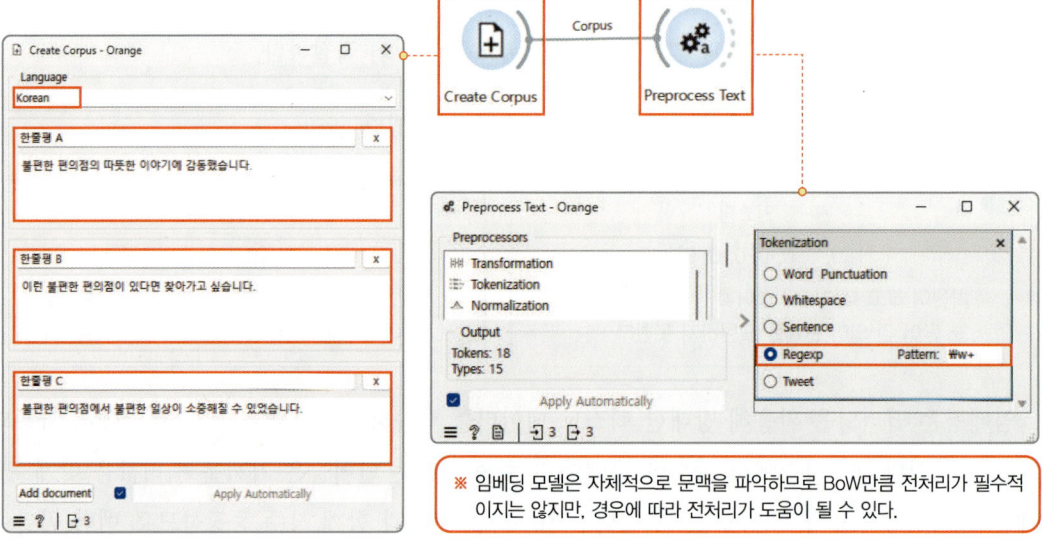

※ 임베딩 모델은 자체적으로 문맥을 파악하므로 BoW만큼 전처리가 필수적이지는 않지만, 경우에 따라 전처리가 도움이 될 수 있다.

❷ 임베딩 벡터화

Text Mining 카테고리의 [Document Embedding] 위젯을 [Preprocess Text] 위젯에 연결한다. 여기서 텍스트의 언어(예 English, Korean 등 지원 언어 확인 필요)와 여러 단어 벡터들을 하나의 문서 벡터로 합치는 방식(예 평균(Mean), 합(Sum)) 등을 설정할 수 있다.

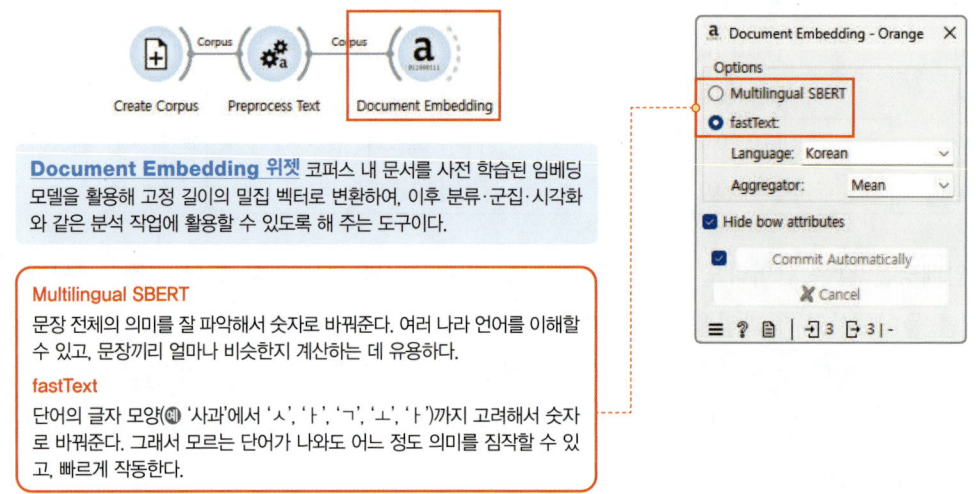

Document Embedding 위젯 코퍼스 내 문서를 사전 학습된 임베딩 모델을 활용해 고정 길이의 밀집 벡터로 변환하여, 이후 분류·군집·시각화와 같은 분석 작업에 활용할 수 있도록 해 주는 도구이다.

Multilingual SBERT
문장 전체의 의미를 잘 파악해서 숫자로 바꿔준다. 여러 나라 언어를 이해할 수 있고, 문장끼리 얼마나 비슷한지 계산하는 데 유용하다.

fastText
단어의 글자 모양(예 '사과'에서 'ㅅ', 'ㅏ', 'ㄱ', 'ㅗ', 'ㅏ')까지 고려해서 숫자로 바꿔준다. 그래서 모르는 단어가 나와도 어느 정도 의미를 짐작할 수 있고, 빠르게 작동한다.

❸ 데이터 확인

Data 카테고리의 [Data Table] 위젯을 [Document Embedding] 위젯의 결과물에 연결하여 생성된 벡터(임베딩 벡터)를 확인한다.

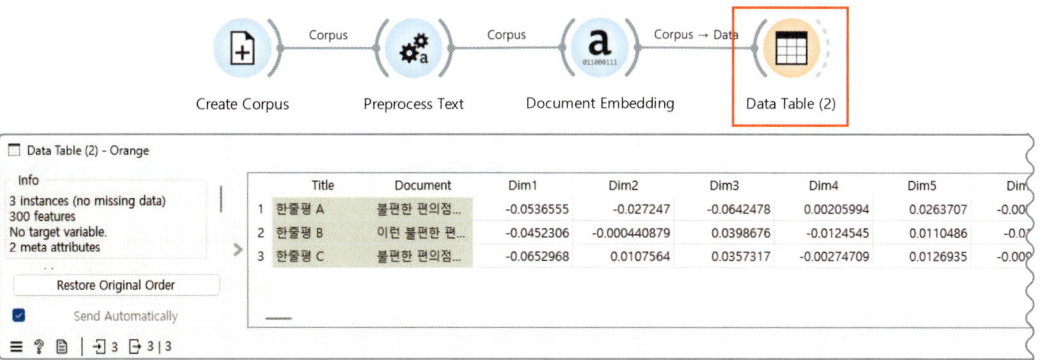

해설 각 텍스트 문서를 300개의 숫자로 구성된 고정된 길이의 벡터로 변환한 결과를 보여 준다. 이러한 밀집(dense) 벡터는 텍스트의 의미를 함축하고 있으며, 벡터 공간에서 비슷한 의미를 가진 문서들은 서로 가깝게 위치하게 된다.

임베딩은 단순한 단어 세기를 넘어 단어의 의미와 관계를 이해하는 방향으로 나아가는 중요한 발전이다. 이를 통해 더 섬세하고 정확한 텍스트 분석이 가능해졌지만, 결과 해석의 직관성은 다소 떨어진다. 복잡한 자연어 처리 문제에서는 의미를 파악하는 능력이 중요하기 때문에, 해석의 어려움에도 불구하고 임베딩 기법이 널리 사용되는 추세이다.

AI 전문가 되기 — 텍스트를 숫자로 표현하기

텍스트 데이터를 분석 가능한 수치 형태로 변환하는 작업은 일반적으로 인코딩(encoding) 또는 벡터화(vectorization)라고 하며, 대표적인 방식은 다음과 같다.

- **정수 인코딩(Integer Encoding)**: 각 단어에 고유한 정수 ID를 부여하는 방식으로, 단순하지만 의미 정보를 담지 못한다.
- **빈도수 기반 벡터(BoW: Bag of Words)**: 문서에 등장한 단어의 빈도수를 기반으로 벡터를 생성하는 방식으로, 단어의 순서를 무시하지만 비교적 간단하게 문서 특성을 수치화할 수 있다.
- **원-핫 인코딩(One-hot Encoding)**: 전체 단어 사전 크기만큼 벡터를 만들고, 특정 단어의 위치만 1로 표시한다. 이 역시 단어 간 관계는 표현하지 못한다.
- **임베딩 벡터(Embedding Vector)**: 딥러닝 기반 임베딩 기법을 통해 단어 간 의미적 유사성을 반영한 밀집 벡터를 생성하며, 문맥 정보를 포함한 정교한 분석이 가능하다.

이처럼 텍스트 마이닝은 언어 데이터를 단순히 읽는 수준을 넘어, 데이터 속에 내재된 구조와 의미를 정량적으로 이해하고 시각적으로 드러내는 과정이다. 감정 분석, 주제 분류, 요약, 키워드 추출 등 다양한 실제 응용이 가능하며, 데이터 기반 의사 결정이나 자동화 시스템의 핵심 기반으로 널리 활용된다.

　이 활동에서는 텍스트 마이닝 이해하기 활동과 텍스트를 숫자로 표현하기 활동을 통해 텍스트 데이터를 분석하는 기본 과정을 살펴보았다. 먼저 텍스트 마이닝 이해하기 활동에서는 데이터의 수집과 전처리 과정을 살펴보았고, 이어서 텍스트를 숫자로 표현하기 활동을 통해 정수 인코딩, Bag of Words, 임베딩과 같은 벡터화 방법을 통해 언어를 수치화하는 원리를 익힐 수 있음을 확인하였다.

MEMO

5. 텍스트에 숨어 있는 의미를 어떻게 알까?

텍스트에 숨어 있는 의미를 어떻게 알까?

문제 상황

우리는 어떤 텍스트가 정말 중요한 이야기를 담고 있는지, 또는 서로 다른 글이 얼마나 비슷한 내용을 다루고 있는지를 알고 싶을 때가 많다. 예를 들어, 학생들이 쓴 글 중 주제가 유사한 글들을 묶거나, 여러 뉴스 기사에서 핵심 키워드를 자동으로 추출할 수 있다면 얼마나 편리할까? 이제 텍스트를 단순히 읽는 것이 아니라, 그 안에 숨은 의미를 분석하고 구조를 파악하려는 노력이 필요하다.

과연 컴퓨터는 텍스트에서 중요한 단어와 문서 간 유사성을 어떻게 알까?

활동 미리보기

❶ 문서에서 핵심 키워드 찾기

1. 데이터 불러오기
2. 데이터 전처리하기
3. TF-IDF 분석하기

❷ 문서 간 유사도 분석하기

1. 데이터 불러오기
2. 데이터 전처리하기
3. TF-IDF 분석하기
4. 유사도 분석하기

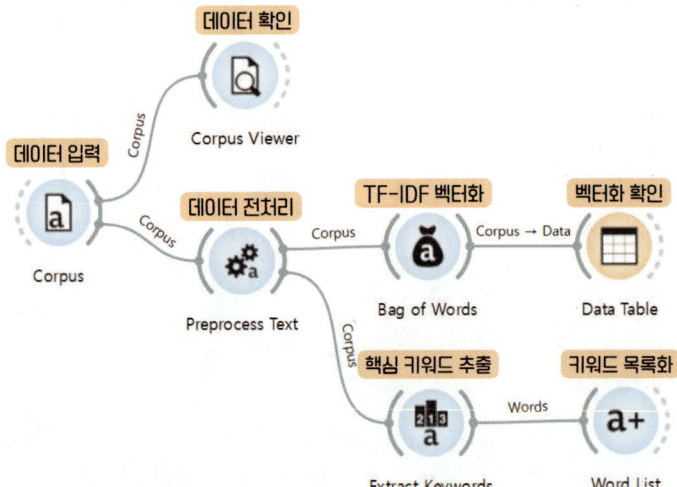

활용 인공지능 — TF-IDF와 문서간 유사도 분석

TF-IDF(Term Frequency-Inverse Document Frequency)는 빈도수 기반 벡터화 기법의 하나로, 문서 내 단어들의 의미적 중요도를 평가하는 데 활용된다. 앞서 살펴본 Bag-of-Words(BoW)와 동일하게 문서에서 단어의 출현을 바탕으로 벡터를 구성하지만, 단순히 횟수만 반영하는 BoW와 달리 단어의 차별성과 정보성까지 함께 고려한다는 점이 다르다.

TF-IDF는 문서 내 등장 빈도(TF)*와 전체 문서 집합에서의 희소성(IDF)**을 함께 고려함으로써, 특정 주제를 대표하는 단어에 더 높은 가중치를 부여한다. 예를 들어 '그리고', '있다' 같은 단어는 자주 나타나더라도 거의 모든 문서에 공통으로 포함되기 때문에 중요도가 낮아지고, '탄소중립', '블록체인'과 같이 특정 주제를 반영하는 단어는 문서 간 구별성을 강화하는 핵심 요소로 반영된다.

이러한 특성은 문서 간 유사도 분석에서 특히 효과적이다. 예를 들어, 검색 엔진에서 사용자의 질의(Query)와 대규모 문서 집합 간의 관련성을 판단할 때, TF-IDF는 단순히 단어의 일치 여부를 보는 것이 아니라 '이 문서가 해당 질의어를 다른 문서보다 더 잘 대표하는가?'를 평가하는 기준으로 활용된다. 따라서 TF-IDF 기반 벡터는 문서 분류, 클러스터링, 추천 시스템, 정보 검색 등 다양한 응용 분야에서 핵심적인 역할을 한다.

결국, TF-IDF는 BoW처럼 빈도 기반 표현의 단순성과 직관성을 이어받으면서도, 코퍼스 내 희소성을 반영해 보다 정교한 표현을 가능하게 한다. 이를 통해 특정 문서의 주제를 드러내는 데 중요한 단어를 강조하고, 흔한 단어의 영향력을 줄임으로써 문서 비교와 검색 효율성을 크게 높일 수 있다.

* TF(Term Frequency): 해당 단어가 문서 안에서 얼마나 자주 등장했는지를 나타낸다.
** IDF(Inverse Document Frequency): 해당 단어가 전체 문서 집합에서 얼마나 드물게 나타나는지를 수치화한 개념이다.

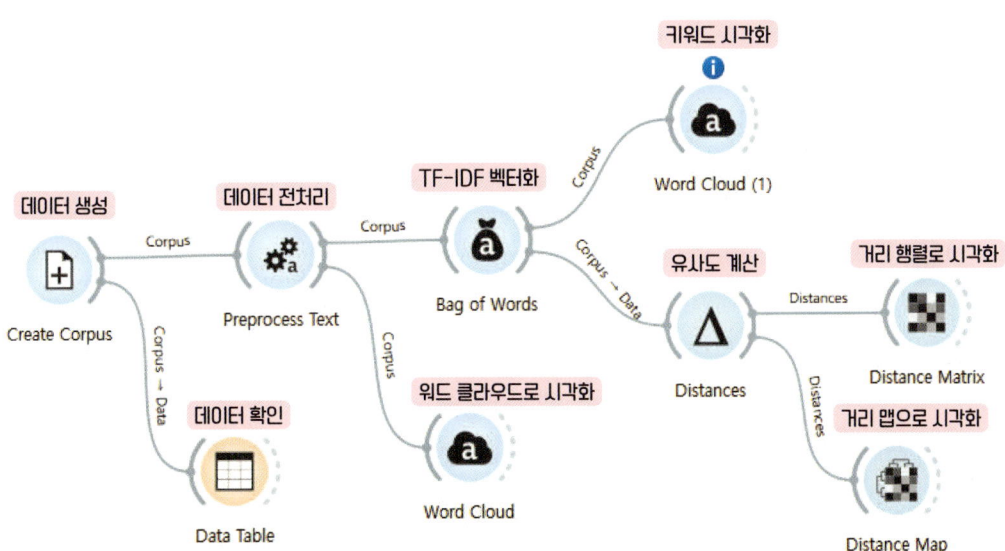

문서에서 핵심 키워드 찾기

문서에서 어떤 단어가 가장 중요할까? 단순히 자주 등장한다고 해서 반드시 중요한 단어라고 할 수는 없다. 주제를 반영하는 핵심 단어는 문서마다 다르며, 해당 문서에서는 자주 등장하지만 다른 문서에서는 드문 단어가 중요할 가능성이 높다. 이러한 단어의 상대적 중요도를 계산하는 대표적인 기법이 TF-IDF이다. TF-IDF는 등장 빈도(TF)와 희귀성(IDF)을 함께 고려해, BoW보다 더 정교하게 단어의 중요도를 수치화한다. 즉, BoW(단어-문서 빈도 행렬)에 IDF(희소성 가중치)를 곱한 가중 표현이다.

이번 활동에서는 Orange3에 내장된 데이터를 TF-IDF로 분석하여 문서의 핵심 키워드를 찾아보자.

1 데이터 불러오기

❶ 데이터 입력

- Text Mining 카테고리의 [Corpus] 위젯을 캔버스로 가져온다.
- Corpus file에서 'andersen.tab'(안데르센 동화)를 선택하여 데이터를 입력한다.

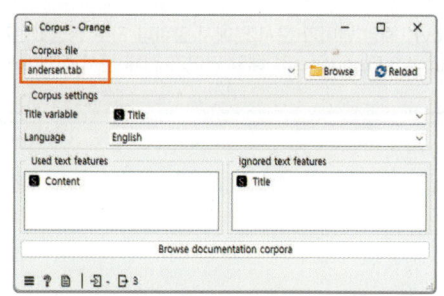

❷ 데이터 확인

Text Mining 카테고리의 [Corpus Viewer] 위젯을 [Corpus] 위젯에 연결하여 데이터를 확인한다.

안데르센 동화 중 The Little Match-Seller(신데렐라), The Philosopher's Stone(마법사의 돌), The Ugly Duckling(미운 오리 새끼)를 확인한다.

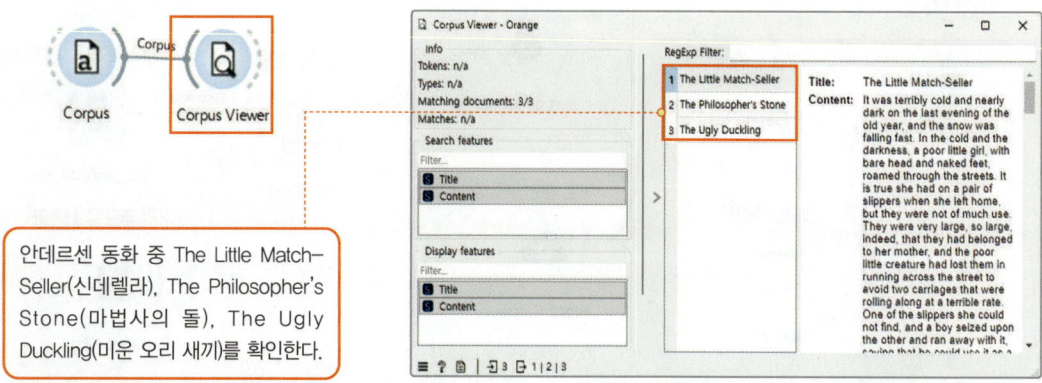

② 데이터 전처리하기

- Text Mining 카테고리의 [Preprocess Text] 위젯을 가져와 [Corpus] 위젯에 연결한다.
- Transformation 옵션의 'Lowercase'를 활성화하여 소문자로 변환한다.
- Tokenization 옵션의 'Regexp'를 활성화하고, '\w+' 패턴을 선택하여 특수 문자를 제외한 문자, 숫자, 밑줄만 추출하는 정규화 전처리를 한다.

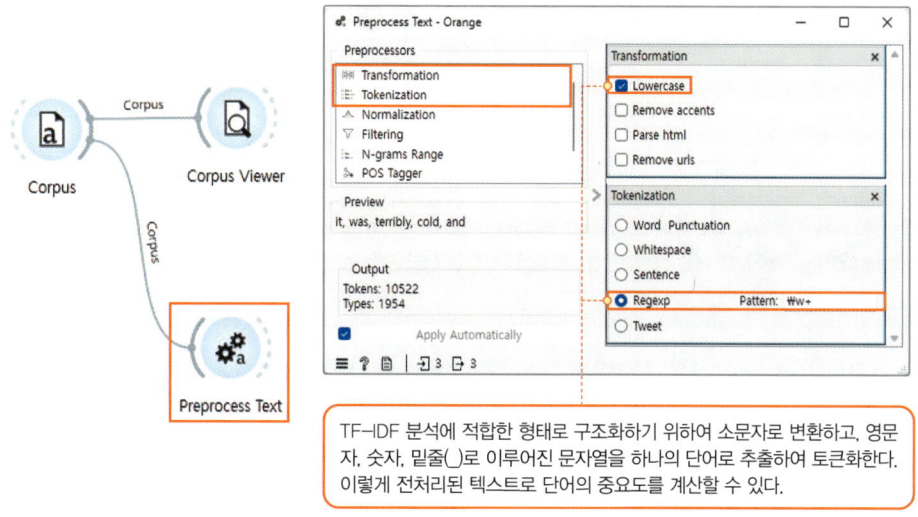

TF-IDF 분석에 적합한 형태로 구조화하기 위하여 소문자로 변환하고, 영문자, 숫자, 밑줄(_)로 이루어진 문자열을 하나의 단어로 추출하여 토큰화한다. 이렇게 전처리된 텍스트로 단어의 중요도를 계산할 수 있다.

③ TF-IDF 분석하기

❶ TF-IDF 벡터 생성

- Text Mining 카테고리의 [Bag of Words] 위젯을 [Preprocess Text] 위젯에 연결한다.
- TF-IDF 기법을 활용해 핵심 단어를 추출하기 위해 Term Frequency 옵션을 'Count'(또는 다른 TF 계산 방식)로 설정하고, Document Frequency 옵션을 'IDF' 또는 'Smooth IDF'로 설정하여 TF-IDF 벡터를 생성한다.

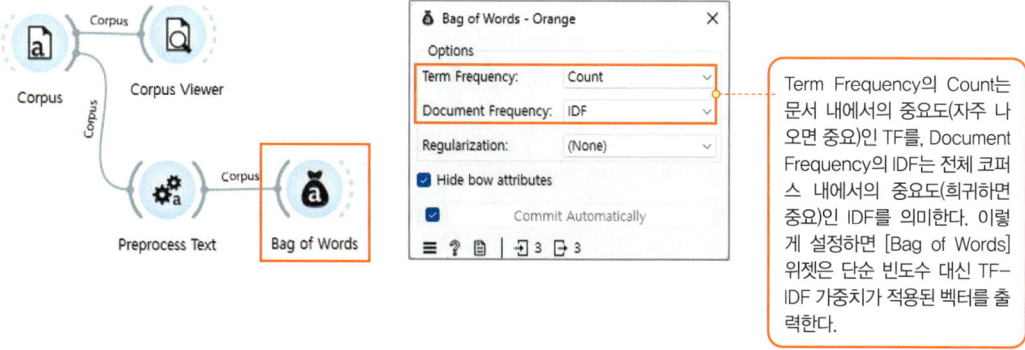

Term Frequency의 Count는 문서 내에서의 중요도(자주 나오면 중요)인 TF를, Document Frequency의 IDF는 전체 코퍼스 내에서의 중요도(희귀하면 중요)인 IDF를 의미한다. 이렇게 설정하면 [Bag of Words] 위젯은 단순 빈도수 대신 TF-IDF 가중치가 적용된 벡터를 출력한다.

❷ **벡터화 확인**

Data 카테고리의 [Data Table] 위젯을 [Bag of Words] 위젯에 연결하여 생성된 TF-IDF 벡터를 확인한다.

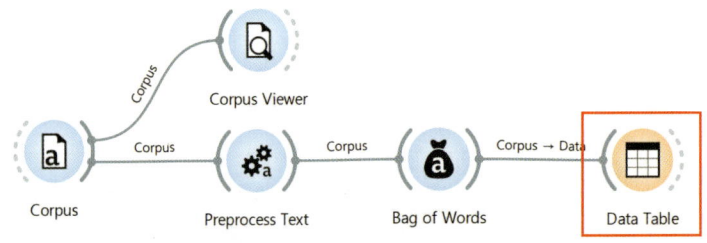

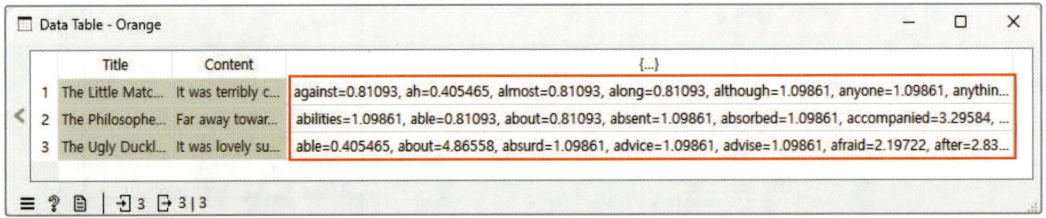

> 해설) 각 문서("The Philosophies..."와 같은)에 대해 Content 열은 해당 문서에 있는 단어 목록과 계산된 가중치(TF-IDF 점수)를 보여 준다. {...} 열은 각 문서의 Content의 내용에 있는 단어 목록에 대한 TF-IDF 가중치를 보여준다.

❸ **핵심 키워드 추출 및 목록화**

TF-IDF를 사용하여 문서의 개별적인 특징을 나타내는 키워드를 추출하고, TF-IDF 가중치가 가장 높은 5개의 단어를 골라 단어 목록을 만들어, 이 문서의 내용을 대표하는 핵심 키워드를 확인한다.

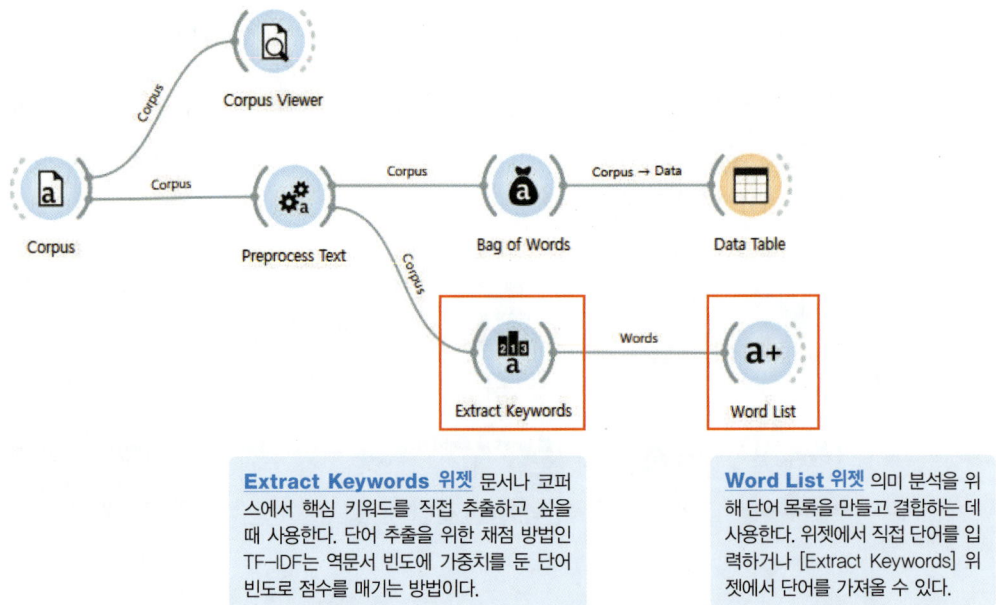

Extract Keywords 위젯 문서나 코퍼스에서 핵심 키워드를 직접 추출하고 싶을 때 사용한다. 단어 추출을 위한 채점 방법인 TF-IDF는 역문서 빈도에 가중치를 둔 단어 빈도로 점수를 매기는 방법이다.

Word List 위젯 의미 분석을 위해 단어 목록을 만들고 결합하는 데 사용한다. 위젯에서 직접 단어를 입력하거나 [Extract Keywords] 위젯에서 단어를 가져올 수 있다.

- Text Mining 카테고리의 [Extract Keywords] 위젯을 [Preprocess Text] 위젯에 연결한다.
- [Extract Keywords] 위젯을 더블 클릭하여 Scoring methods 옵션 중 'TF-IDF'를 활성화하면 TF-IDF 점수가 높은 순서대로 단어 목록을 보여 준다.

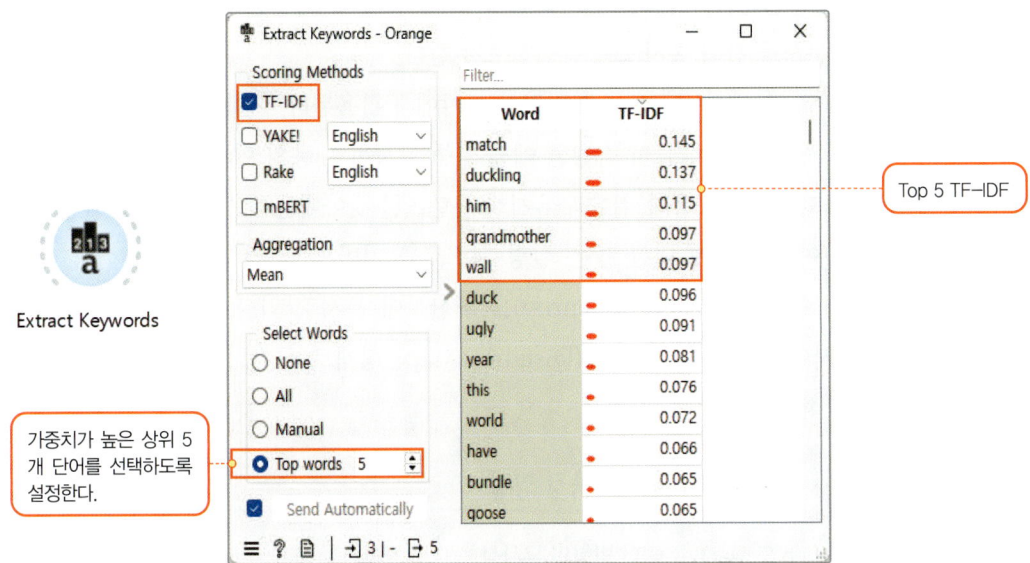

- Text Mining 카테고리의 [Word List] 위젯을 [Extract Keywords] 위젯에 연결하여 문서를 대표하는 상위 5개 단어 목록을 만든다.

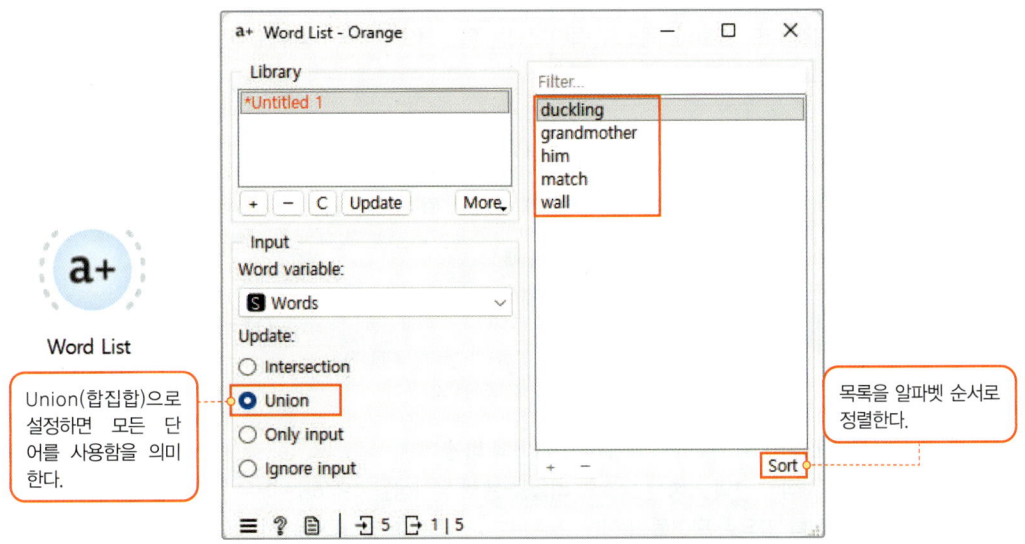

TF-IDF는 단순 빈도 계산(BoW)과 의미 기반 표현(Embedding) 사이의 중요한 다리 역할을 한다. 단어의 등장 횟수뿐만 아니라 문서 집합 전체에서의 '정보량' 또는 '차별성'을 고려하여 단어의 중요도를 평가하기 때문이다. 이렇게 TF-IDF로 가중치가 조정된 벡터 표현은 이후 유사도 계산이나 문서 분류, 클러스터링 등 다양한 분석 작업의 성능을 향상시키는 데 기여한다.

2 문서 간 유사도 분석하기

앞서 텍스트를 TF-IDF 기법을 통해 숫자로 변환하고, 각 단어의 중요도를 가중치로 수치화하여 문서의 핵심 키워드를 찾는 방법을 알아보았다. 이제 이렇게 계산된 TF-IDF 벡터 표현을 활용하여, 서로 다른 문서들 간의 유사도를 분석하고자 한다.

문서 유사도 분석(Similarity Analysis)은 다양한 분야에서 활용된다. 예를 들어, 비슷한 주제의 뉴스 기사를 자동으로 묶거나, 학생들이 작성한 에세이 중 유사한 내용의 에세이를 묶어 분석하는 데 사용된다. 추천 시스템에서도 사용자 취향과 유사한 콘텐츠를 찾아내는 데 핵심적으로 활용된다.

이번 활동에서는 여러 동물에 대한 짧은 설명 텍스트를 기반으로, 각 문서에서 핵심 키워드를 시각화하고, 코사인 유사도(Cosine Similarity)를 계산하여 문서 간의 유사도를 비교해 본다. 마지막으로, 문서들 사이의 관계를 거리 맵(Distance Map) 형태로 시각화하여, 어떤 문서들이 서로 유사한지를 직관적으로 확인해 보자.

> **참고자료 ✕ 문서 간의 유사도 측정 방법**
>
> - **코사인 유사도(Cosine Similarity): 벡터 방향의 유사성**
>   코사인 유사도는 두 텍스트를 벡터 공간에 표현한 뒤, 벡터 간의 방향(각도)을 비교하여 유사성을 측정하는 방법이다. 두 벡터가 이루는 코사인 각도($\cos\theta$) 값을 기반으로 유사도를 계산한다.
>   두 벡터가 같은 방향을 가리킬수록 코사인 유사도는 1에 가까워지며, 이는 두 텍스트가 매우 유사함을 의미한다. 반면, 두 벡터가 방향이 직각에 가까우면 유사도는 0에 가까워지고, 유사성이 거의 없음을 나타낸다.(※음의 값을 가질 수도 있으나, 텍스트 벡터에서는 일반적으로 0~1 범위로 정규화한다.)
>   코사인 유사도는 다음과 같이 정의한다.
>
>   2차원 벡터 $\vec{a}=(a_1, a_2), \vec{b}=(b_1, b_2)$ 의 위치 벡터 $\overrightarrow{OA}, \overrightarrow{OB}$는 각각 좌표평면에서 시점이 원점 O이고 종점이 두 점 $A(a_1, a_2), B(b_1, b_2)$에 위치하는 벡터이다. 이때 두 벡터 $\vec{a}, \vec{b}$가 이루는 각의 크기를 $x°$라 할 때,
>   코사인 유사도는 다음과 같이 계산한다.
>
> $$\cos x° = \frac{a_1 b_1 + a_2 b_2}{\sqrt{a_1^2 + a_2^2}\sqrt{b_1^2 + b_2^2}}$$
>
>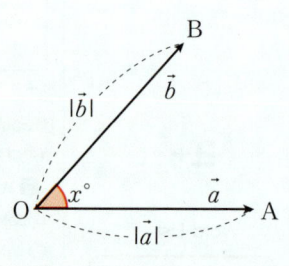
>
> - **자카드 유사도(Jaccard Similarity): 공유하는 단어의 비율**
>   자카드 유사도는 두 집합 간의 공통된 요소의 비율을 통해 유사성을 측정하는 매우 직관적인 방법이다. 텍스트 분석에서는 각 문서를 '고유한 단어들의 집합'으로 보고, 두 집합이 얼마나 많은 단어를 공유하는지 계산한다.
>   자카드 유사도는 두 문서에서 겹치는 단어의 비율이 높을수록 값이 1에 가까워지며, 이는 두 문서가 유사함을 의미한다. 반대로 값이 0에 가까우면, 공유된 단어가 거의 없음을 뜻한다.
>
> $$J(A, B) = \frac{n(A \cap B)}{n(A \cup B)} = \frac{n(A \cap B)}{n(A) + n(B) - n(A \cap B)} \quad (0 \leq J(A, B) \leq 1)$$

1 데이터 불러오기

❶ 데이터 생성

Text Mining 카테고리에서 [Create Corpus] 위젯을 캔버스로 가져와 다음과 같이 동물 이름과 설명을 작성하여 데이터를 만든다.

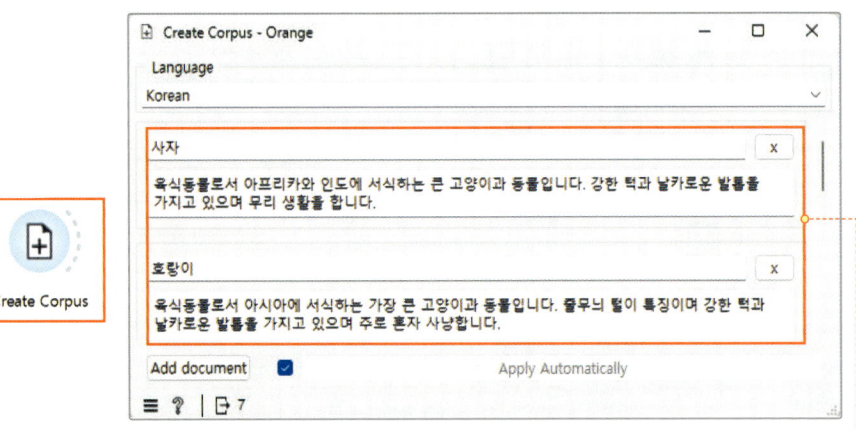

생성할 코퍼스
언어를 'Korean'으로 선택하고, 제목과 내용 칸에 다음 내용을 작성한다. 창 하단의 Add document를 클릭하여 입력 칸을 추가할 수 있다.
- **사자**: 육식동물로서 아프리카와 인도에 서식하는 큰 고양이과 동물입니다. 강한 턱과 날카로운 발톱을 가지고 있으며 무리 생활을 합니다.
- **호랑이**: 육식동물로서 아시아에 서식하는 가장 큰 고양이과 동물입니다. 줄무늬 털이 특징이며 강한 턱과 날카로운 발톱을 가지고 있으며 주로 혼자 사냥합니다.
- **코끼리**: 초식동물로, 육지에서 가장 큰 동물입니다. 긴 코와 큰 귀를 가지고 있으며 기억력이 좋고 사회성이 높습니다.
- **기린**: 초식동물로, 육지에서 목이 가장 긴 동물입니다. 키가 크고 아프리카 초원에 삽니다. 높은 나무의 잎을 먹으며 온순한 성격입니다.
- **펭귄**: 남극에 사는 날지 못하는 새입니다. 물속에서 능숙하게 헤엄치며 물고기를 잡아 먹습니다.
- **판다**: 중국에 서식하며 대나무를 주식으로 하는 곰과 동물입니다. 흑백의 털이 특징입니다.
- **돌고래**: 바다에 사는 매우 똑똑한 포유류입니다. 초음파를 이용해 소통하고 사냥합니다.

❷ 데이터 확인

Data 카테고리에서 [Data Table] 위젯을 가져와 [Create Corpus] 위젯에 연결하여 생성한 데이터를 확인한다.

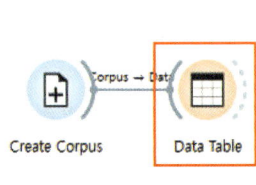 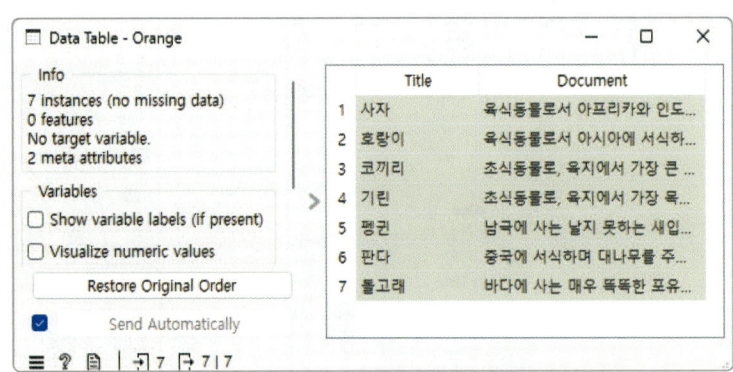

② 데이터 전처리하기

Text Mining 카테고리의 [Preprocess Text] 위젯을 [Create Corpus] 위젯에 연결한 후, Tokenization 옵션의 'Regexp'를 활성화하여 단어만 추출한다. 코퍼스가 한글이므로 소문자 변환은 하지 않는다.

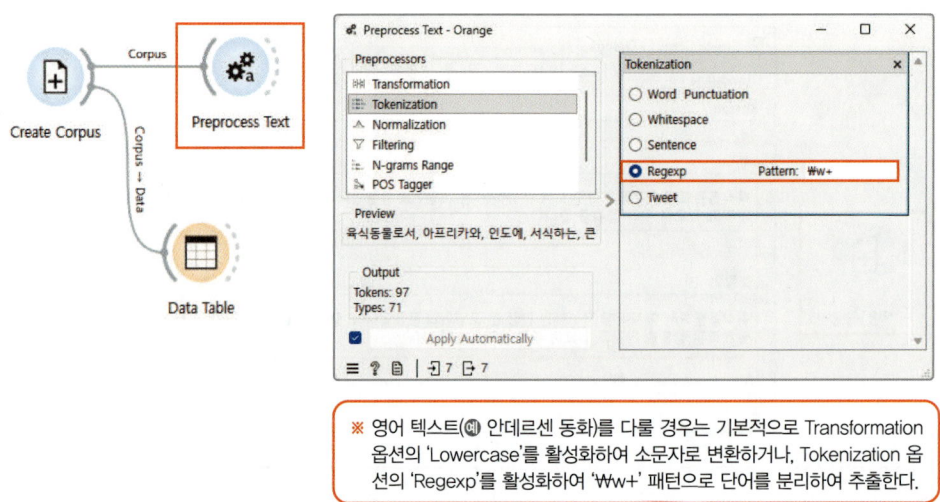

※ 영어 텍스트(예 안데르센 동화)를 다룰 경우는 기본적으로 Transformation 옵션의 'Lowercase'를 활성화하여 소문자로 변환하거나, Tokenization 옵션의 'Regexp'를 활성화하여 '₩w+' 패턴으로 단어를 분리하여 추출한다.

③ TF-IDF 분석하기

전처리된 텍스트를 기반으로 이제 각 단어의 상대적 중요도를 계산한다. 이를 위해 단어의 빈도와 희귀성을 동시에 고려하는 TF-IDF 기법을 적용하여 핵심 키워드를 수치화한다.

❶ TF-IDF 벡터화

Text Mining 카테고리의 [Bag of Words] 위젯을 [Preprocess Text] 위젯에 연결한 후, Term Frequency 옵션은 'Count'로, Document Frequency 옵션은 'IDF'로 설정하여 TF-IDF 벡터를 생성한다.

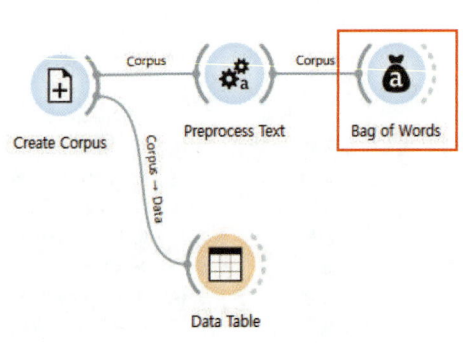
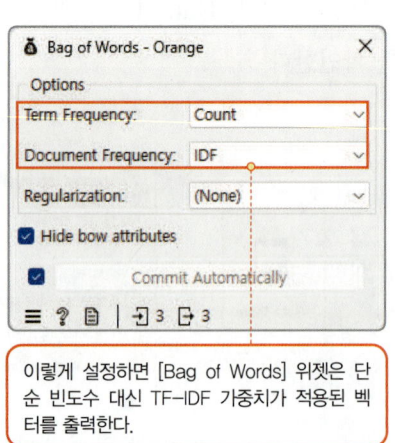

이렇게 설정하면 [Bag of Words] 위젯은 단순 빈도수 대신 TF-IDF 가중치가 적용된 벡터를 출력한다.

❷ 워드 클라우드로 시각화

- Text Mining 카테고리의 [Word Cloud] 위젯을 [Preprocess Text] 위젯과 [Bag of words] 위젯에 각각 연결한다.

- [Word Cloud] 위젯을 열어 [Preprocess Text] 위젯에 바로 연결한 경우와 [Bag of words] 위젯을 거쳐 [Word Cloud] 위젯에 연결한 경우, TF-IDF 가중치가 높은(즉, 각 동물 설명을 특징짓는) 단어들이 각각 무엇인지 확인한다.

▼ 단어 빈도만 적용하여 시각화한 결과

▼ TF-IDF를 적용하여 시각화한 결과

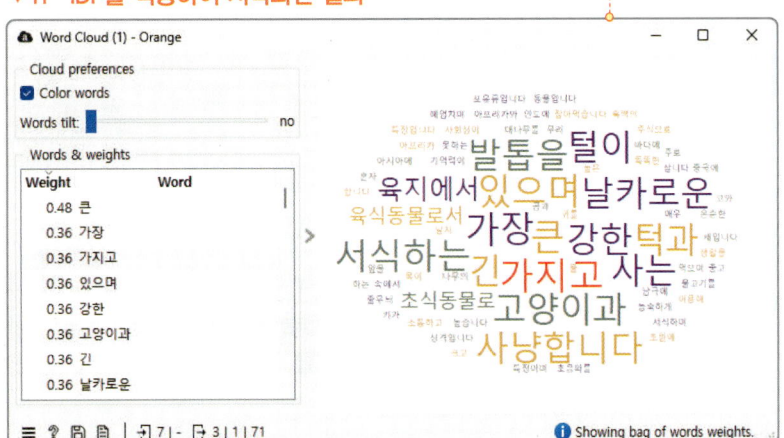

해설 두 시각화 결과를 비교해 보면, TF-IDF 가중치를 적용한 워드 클라우드가 단순히 단어 빈도만을 고려한 워드 클라우드보다 해당 텍스트의 주요 내용과 특징을 훨씬 더 효과적으로 시각화하고 있음을 알 수 있다. TF-IDF는 일반적인 단어의 영향을 줄이고 문서에서 특징적인 단어에 더 큰 가중치를 부여해 핵심 단어들을 두드러지게 한다.

참고자료 │ 단어의 중요도를 시각적으로 표현한 워드 클라우드

워드 클라우드는 텍스트에 어떤 단어들이 많이 등장하는지 한눈에 쉽고 재미있게 보여 주는 시각화 방법이다. 워드 클라우드에서는 더 자주 등장하거나 중요도(예 TF-IDF 점수)가 높은 단어일수록 더 큰 글씨 크기로 표시된다.

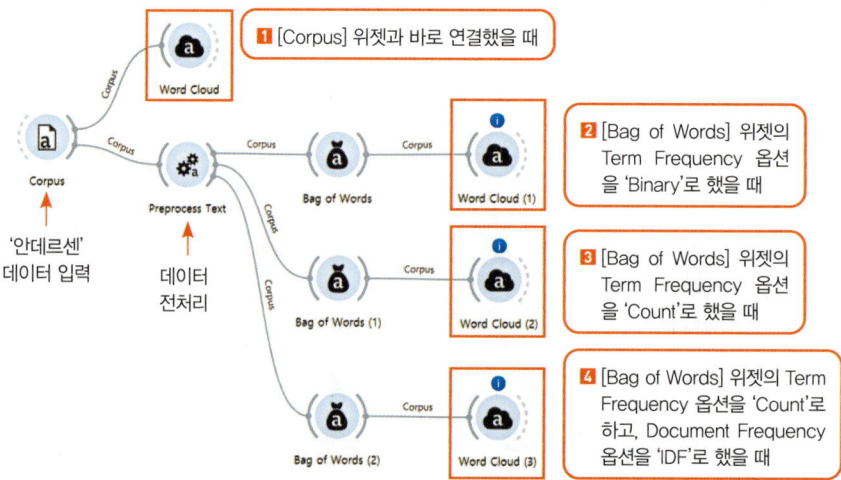

1 [Corpus] 위젯과 바로 연결했을 때

2 [Bag of Words] 위젯의 Term Frequency 옵션을 'Binary'로 했을 때

3 [Bag of Words] 위젯의 Term Frequency 옵션을 'Count'로 했을 때

4 [Bag of Words] 위젯의 Term Frequency 옵션을 'Count'로 하고, Document Frequency 옵션을 'IDF'로 했을 때

1 전처리를 하지 않으므로 불용어의 빈도수가 높다.

2 등장 여부만 기록(Binary)했기 때문에 모든 단어가 거의 같은 크기로 출력된다.

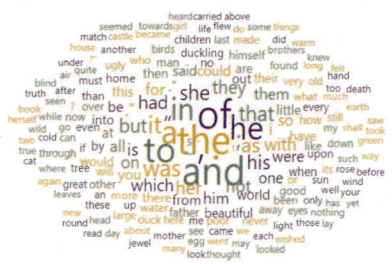

3 등장 횟수에 따라 단어의 크기가 달라진다.

4 TF-IDF를 이용하면 중요한 단어에 높은 가중치가 부여된다.

워드 클라우드는 데이터의 전반적인 분위기와 핵심 키워드를 직관적으로 파악하는 데 유용하지만, 보다 정밀한 분석을 위해서는 다른 분석 기법들과 함께 활용하는 것이 필요하다. 특히, 어떤 전처리 과정을 거쳤는지에 따라 시각화 결과가 달라질 수 있으므로, 워드 클라우드에 나타난 단어들을 해석할 때는 해당 전처리 방식까지 함께 고려해야 한다.

4 유사도 분석하기

❶ 유사도 계산

- Unsupervised 카테고리의 [Distances] 위젯을 [Bag of Words] 위젯(TF-IDF 벡터 출력)에 연결한다.

- [Distances] 위젯에서 Compare 옵션을 'Rows'로 활성화하여 문서 간의 유사도(거리)를 계산하고, Distance Metric 옵션을 'Cosine'으로 활성화하여 유사도를 코사인 거리 행렬값으로 출력하도록 한다.

❷ 유사도 시각화

- Unsupervised 카테고리의 [Distance Matrix] 위젯을 [Distances] 위젯에 연결하여 계산한 거리 행렬값을 시각화한다.

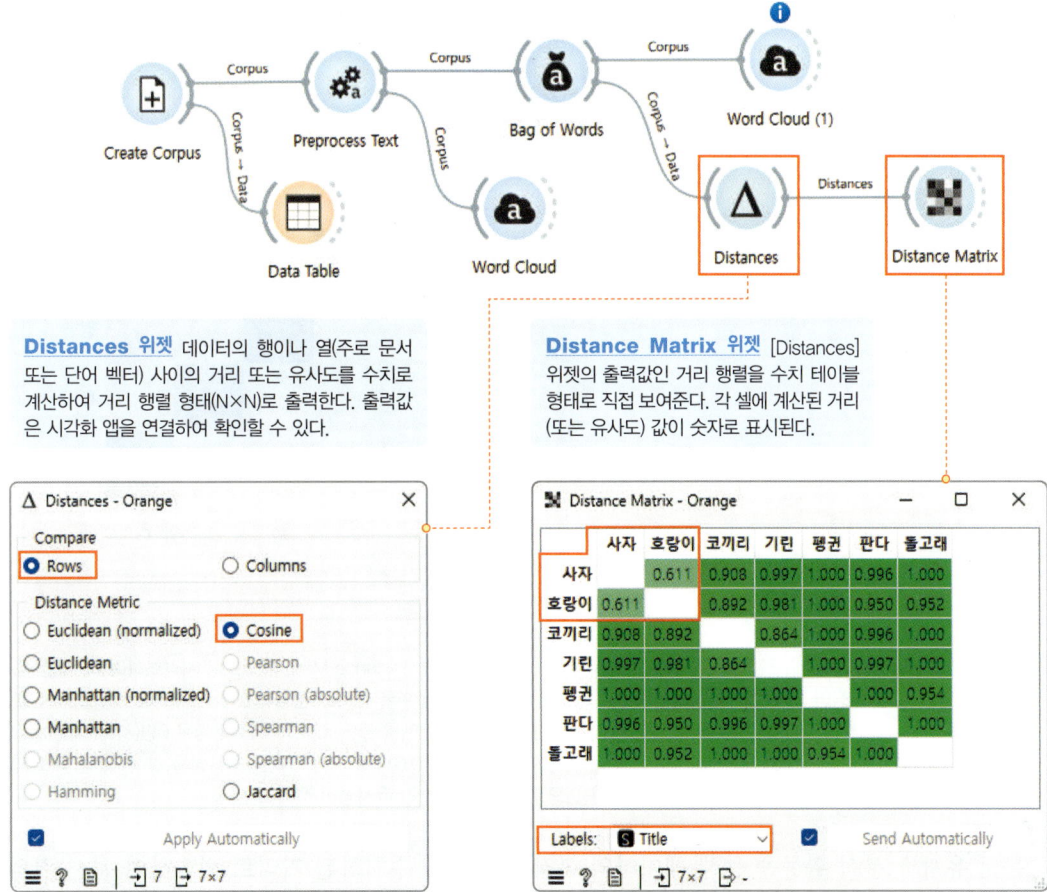

해설 [Distance Matrix] 위젯의 거리 행렬값은 1-코사인 유사도로 계산한다. 값이 0인 경우 완전 동일하고, 1인 경우 완전 다르다. 즉 거리 행렬값이 0에 가까울수록 유사하다는 의미이다. 따라서 출력된 결괏값에서 호랑이와 사자가 가장 작은 0.611 값으로 가장 유사한 것을 알 수 있다.

- Unsupervised 카테고리의 [Distance Map] 위젯을 [Distances] 위젯에 연결하여 결과를 확인한다. 거리 행렬값을 색상으로 시각화하므로, 문서(여기서는 동물 이름) 간의 관계를 더 직관적이고 효율적으로 탐색할 수 있다.

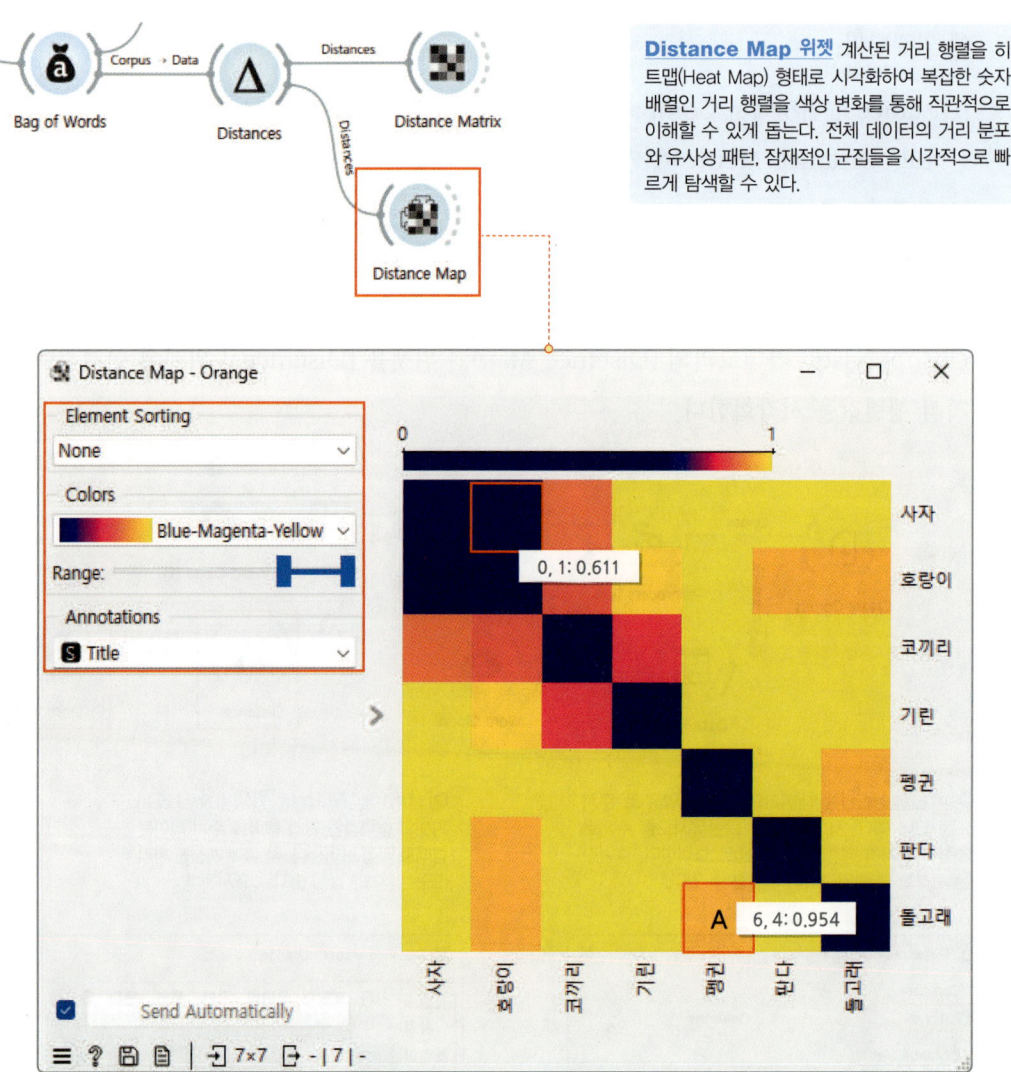

Distance Map 위젯 계산된 거리 행렬을 히트맵(Heat Map) 형태로 시각화하여 복잡한 숫자 배열인 거리 행렬을 색상 변화를 통해 직관적으로 이해할 수 있게 돕는다. 전체 데이터의 거리 분포와 유사성 패턴, 잠재적인 군집들을 시각적으로 빠르게 탐색할 수 있다.

해설 [Distance Matrix] 위젯으로 볼 수 있는 숫자 코사인 유사도 값을 [Distance Map] 위젯으로 시각화하여 더 직관적으로 어느 동물 설명 문장이 유사한지 확인할 수 있다. 어두운색(0)에 가까울수록 유사한 문장이고 밝은색(1)에 가까울수록 덜 유사한 문장을 의미한다. 그리고 마우스 롤오버 시 보이는 숫자의 의미는 예를 들어, 0, 1:0.611의 경우 0번(사자), 1번(호랑이) 문서의 코사인 유사도가 0.611라는 의미이다. 따라서 사자와 호랑이가 0.611로 가장 가까운 동물임을 알 수 있다. A 표시 구간을 확인하면, 0.954로 거리 행렬값이 1에 가까운 것으로 보아 데이터 간 유사성이 적어 보인다.

문서 유사도 분석 활동을 통해 데이터의 복잡한 내용을 수치화된 거리로 변환하여 문서 간의 관계와 숨은 패턴을 객관적으로 파악할 수 있었다. 이와 같은 평가 결과는 문서 유사도 분석이 잠재적인 군집 발견이나 추천 시스템 설계 등 다양한 실생활 응용의 기초 자료로 활용될 수 있음을 보여준다.

AI 전문가되기 — 유사도 기반 추천 시스템

우리가 매일 접하는 넷플릭스, 유튜브, 쇼핑몰, 음악 앱 등은 사용자에게 맞춤형 콘텐츠를 보여 주기 위해 추천 시스템(Recommender System)을 활용한다. 추천 시스템은 사용자의 행동, 취향, 과거 기록 등을 바탕으로 비슷한 성향을 가진 다른 사용자들과의 유사도를 계산하거나, 아이템 간의 내용적 유사성을 분석하여 결과를 제시한다.

예를 들어, 유사한 책을 읽은 사람들이 자주 함께 구매한 책을 추천하거나, 내가 좋아한 영화와 줄거리·장르·감정 키워드가 비슷한 영화를 자동으로 찾아주는 방식이다.

추천 시스템의 핵심은 유사도 분석이다. 앞에서 배운 코사인 유사도나 자카드 유사도는 텍스트 간의 유사성을 비교할 때 사용되며, 실제 추천 시스템에도 자주 활용된다.

추천 시스템은 크게 두 가지 방식으로 나뉜다.

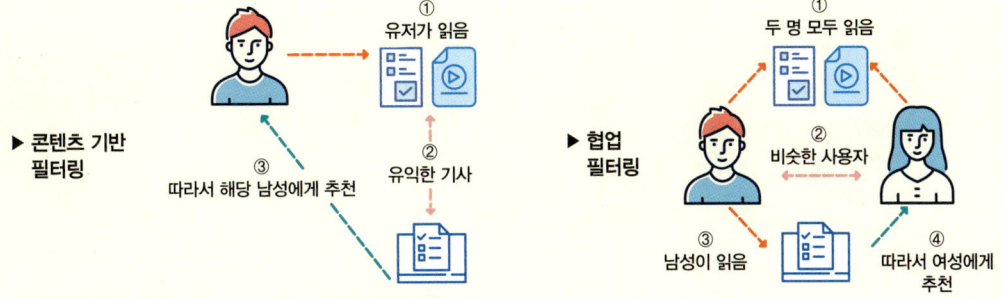

- **콘텐츠 기반 필터링(Content-based Filtering)**: 내가 좋아하는 영화와 내용이 비슷한 영화를 추천하듯이 사용자가 좋아하는 아이템의 속성(예 장르, 키워드, 벡터 유사도 등)을 기준으로 비슷한 항목을 추천한다.
- **협업 필터링(Collaborative Filtering)**: 나와 취향이 비슷한 사람이 본 영화를 추천하듯이 다른 사용자들의 행동 패턴을 분석하여 비슷한 사용자가 좋아하는 아이템을 추천한다.

최근에는 이 두 가지 방법을 결합한 하이브리드 추천 시스템도 널리 사용되고 있다.

추천 시스템은 단순한 상품 추천을 넘어, 인공지능 튜터가 학생에게 맞는 문제를 제시하거나, 뉴스 앱이 관심 있는 주제의 기사를 선별해 주는 데까지 확장되고 있다.

정리하기

이 활동에서는 TF-IDF로 단어의 희소성과 차별성을 고려해 단어의 의미적 중요도를 평가하고(문장 의미나 문맥을 직접 학습하지는 않음), 이 가중치를 기반으로 핵심 키워드를 워드 클라우드로 시각화해 보았다. 코사인 유사도로 문서 간 유사성을 계산해 거리 맵으로 확인함으로써 단순한 단어 빈도수를 넘어 텍스트 속에 숨은 의미를 효과적으로 추출하는 방법을 익혔다. 이는 문서 분류나 유사도 기반 추천 시스템과 같은 더 고급 인공지능 분석으로 나아가기 위한 중요한 출발점이다.

Part

2

융합으로 맛보는
인공지능 프로젝트

수학, 과학, 환경부터 사회, 보건, 경제 분야까지
다양한 문제들의 해결 방안을 Orange3로 찾아보자!

1. 마실 수 있는 물일까?

2. 보험 사기 청구, 어떻게 찾아낼까?

3. 어떤 환자의 암이 재발할까?

4. 잠을 덜 자면 스트레스에 민감해질까?

5. 고유한 언어 특성을 분류할 수 있을까?

6. AI는 어떻게 오차를 줄이며 예측할까?

7. 기저귀와 맥주는 왜 함께 팔릴까?

Data Mining Fruitful and Fun

인공지능 분석은 어떻게 활용되고 있을까?

환경/에너지 분야 활용 사례

환경/에너지 분야에서 인공지능 기반 분석은 대기 오염 모니터링, 기후 변화 예측, 해양 및 수질 오염 감시, 생물 다양성 보호, 에너지 효율화, 폐기물 및 재활용 관리 등 다양한 영역에서 실질적이고 혁신적인 변화를 이끌고 있다. 이를 통해 환경 문제를 더 정확하게 진단하고, 신속하게 대응하며, 지속 가능한 환경 보호를 실현할 수 있다.

사례 1. 탄소중립 목표 달성

세계 각국의 도시, 기업, 기관에서는 '2050 탄소중립' 목표를 앞두고, 구체적인 실현 방안과 경로를 찾는 데 어려움을 겪고 있다. 기존 방식으로는 에너지원별 사용량, 배출량, 정책 효과 등을 정확하게 예측하거나 효율적으로 관리·분석하는 데 한계가 있다.

주요 분석 방법
데이터 수집 → 데이터 전처리(결측치·이상치 처리) → 시계열 데이터 분석(박스 플롯, 산점도 등) → 군집화·예측 모델(Linear Regression 등) 구축 → 시나리오별 정책 효과 분석 및 탄소 배출 예측

성과
- 도시별·구역별 에너지 사용량 및 탄소 배출량 시각화
- 탄소 감축 정책의 효과량 도출 등 실제 탄소중립 정책 수립 및 평가 도구로 활용

사례 2. 에너지 최적화

공장과 기업 현장에서는 생산 설비와 시스템이 실제로 얼마나 에너지를 사용하는지, 사용 패턴이 어떻게 변화하는지 명확히 파악하기 어렵다. 에너지 비용이 늘고, 설비마다 상태와 운영 효율이 달라 전체 시스템의 최적화가 복잡하게 얽히는 문제가 발생한다.

주요 분석 방법
데이터 수집 → 데이터 전처리(결측치·이상치 처리, 속성 선택) → 이상치 탐지 및 군집화(k-Means 등) → 예측 모델(Random Forest 등) 구축 → 공정·설비별 비효율 구간 탐지 및 에너지·탄소 배출 예측

성과
- 비효율 구간과 개선이 필요한 설비·공정 자동 탐지 및 개선 전후 에너지 절감 효과 예측
- 실시간 모니터링·피드백을 통해 생산 효율과 에너지 절감 목표를 지속적으로 관리

우리는 이미 일상생활과 다양한 산업 현장에서 인공지능과 데이터 분석의 힘을 경험하고 있다.
인공지능 기술이 여러 분야와 융합되어 복잡한 문제를 어떻게 해결하며 새로운 가치를 창출하는지 살펴보자.

보건/건강 분야

활용 사례

보건/건강 분야에서 인공지능 기반 분석은 질병 예측, 조기 진단, 치료 효과 평가, 공중 보건 모니터링에 폭넓게 활용된다. 의료 영상과 임상 데이터를 분석해 맞춤형 치료를 지원하고, 건강검진 데이터를 통해 고위험군을 신속히 선별하며, 감염병 확산 예측과 대응에서 중요한 역할을 한다.

사례 3 임상 데이터 예후 예측

임상 현장에서는 RNA-실험, 임상 데이터 등 매우 다양한 데이터가 혼재되어 있고, 환자별로 진단과 치료 반응이 달라 정확하고 신속한 예측이 어렵다. 기존 통계 기법이나 전문가 경험에만 의존할 때는 데이터가 복잡해 질수록 패턴을 찾거나 예후를 예측하는 데 한계가 있다.

주요 분석 방법

데이터 수집 → 데이터 탐색 → 데이터 전처리(표준화·결측치 처리) → 주요 속성 선택 및 군집화 → 분류·예측 모델(Logistic Regression, SVM, Ensemble, Neural Networks 등) 구축 → 성능 평가(ROC·AUC 등) 및 속성 영향 시각화

성과

- 환자별 예후와 주요 속성의 영향도를 시각화하여 실제 임상 의사 결정(치료 전략 선택)에 적용
- 유전자 기반 위험군 판별, 고위험 질병 예측, 치료 효과군 예측 등 시나리오 도출
- 신약 설계, 질환군 분류, 의료 정책 수립 등에 활용

사례 4 국민 건강검진 및 질병 예측

사회적으로 건강검진 데이터가 대규모로 쌓이고 있지만, 실제로 개별 시민의 건강 상태 변화나 주요 질병 위험을 미리 알아내어 예방하거나 조기에 대응하기가 어렵다. 데이터가 분산되고 연계가 부족하여, 각종 위험 요인을 신속하게 찾아내는 데 어려움이 많다.

주요 분석 방법

데이터 수집 → 결측치 처리 및 주요 속성 선택 → 기계학습 모델(k-Means, SVM, kNN 등) 적용 → 모델 성능 평가(교차 검증, ROC·AUC 등 정확도 평가) → 속성 영향도 분석, 위험군 및 이상치 시각화

성과

- 데이터 기반으로 각 질병 고위험군 특성을 도출하여 맞춤형 캠페인 및 국가 정책 설계에 실질적으로 적용
- 질병 위험군 식별, 생활 습관 변화 캠페인, 조기 경보 시스템 구축 등 예방 전략 설계에 활용

인공지능 분석은 어떻게 활용되고 있을까?

사회/경제 분야 활용 사례

사회/경제 분야에서 인공지능과 데이터 분석은 텍스트 마이닝, 고객 행동 분석, 산업 공정 최적화, 스마트 유통과 물류, 금융 리스크 관리, 정책 지원 등 다양한 분야에 적용되고 있다. 이를 통해 사회 이슈와 여론을 실시간 파악하며, 맞춤형 마케팅과 운영 효율성 극대화로 경제적 가치와 사회 문제 해결을 동시에 지원한다.

사례 5 사회과학 텍스트 마이닝

사회 현상에 다양한 의견과 감성을 파악하는 데 어려움을 겪고 있다. 비정형 텍스트 데이터의 양이 방대하고 복잡하여 분석에 시간이 오래 걸리며, 특정 이슈에 대한 여론의 흐름이나 변화를 신속하게 인지하기 어려워 효과적인 정책 수립이나 사회 문제 해결에 한계가 있다.

주요 분석 방법
데이터 수집 → 텍스트 전처리(토큰화, 불용어 제거) → 벡터화 → 단어 클러스터링·군집화(k-Means 등), 분류 모델(Logistic Regression 등) 구축 → 핵심 단어, 주제별 이슈 자동 추출 및 시각화

성과
- 주제별 여론 흐름, 허위 정보 군집 등 비정형 텍스트 패턴을 신속하게 분석하여 정책 설계·개정에 활용
- 기간·언론 유형별 이슈 변화 분석, 주요 쟁점 단어 키워드 분류에 실무 활용

사례 6 고객 데이터 군집화 및 이상치 탐지

고객의 구매 이력과 행동 패턴 데이터가 폭발적으로 늘고 있으나, 데이터가 방대해질수록 고객 그룹의 특성이나 이상 구매, 비정상적 거래를 신속하게 식별하기 어렵다. 이로 인해 고객 이탈률이 증가하거나 마케팅 비용의 효율성이 떨어지는 등의 문제가 발생할 수 있다.

주요 분석 방법
데이터 수집 → 데이터 전처리 → 속성 추출 및 군집화(k-Means 등) → 이상치 탐지 → 군집별 특성 분석 및 추가 모델(Random Forest, Gradient Boosting 등) 구축 → 군집 기반 맞춤 마케팅 타깃 추출

성과
- 고객군별 특성·군집 기반 맞춤형 타깃 추출을 통한 인사이트 도출 및 마케팅 전략 수립
- 이상 구매 패턴 분석·이상치 탐지를 통한 비정상적 거래 식별 및 리스크 관리 체계 강화

이처럼 Orange3 기반의 데이터 분석 및 인공지능 모델 학습은 다루는 데이터의 종류만 다를 뿐, 다양한 학문 분야 및 실제 현장의 문제 해결에 확장하여 응용할 수 있다.

마실 수 있는 물일까?

활동 키워드: 이진 분류 | SVM | 하이퍼파라미터

 # 마실 수 있는 물일까?

문제 상황

수질 오염(Water pollution)은 인간의 활동으로 인해 물이 더러워져 생태계나 인간의 건강에 나쁜 영향을 미치는 현상을 말한다. 오염된 물을 섭취하면 설사, 콜레라, 장티푸스, 간염 등 각종 수인성 감염병에 노출될 수 있다. 세계보건기구(WHO)에 따르면 매년 수백만 명이 오염된 물로 인해 목숨을 잃는다고 보고하며, 특히 개발도상국의 피해가 크다. 또한 깨끗한 식수가 부족하면 삶의 질이 현저히 떨어지고, 교육·경제 활동에도 심각한 제약이 발생한다.

==그렇다면 매일 마시는 물이 안전한지 예측하고 관리할 수 있는 분류 모델은 어떻게 만들 수 있을까?==

활동 미리보기

데이터셋 준비하기
1. 데이터 수집하기
2. 데이터 불러오기
3. 데이터 전처리하기
4. 데이터 탐색하기

모델 학습하기
1. 훈련 데이터와 테스트 데이터 나누기
2. 모델 선정 및 학습시키기

모델 성능 확인하기
1. 모델 성능 비교하기
2. 혼동 행렬로 결과 분석하기
3. 최종 예측 결과 확인하기

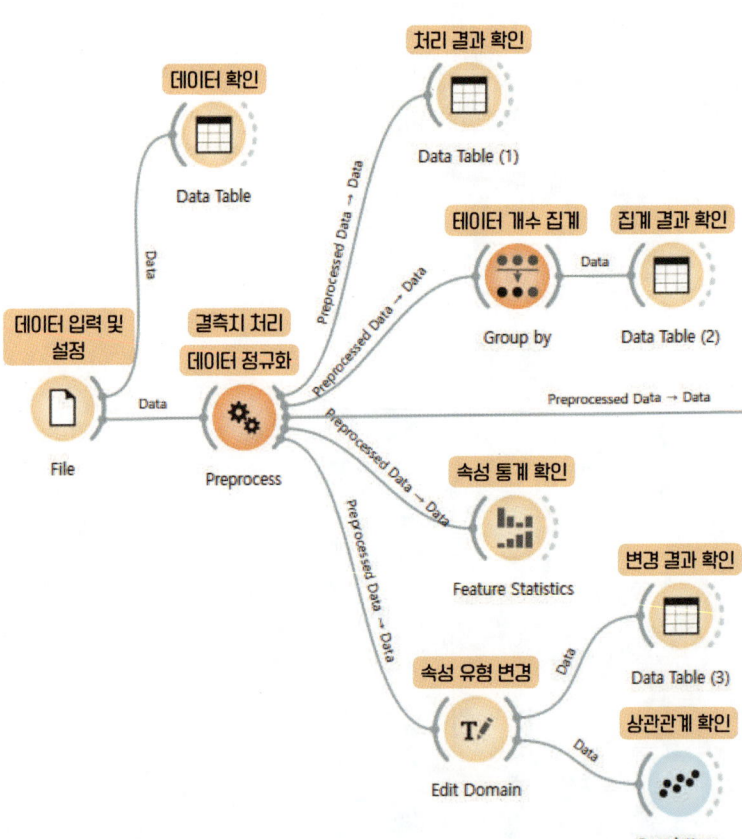

활용 인공지능 이진 분류

이진 분류(Binary Classification)는 주어진 데이터를 두 가지 범주 중 하나로 자동 판정하는 인공지능 기술로, 흔히 0과 1, 참과 거짓, 양성과 음성처럼 두 클래스 중 하나에 속하는지를 예측하는 문제 해결 방법이다. 대표적으로 Logistic Regression, Random Forest, SVM 등의 모델이 활용되며, 입력 속성에 따라 해당 데이터가 특정 조건을 만족하는지 아닌지를 예측한다.

이진 분류는 환경 데이터를 해석하고 조치하는 데 유용하게 쓰인다. 대기 오염 데이터를 활용해 '오염/비오염', 산림 지역에서 '산불 위험/산불 안전', 토양 상태를 기준으로 '경작 가능/경작 불가능' 여부를 판단할 수 있고, 이를 통해 환경 위험을 조기에 감지하거나, 자원 활용 가능성을 자동으로 분류할 수 있는 시스템을 구축할 수 있다. 이뿐만 아니라 의료 분야에서 환자가 특정 질병에 걸렸는지 아닌지, 금융 분야에서는 신용카드 거래가 정상인지 부정인지, IT 서비스에서는 이메일이 스팸인지 아닌지를 예측하는 등 다양한 상황에서 널리 사용된다. 이러한 이진 분류의 성능 평가는 혼동 행렬, 정밀도, 재현율, F1 점수 등 평가 지표를 통해 이뤄지며, 신속하고 과학적인 의사 결정 지원에 중요한 역할을 한다.

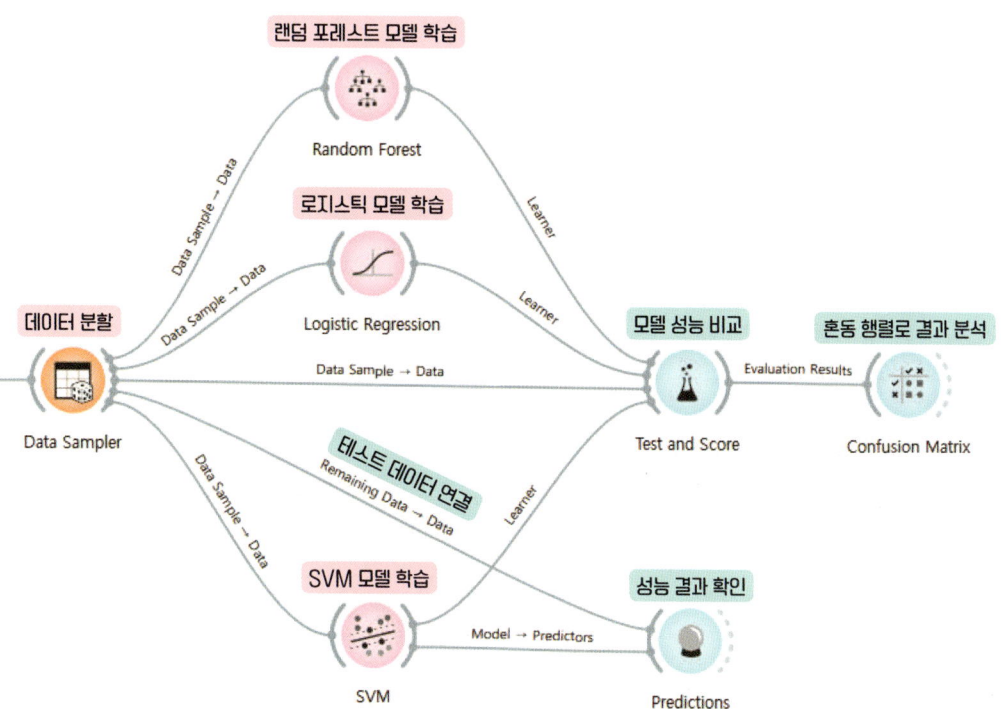

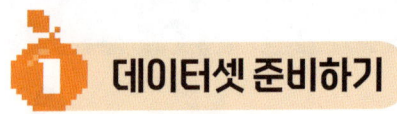

1 데이터셋 준비하기

1 데이터 수집하기

캐글 사이트에서 수질 데이터를 다운로드하여 데이터를 수집해 보자.

❶ 데이터 다운로드

캐글 Datasets 메뉴에서 'Water Quality'를 검색하고, 해당 페이지의 'water_potability. csv' 파일을 다운로드한다.

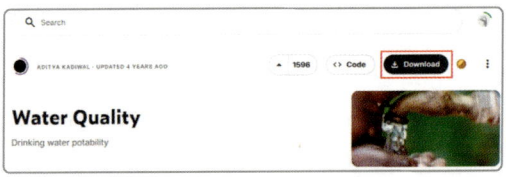

❷ 속성 확인 및 변경

• 파일을 열어 속성을 확인한다. 영어로 되어 있는 속성명을 필요에 따라 한글 속성명(하단 표 참고)으로 변경한 후 '수질 데이터.csv'로 저장하여 활동에 사용한다.

▼ 'water_potability.csv' 파일의 영어 속성명

	A	B	C	D	E	F	G	H	I	J
1	ph	Hardness	Solids	Chloramines	Sulfate	Conductivity	Organic_carbon	Trihalomethanes	Turbidity	Potability
2		204.8904555	20791.31898	7.300211873	368.5164413	564.3086542	10.37978308	86.99097046	2.963135381	0
3	3.716080075	129.4229205	18630.05786	6.635245884		592.8853591	15.18001312	56.32907628	4.500656275	0
4	8.099124189	224.2362594	19909.54173	9.275883603		418.6062131	16.86863693	66.42009251	3.05593375	0
5	8.316765884	214.3733941	22018.41744	8.059332377	356.8861356	363.2665162	18.4365245	100.3416744	4.628770537	0

⇩ 한글 속성명으로 변경

▼ '수질 데이터.csv' 파일의 한글 속성명

	A	B	C	D	E	F	G	H	I	J
1	수소이온농도	경도	총 고형물	클로라민	황산염	전도도	유기 탄소	트리할로메탄	탁도	음용 가능성
2		204.8904555	20791.31898	7.300211873	368.5164413	564.3086542	10.37978308	86.99097046	2.963135381	0
3	3.716080075	129.4229205	18630.05786	6.635245884		592.8853591	15.18001312	56.32907628	4.500656275	0
4	8.099124189	224.2362594	19909.54173	9.275883603		418.6062131	16.86863693	66.42009251	3.05593375	0
5	8.316765884	214.3733941	22018.41744	8.059332377	356.8861356	363.2665162	18.4365245	100.3416744	4.628770537	0

• 각 속성의 정보를 살펴보자.

속성명	한글 속성명	속성 정보
ph	수소이온농도	물의 산성/알칼리성 정도(6.5~8.5가 적정)
Hardness	경도	물 속에 녹아 있는 칼슘 및 마그네슘 농도(값이 높을수록 센 물)
Solids	총 고형물	물에 녹아 있는 고형물의 총량
Chloramines	클로라민	소독을 위해 사용되는 화학 물질, 잔류 소독제
Sulfate	황산염	자연적 또는 산업적 원인으로 생기는 이온
Conductivity	전도도	물의 이온 농도를 나타내는 지표(고형물과 관련)
Organic_carbon	유기 탄소	물 속 유기 탄소의 총량(낮을수록 좋다.)
Trihalomethanes	트리할로메탄	소독 부산물, 장기 노출 시 건강 문제 발생 가능
Turbidity	탁도	물의 흐림 정도(높을수록 세균이 포함되어 있을 가능성이 높다.)
Potability	음용 가능성	마실 수 있는 물의 여부(0: 불가, 1: 가능)

2 데이터 불러오기

수집한 데이터를 Orange3 캔버스로 불러와 확인해 보자.

❶ 데이터 입력 및 설정

- Data 카테고리에서 [File] 위젯을 가져와 '수질 데이터.csv'를 불러온다.
- 10개의 속성 중 '음용 가능성' 속성의 역할(Role)을 'target'으로 변경한다.

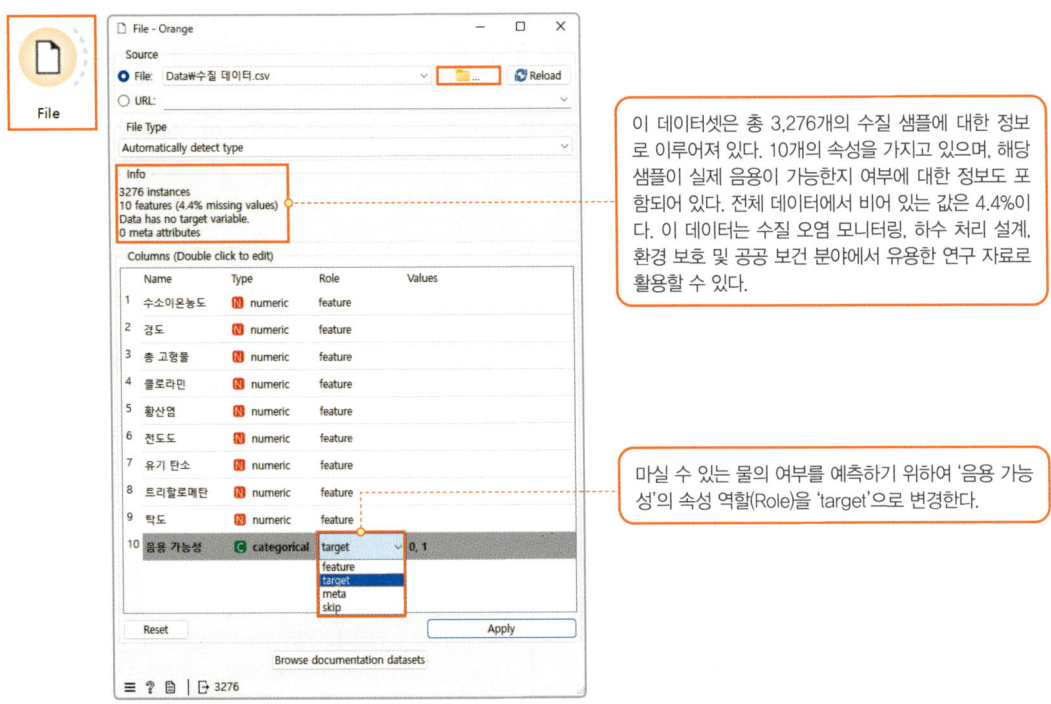

이 데이터셋은 총 3,276개의 수질 샘플에 대한 정보로 이루어져 있다. 10개의 속성을 가지고 있으며, 해당 샘플이 실제 음용이 가능한지 여부에 대한 정보도 포함되어 있다. 전체 데이터에서 비어 있는 값은 4.4%이다. 이 데이터는 수질 오염 모니터링, 하수 처리 설계, 환경 보호 및 공공 보건 분야에서 유용한 연구 자료로 활용할 수 있다.

마실 수 있는 물의 여부를 예측하기 위하여 '음용 가능성'의 속성 역할(Role)을 'target'으로 변경한다.

❷ 데이터 확인

Data 카테고리의 [Data Table] 위젯을 [File] 위젯에 연결하여 데이터의 내용을 확인한다.

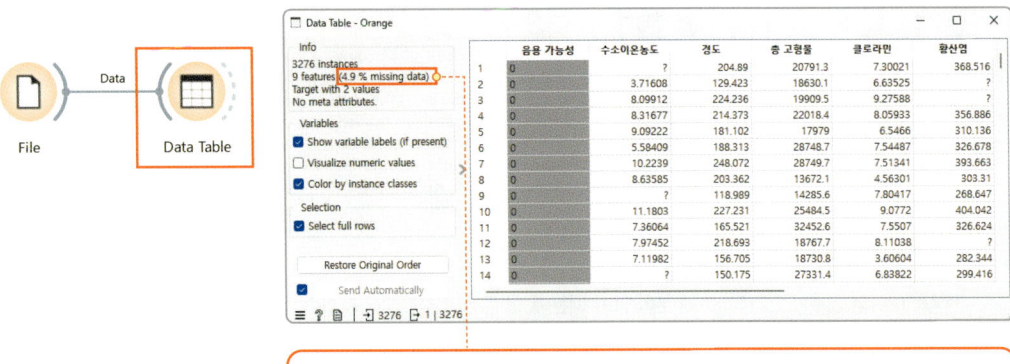

'음용 가능성'의 속성 역할(Role)을 Target으로 변경한 후, 9개의 속성(feature)에서 결측치의 비율이 4.4%에서 4.9%로 변경되었다.

③ 데이터 전처리하기

분석 결과의 신뢰도와 모델의 성능을 높이기 위해 데이터를 전처리해 보자.

❶ 결측치 처리

- Transform 카테고리의 [Preprocess] 위젯을 [File] 위젯에 연결하고 [Preprocess] 위젯을 더블 클릭한다.

- Impute Missing Values 옵션의 'Remove rows with missing values'를 활성화하여 결측치가 포함된 행을 삭제한다.

- Data 카테고리의 [Data Table] 위젯을 [Preprocess] 위젯에 연결하여 결측치가 처리된 데이터를 확인한다.

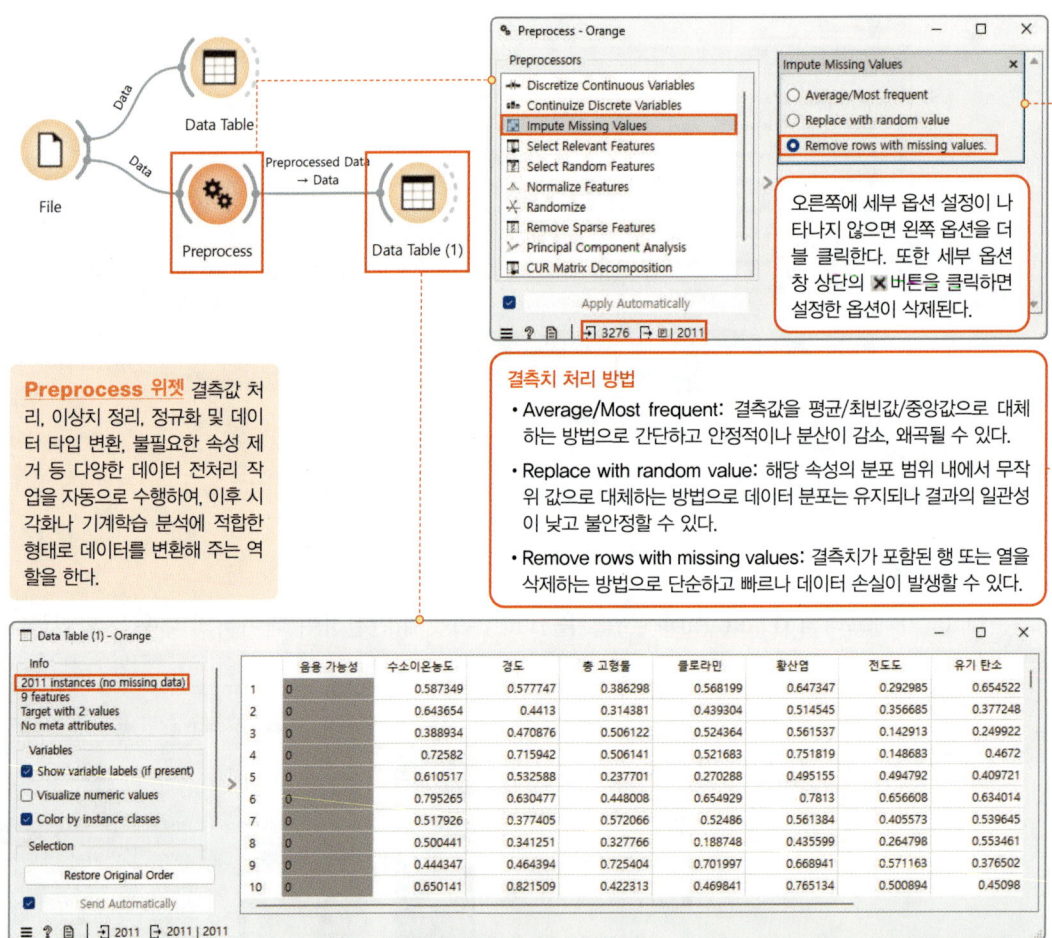

Preprocess 위젯 결측값 처리, 이상치 정리, 정규화 및 데이터 타입 변환, 불필요한 속성 제거 등 다양한 데이터 전처리 작업을 자동으로 수행하여, 이후 시각화나 기계학습 분석에 적합한 형태로 데이터를 변환해 주는 역할을 한다.

결측치 처리 방법
- Average/Most frequent: 결측값을 평균/최빈값/중앙값으로 대체하는 방법으로 간단하고 안정적이나 분산이 감소, 왜곡될 수 있다.
- Replace with random value: 해당 속성의 분포 범위 내에서 무작위 값으로 대체하는 방법으로 데이터 분포는 유지되나 결과의 일관성이 낮고 불안정할 수 있다.
- Remove rows with missing values: 결측치가 포함된 행 또는 열을 삭제하는 방법으로 단순하고 빠르나 데이터 손실이 발생할 수 있다.

해설 데이터 개수가 3,276개로 충분히 많기 때문에 일부 행이 삭제되어도 학습 성능에 큰 영향을 주지 않는다. 따라서 가장 간단한 결측치 처리 방법인 결측치가 있는 행을 삭제(Remove rows with missing values)하는 방법을 적용하였고, 3,276개에서 2,011개로 데이터의 개수가 줄어든 것을 확인할 수 있다. 만약 데이터의 개수가 적을 때는 평균값/최빈값 대체와 같은 다른 방법을 사용한다.

❷ 데이터 편향 확인

결측치 제거 전과 제거 후의 '음용 가능성(Target)' 속성값에 따른 데이터의 개수를 비교하여 데이터에 편향이 있는지 확인한다.

[전처리 전]

- 전처리 전의 데이터 분포를 확인하기 위해 [Preprocess]❶ 위젯으로 돌아가 Impute Missing Values의 세부 옵션창 상단의 ✖버튼을 클릭하여 결측치 처리 옵션을 삭제한다.
- Transform 카테고리의 [Group by]❷ 위젯을 [Preprocess] 위젯에 연결한다. 모든 속성의 집계 방식(Aggregation) 설정을 해제하고, '음용 가능성'만 'Count(개수 세기)'로 설정한다.

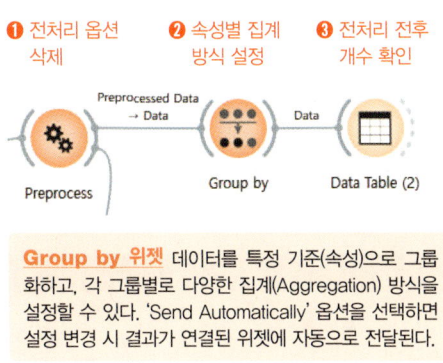
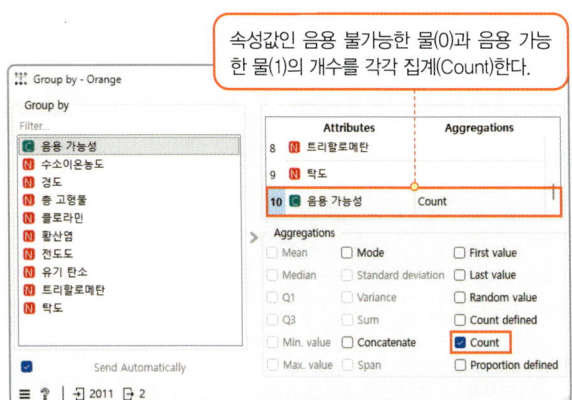

Group by 위젯 데이터를 특정 기준(속성)으로 그룹화하고, 각 그룹별로 다양한 집계(Aggregation) 방식을 설정할 수 있다. 'Send Automatically' 옵션을 선택하면 설정 변경 시 결과가 연결된 위젯에 자동으로 전달된다.

- Data 카테고리의 [Data Table]❸ 위젯을 [Group by] 위젯에 연결하여, 전처리 전 '음용 가능성' 속성의 '0(불가능)'과 '1(가능)'에 해당하는 데이터 개수를 확인한다.

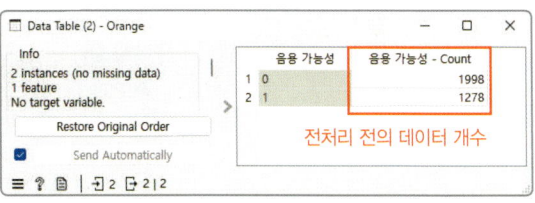

해설▶ 전처리 전 음용 불가능한 물(0)은 1,998개, 음용 가능한 물(1)은 1,278개로 약 3:2의 비율을 보였다.

[전처리 후]

- [Preprocess]❶ 위젯에서 100쪽의 결측치 처리 과정을 다시 적용한 후, [Data Table]❸ 위젯을 더블 클릭하여 전처리 후 '음용 가능성' 속성의 값의 개수가 어떻게 달라졌는지 확인한다.

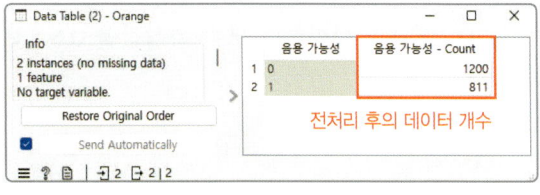

해설▶ 전처리 후 음용 불가능한 물(0)은 1,200개, 음용 가능한 물(1)은 811개로 확인되며, 두 그룹 간의 비율은 대략 3:2이다.

'음용 가능성' 속성의 '0(불가능)'과 '1(가능)'에 해당하는 데이터 개수의 비율이 전처리 후에도 유사하게 유지되는 것으로 나타나며, 이는 결측치 처리 과정에서 데이터 편향이 발생하지 않았음을 의미한다.

④ 데이터 탐색하기

전처리한 데이터를 탐색하고, 각 속성과 음용 가능성의 상관관계를 확인해 보자.

❶ 속성 통계 확인

Data 카테고리의 [Feature Statistics] 위젯을 [Preprocess] 위젯에 연결하여 각 속성의 통계 정보와 도수 분포를 확인한다.

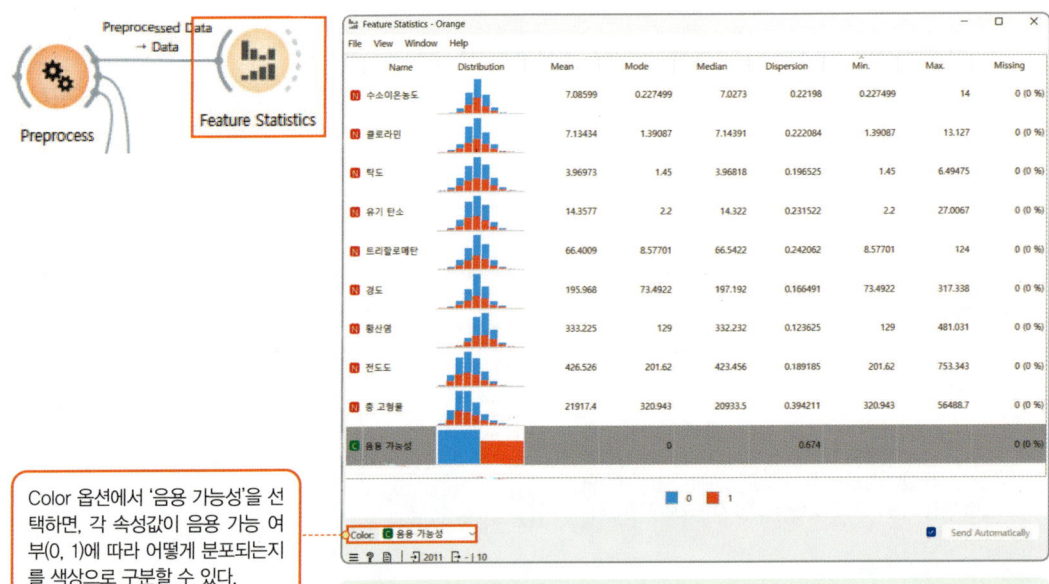

Color 옵션에서 '음용 가능성'을 선택하면, 각 속성값이 음용 가능 여부(0, 1)에 따라 어떻게 분포되는지를 색상으로 구분할 수 있다.

> **해설** 평균, 최댓값, 최솟값을 확인한 결과, 수소이온농도, 클로라민, 탁도, 유기 탄소 속성값의 범위는 0.222084에서 27.0067에 달하고, 트리할로메탄, 경도, 황산염, 전도도, 총 고형물 속성값의 범위는 8.57701에서 56488.7에 달해 많은 차이를 보이고 있다. 이처럼 각 속성들의 값의 범위에서 많은 차이가 있는 경우, 특정 속성의 영향이 과도하게 커질 수 있기에 데이터 속성값의 범위를 모두 일정한 크기로 변환하는 정규화가 필요하다.

❷ 데이터 정규화

- 다시 [Preprocess] 위젯으로 돌아가 Normalize Features 옵션의 'Normalize to interval [0, 1]'을 활성화하여 모든 속성값을 0~1 사이로 정규화한다.

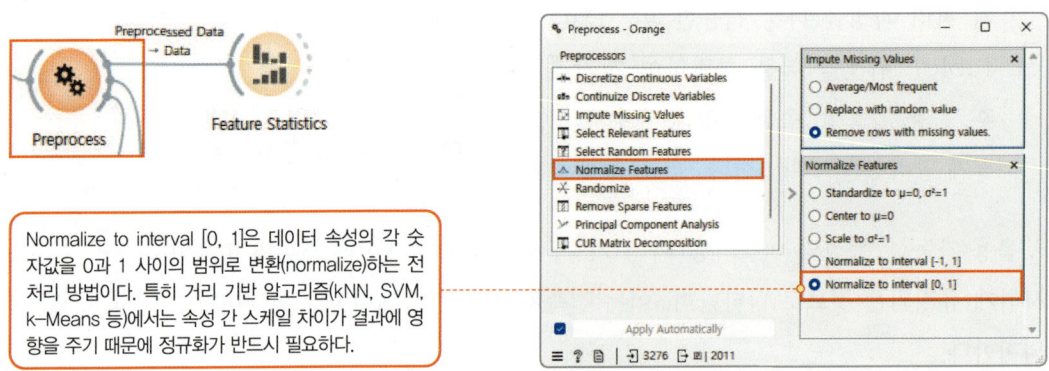

Normalize to interval [0, 1]은 데이터 속성의 각 숫자값을 0과 1 사이의 범위로 변환(normalize)하는 전처리 방법이다. 특히 거리 기반 알고리즘(kNN, SVM, k-Means 등)에서는 속성 간 스케일 차이가 결과에 영향을 주기 때문에 정규화가 반드시 필요하다.

- [Feature Statistics] 위젯을 다시 더블 클릭하여 정규화된 데이터 값을 확인한다.

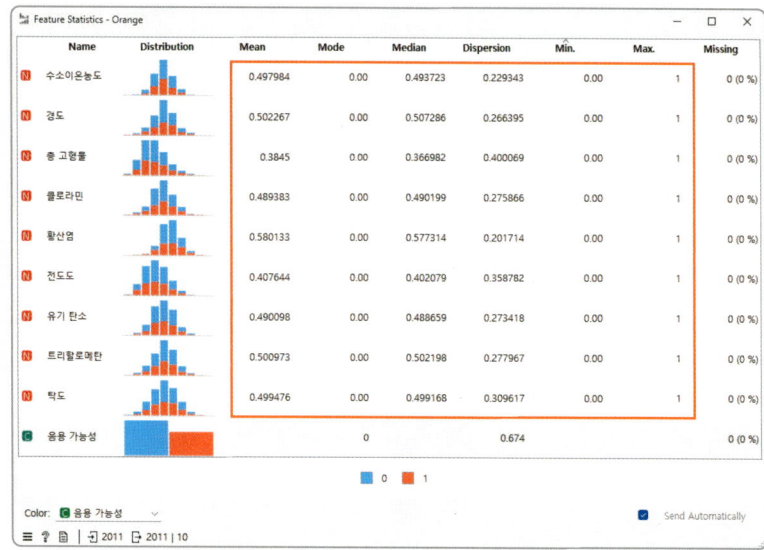

해설 9개의 속성(feature)의 값 범위가 모두 0~1 사이로 정규화되었음을 확인할 수 있다.

❸ 속성 유형 변경

- Data 카테고리의 [Edit Domain] 위젯을 [Preprocess] 위젯에 연결하고, '음용 가능성' 속성의 Type을 Categorical(범주형)에서 'Numeric(수치형)'으로 변경한다.

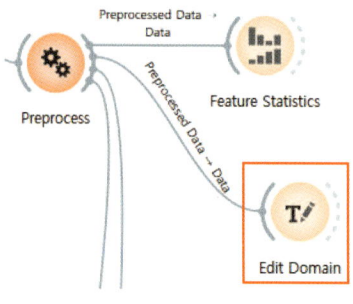
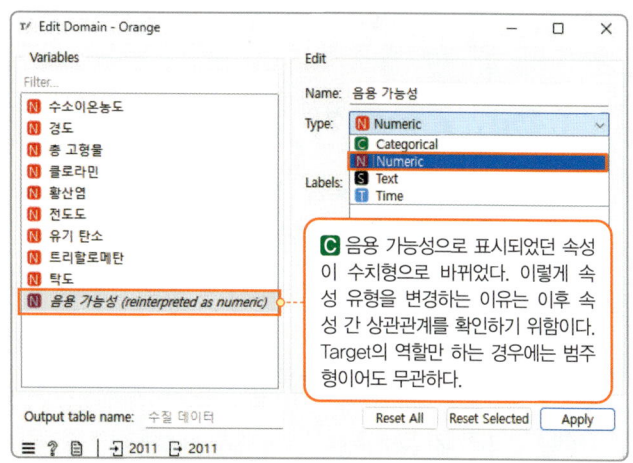

ⓒ 음용 가능성으로 표시되었던 속성이 수치형으로 바뀌었다. 이렇게 속성 유형을 변경하는 이유는 이후 속성 간 상관관계를 확인하기 위함이다. Target의 역할만 하는 경우에는 범주형이어도 무관하다.

> **Q&A로 알아보기**
>
> ❓ 상관관계를 확인할 때 속성의 Type를 왜 범주형에서 수치형으로 바꿀까요?
>
> 💬 상관관계는 숫자 연산이 필요하므로 범주형은 그대로 사용할 수 없습니다. 그 이유는 '숫자=수치형 데이터'가 아니기 때문입니다. 예를 들어, '수질 데이터.csv' 파일의 '음용 가능성' 속성이 분류용 라벨(클래스)의 역할을 하는지, 계산할 수 있는 숫자인지 구분해 주는 과정이 필요합니다. 여기서는 단순 이름표 역할을 해 주는 범주형 데이터이므로 수치형으로 변환합니다.

- Data 카테고리의 [Data Table] 위젯을 [Edit Domain] 위젯에 연결하여 '음용 가능성' 속성이 수치형으로 변경된 결과를 확인한다.

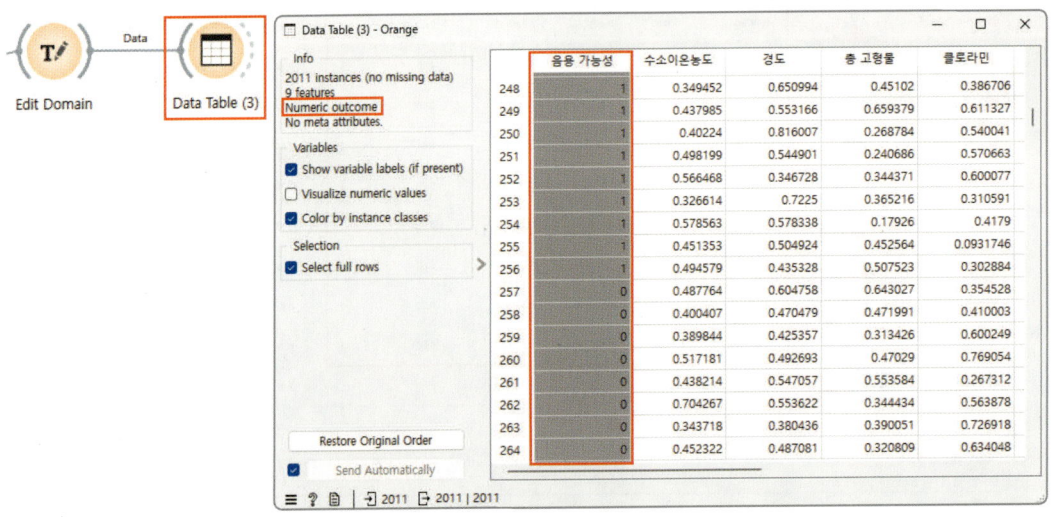

> **해설** 각 사례별로 '음용 가능성' 속성이 0(마실 수 없음) 또는 1(마실 수 있음)로 수치형 데이터로 변환되었다. 이를 통해 데이터가 텍스트가 아니라 수치형 값(0과 1)으로 일관되게 구성되었음을 확인할 수 있으며, 이 상태에서는 다양한 통계 분석이나 수치 기반의 기계학습 모델 학습에 바로 활용이 가능하다. Info 영역의 'Numeric outcome'은 Target(음용 가능성)이 성공적으로 수치형 결괏값으로 변환되었음을 시각적으로 안내해 준다.

모든 속성이 수치형이므로 '음용 가능성'과 각 속성의 상관관계를 확인해 보자.

속성의 상관관계

상관관계(correlation)는 두 속성 간에 서로 관련이 있는 정도를 나타내는 개념으로, 관계의 형태에 따라 다음의 세 가지 유형으로 구분할 수 있다.

양의 상관관계	한 속성의 값이 증가할 때 속성의 값도 함께 증가하는 관계
음의 상관관계	한 속성의 값이 증가할 때 다른 속성의 값은 감소하는 관계
무상관	두 속성 간에 일정한 관련성이 없는 경우

그러나 상관관계가 있다고 해서 인과관계(causation)가 존재하는 것은 아니다. 예를 들어, 아이스크림 판매량과 강수량이 동시에 증가한다고 해서 아이스크림이 비를 내리게 하는 원인이 아니다. 이는 두 속성 모두 '여름'이라는 공통 요인 때문에 함께 증가한 결과일 뿐이다. 상관관계의 정도는 상관계수로 수치적으로 표현할 수 있으며, 이 값은 −1에서 1 사이의 값을 가지며 다음과 같이 해석할 수 있다.

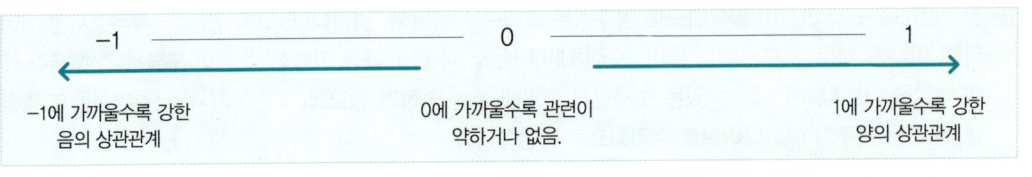

❹ 속성 간 상관관계 확인

- Unsupervised 카테고리의 [Correlations] 위젯을 [Edit Domain] 위젯에 연결한다.
- 상관계수를 'Pearson correlation'으로, 기준 속성을 '음용 가능성'으로 설정하고 결과를 확인한다.

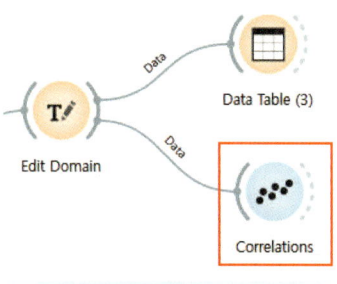
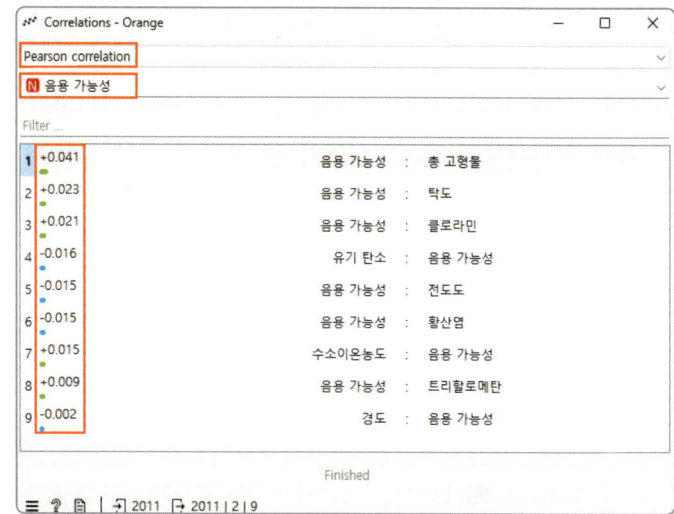

Correlations 위젯 데이터 변수 간의 연관성(상관관계)을 정량적으로 분석하고, 이를 표 형태로 제공하여 패턴을 발견하거나 추가 분석 방향을 설정할 수 있도록 도움을 준다. 데이터의 특성에 따라 Pearson(수치형 변수의 선형 관계) 또는 Spearman(순위 기반 단조 관계) 상관계수 중 선택할 수 있고, 숫자와 함께 상관계수의 부호와 크기를 색으로 표현하고 있다.

해설 Pearson correlation(피어슨 상관계수)은 속성 간 선형 관계의 정도를 수치로 나타낸다. 일반적으로 절댓값이 0.3 미만이면 약한 상관, 0.3~0.7이면 중간 정도 상관, 0.7 이상이면 강한 상관으로 본다. 모든 수치의 절댓값이 0.05 이하이므로 전반적으로 음용 가능성과 다른 속성 간에 뚜렷한 선형 상관관계는 없음을 알 수 있다.

확인 결과, 단일 속성과의 선형 상관관계는 대체로 약하지만, 여러 속성 간의 복합적인 상호 작용을 통해 음용 가능성을 예측할 수 있는 패턴이 존재할 수 있다. 이에 따라, 기계학습 모델을 학습시켜 이러한 비선형 관계를 반영하여 예측 성능을 향상시켜 보자.

Q&A로 알아보기

Q 상관관계가 낮은 데이터로 기계학습을 하는 것이 의미가 있나요?

A 네. 의미 있습니다. 기계학습은 단순한 선형 상관관계뿐만 아니라 복잡한 비선형 관계를 찾아낼 수 있고 여러 속성이 조합되어 의미 있는 정보가 나올 수 있기 때문에, 상관관계가 낮게 나타나는 속성이라도 예측에 유용하게 활용될 수 있습니다.

예를 들어, 수질 예측에서 음용 가능성은 하나의 지표에 의해 결정되는 것이 아니라, 총 고형물, 클로라민, 탁도 등의 다양한 수질 요소가 복합적으로 작용한 결과입니다. 총 고형물 수치가 낮더라도 클로라민 농도가 너무 높거나, 탁도가 심하게 높으면 그 물은 마시기에 적합하지 않을 수 있습니다. 이처럼 개별 속성(Feature)과 타깃(target) 간의 상관관계는 낮을 수 있지만, 기계학습 모델은 여러 변수 간의 상호 작용과 복잡한 패턴을 함께 고려하여 정확한 예측을 수행할 수 있습니다.

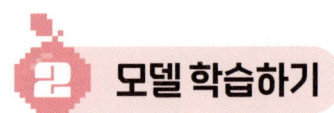 모델 학습하기

다양한 모델을 활용하여 음용 가능한 물을 분류하는 모델을 구현해 보자.

① 훈련 데이터와 테스트 데이터 나누기

- Transform 카테고리의 [Data Sampler] 위젯을 [Preprocess] 위젯과 연결한다.
- [Data Sampler] 위젯을 더블 클릭하고 Fixed propertion of data 옵션을 '70%'로 설정하여 훈련 데이터와 테스트 데이터를 70:30으로 분할한다.

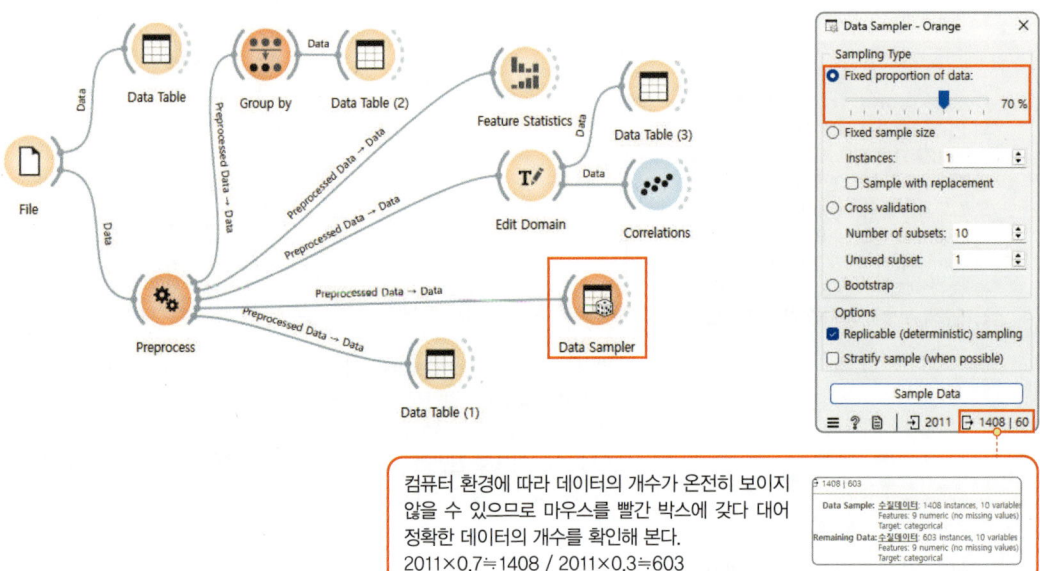

컴퓨터 환경에 따라 데이터의 개수가 온전히 보이지 않을 수 있으므로 마우스를 빨간 박스에 갖다 대어 정확한 데이터의 개수를 확인해 본다.
2011×0.7≒1408 / 2011×0.3≒603

② 모델 선정 및 학습시키기

Model 카테고리에서 [Random Forest], [Logistic Regression], [SVM] 위젯을 가져와 [Data Sampler] 위젯에 각각 연결하여 학습시킨다.

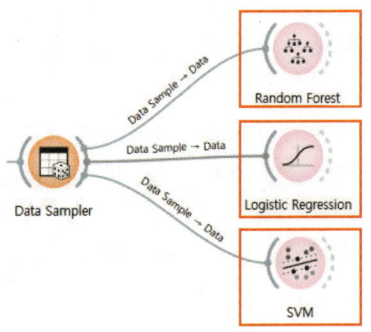

Random Forest 모델, Logistic Regression 모델, SVM(Support Vector Machine) 모델은 두 개의 클래스 중 하나를 예측하는 이진 분류 문제 해결에 널리 활용되는 대표적인 기계학습 모델이다.
- Random Forest: 앙상블과 특성 중요도 분석에 활용
- Logistic Regression: 각 클래스에 속할 확률을 예측하는 데 활용
- SVM: 고차원·비선형 데이터 분리에 활용

3 모델 성능 확인하기

학습시킨 모델의 설정값을 데이터에 맞게 조정하면 모델 간의 최적화된 성능을 비교할 수 있다. 각 모델의 성능을 비교하고 최종 결과를 확인해 보자.

1 모델 성능 비교하기

- Evaluate 카테고리의 [Test and Score] 위젯을 각 분류 모델 위젯(Logistic Regression, Random Forest, SVM)과 [Data Sampler] 위젯에 연결한다.

- 모델의 성능이 어떻게 달라지는지 확인하기 위해 모델 위젯과 [Test and Score] 위젯을 동시에 열어두고 하이퍼파라미터를 조정하여 성능을 비교한다.

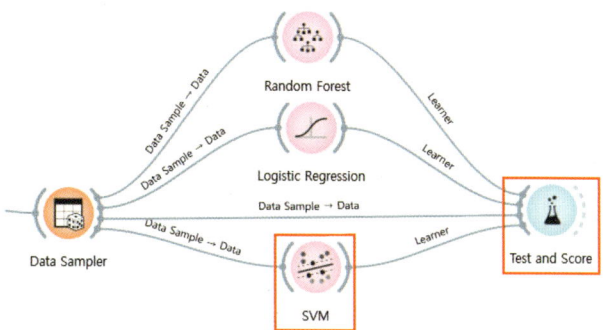

> SVM은 커널 및 주요 하이퍼파라미터의 변화에 따라 예측 성능이 크게 달라지는 모델이다. 이에 따라, 본 교재에서는 SVM 모델에 한해 하이퍼파라미터 조정에 따른 성능 변화를 안내하였다. 그러나 Random Forest와 Logistic Regression 또한 하이퍼파라미터를 조정하면 예측 성능이 달라질 수 있다. 실습 시에는 두 모델의 하이퍼파라미터도 직접 조정하여 SVM과 함께 성능을 비교해 보도록 한다.

▼ SVM 하이퍼파라미터 조정 전 성능

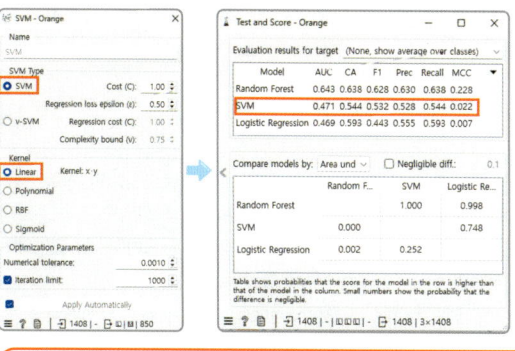

▼ SVM 하이퍼파라미터 조정 후 성능

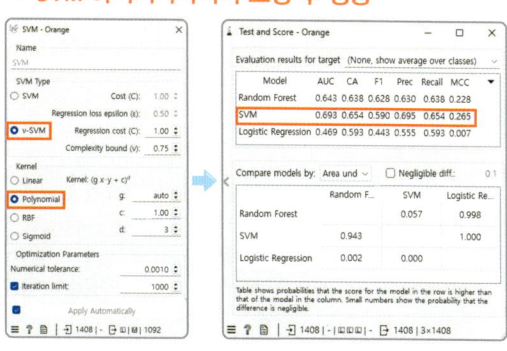

SVM Type
- SVM: 모든 데이터를 정확하게 구분하려는 특성 때문에 데이터에 이상치가 있으면 민감하게 반응할 수 있다. 이로 인해 과적합이 발생할 위험이 있다.

Kernel
- Linear: 단순한 직선을 기준으로 수질을 분류한다.

- v-SVM: 일정 수준의 오류는 허용하면서, 전반적인 예측 안정성을 높일 수 있는 방법을 찾는다. 이상치나 불확실한 값이 포함된 복잡한 수질 데이터에 유리하다.

- Polynomial: 곡선 형태의 복잡한 경계를 기준으로 분류한다.

해설 SVM Type을 SVM에서 v-SVM으로, Kernel을 Linear에서 Polynomial로 조정하여 조정 전과 후의 성능 지표를 비교한 결과, SVM 모델의 성능이 크게 향상되었다. 특히 양성 예측의 정밀도(Prec)가 높아 음용 가능 물질을 판단하는 데 안정적인 선택지임을 알 수 있다.

2 혼동 행렬로 결과 분석하기

Evaluate 카테고리의 [Confusion Matrix] 위젯을 [Test and Score] 위젯에 연결하여 결과를 분석해 보자.

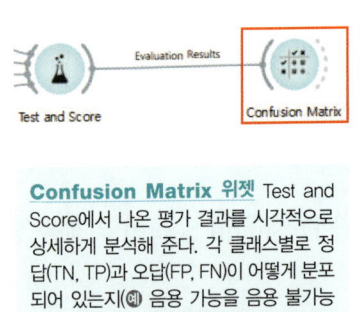

Confusion Matrix 위젯 Test and Score에서 나온 평가 결과를 시각적으로 상세하게 분석해 준다. 각 클래스별로 정답(TN, TP)과 오답(FP, FN)이 어떻게 분포되어 있는지(⑩ 음용 가능을 음용 불가능으로, 음용 불가능을 음용 가능으로 얼마나 잘못 분류했는지) 세부적으로 보여 주어 모델의 강점과 약점, 오류 패턴을 구체적으로 파악할 수 있다.

▼ Random Forest의 예측 결과

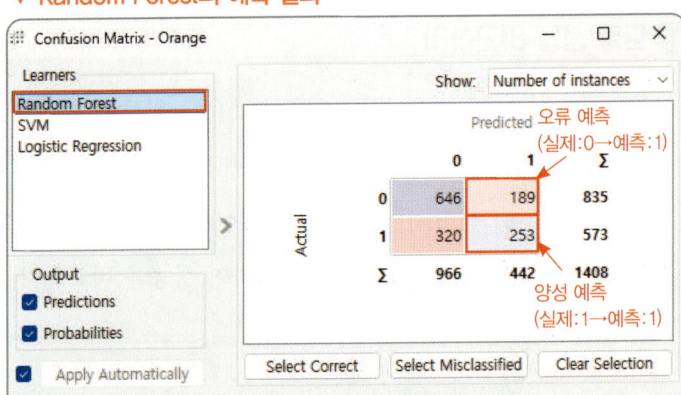

▼ SVM의 예측 결과

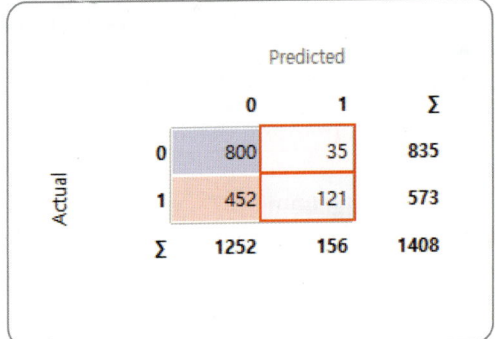

▼ Logistic Regression의 예측 결과

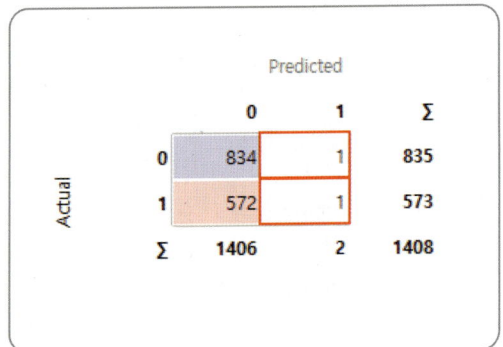

해설 음용 가능하다고 예측한 결과만 비교해 봤을 때, 음용 가능한 물을 정확하게 예측하는 것도 중요하지만, 음용 불가능한 물을 음용 가능한 것으로 잘못 예측하는 경우(False Positive)는 특히 위험하다. 따라서 단순히 전체 정확도가 높은 모델을 고르는 것보다 '불가능한 물을 정확히 불가능으로 잡아내는 능력'을 우선적으로 평가하는 것이 더 중요하다. 이 활동에서는 혼동 행렬의 2사분면에 해당하며, 이 값이 작을수록 음용 불가능한 물을 잘 걸러냈다고 볼 수 있다.

- Random Forest 모델은 오류 예측 개수가 189개로 가장 많아, 음용 불가능한 물을 효과적으로 걸러내지 못한 것으로 볼 수 있다.
- SVM 모델은 오류 예측 개수가 35로 낮은 편이며, 동시에 음용 가능한 물을 정확하게 예측한 건수(121개)도 적절히 확보하여 성능과 안정성의 균형이 우수한 모델로 판단된다.
- Logistic Regression 모델은 오류 예측 개수가 1개로 가장 적지만, 음용 가능으로 예측한 개수 또한 1개에 불과해 실질적인 분류 성능은 매우 낮다.

따라서, SVM 모델이 가장 안정적인 분류 성능을 보인 반면, Logistic Regression과 Random Forest는 성능 면에서 한계가 있는 모델로 판단된다.

각 모델의 예측값을 혼동 행렬로 분석한 결과, 위험 최소화와 예측 성능을 고려할 때 SVM이 가장 적절한 모델이라 할 수 있다.

③ **최종 예측 결과 확인하기**

학습에 사용되지 않은 데이터를 넣어 SVM 모델이 얼마나 정확하게 예측하는지 확인해 보자.

• Evaluate 카테고리의 [Predictions] 위젯을 [SVM] 위젯과 [Data sampler] 위젯에 각각 연결한다.

• [Data Sampler] 위젯과 [Predictions] 위젯 사이에 연결된 선을 더블 클릭한 후, 연결선을 'Remaining data→Data'로 바꾸고 [Predictions] 위젯에서 결과를 확인한다.

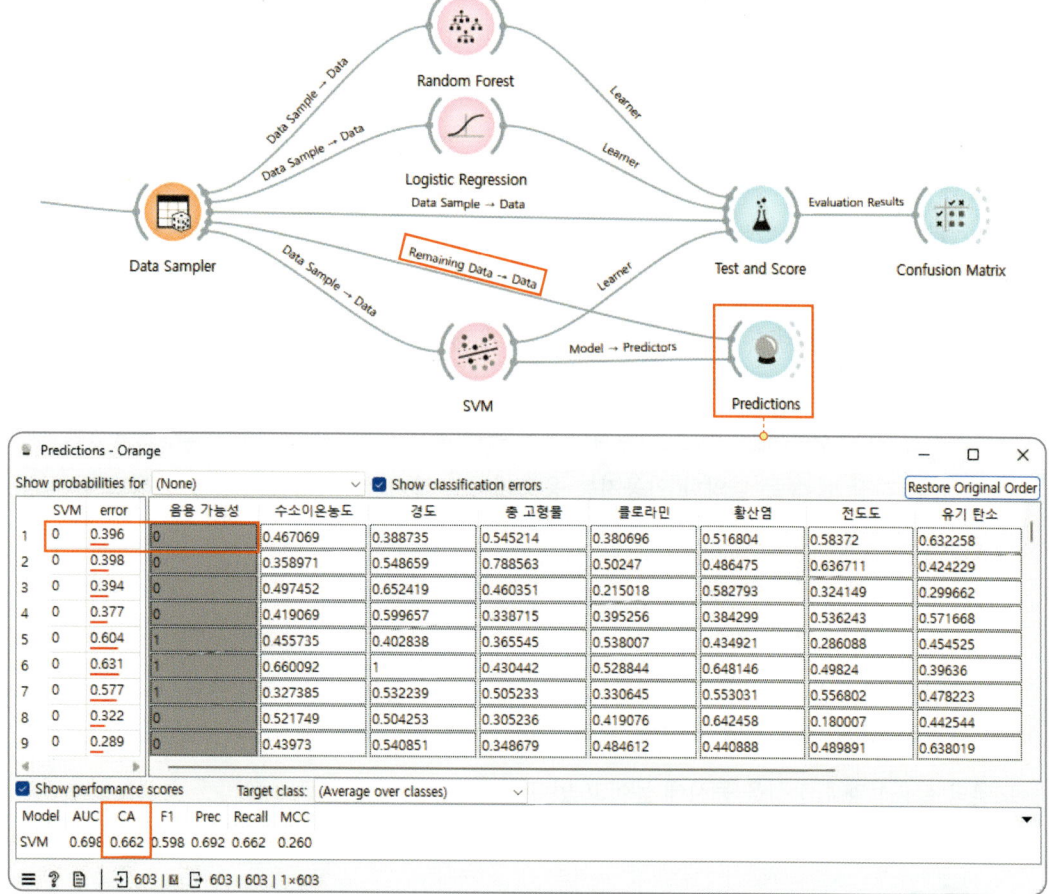

해설 이 표의 구성은 다음과 같다.

SVM	SVM 모델 예측값 0 또는 1
error	예측 오류 지표(예측값과 실젯값이 얼마나 차이나는지 나타내며, 값이 클수록 예측이 불확실하다.)
음용 가능성	0=음용 불가, 1=음용 가능을 뜻한다.
그 외 열들	예측에 사용된 속성의 수치를 뜻한다.

1행을 예로 들면, SVM 열이 0이라는 것은 해당 행의 데이터를 보고 SVM 모델이 '이 물은 마실 수 없다.'라고 예측했다는 것이다. 그리고 실제로 음용 가능성 열에서도 0으로 나타나서 실젯값과 모델의 예측이 일치하였다. 따라서 이 경우는 SVM 모델이 정확하게 예측한 사례라고 볼 수 있다. 모델의 분류 정확도(CA)는 0.662(66.2%)로 나타났으며, CA를 포함한 그 외 성능 지표는 [Test and Score]로 예측한 성능과 비슷한 수치를 보여 주고 있다.

AI 전문가되기 — 하이퍼파라미터 튜닝

기계학습에서 분류 모델을 만들 때는 단순히 알고리즘을 선택하는 것뿐 아니라, 모델이 어떻게 학습할지를 결정하는 하이퍼파라미터(hyperparameter)를 조정하는 과정이 매우 중요하다.

하이퍼파라미터는 모델 학습을 시작하기 전에 사용자가 직접 설정하는 값으로, SVM의 유형과 커널의 종류, Logistic Regression의 정규화 방식과 강도, kNN의 이웃 개수 등의 요소가 있다. 이 값들은 모델이 데이터를 어떻게 학습할지를 결정하며 예측 성능에 중요한 영향을 미치므로, 올바르게 조정하지 않으면 모델이 충분히 성능을 발휘하지 못한다.

이렇게 하이퍼파라미터를 최적화하는 과정을 '하이퍼파라미터 튜닝(hyperparameter tuning)'이라고 하며, 대표적인 방법으로는 그리드 서치(Grid Search), 랜덤 서치(Random Search), 그리고 베이지안 최적화(Bayesian Optimization) 등이 있다. 그리드 서치는 사전에 정해진 모든 조합을 체계적으로 시험해 보는 방법이고, 랜덤 서치는 무작위로 선택된 조합을 시험하여 최적값을 찾는 방법이며, 베이지안 최적화는 이전 실험 결과를 바탕으로, 효율적으로 탐색을 진행하는 방법이다.

하이퍼파라미터 튜닝은 다양한 산업 분야에서 활용된다. 예를 들어, 금융권에서는 신용 평가 모델의 신뢰성을 높이기 위해, 의료 분야에서는 질병 진단 모델의 정확성 향상을 위해, 제조업에서는 이상 징후 탐지 모델을 최적화하기 위해 쓰인다. 또한 고객 세분화, 추천 시스템, 사기 탐지, 시장 예측 등 다양한 인공지능 응용에서도 하이퍼파라미터 튜닝을 통해 모델 성능과 효율성을 극대화하고 있다.

최근 연구에서는 모델의 복잡성이 커짐에 따라 기존 방법 외에도 강화학습 기반 탐색, 진화 알고리즘, 효율적인 베이지안 최적화 기법 등 다양한 고도화된 기법들이 개발되어 효율성과 성능 개선을 도모하고 있다. 이러한 다양한 방법과 도구들은 하이퍼파라미터 최적화 문제의 비선형성, 고차원 탐색 공간, 제한된 계산 자원 문제를 해결하는 데 크게 기여하며, 기계학습 모델의 실용성과 확장성을 동시에 높이고 있다.

정리하기

지금까지 물의 음용 가능성을 예측하기 위하여 수질 데이터를 분석하였다. 데이터를 정확하게 분석하기 위하여 결측치를 제거하였고 특성 통계표로 속성의 분포와 크기 차이를 확인하여 정규화를 수행하였다. 이후 훈련용과 테스트용 데이터로 나누고, 다양한 분류 모델(Random Forest, Logistic Regression, SVM)을 학습시켰다. 마지막으로, 모델별 성능을 비교·평가하고 예측값을 시각화하여 살펴보았다. 이러한 과정을 통해 각 분류 모델의 예측 성능을 객관적으로 비교하고, 실제 수질 데이터에 가장 적합한 모델을 확인할 수 있었다.

2
보험 사기 청구, 어떻게 찾아낼까?

 활동 키워드 | 앙상블 알고리즘 | Random Forest | Gradient Boosting

# 보험 사기 청구, 어떻게 찾아낼까?

문제 상황

보험은 우리 일상생활에서 발생할 수 있는 불확실한 위험으로부터 든든한 경제적 안전망이 되어준다. 그러나 그 이면에는 '보험 사기'라는 위험이 그림자처럼 숨어 있다. 단순한 부정 청구를 넘어 허위로 사고를 조작하고 과장 신고하며, 심지어 조직적이고 치밀한 범죄로까지 진화하고 있는 보험 사기는 보험 업계에 막대한 금전적 손실을 초래하고, 그 부담은 결국 모든 보험 가입자에게 고스란히 전가된다. 눈에 보이지 않는 악의적인 청구를 식별하기 위해 보험 업계는 데이터 분석과 패턴 탐색에 막대한 시간과 비용을 들이지만 판별은 여전히 어렵다.

==날이 갈수록 정교해지는 수법에 전통적인 심사만으로는 한계가 있는 보험 사기 청구, 인공지능으로 쉽게 알아낼 수 있을까?==

활동 미리보기

1 데이터셋 준비하기
① 데이터 수집하기
② 데이터 불러오기
③ 데이터 전처리하기
④ 데이터 시각화하기

2 모델 학습하기
① 훈련 데이터와 테스트 데이터 나누기
② 모델 선정 및 학습시키기

3 모델 성능 확인하기
① 테스트 데이터 연결하기
② 성능 결과 확인하기

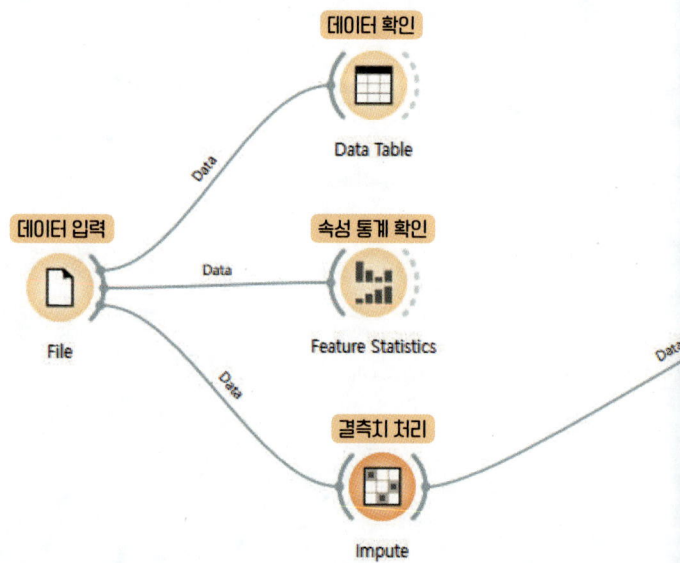

활용 인공지능 　앙상블 알고리즘

　　앙상블(Ensemble) 알고리즘은 여러 기계학습 모델을 결합해 단일 모델보다 더 높은 예측 정확도와 안정성을 추구하는 기법이다. 각 모델은 서로 다른 데이터 샘플이나 알고리즘을 바탕으로 학습되며, 이들이 내놓는 예측 결과를 투표나 평균 등으로 종합해 최종 결론을 도출한다. 이는 단일 모델이 특정 데이터에 과도하게 의존하는 것을 방지하고 과적합을 감소시켜, 보다 정확하고 신뢰도 높은 예측을 가능하게 한다. 특히 앙상블의 샘플링 방식인 부트스트랩에서는 각 샘플이 훈련 데이터에 여러 번 나타날 수 있으며 이로 인해 각 모델들이 특정 훈련 데이터에 지나치게 의존하는 것을 방지하여 과적합을 줄여준다.

　　앙상블 알고리즘은 보험 사기 탐지, 금융 신용 평가, 교통사고 분석, 스마트 안전 시스템, 의료 영상 분석 등 다양한 분야에서 활용되고 있으며, 복잡한 데이터 환경에서 신뢰도 높은 예측과 의사 결정을 지원하는 핵심 인공지능 기술로 자리 잡고 있다.

> **잠깐!** Educational 카테고리를 설치해야 [Pie Chart(파이 차트)] 위젯을 사용할 수 있습니다. 프로그램 메뉴 [Options]-[Add-ons...]에서 해당 항목을 체크하여 설치합니다(52쪽 참고).

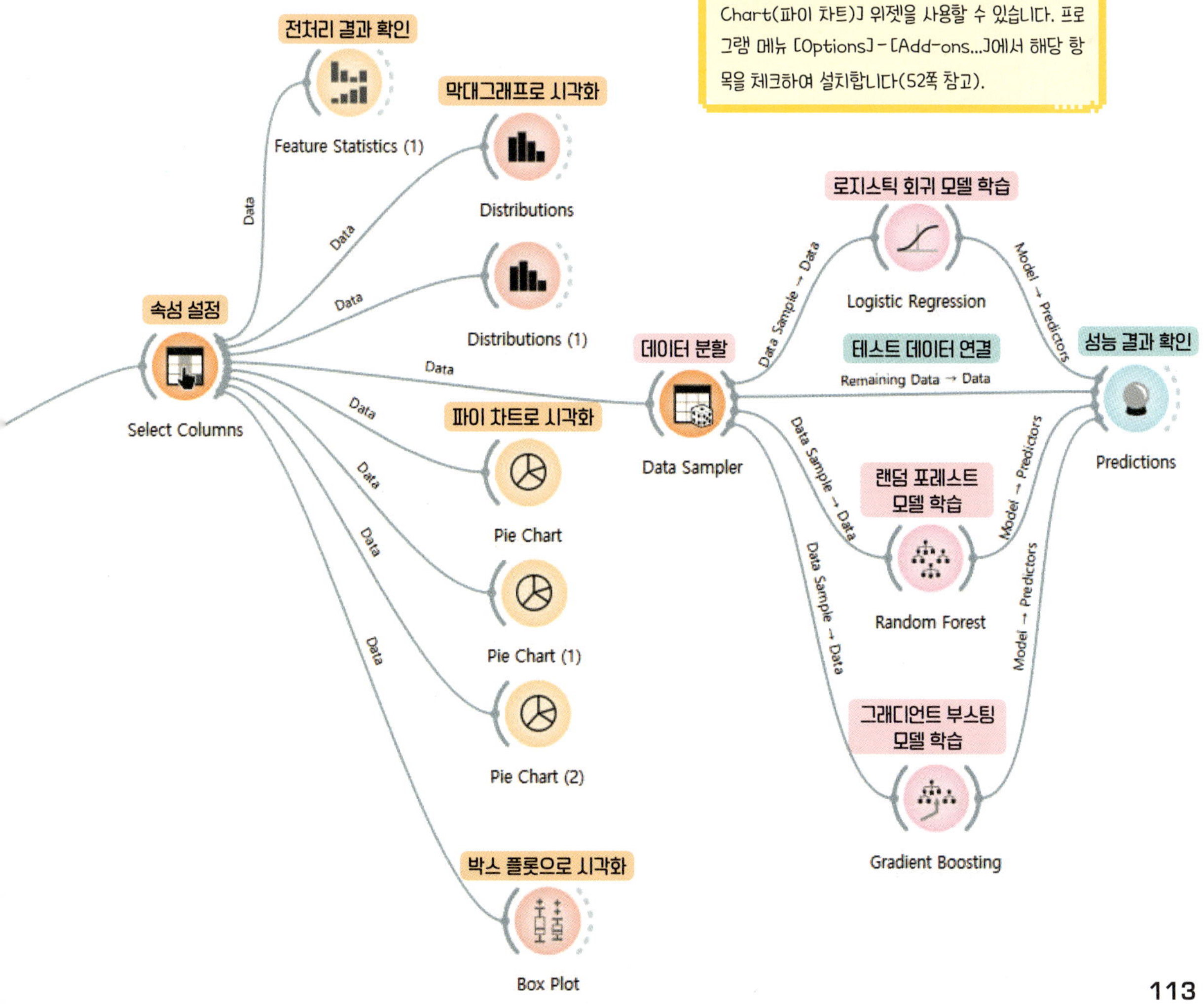

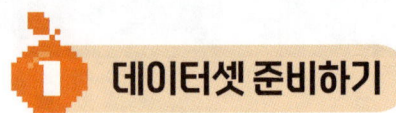

1 데이터셋 준비하기

1 데이터 수집하기

캐글에서 'Auto Insurance Claims Data'을 검색하고, 해당 페이지의 'insurance_claims.csv' 파일을 다운로드한다.

2 데이터 불러오기

❶ 데이터 입력

- Data 카테고리에서 [File] 위젯을 가져와 'insurance_claims.csv'를 불러온다. 데이터를 입력하면 속성별 유형(Type)이 자동으로 인식된다.

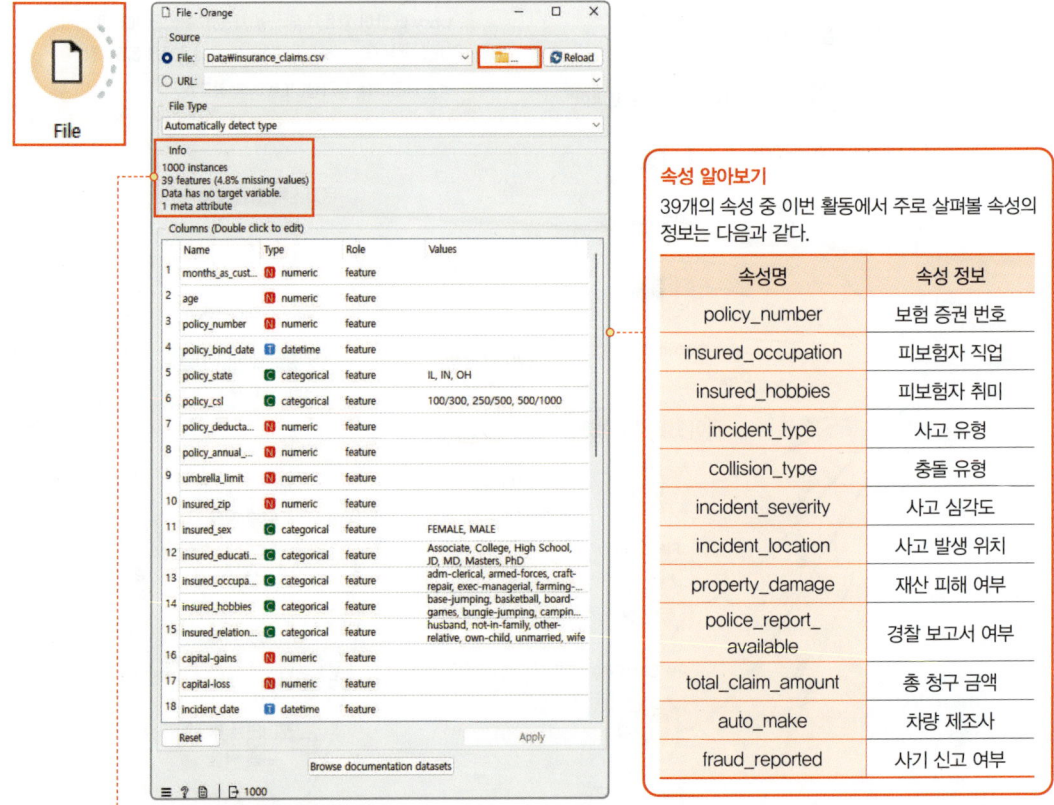

속성 알아보기

39개의 속성 중 이번 활동에서 주로 살펴볼 속성의 정보는 다음과 같다.

속성명	속성 정보
policy_number	보험 증권 번호
insured_occupation	피보험자 직업
insured_hobbies	피보험자 취미
incident_type	사고 유형
collision_type	충돌 유형
incident_severity	사고 심각도
incident_location	사고 발생 위치
property_damage	재산 피해 여부
police_report_available	경찰 보고서 여부
total_claim_amount	총 청구 금액
auto_make	차량 제조사
fraud_reported	사기 신고 여부

이 데이터셋에는 총 1천 건의 보험 기록이 있으며, 각 행이 하나의 보험 청구 사례를 나타낸다. 고객 정보, 사고 정보, 청구 내역 등 실제 보험사의 다양한 기록이 포함되어 있어 인공지능이 보험 사기 청구의 패턴을 학습하고 판별하는 데 적합하다.

- 자동차 보험 사기를 분류하기 위해 'fraud_reported(사기 신고 여부)' 속성을 찾아 역할(Role)을 'target'으로 변경한다.

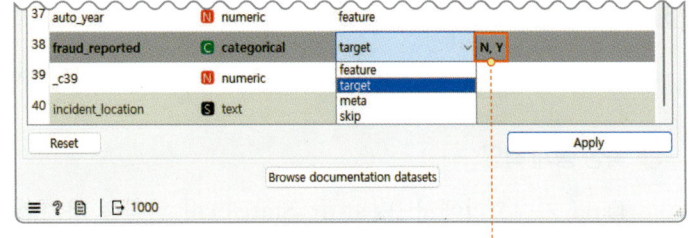

'fraud_reported' 속성값은 'N'과 'Y'로 작성되어 있어, 사기 청구인지 정상 청구인지 한눈에 파악할 수 있다. 속성값이 'Y'이면 실제 사기로 판정된 사례로, 인공지능 학습의 정답(목표값) 역할을 한다.

❷ 데이터 확인

Data 카테고리에서 [Data Table] 위젯을 가져와 [File] 위젯에 연결하여 데이터의 내용을 확인한다.

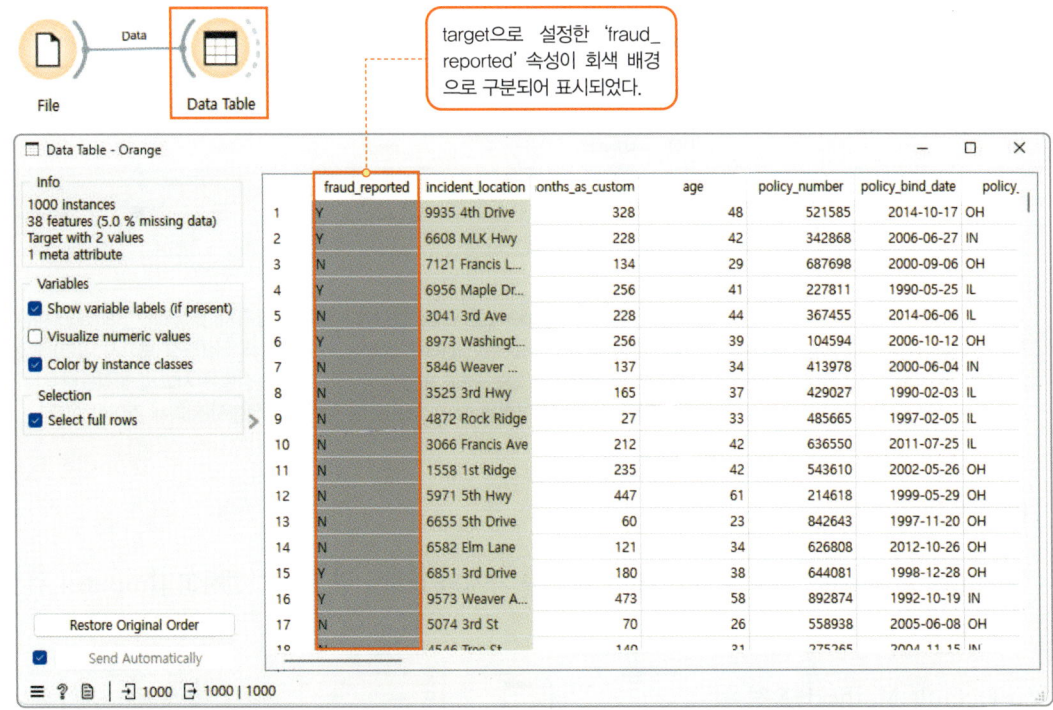

target으로 설정한 'fraud_reported' 속성이 회색 배경으로 구분되어 표시되었다.

Q&A로 알아보기

Q 속성의 역할(Role)을 타깃(target)으로 언제 설정할 수 있을까요?

A 이번 활동에서는 속성의 역할을 명확히 하기 위해 데이터셋을 불러오는 단계에서 target을 먼저 설정하였습니다. 데이터셋을 불러오는 순간에 target을 설정하면, 데이터의 구조와 각 속성의 의미가 명확해지고 이후 분석 및 모델링 과정에서 혼선을 줄일 수 있기 때문입니다. 또한 [Select Columns] 위젯에서도 target을 설정할 수 있습니다. 이 위젯은 주로 분석 흐름 중간에 모델의 정확도와 효율성을 높이기 위해 속성의 역할을 바꾸거나 필요한 속성만 선택하여 전처리할 때 사용합니다.

3 데이터 전처리하기

데이터의 결측치를 확인해 처리하고 속성의 역할을 설정하여 데이터를 전처리해 보자.

❶ 속성 통계 확인

Data 카테고리에서 [Feature Statistics] 위젯을 가져와 [File] 위젯에 연결한 후, 속성별 통계와 결측치 현황을 확인한다.

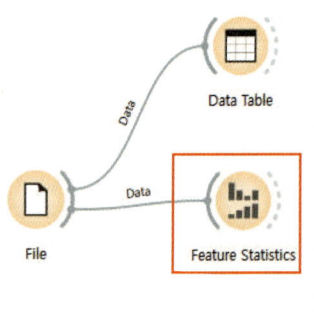
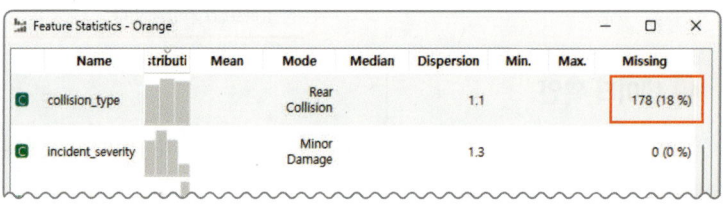
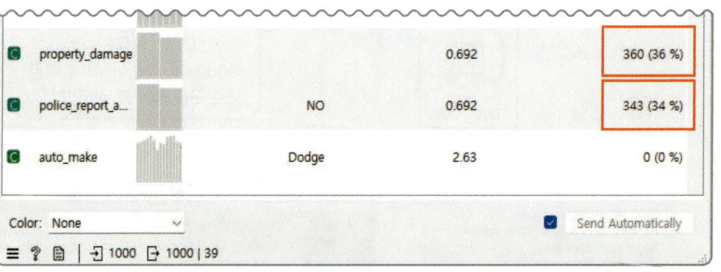

해설 collision_type(충돌 유형) 속성에 178개의 결측치, property_damage(재산 피해 여부) 속성에 360개의 결측치, police_report_available(경찰 보고서 여부) 속성에 343개의 결측치가 있는 것을 확인할 수 있다. 이 속성들은 사고의 심각도나 사기 여부 판단에 중요한 역할을 할 수 있으므로 결측치를 적절히 처리해 주어야 한다.

❷ 결측치 처리

- Transform 카테고리에서 [Impute] 위젯을 가져와 [File] 위젯에 연결하고 [Impute] 위젯을 더블 클릭한다.
- Default Method 옵션에서 'Average/Most frequent'를 활성화하여 Most frequent(최빈값)으로 결측치를 처리한다.

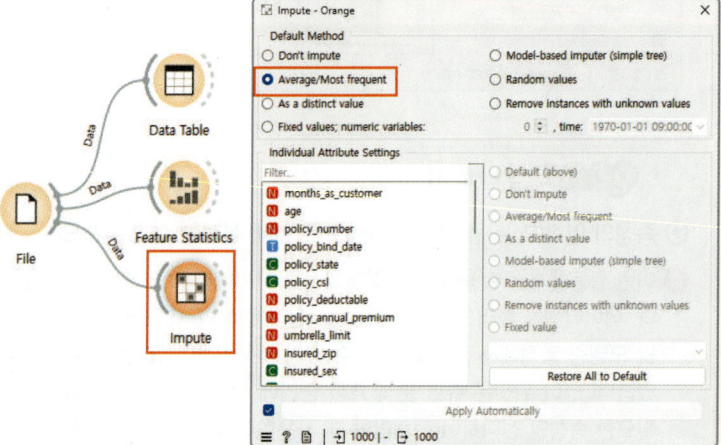

❸ **속성 설정 및 확인**

- Transform 카테고리에서 [Select Columns] 위젯을 가져와 [Impute] 위젯에 연결한다.
- 'incident_location(사고 발생 위치)'과 'policy_number(보험 증권 번호)' 속성을 Meta로, '_c39(정보가 없는 열)' 속성은 Ignored로, 나머지는 Features로 설정한다.
- [Feature Statistics] 위젯을 [Select Columns] 위젯에 다시 연결해 결측치가 있던 속성의 Missing 값이 '0'으로 변경되었는지 확인하고, '_c39' 속성도 삭제되었는지 확인한다.

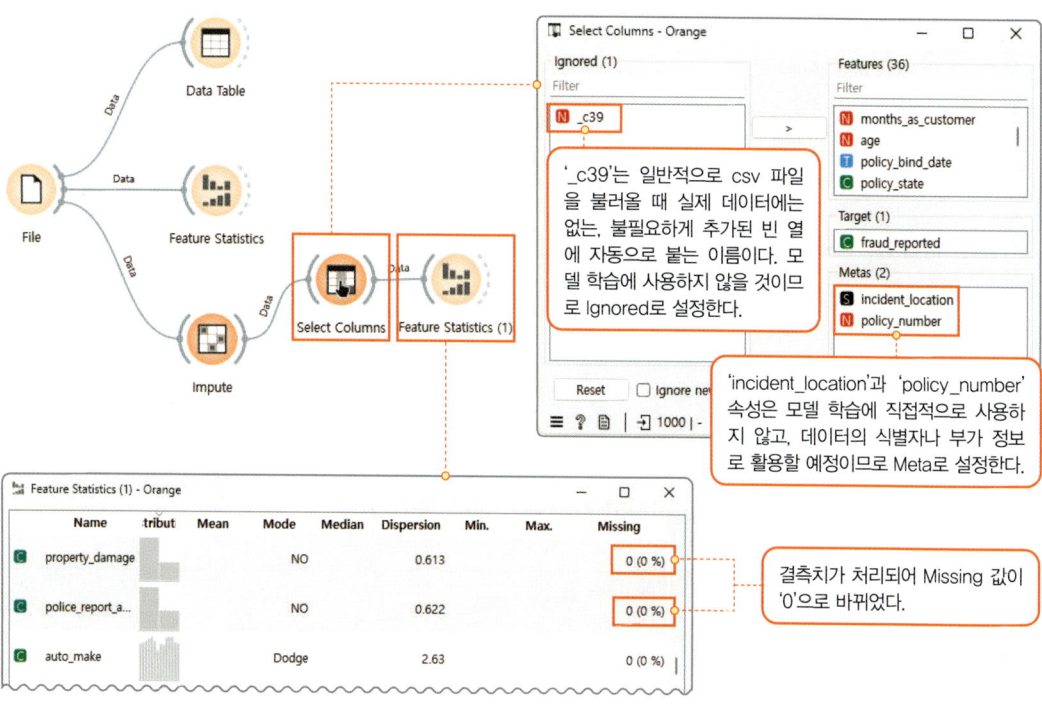

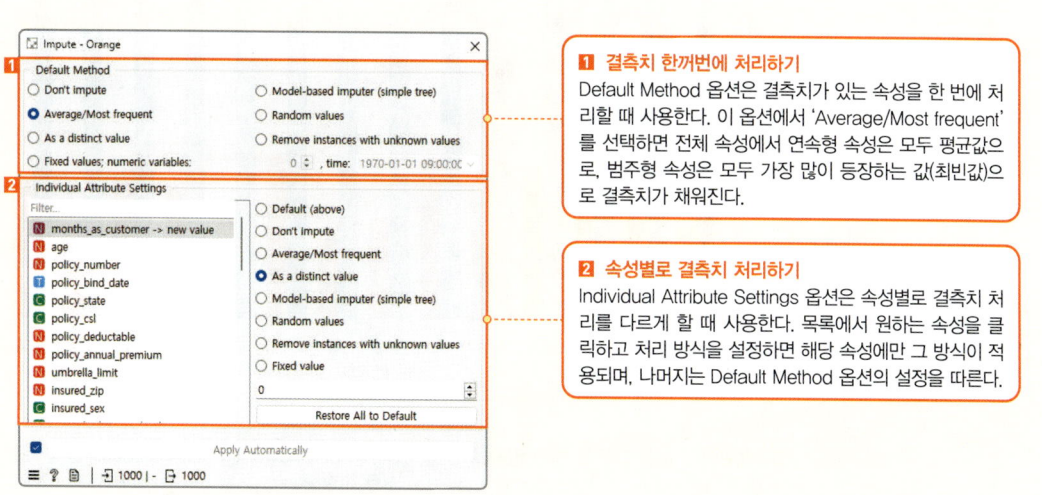

2. 보험 사기 청구, 어떻게 찾아낼까? **117**

4 데이터 시각화하기

전처리한 데이터를 다양한 형태로 시각화하여 데이터의 숨은 패턴을 찾아보자.

1 막대그래프로 시각화

Visualize 카테고리에서 [Distributions] 위젯을 가져와 [Select Columns] 위젯에 연결한 후, 속성별 '사기 신고 여부'를 막대그래프로 시각화한다.

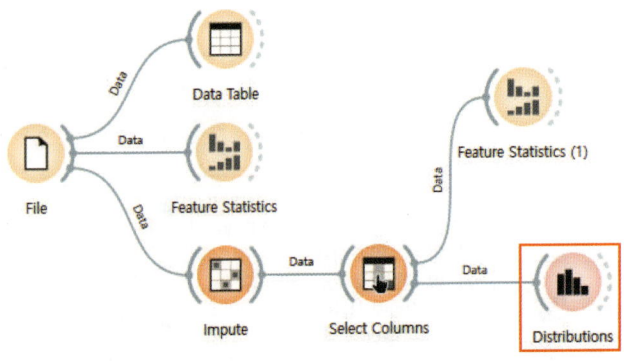

Distributions 위젯 데이터의 분포를 한눈에 파악할 수 있도록 막대그래프(범주형 속성) 또는 히스토그램(연속형 속성) 형태로 시각화한다. 이러한 시각화는 인공지능 모델링 전 단계에서 데이터의 특성을 이해하고, 중요한 속성(Feature)을 선정하는 데 큰 도움이 된다.

▼ **차량 제조사별 사기 신고 분포**

variable을 'auto_make(차량 제조사)' 속성으로, Split by 옵션을 Target인 'fraud_reported (사기 신고 여부)' 속성으로 설정하고 시각화 결과를 확인한다.

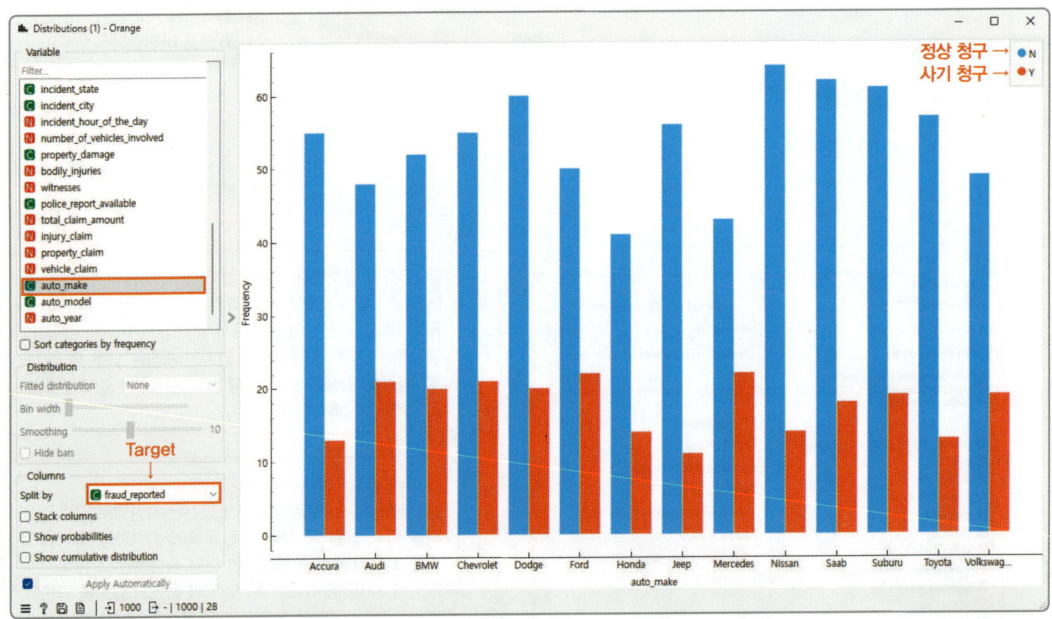

해설 모든 제조사에서 사기 청구보다 정상 청구가 훨씬 많음을 알 수 있다. Audi, Chevrolet, Ford, Mercedes 등의 제조사가 다른 제조사에 비해 사기 청구 건수가 약간 더 많은 편이긴 하나, 사기 청구 비율에 큰 차이를 보이는 제조사는 없다.

▼ 취미별 사기 신고 분포

variable을 'insured_hobbies(피보험자 취미)' 속성으로 Split by 옵션을 동일하게 'fraud_reported(사기 신고 여부)' 속성으로 설정하고 시각화 결과를 확인한다.

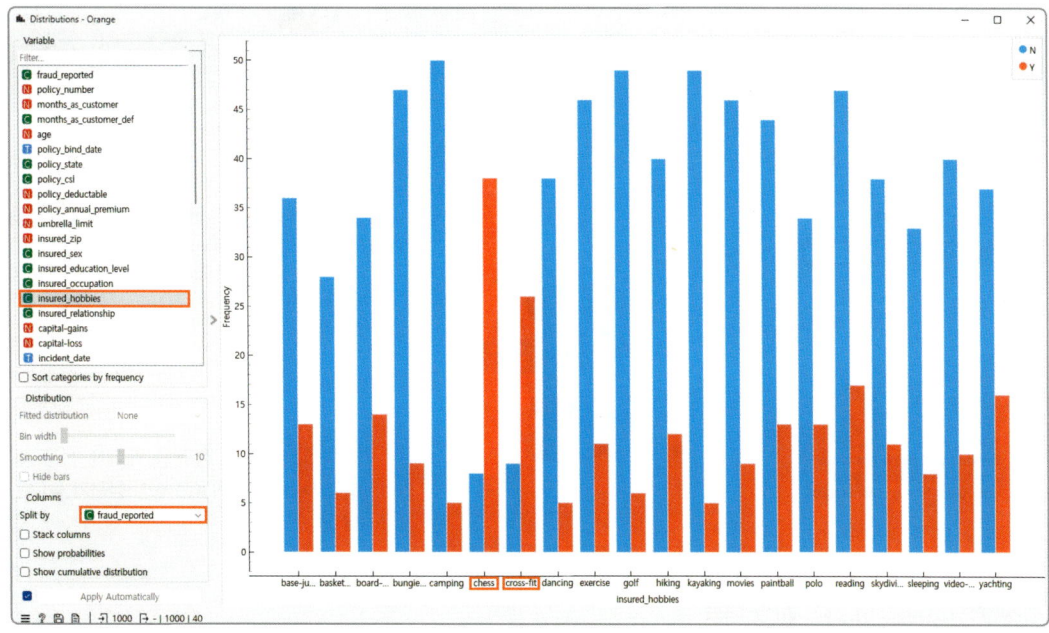

해설 대부분의 취미에서 사기 청구가 정상 청구보다 적게 발생하였다. 그러나 취미가 체스(chess), 크로스핏(cross-fit)일 때, 정상 청구보다 사기 청구가 훨씬 더 많이 발생하였다. 이는 보험 사기 예측 모델에서 '피보험자 취미(insured_hobbies)' 속성이 중요한 변수가 될 수 있음을 시사한다.

Q&A로 알아보기

Q 그래프에서 비율 차이를 구분하기 어려워요!

A 막대그래프에서 비율 차이가 쉽게 구분되지 않을 때는 Split by의 옵션에서 'Stack columns(한 막대 안에서 면적으로 각각의 비율 표시)'와 'Show probabilities(건수 대신 비율로 표시)'를 활성화합니다.

그러면 오른쪽 그래프처럼 target인 'fraud_reported' 속성의 전체 청구 중 사기 청구(빨간색)와 정상 청구(파란색) 비율이 스택형 막대그래프로 나타나 차이를 좀 더 구분하기 쉽습니다.

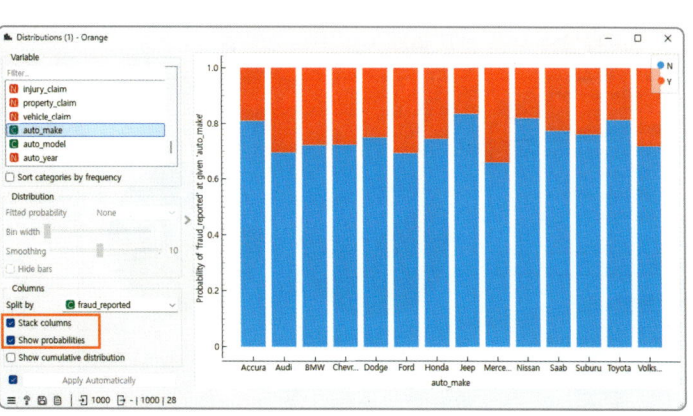

2. 보험 사기 청구, 어떻게 찾아낼까? **119**

❷ 파이 차트로 시각화

Educational 카테고리에서 [Pie Chart] 위젯을 가져와 [Select Columns] 위젯에 연결한 후, 다음과 같이 각 속성에 따른 '사기 신고 비율'을 파이 차트로 시각화한다.

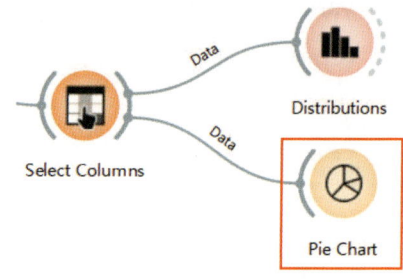

▼ 보험 사기 신고 여부 비율

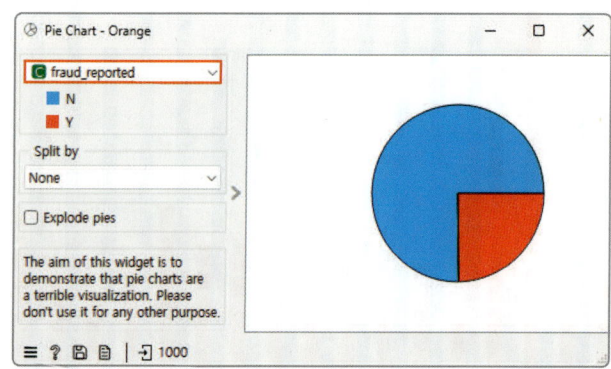

Pie Chart 위젯 파이 차트는 전체를 100%로 두고 각 범주나 항목이 차지하는 상대적인 비중(비율)을 원 안의 조각으로 시각화한다. 각 항목의 비율이 전체에서 얼마를 차지하는지 한눈에 파악하는 데 효과적이다.

해설 전체 보험 청구 중 약 3(N, 정상 청구): 1(Y, 사기 청구) 비율로 정상 청구가 높다는 것을 알 수 있다.

▼ 사고 심각도별 사기 신고 비율

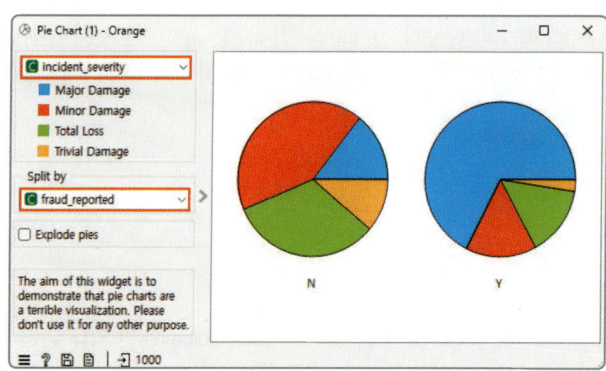

해설 정상 청구(N)에서는 Minor Damage(경미한 손상)나 Trivial Damage(사소한 손상)가 크지만, 사기 청구(Y)에서는 Major Damage(중대 손상)가 차지하는 비중이 월등히 크다.

▼ 사고 유형별 사기 신고 비율

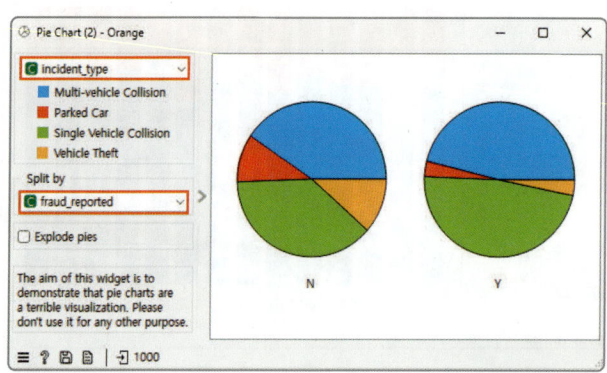

해설 정상 청구(N)에 비해 사기 청구(Y)에서 Multi Vehicle Collision(다중 차량 충돌)과 Single Vehicle Collision(단일 차량 충돌) 비율이 증가하였고, Parked Car(주차 차량)과 Vehicle Theft(차량 도난) 비율이 감소하였다.

❸ 박스 플롯으로 시각화

Visualize 카테고리에서 [Box Plot] 위젯을 가져와 [Select Columns] 위젯에 연결한 후, '총 청구 금액(total_claim_amount)'에 따른 '사기 신고 여부(fraud_reported)'를 박스 플롯으로 시각화한다.

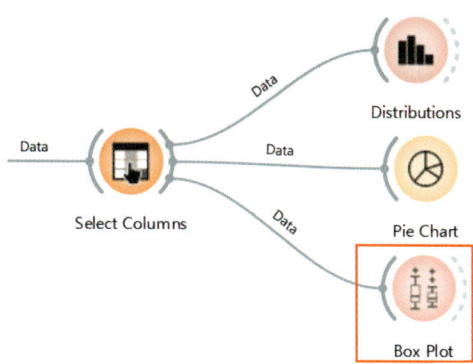

Box Plot 위젯 데이터의 분포와 이상치, 중앙값, 사분위수를 한눈에 보여 준다. 각 그룹의 평균, 범위, 분포의 차이를 직관적으로 비교할 수 있어, 보험 사기 데이터와 같이 다양한 속성과 그룹이 존재하는 데이터 분석에 유용하다.

▼ 사기 신고 여부에 따른 청구 금액 분포

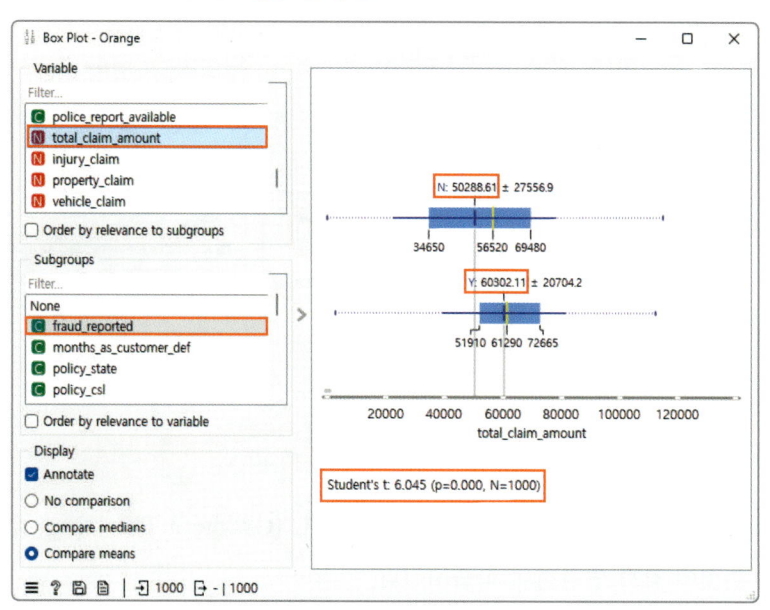

[해설] 정상 청구(N)는 총 청구 금액 평균이 50,288.61이며, 사기 청구(Y)는 총 청구 금액 평균이 60,302.11로 나타났다. 중앙값과 사분위수도 사기 청구인 경우가 확연히 높게 분포한다.

AI랑 친해지기 ✱ Student's t 값의 의미

박스 플롯 시각화 하단에 표시되는 Student's t(t-검정)값은 두 집단의 평균이 통계적으로 유의하게 차이가 있는지 검증한 결과이다. 이 값은 집단 간 특성 차이가 실제로 존재하는지를 객관적으로 판단하는 데 활용된다.

Student's t: 6.045 (p=0.000, N=1000)

t 값	p 값	N 값
두 집단 간 평균의 차이가 '얼마나 크게' 나타나는지를 의미한다. 값이 클수록 집단 간 평균 차이가 상대적으로 크다는 뜻이다.	두 집단 간의 평균 차이가 '우연히' 발생했을 가능성을 의미한다. P값이 0.05보다 작으면 두 집단 사이에 분명한(유의한) 차이가 존재한다고 본다.	분석에 사용된 데이터 표본의 '전체 개수'를 의미한다. 표본 크기가 충분하면 통계적 검증 결과의 신뢰도가 높아진다.

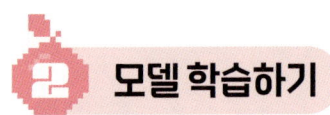

모델 학습하기

1 훈련 데이터와 테스트 데이터 나누기

- Transform 카테고리에서 [Data Sampler] 위젯을 가져와 [Select Columns] 위젯에 연결한다.

- [Data Sampler] 위젯을 더블 클릭하고 Fixed proportion of data 옵션을 '90%'로 설정하여 훈련 데이터와 테스트 데이터의 비율을 80:20으로 분할한다.

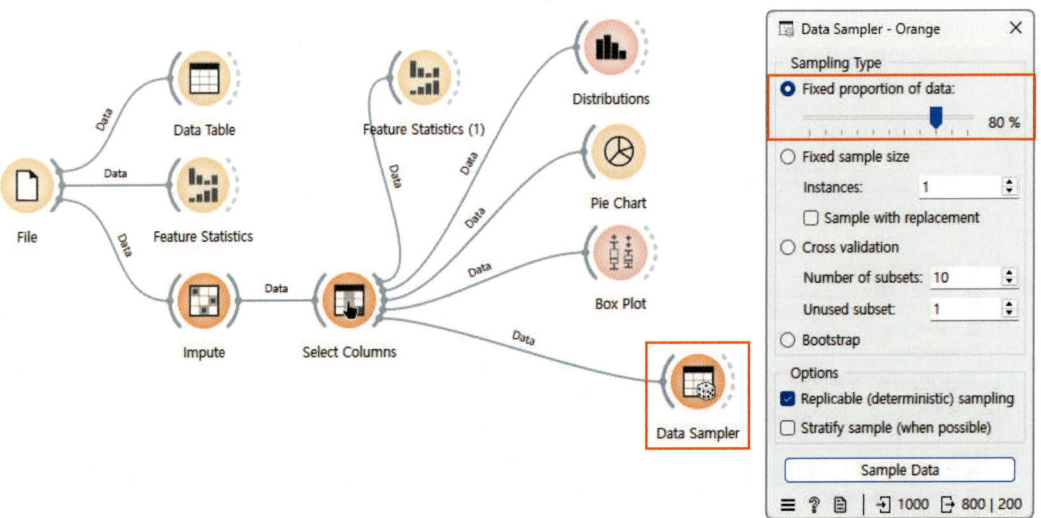

2 모델 선정 및 학습시키기

Model 카테고리에서 [Logistic Regression], [Random Forest], [Gradient Boosting] 위젯을 가져와 [Data Sampler] 위젯에 각각 연결하여 학습시킨다.

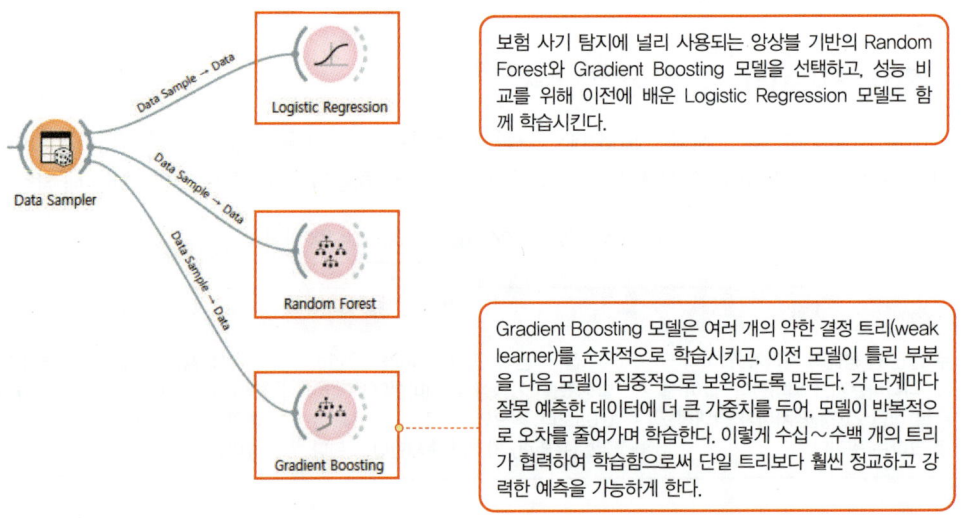

보험 사기 탐지에 널리 사용되는 앙상블 기반의 Random Forest와 Gradient Boosting 모델을 선택하고, 성능 비교를 위해 이전에 배운 Logistic Regression 모델도 함께 학습시킨다.

Gradient Boosting 모델은 여러 개의 약한 결정 트리(weak learner)를 순차적으로 학습시키고, 이전 모델이 틀린 부분을 다음 모델이 집중적으로 보완하도록 만든다. 각 단계마다 잘못 예측한 데이터에 더 큰 가중치를 두어, 모델이 반복적으로 오차를 줄여가며 학습한다. 이렇게 수십~수백 개의 트리가 협력하여 학습함으로써 단일 트리보다 훨씬 정교하고 강력한 예측을 가능하게 한다.

모델 성능 확인하기

① 테스트 데이터 연결하기

- Evaluate 카테고리에서 [Predictions] 위젯을 가져와 학습이 완료된 각 모델과 [Data Sampler] 위젯에 연결한다.
- [Data Sampler] 위젯과 [Predictions] 위젯 사이에 연결된 선을 더블 클릭한 후, 'Remaining Data→Data'로 연결해 준다.

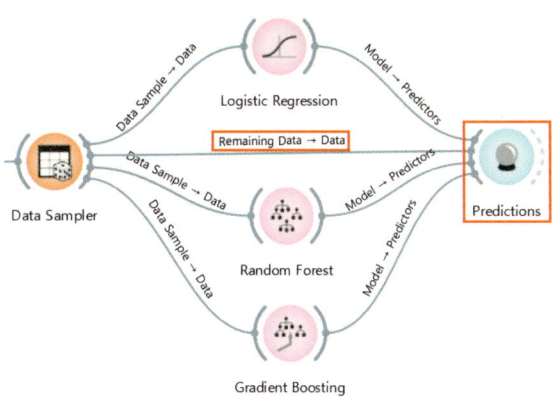

② 성능 결과 확인하기

- [Predictions] 위젯을 더블 클릭하여 성능을 살펴본다.
- Logistic Regression 모델의 정확도(CA)는 0.755, Random Forest 모델의 정확도는 0.805, Gradient Boosting 모델의 정확도는 0.865가 나왔다.

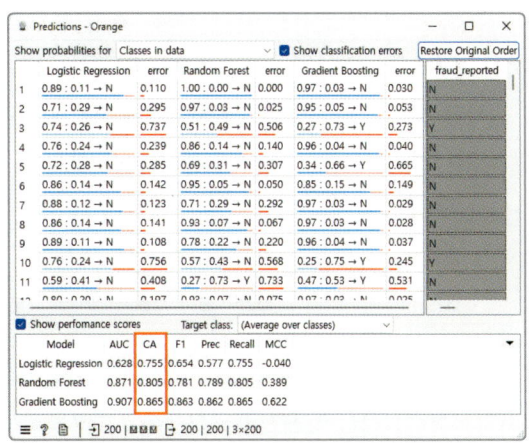

> **해설** 앙상블 기반의 모델인 Random Forest와 Gradient Boosting이 Logistic Regression보다 더 높은 정확도를 보였다.

🅰️랑 친해지기 앙상블 알고리즘의 결합 방식

앙상블 알고리즘의 대표적인 결합 방식으로는 배깅, 부스팅, 스태킹이 있다.

- **배깅(Bagging)**: 원본 데이터에서 복원 추출로 여러 데이터셋을 만들고, 각 데이터셋에 동일한 유형의 모델을 학습시켜 그 예측 결과를 평균(회귀)이나 다수결(분류)로 결합하는 방식이다. Random Forest가 대표적이며, 과적합을 줄이는 데 효과적이지만 단순 모델들만 조합 시 성능 향상이 제한적일 수 있다.
- **부스팅(Boosting)**: 순차적으로 모델을 학습시키며, 앞선 모델이 잘못 예측한 데이터에 더 높은 가중치를 부여해 다음 모델이 그 부분을 보완하도록 학습하는 방식이다. Gradient Boosting, AdaBoost, XGBoost 등이 대표적이며, 일반적으로 예측 성능이 뛰어나지만 이상치에 민감하거나 과적합의 위험이 있어 주의해야 한다.
- **스태킹(Stacking)**: 서로 다른 여러 모델을 동일한 데이터에 학습시킨 후, 각 모델의 예측 결과를 메타 모델에 입력해 최종 예측을 수행하는 방식이다. 메타 모델은 개별 모델들의 예측을 학습해 최적의 결합 방식을 찾게 되며, 이를 통해 각 모델의 장점을 결합할 수 있어 메타 모델의 선택과 조합 최적화가 중요하다.

AI 전문가되기 — 배깅과 부스팅의 차이

배깅(Bagging)과 부스팅(Boosting)은 둘 다 앙상블 기법으로 여러 모델을 결합해 성능을 향상시키는 방법이지만, 원리와 작동 방식에서 차이가 있다. 두 기법의 특징을 비교해 보자.

구분	배깅	부스팅
학습 방식	여러 모델을 독립적으로 병렬 학습한다.	이전 모델의 오차를 보완하며 순차적으로 학습한다.
샘플링	복원 추출(bootstrap)	가중치 조정
모델 관계	각 모델이 독립적이다.	이전 모델의 성능에 영향을 받는다.
결과 결정	다수결 투표(분류), 평균(회귀)	가중 합산으로 최종 예측
목적	분산 감소, 과적합 방지	편향 감소, 성능 개선
장점	안정적, 과적합 위험 적다.	높은 정확도, 오차를 반복해서 보완한다.
단점	편향이 남아 있을 수 있다.	과적합 위험, 학습 속도 느리다.

앙상블 기법 중 배깅을 적용한 대표적 알고리즘은 Random Forest로, 이는 여러 전문가의 의견을 모으는 방식과 유사하다. 부스팅을 적용한 대표적 알고리즘인 Gradient Boosting은 팀원이 협력해 점진적으로 문제를 해결하는 과정과 비슷하다.

정리하기

자동차 보험 사기 데이터를 활용해 막대그래프, 파이 차트, 박스 플롯 등 다양한 시각화 기법으로 데이터의 특징과 속성별 사기 패턴을 분석하였다. 이러한 데이터 시각화는 속성 간의 관계를 쉽게 파악할 수 있게 해 주며, 인공지능 모델이 어떤 속성에 주목해야 하는지 명확하게 보여 주었다. 이후 Logistic Regression, Random Forest, Gradient Boosting 모델을 적용해 성능을 평가한 결과, 앙상블 알고리즘인 Random Forest, Gradient Boosting이 사기 판별에 가장 뛰어난 정확도와 안정성을 보였다. 이번 활동을 통해 인공지능이 보험 사기 탐지와 같은 현실적 문제에서 어떻게 실질적으로 기여할 수 있음을 확인하였다.

2. 어떤 환자의 암이 재발할까?

활동 키워드 · 속성 간 탐색 · Logistic Regression · 관계 모델링

어떤 환자의 암이 재발할까?

문제 상황

갑상선암은 대부분 예후가 양호한 암으로 알려져 있으나, 여러 지표에 따라 환자별 치료 반응과 재발 여부는 차이가 있다. 환자의 초기 진단 정보와 병리적 특성을 바탕으로 향후 치료 반응을 예측하거나, 재발 가능성이 높은 환자를 사전에 선별할 수 있다. 이를 통해 의료진은 보다 정밀하고 효과적인 치료 전략을 수립하여 환자에게 맞춤형 의료 서비스를 제공할 수 있다.

그렇다면 환자의 다양한 진단 정보를 바탕으로, 재발 여부를 가장 잘 예측해 줄 수 있는 분류 모델은 어떻게 만들 수 있을까?

활동 미리보기

 1 데이터셋 준비하기
- ① 데이터 수집하기
- ② 데이터 불러오기

 2 데이터 탐색하기
- ① 재발 여부와 종합 소견(Stage), 림프절(N) 전이 간의 관련성 탐색하기
- ② 연령대, 성별에 따른 치료 반응, 재발률의 차이점 탐색하기
- ③ 방사선 치료 이력, 림프절 병증의 유무가 재발에 미치는 영향 탐색하기

 3 모델 학습하기
- ① 훈련 데이터와 테스트 데이터 나누기
- ② 모델 선정 및 학습시키기

 4 모델 성능 확인하기
- ① 하이퍼파라미터 조정하기
- ② 혼동 행렬로 결과 분석하기
- ③ 최종 예측 결과 확인하기

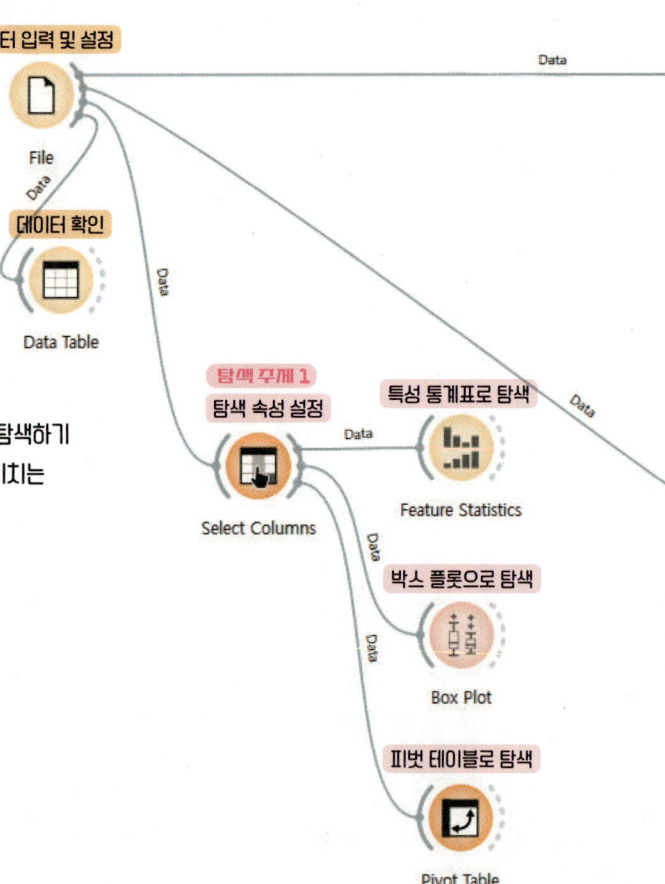

활용 인공지능 속성 간 탐색

속성 간 탐색(Feature Exploration)은 기계학습 및 데이터 분석에서 여러 속성 간의 관계와 패턴을 파악하는 과정이다. 이 과정은 데이터셋에서 어떤 속성이 Target에 가장 큰 영향을 미치는지 이해하고, 중요한 속성을 선별하거나 데이터의 잠재 구조를 발견하기 위해 진행된다. 이때 주로 시각화, 통계 분석, 상관관계 분석, 속성 간 분포 비교 등의 기법을 사용한다. 특성 탐색은 중요한 속성만 선택하여 모델 학습의 효율성과 정확도를 높이는 데 기여한다. 또한 새로운 유용한 특성을 생성하거나 조합하는 데 기반이 되며, 데이터의 패턴과 경향을 탐색하여 문제 정의 및 가설 검증에도 활용할 수 있다. 이를 통해 의료, 금융, 마케팅 등 다양한 분야에서 위험도(리스크) 예측, 구매 요인 분석, 실무 활용으로 이어질 수 있다.

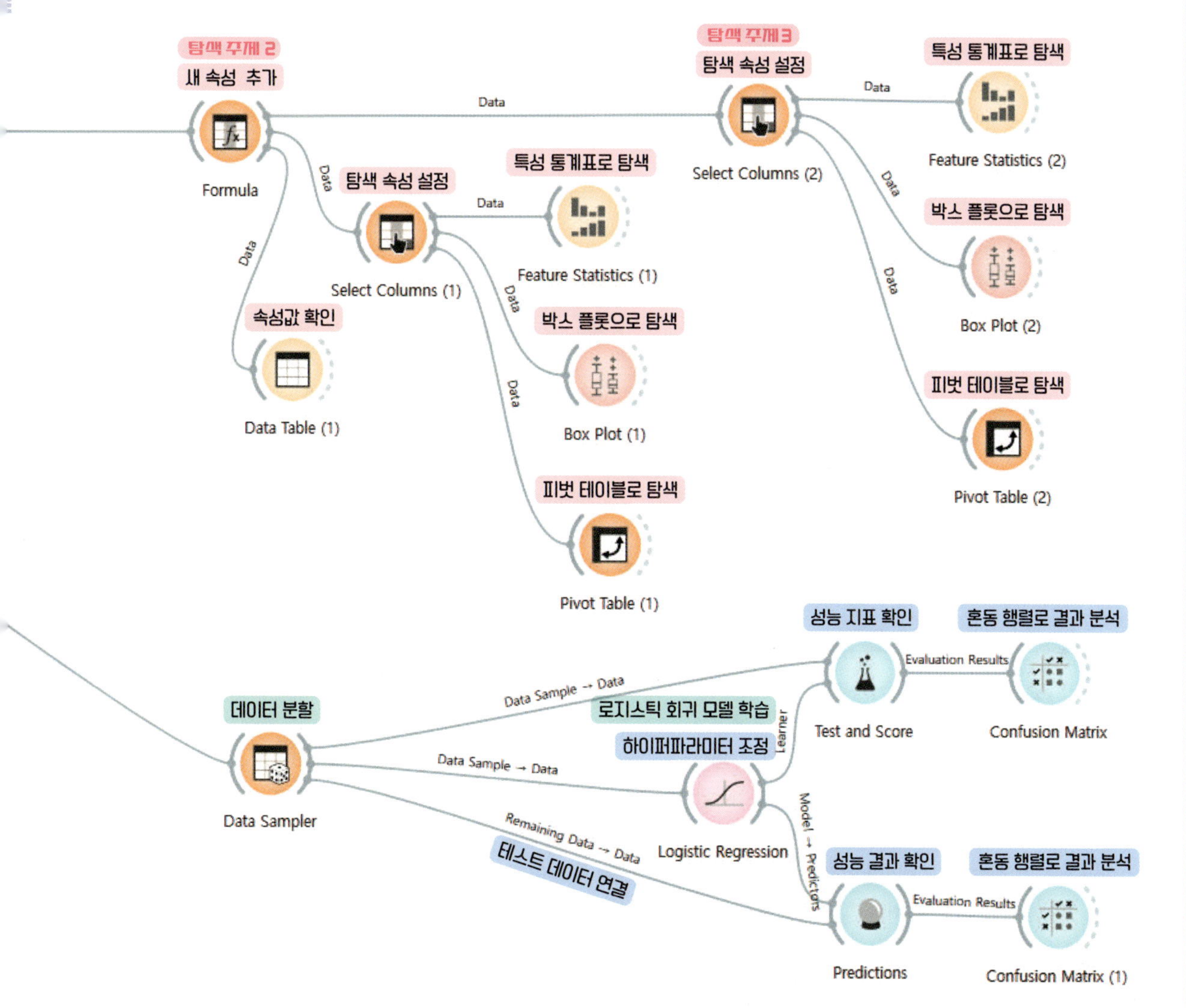

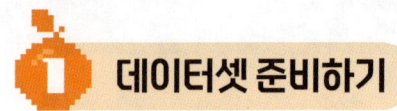

1 데이터셋 준비하기

1 데이터 수집하기

캐글 사이트에서 갑상선암 데이터를 다운로드하여 데이터를 수집해 보자.

❶ 데이터 다운로드

캐글에서 'Thyroid Cancer Recurrence Dataset'을 검색하고 해당 페이지의 'filtered_thyroid_data.csv' 파일을 다운로드한다.

❷ 속성 확인 및 변경

- 영어로 되어 있는 속성명을 한글로 변경한 후, '갑상선암 데이터.csv'로 저장한다.

	A	B	C	D	E	F	G	H	I	J	K	L	M
1	나이	성별	방사선 치료 이력	림프절 병증	병리학적 암 유형	병변의 초점 수	진단 시 위험도	종양(T) 종류	림프절(N) 전이 상태	원격 전이(M) 여부	종합 소견(Stage)	치료 반응	재발 여부
2	27	F	No	No	Micropapillary	Uni-Focal	Low	T1a	N0	M0	I	Indeterminate	No
3	34	F	No	No	Micropapillary	Uni-Focal	Low	T1a	N0	M0	I	Excellent	No
4	30	F	No	No	Micropapillary	Uni-Focal	Low	T1a	N0	M0	I	Excellent	No
5	62	F	No	No	Micropapillary	Uni-Focal	Low	T1a	N0	M0	I	Excellent	No

- 각 속성의 정보를 살펴보자.

속성명	한글 속성명	속성 정보
Age	나이	환자의 나이
Gender	성별	남성(Male), 여성(Female)
Hx Radiotherapy	방사선 치료 이력	과거 방사선 치료 경험 여부(Yes/No)
Adenopathy	림프절 병증	발병 위치(Bilateral, Extensive, Left, No, Posterior, Right)
Pathology	병리학적 암 유형	세포 모양과 조직학적 특징에 따른 세부 유형(Papillary, Micropapillary, Follicular, Hurthle cell 등)
Focality	병변의 초점 수	단일(Uni-Foca), 다발성(Multi-Focal)
Risk	진단 시 위험도	임상에서 분류한 위험도 수준(Low, Intermediate, High 등)
T	종양(T) 종류	TNM 분류 중 종양의 크기 및 침윤 정도(T1a, T2 등)
N	림프절(N) 전이 상태	TNM 분류 중 림프절 전이 상태(N0, N1a, N1b 등)
M	원격 전이(M) 여부	TNM 분류 중 다른 장기(원격)로의 전이 여부(M0: 없음, M1: 있음)
Stage	종합 소견(Stage)	종합적 병기 분류(Stage I, II 등)
Response	치료 반응	반응 평가(Excellent, Indeterminate 등)
Recurred	재발 여부	치료 후 재발 여부(Yes/No)

> **참고자료 — 갑상선암**
>
> 갑상선암(Thyroid Cancer)은 목 앞쪽 갑상선에서 발생하는 악성 종양으로, 주로 여성에게 많이 발생하며 조기 발견이 쉬운 편이다. 보통 서서히 진행되며, 30~60대에 흔히 발생하고, 방사선 노출이나 가족력이 발병 요인이 될 수 있다. 증상 없이 우연히 발견되는 경우가 많으며, 목의 혹, 쉰 목소리, 삼킴 곤란 등이 나타나기도 한다. 진단은 초음파, 세침흡인검사(FNA), 혈액검사 등으로 이루어지며, 수술과 방사성 요오드 치료가 병행될 수 있다. 갑상선 유두암처럼 흔한 유형은 치료 후 10년 생존율이 90% 이상으로 매우 예후가 좋다.

2 데이터 불러오기

수집한 데이터를 Orange3 캔버스로 불러와 확인해 보자.

1 데이터 입력 및 설정

- Data 카테고리의 [File] 위젯을 가져와 '갑상선암 데이터.csv'를 불러온다.
- '재발 여부' 속성의 역할(Role)을 'target'으로 변경한다.

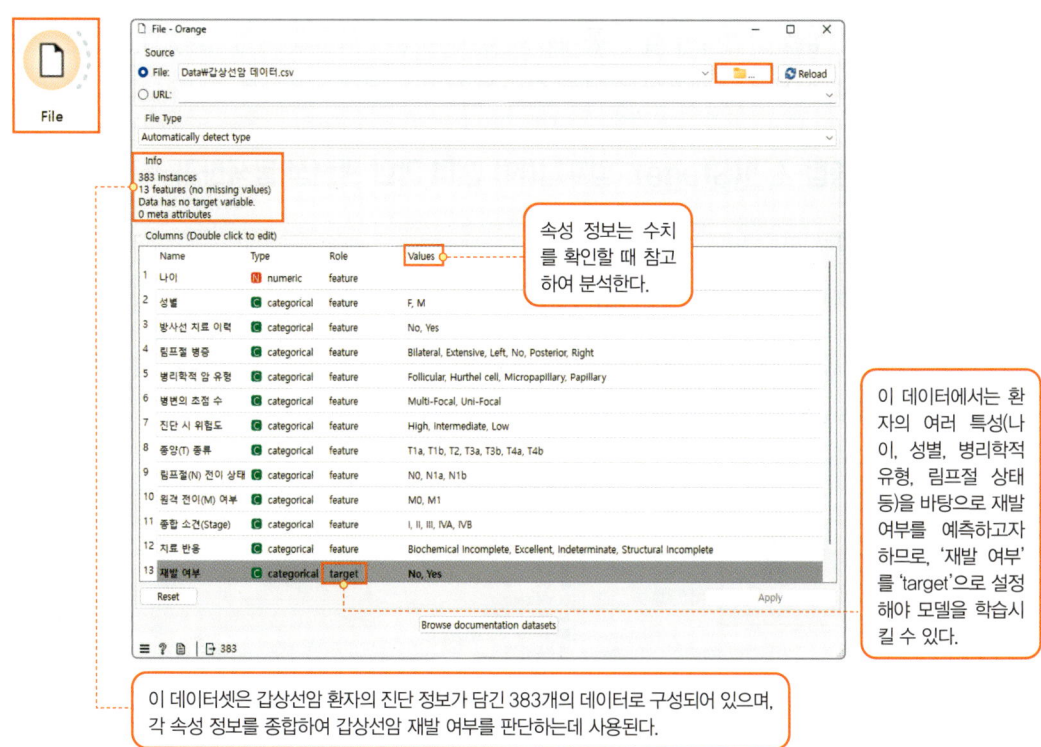

2 데이터 확인

Data 카테고리의 [Data Table] 위젯을 [File] 위젯에 연결한 후, 데이터의 내용을 확인한다.

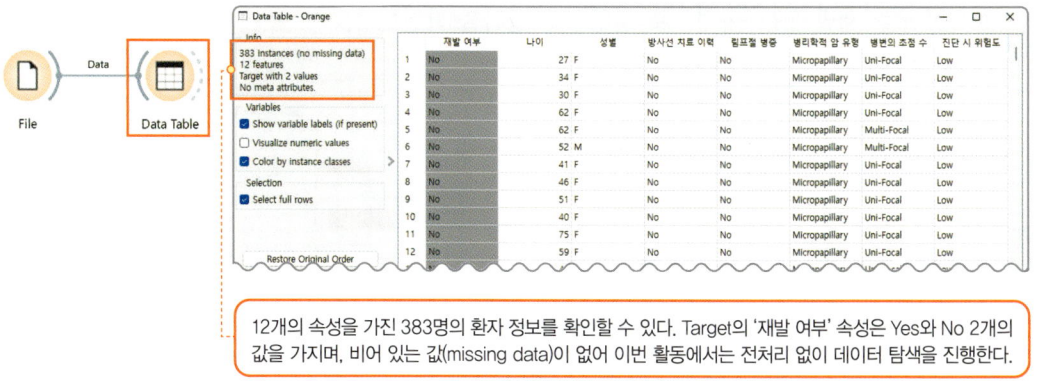

3. 어떤 환자의 암이 재발할까? **129**

2 데이터 탐색하기

이 활동에서 우리가 알고자 하는 주제는 '환자의 재발 여부에 어떤 요인이 영향을 미치느냐'이다. 이를 알아보기 위해 다음과 같은 주제를 탐색해 본다.

> 탐색 주제 1. 재발 여부와 종합 소견, 림프절 전이 간의 관련성
> 탐색 주제 2. 연령, 성별에 따른 치료 반응, 재발률의 차이점
> 탐색 주제 3. 방사선 치료 이력, 림프절 병증의 유무가 재발에 미치는 영향

탐색에 필요한 속성을 선별하여 특성 통계표를 통해 속성의 특징을 파악하고, 박스 플롯을 통해 시각화한 후 피벗 테이블로 구체적인 수치를 확인해 보자.

① 재발 여부와 종합 소견(Stage), 림프절(N) 전이 간의 관련성 탐색하기

❶ 탐색 속성 설정

- Transform 카테고리의 [Select Columns] 위젯을 [File] 위젯에 연결한 후, 더블 클릭한다.
- '재발 여부', '종합 소견(Stage)', '림프절(N) 전이 상태' 속성만 Features로 설정하고 나머지 속성은 Features에서 Ignored로 옮긴다.

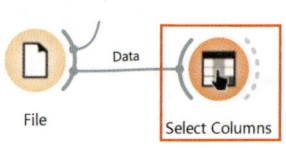
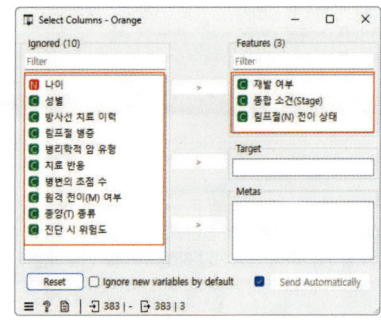

❷ 특성 통계표로 재발 여부 분석

- Transform 카테고리의 [Feature Statistics] 위젯을 [Select Columns] 위젯에 연결한다.
- Color를 '재발 여부' 속성으로 설정하고 결과를 확인한다.

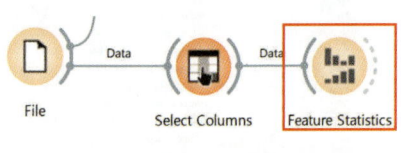
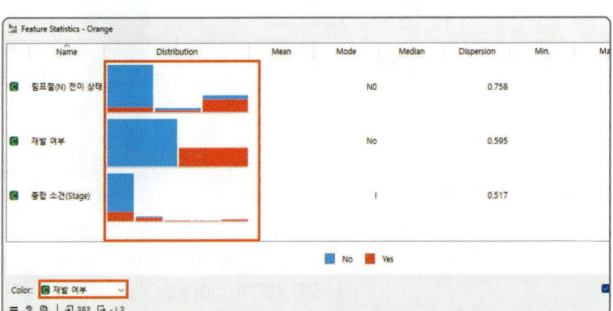

> 해설 Distribution(분포도)을 통해 림프절 전이가 있고, 종합 소견의 Stage가 높아질수록 재발이 많아짐을 알 수 있다.

❸ 박스 플롯으로 재발 여부 분석

- Visualize 카테고리의 [Box Plot] 위젯을 [Select Columns] 위젯과 연결한 후 더블 클릭한다.
- Subgroups은 '재발 여부'로, Variable은 '종합 소견(Stage)'과 '림프절(N) 전이 상태'로 각각 설정하고 결과를 확인한다.

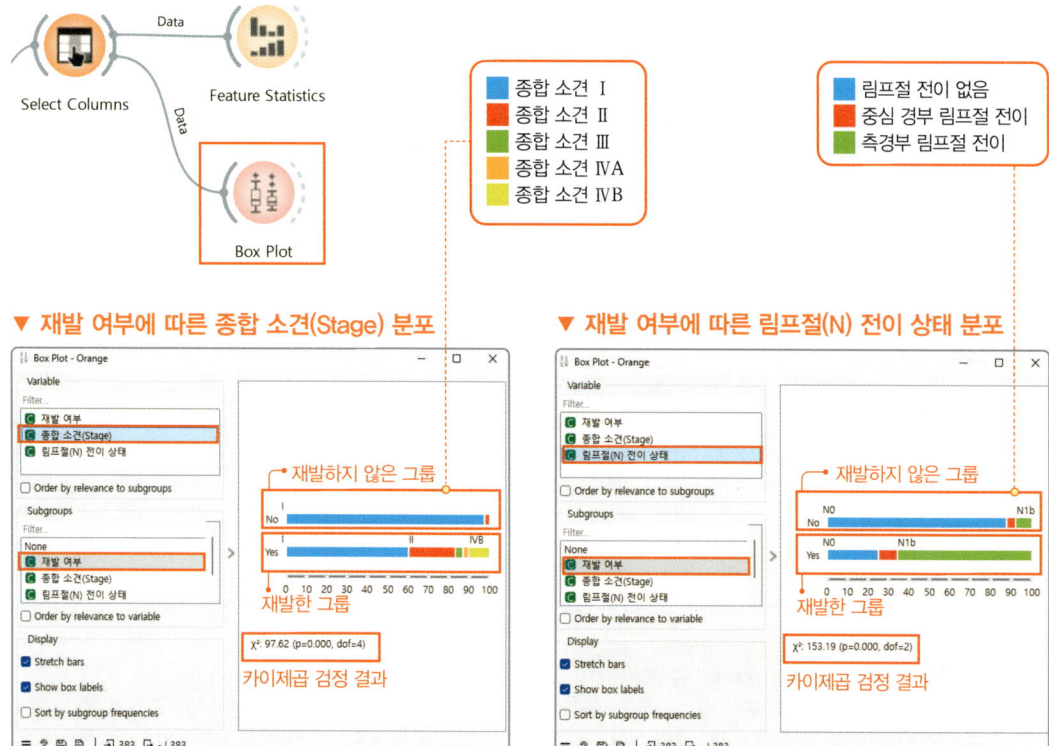

▼ 재발 여부에 따른 종합 소견(Stage) 분포

▼ 재발 여부에 따른 림프절(N) 전이 상태 분포

해설 재발하지 않은 그룹(No)에서는 종합 소견 Ⅰ 비율이 특히 높게 나타났다. 반면, 재발한 그룹(Yes)에서는 종합 소견 Ⅰ 비율이 감소하고, 나머지 종합 소견 비율이 상대적으로 증가하였다. 카이제곱 검정 결과, 종합 소견(Stage)과 재발 여부 간에는 통계적으로 유의미한 관련성이 있는 것으로 나타났다($\chi^2 = 97.62$, $p < 0.001$).

해설 재발하지 않은 그룹(No)에서는 림프절 전이 없음(No) 비율이 특히 높게 나타났다. 반면, 재발한 그룹(Yes)에서는 측경부 림프절 전이(N1b)가 전체의 절반 이상을 차지하여 뚜렷한 차이를 보였다. 카이제곱 검정 결과, 림프절(N) 전이 상태와 재발 여부 간에는 통계적으로 유의미한 연관성이 있는 것으로 나타났다($\chi^2 = 153.19$, $p < 0.001$).

참고자료 | 카이제곱 검정(χ^2 검정)

Orange3에서는 '종합 소견(Stage)'과 '재발 여부'의 관계를 박스 플롯이나 피벗 테이블 등을 통해 시각적으로 확인할 수 있지만, 이런 차이가 단순한 우연인지, 아니면 통계적으로도 의미있는 차이인지 확인하기 위해 카이제곱 검정(χ^2 검정)을 활용한다. 카이제곱 검정은 두 개의 범주형 변수 사이에서 유의미한 관계가 존재하는지 검정하는 통계 기법이다. 예를 들어, 종합 소견(Stage) Ⅰ 에서 대부분 재발하지 않지만, 종합 소견(Stage) Ⅱ 이상에서는 재발 비율이 눈에 띄게 증가하고, 카이제곱 검정 결과가 유의미($p < 0.05$)하게 나올 경우, 이는 '종합 소견(Stage)'과 '재발 여부' 사이에 유의미한 관련성이 있음을 통계적으로 뒷받침해 준다고 볼 수 있다.

④ **피벗 테이블로 재발 여부 분석**

- Transform 카테고리의 [Pivot Table] 위젯을 [Select Columns] 위젯과 연결한 후 더블 클릭한다.

- Columns과 Values를 '재발 여부'로, Rows를 '종합 소견(Stage)'과 '림프절(N) 전이 상태'로 각각 설정하고 나타난 결과를 확인한다.

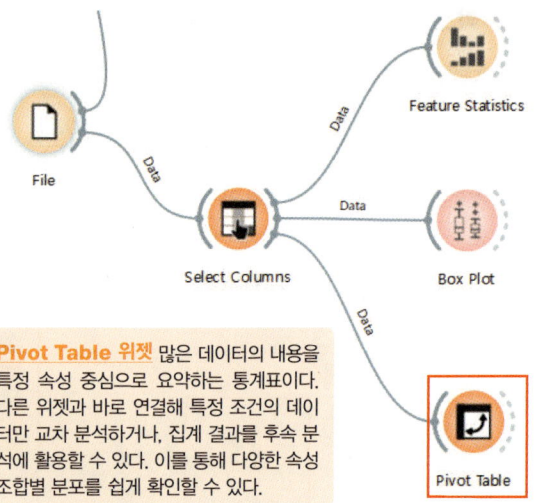

Pivot Table 위젯 많은 데이터의 내용을 특정 속성 중심으로 요약하는 통계표이다. 다른 위젯과 바로 연결해 특정 조건의 데이터만 교차 분석하거나, 집계 결과를 후속 분석에 활용할 수 있다. 이를 통해 다양한 속성 조합별 분포를 쉽게 확인할 수 있다.

▼ 종합 소견(Stage)에 따른 재발 여부

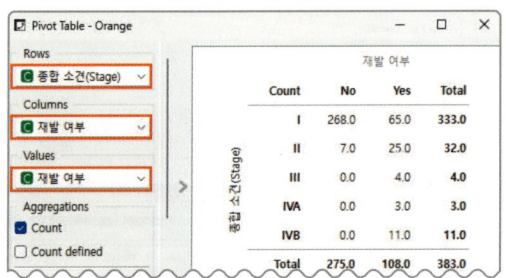

▼ 림프절(N) 전이 상태에 따른 재발 여부

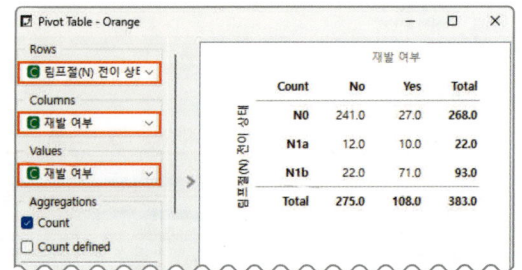

[해설] 종합 소견(Stage)이 Stage I인 경우에는 전체 333명 중 65명이 재발하여 재발률이 약 19.5%로 나타났다. Stage II에서는 전체 32명 중 25명이 재발하여 재발률이 약 78.1%로 확인되었으며, Stage III, IVA, IVB의 경우에는 모든 사례가 재발하여 재발률이 100%였다. 즉, 종합 소견의 Stage 수준이 높아질수록 재발률이 증가하는 경향이 관찰되었다.

[해설] 림프절(N) 전이 상태가 N0(전이 없음)인 경우, 전체 268명 중 27명이 재발하여 재발률이 약 10.1%로 나타났다. N1a(중심 경부 림프절 전이)인 경우, 전체 22명 중 10명이 재발하여 재발률이 약 45.5%였으며, N1b(측경부 림프절 전이)의 경우, 전체 93명 중 71명이 재발하여 재발률이 약 76.3%로 가장 높았다. 즉, 림프절 전이 범위가 넓어질수록 재발 가능성이 증가하는 경향이 확인되었다.

참고자료 · 박스 플롯과 피벗 테이블 비교

항목	박스 플롯	피벗 테이블
목적	그룹 간 분포 차이를 시각적으로 파악	그룹별 정확한 수치(빈도, 비율) 확인
표현 방식	색상/크기/박스 범위 등으로 속성 분포 시각화	수치 기반의 빈도표 또는 교차표로 요약 정보 제공
분석 포인트	각 그룹 내 값의 분포 경향이 어디에 집중되어 있는지 확인	각 클래스에서 인원수와 값의 분포를 정확히 확인
장점	시각적으로 명확한 차이를 직관적으로 제시하여 학습자 이해 용이	재발률 및 유의미한 차이 등 정량적 해석 가능
단점	정확한 인원수나 재발률을 파악하기 어려움.	전체적인 경향을 한눈에 파악하기 어려움.

② 연령, 성별에 따른 치료 반응, 재발률의 차이점 탐색하기

'성별' 속성은 범주형 데이터인데, '나이' 속성은 수치형 데이터이다. 탐색을 위해 '나이' 속성을 범주형 데이터인 20대 이하, 30대, 40대, 50대, 60대 이상으로 구분해 '연령대' 속성을 만든 후 치료 반응과 재발률의 차이를 확인해 보자.

❶ 속성 추가 및 탐색 속성 설정

- Transform 카테고리의 [Formula] 위젯을 [File] 위젯에 연결한다.

- [Formula] 위젯을 더블 클릭하여 새로운 속성의 유형을 'Categorical'로 선택하고, 속성 이름은 '연령대', 수식을 '0 if 나이<=20 else 1 if 나이<=30 else 2 if 나이<=40 else 3 if 나이<=50 else 4'를 입력 후 Send 버튼을 누른다.

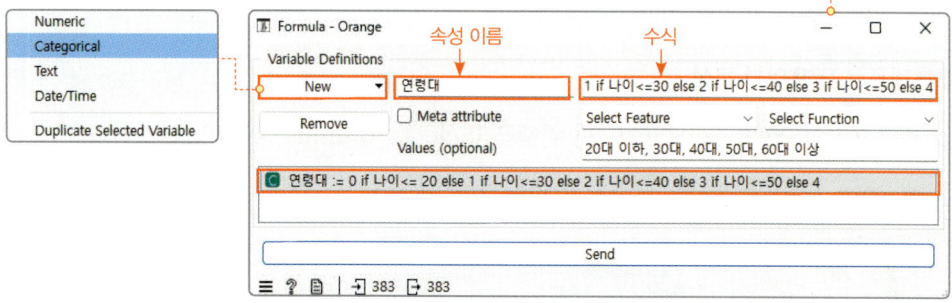

- Data 카테고리의 [Data Table] 위젯을 [Formula] 위젯에 연결하여 '연령대' 속성값을 확인한다.

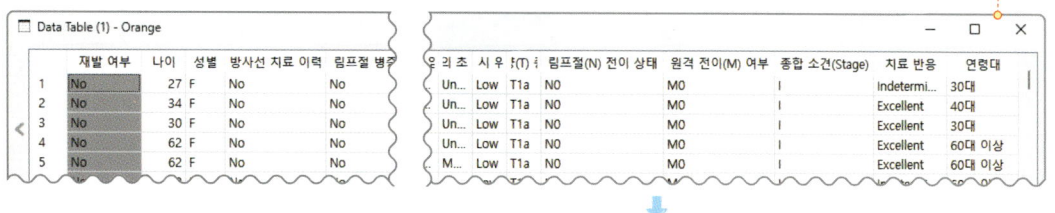

해설 '나이' 속성값에 따라 새로운 속성인 '연령대'가 5가지 범주형 데이터로 이루어진 결과를 확인할 수 있다.

	재발 여부	나이	성별	치료 반응	연령대
1	NO	27	F	Indeterminate	30대
2	NO	34	F	Excellent	40대
3	NO	30	F	Excellent	30대
4	NO	62	F	Excellent	60대 이상
5	NO	62	F	Excellent	60대 이상
...	...	...	...	...	...
229	YES	20	M	Indeterminate	20대 이하

- Transform 카테고리의 [Select Columns] 위젯을 [Fomula] 위젯에 연결한 후, 더블 클릭한다.
- '연령대', '치료 반응', '재발 여부', '성별' 속성만 Features로 설정하고 나머지는 Ignored로 옮긴다.

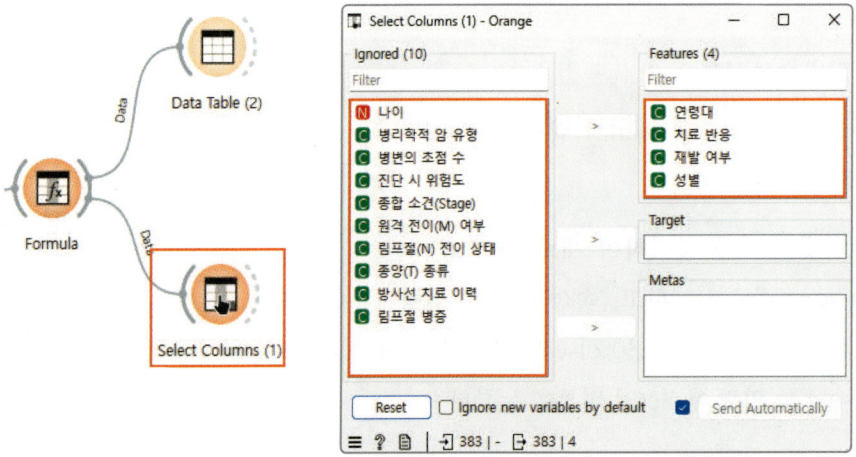

❷ 특성 통계표로 재발 여부 분석

- Data 카테고리의 [Feature Statistics] 위젯을 [Select Columns] 위젯과 연결한다.
- Color를 '재발 여부' 속성으로 설정하고 결과를 확인한다.

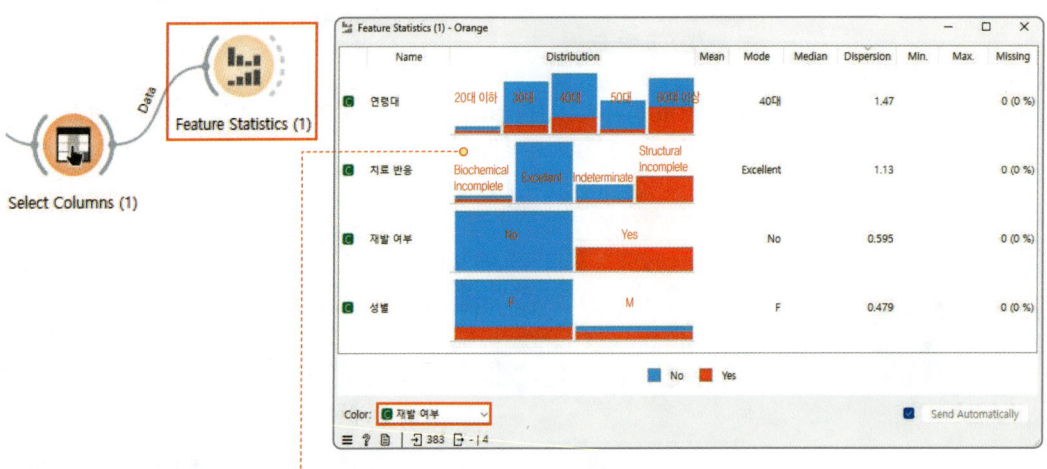

치료 반응별 4가지 분류(왼쪽부터 순서대로)

분류명	치료 반응
Biochemical Incomplete	생화학적 불완전 반응
Excellent	우수한 반응
Indeterminate	불확정 반응
Structural Incomplete	구조적 불완전 반응

해설 Distribution(분포도)을 살펴보면, 연령대가 높아질수록 재발하는 비율이 증가하는 경향이 나타났다. 치료 반응에 따른 재발 여부 분포는 Structural Incomplete(구조적 불완전 반응)에서 뚜렷하게 높았다. 또한 성별에 따른 분포에서는 여성의 비중이 높았으며, 여성 집단에서는 재발하지 않은 그룹(No)이 대부분을 차지하였다.

❸ 박스 플롯으로 재발 여부 분석

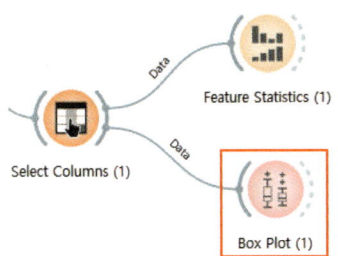

- Visualize 카테고리의 [Box Plot] 위젯을 [Select Columns] 위젯과 연결한 후 더블 클릭한다.
- Subgroups는 '재발 여부'로, Variable는 '성별', '연령대', '치료 반응'으로 각각 설정하고 결과를 확인한다.

▼ 재발 여부에 따른 성별 분포

해설▶ 재발하지 않은 그룹(No)과 재발한 그룹(Yes) 모두 여성의 비율이 높았다.

▼ 재발 여부에 따른 연령대 분포

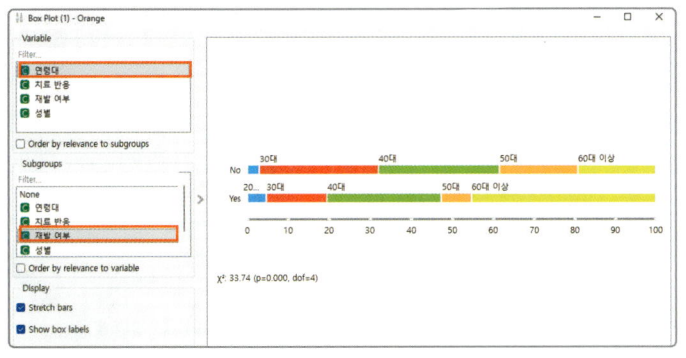

해설▶ 재발하지 않은 그룹(No)에서는 30대, 40대가 상대적으로 높은 비중을 차지하였다. 그러나 재발한 그룹(Yes)에서는 60대 이상이 전체 중 절반에 가까운 비율을 차지하였다.

▼ 재발 여부에 따른 치료 반응 분포

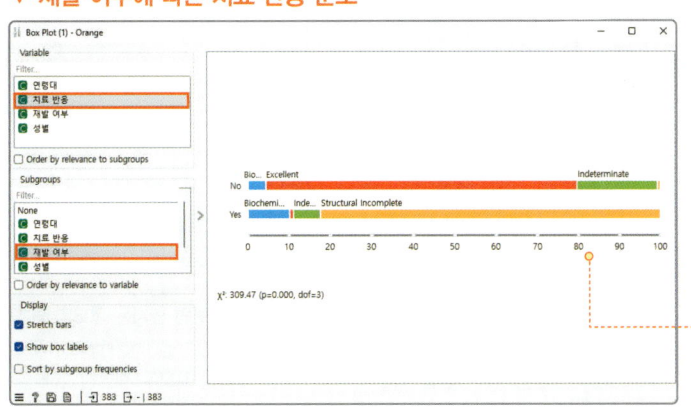

해설▶ 재발하지 않은 그룹(No)에서는 그래프의 절반 이상이 Excellent(우수한 반응)를 나타냈다. 그러나 재발한 그룹(Yes)에서는 Structural Incomplete(구조적 불완전 반응)이 재발한 그룹의 비율에서 절반 이상을 차지하고 있다.

3. 어떤 환자의 암이 재발할까? **135**

④ 피벗 테이블로 재발 여부 분석

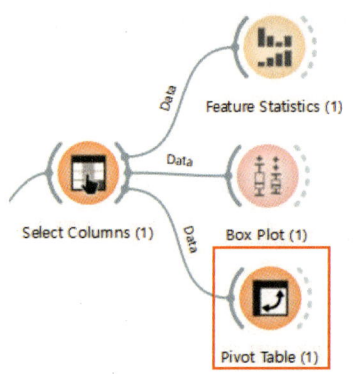

- Transform 카테고리의 [Pivot Table] 위젯을 [Select Columns] 위젯과 연결한 후 더블 클릭한다.
- Columns를 '재발 여부'로, Rows를 '성별', '연령대', '치료 반응'으로 설정하고 결과를 확인한다. Values에는 속성을 설정하지 않는다.

▼ 성별에 따른 재발 여부

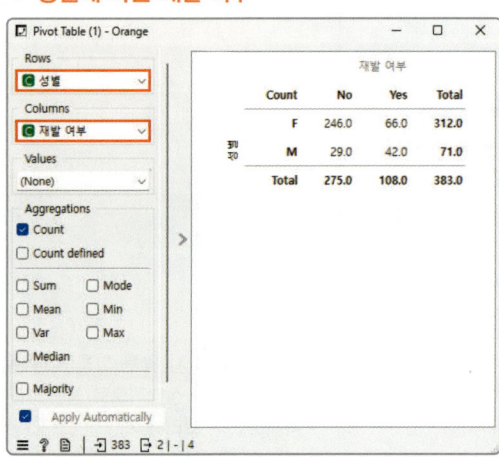

해설 전체 환자 중 여성의 비율이 남성보다 훨씬 높았다 (여성 312명, 남성 71명). 그러나 성별 재발률을 비교하면, 여성의 경우 312명 중 66명(21%)이 재발하였지만, 남성은 71명 중 42명(59%)이 재발하여 남성의 재발률이 여성보다 현저히 높게 나타났다.

▼ 연령대에 따른 재발 여부

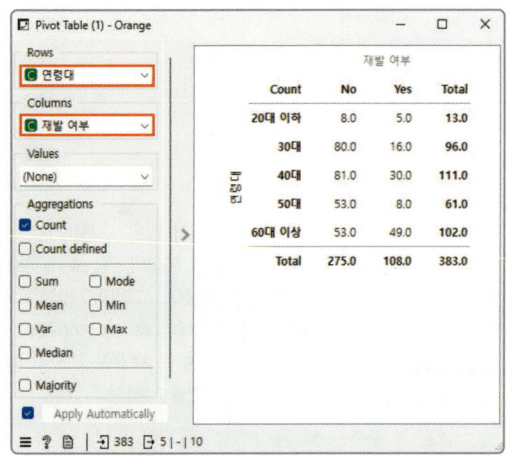

해설 재발률이 가장 낮은 연령대는 50대(13.1%)이며, 총 102명 중 49명이 재발한 60대 이상의 재발률(48%)이 가장 높음을 알 수 있다.

▼ 치료 반응에 따른 재발 여부

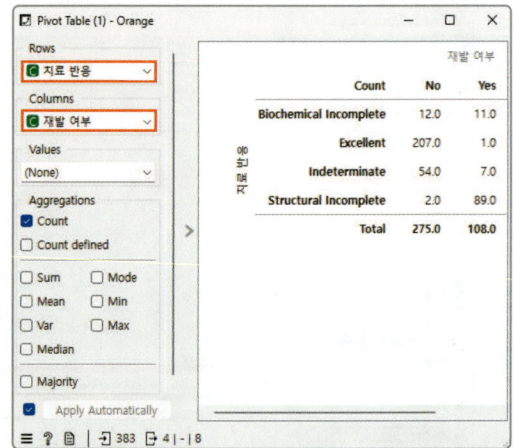

해설 Excellent 치료 반응을 보인 환자는 208명 중 단 1명만이 재발하였다. 반대로 Structural Incomplete 치료 반응을 보인 환자는 2명을 제외하고 모두 재발하였다.

③ 방사선 치료 이력, 림프절 병증 유무가 재발에 미치는 영향 탐색하기

🔍 **데이터 탐색하기** 의 ②와 동일한 방식으로 탐색을 진행해 보자.

❶ 탐색 속성 설정

- Transform 카테고리의 [Select Columns] 위젯을 [Formula] 위젯에 새로 연결한 후, 더블 클릭한다.

- '재발 여부', '림프절 병증', '방사선 치료 이력'만 Features로 설정하고 나머지는 Ignored로 옮긴다.

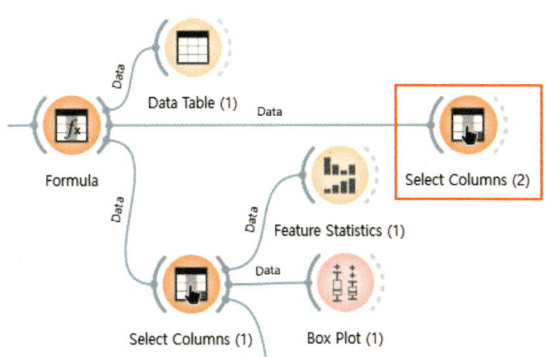 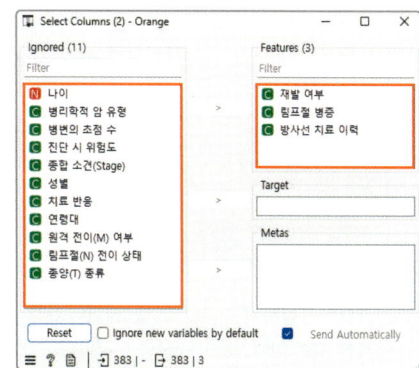

❷ 특성 통계표로 재발 여부 분석

- Data 카테고리의 [Feature Statistics] 위젯을 [Select Columns] 위젯에 연결한다.

- Color를 '재발 여부' 속성으로 설정하고 결과를 확인한다.

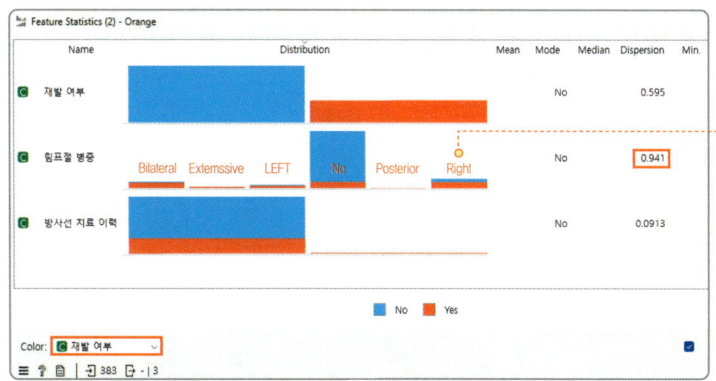

림프절 병증의 6가지 분류(왼쪽부터)	
분류명	전이 상태
Bilateral	양쪽 림프절 전이
Extensive	광범위 림프절 전이
Left	왼쪽 림프절 전이
No	림프절 전이 없음
Posterior	후방 림프절 전이
Right	오른쪽 림프절 전이

해설 재발 여부를 확인한 결과, 전체 환자 중 다수가 재발하지 않은 것으로 나타났다. 림프절 병증의 Dispersion(산포성) 값은 0.941로 매우 높게 나타나, 환자군이 여러 클래스로 다양하게 분포되어 있음을 보여 준다. 특히 림프절 전이 없음(No)에서는 재발하지 않은 환자가 재발한 환자보다 많았으나, 그 외 대부분의 클래스에서는 재발 비율이 상대적으로 높게 나타났다. 이는 림프절 병증의 유형에 따라 재발 가능성이 달라질 수도 있음을 시사한다. 한편, 방사선 치료 이력에서는 대부분의 환자는 치료 이력이 없었으며, 소수의 환자만 방사선 치료를 받은 것으로 확인되었다.

❸ 박스 플롯으로 재발 여부 분석

- Visualize 카테고리의 [Box Plot] 위젯을 [Select Columns] 위젯에 연결한 후, 더블 클릭한다.
- Subgroups는 '재발 여부'로, Variable는 "방사선 치료 이력', '림프절 병증'으로 각각 설정하고 결과를 확인한다.

▼ 재발 여부에 따른 방사선 치료 이력 분포

▼ 재발 여부에 따른 림프절 병증 분포

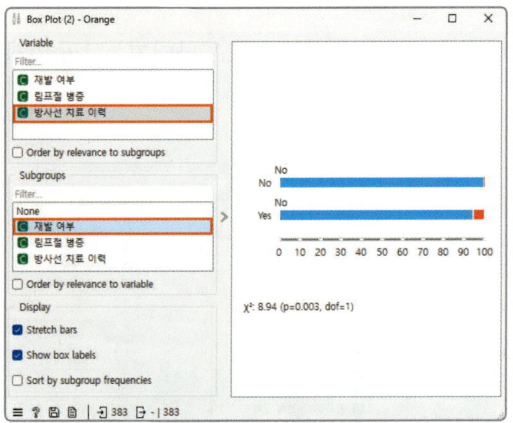
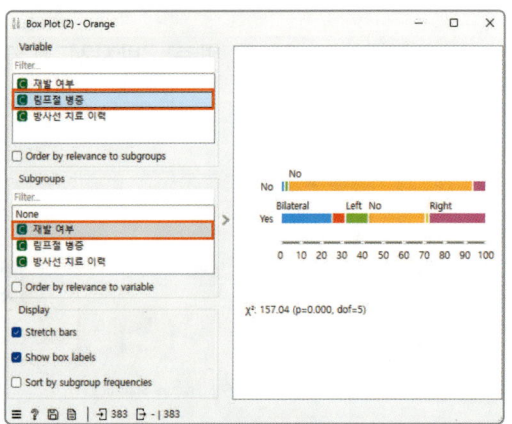

해설 재발하지 않은 그룹(No)에서는 대부분의 환자가 방사선 치료 이력 없음(No)으로 나타났다. 반면, 재발한 그룹(Yes)에서는 방사선 치료 이력이 있는 환자(Yes)가 일부 관찰되었다. 이러한 결과는 방사선 치료 이력 여부가 재발과 일정한 관련성을 가질 가능성을 의미한다.

해설 재발하지 않은 그룹(No)에서는 대부분의 환자가 림프절 전이 없음(No)으로 나타났다. 반면, 재발한 그룹(Yes)에서는 양쪽 림프절 전이(Bilateral), 오른쪽 림프절 전이(Right) 등 전이가 있는 클래스에서 병증이 발견된 환자들의 재발률이 높게 나타났다.

❹ 피벗 테이블로 재발 여부 분석

Transform 카테고리의 [Pivot Table] 위젯을 [Select Columns] 위젯에 위젯에 연결한 후, Columns과 Values를 '재발 여부'로, Rows를 '방사선 치료 이력', '림프절 반응'으로 각각 설정하고 결과를 확인한다.

▼ 방사선 치료 이력에 따른 재발 여부

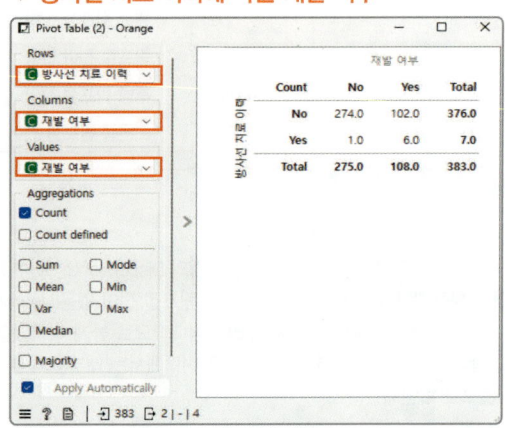

해설 재발률을 계산한 결과이다.

방사선 치료 이력	재발 No	재발 Yes	Total	재발률 (Yes/ (No+Yes))
No	274	102	376	27.1 %
Yes	1	6	7	85.7 %
Total	275	108	383	28.2 %

방사선 치료 이력이 없는 환자가 전체의 98.2%(376명)를 차지하였으며, 이들 중 약 27.1%(102명)가 재발하였다. 반면, 방사선 치료 이력이 있는 환자는 7명으로 소수였으나, 그중 6명(85.7%)이 재발하여 재발률이 현저히 높게 나타났다. 이러한 결과는 방사선 치료 이력이 재발 여부와 유의미한 관련성을 가질 가능성을 의미한다.

▼ 림프절 병증에 따른 재발 여부

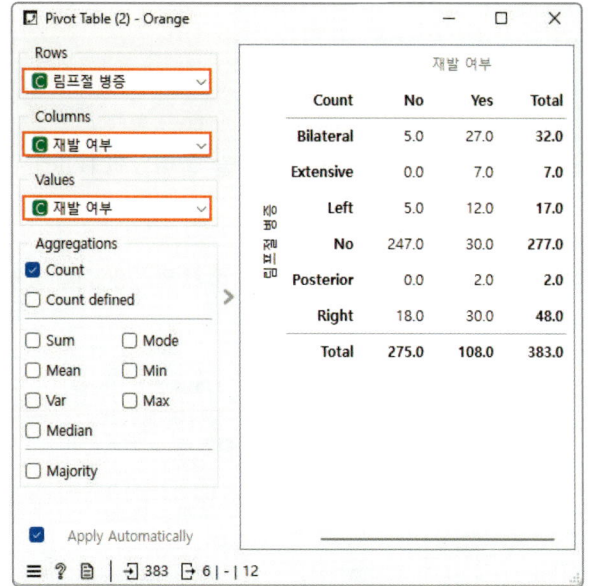

해설 림프절 병증에 따른 재발 여부와 재발률을 계산해 보면 다음과 같다.

림프절 병증 상태	재발 No	재발 Yes	재발률 (Yes/(No+Yes))
Bilateral (양쪽)	5	27	84.4%
Extensive (광범위)	0	7	100%
Left(왼쪽)	5	12	70.6%
No (병증 없음)	247	30	10.8%
Posterior (후방)	0	2	100%
Right(오른쪽)	18	30	62.5%
Total	275	108	28.2%

림프절에 아무 병증이 없는 환자가 전체의 72.3%(277명)을 차지하였으며, 이들 중 약 10.8%(30명)가 재발하였다. 반면, 병증이 있는 환자 중에서는 양쪽 전이(Bilateral, 84.4%), 왼쪽 전이(Left, 70.6%), 오른쪽 전이(Right, 62.5%) 등에서 재발률이 현저히 높게 나타났다. 특히 광범위 전이(Extensive)와 후방 전이(Posterior)에서는 재발률이 100%로 나타나, 림프절 병증의 범위가 넓을수록 재발 위험이 증가할 가능성을 의미한다.

전체 탐색 결과를 종합해 본 결과, 갑상선암 환자의 재발 가능성은 종합 소견(Stage), 림프절 전이 상태(N), 연령 및 성별, 치료 반응, 방사선 치료 이력, 림프절 전이 양상과 유의미한 관련이 있었다. 각 속성별로 재발률이 높게 나타난 경우를 정리해 보면 다음과 같다.

종합 소견의 경우, Stage IVB 단계에서 재발률이 높았으며, 림프절 전이 상태는 N1b(측경부 림프절 전이)인 경우, 재발률이 두드러졌다. 성별과 연령대의 경우, 60대 이상 남성 환자가 높았고, 치료 반응에 따라서는 구조적 불완전 반응(Structural Incomplete)을 보인 그룹의 재발 가능성이 높게 나타났다. 방사선 치료 이력과 림프절 전이 양상의 경우, 방사선 치료 이력이 있거나 양측·광범위한 림프절 전이를 가진 경우에 재발률이 80% 이상으로 매우 높았다.

이러한 탐색 결과는 종합 소견, 림프절 전이 상태, 연령, 성별, 치료 반응 등이 갑상선암 재발 예측의 핵심 지표임을 보여 준다. 그러나 여러 지표가 재발과 관련되어 단일 요인만으로는 충분히 설명하기 어렵다. 이에 따라 다중 지표를 함께 고려하는 예측 접근이 요구되며, 본 탐색 결과는 모델링 단계의 변수를 구성할 때 참고할 수 있는 지표가 된다.

이제 갑상선암 데이터를 훈련 데이터와 테스트 데이터로 나눠 모델 학습을 시켜 보자.

 **모델 학습하기**

① 훈련 데이터와 테스트 데이터 나누기

- Transform 카테고리의 [Data Sampler] 위젯을 활동 시작 시 데이터를 불러왔던 [File] 위젯과 연결한다.

- [Data Sampler] 위젯을 더블 클릭하여 Fixed proportion of data 옵션을 '70%'로 설정하고 훈련 데이터와 테스트 데이터를 70:30으로 분할한다.

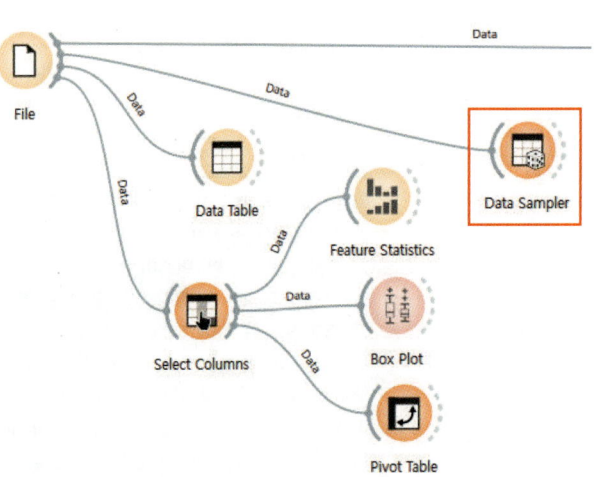 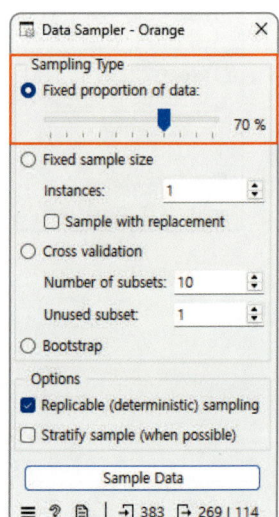

② 모델 선정 및 학습시키기

Model 카테고리에서 [Logistic Regression] 위젯을 가져와 [Data Sampler] 위젯과 연결하여 학습시킨다.

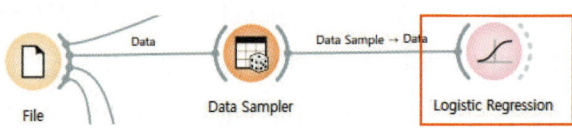

> 분류 모델에는 Logistic Regression, kNN, SVM, Random Forest 등 여러 가지가 있는데, 여기서는 Logistic Regression 모델을 이용한다.

Q&A로 알아보기

Q 왜 하이퍼파라미터를 먼저 조정(튜닝)하나요?

A 이번 활동은 하이퍼파라미터 튜닝의 중요성과 성능 개선 과정을 체험해볼 수 있도록 설계하였습니다. 하이퍼파라미터(예 정규화 타입 등)를 조정해 가며 모델 성능이 어떻게 달라지는지 실험하는 과정에서 여러 조합 별 성능을 비교해 단일 결과에만 의존하지 않고 최적의 조건을 찾는 경험을 쌓을 수 있습니다. 이렇게 하면 Logistic Regression 모델의 특성과 하이퍼파라미터가 성능에 어떻게 작용하는지 깊이 이해할 수 있습니다.

모델 성능 확인하기

모델 학습 후 성능을 확인하기 전에 하이퍼파라미터를 조정하여 모델의 성능을 개선하고, 이후 혼동 행렬 분석 및 테스트 데이터 연결을 통해 최종 결과를 확인해 보자.

1 하이퍼파라미터 조정하기

모델 성능은 설정값을 어떻게 조정하느냐에 따라 같은 모델이라도 학습 방식이 달라지고 성능에도 큰 차이를 보인다. 하이퍼파라미터 조정을 통해 데이터에 적합한 모델을 구성해 보자.

- Evaluate 카테고리의 [Test and Score] 위젯을 [Data Sampler]와 [Logistic Regression] 위젯에 각각 연결한다.

- 하이퍼파라미터 조정에 따른 성능 변화를 알아보기 위해 [Logistic Regression] 위젯과 [Test and Score] 위젯의 창을 모두 열어 놓는다.

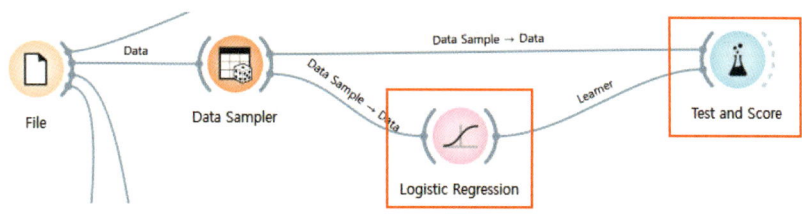

- [Logistic Regression] 위젯의 Regularization(정규화) type을 'Ridge(L2)'나 'None'으로 조정하여 [Test and Score] 위젯의 성능 지표가 어떻게 달라지는지 비교한다.

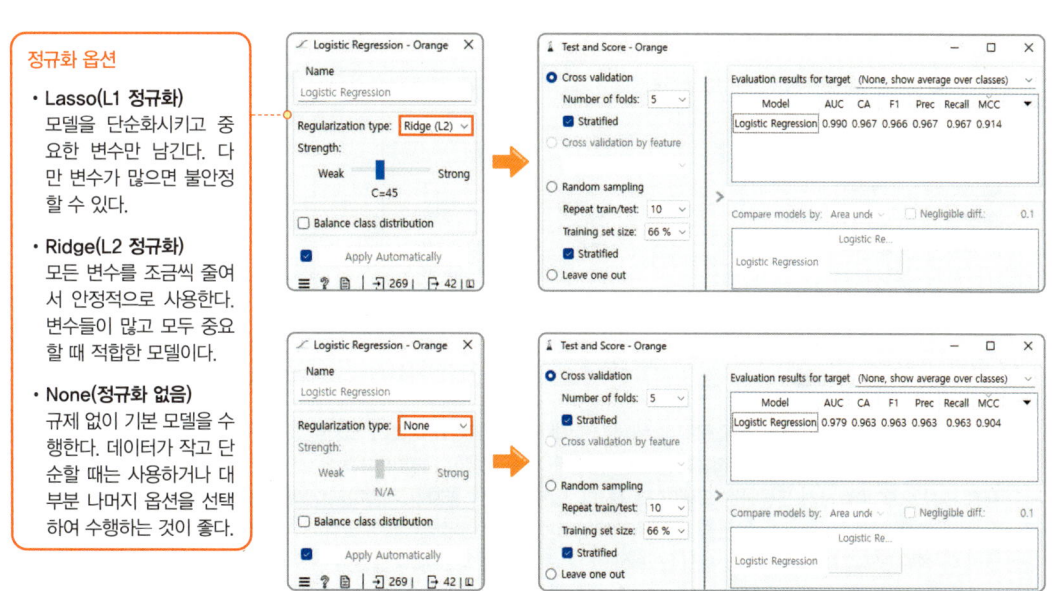

3. 어떤 환자의 암이 재발할까? **141**

- [Logistic Regression] 위젯의 'Strength' 값을 조정하면 모델의 성능 지표를 더 높일 수 있다.

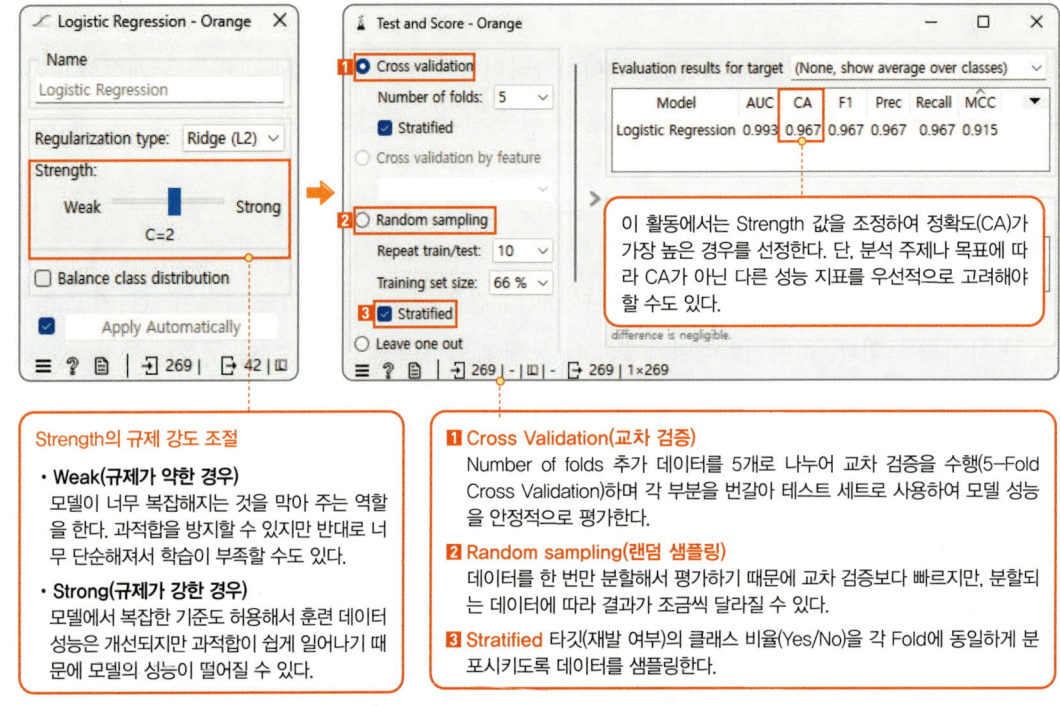

2 혼동 행렬로 결과 분석하기

Evaluate 카테고리의 [Confusion Matrix] 위젯을 [Test and Score] 위젯에 연결하여 결과를 확인한다.

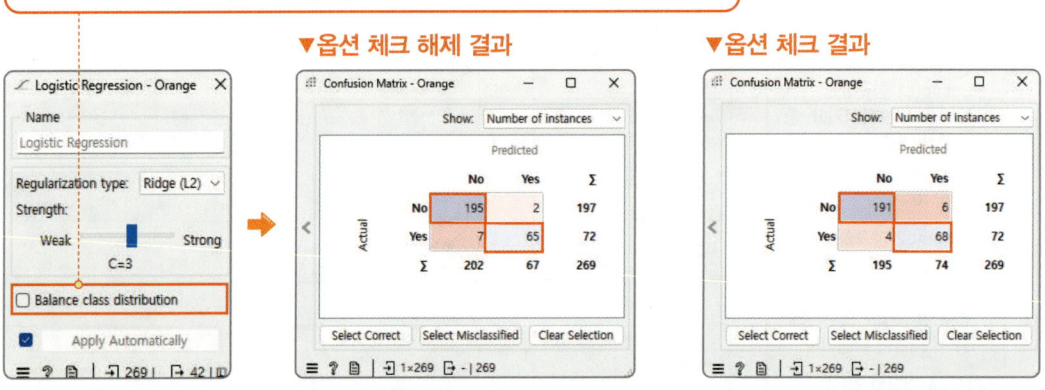

해설 'Balance class distribution' 옵션을 해제한 상태에서는 실제와 예측이 일치한 데이터의 개수가 260(195+65)개였으나, 체크 후에는 259(191+68)로, 정확도만 보면 옵션을 체크 해제한 모델이 더 높은 것을 볼 수 있다. 그러나 이 활동에서는 재발 환자를 더 명확하게 분류하는 모델이 필요하다. 실제 재발한 환자를 재발하지 않았다(Yes/No)라고 예측한 데이터가 옵션 체크 해제 상태에서는 7개, 옵션을 체크한 후에는 4개로 줄어든 것을 볼 수 있다. 즉, 정확도 측면에서는 체크 해제 전 모델이 더 정확했으나 재발 환자를 놓치지 않고 진단하기 위해서는 옵션 체크 모델이 더 적절한 모델이라고 볼 수 있다.

③ 최종 예측 결과 확인하기

- ② **혼동 행렬로 결과 분석하기**의 '옵션 체크 해제' 상태에서 진행한다.
- Evaluate 카테고리에서 [Predictions] 위젯을 가져와 [Logistic Regression] 위젯과 [Data Sampler] 위젯에 연결한다.
- [Data Sampler] 위젯과 [Predictions] 위젯 사이에 연결된 선을 더블 클릭한 후, 'Remaining Data → Data'로 연결해 준다.
- [Predictions] 위젯으로 성능 지표를 확인하고, [Confusion Matrix] 위젯을 [Predictions] 위젯에 연결하여 예측 결과를 더 구체적으로 확인한다.

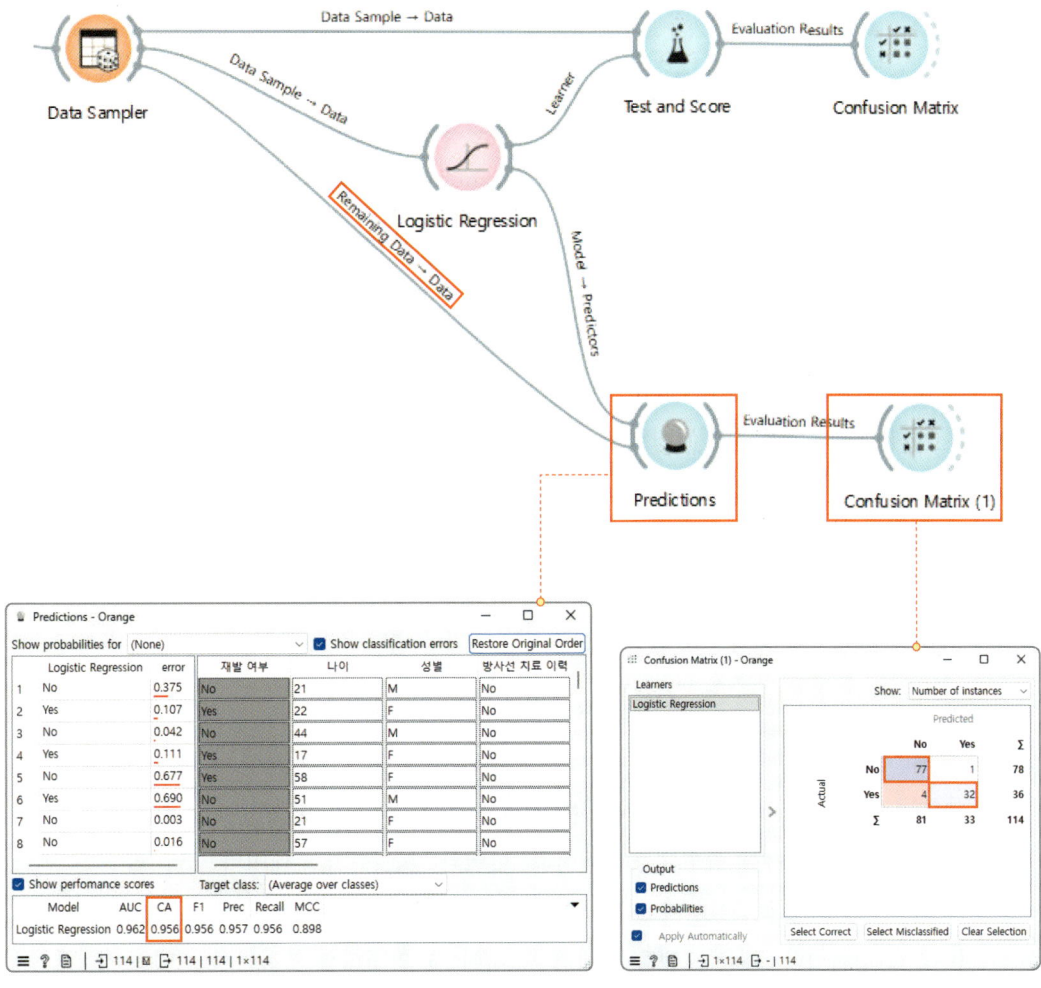

해설 이 모델의 최종 성능을 성능 지표로 살펴본 결과, 테스트 데이터에 대한 정확도(CA)가 95.6%에 달해 매우 높은 성능을 보여 줌을 알 수 있다. 혼동 행렬을 통해 114명의 환자 중 109명(77+32)은 정확하게, 5명(4+1)은 틀리게 예측했음을 확인할 수 있고, 이는 퍼센트로 환산했을 때 95.6%의 정확도와 일치한다. 이렇게 [Predictions]와 [Confusion Matrix] 두 위젯을 병행하여 활용하면, 모델의 세부 예측 오류와 전체 성능을 동시에 직관적으로 평가할 수 있어 분류 결과의 신뢰성과 분석 효율성이 향상된다.

전문가 되기 - 관계 모델링

관계 모델링(Relational Modeling)은 데이터 속성 간 상호 관계와 연결 구조를 수학적, 통계적, 알고리즘적 방법으로 분석하고 표현하는 기법이다. 속성 간 탐색이 데이터 품질 점검, 속성 중요도 평가, 불필요한 특징 제거 등 모델링 전 단계에서 중요한 역할을 했다면, 관계 모델링은 이보다 한층 정교한 수학적, 알고리즘적인 접근을 통해 속성 간의 유의미한 관련성을 정량적으로 모형화한다. 즉, 특정 속성의 영향력과 상호 작용을 체계적으로 모델링하여, 복잡한 데이터 구조 내에서 속성 간의 관계를 파악하는 데 중점을 둔다.

관계 모델링은 회귀(Regression)와 분류(Classification) 등의 기계학습 기법을 활용하여 입력 속성(예 연령, 성별, 치료 이력, 림프절 전이 등)과 목표 속성(Target)(예 재발 여부) 간의 정량적 관계를 학습함으로써 예측을 정확하게 할 수 있고, 정확한 해석에 도움을 줄 수 있다.

특히 다변량 통계 기법, 그래프 기반 모델링, 인과 추론, 네트워크 분석 등 다양한 접근법을 활용하여 속성들 간의 복잡한 의존성을 효과적으로 설명한다.

의료 분야에서는 환자의 임상 데이터와 예후, 재발, 치료 반응 간의 관계를 정밀하게 분석하여 맞춤형 치료 전략과 예측 모델 개발에 활용되며, 금융 분야에서는 고객 특성과 거래 패턴 간 관계 모델링을 통해 신용 평가와 이상 거래 탐지 등에 응용된다. 또한 제조업과 마케팅 분야에서도 속성 간의 상호작용을 분석해 공정 최적화와 고객 행동 예측 등에 관계 모델링이 활용되고 있다. 관계 모델링은 이처럼 데이터에 근거한 의사 결정을 가능하게 함으로써 전반적인 분야에서 판단의 공정성과 투명성을 높이는 역할을 한다.

Orange3에서는 Data Table, Edit Domain, Feature Statistics, Box Plot, Pivot Table 위젯 등 다양한 위젯을 활용하여 속성 간의 관계를 효율적으로 시각화하고 모델의 예측 성능을 높일 수 있다. 관계 모델링은 이처럼 데이터에 근거한 의사 결정을 가능하게 함으로써 전반적인 분야에서 판단의 공정성과 투명성을 높이는 역할을 한다.

정리하기

갑상선암 재발 예측 데이터를 Orange3의 다양한 기능으로 분석하면서 데이터를 탐색하였다. 데이터를 그룹별로 분류해 속성값을 비교하고, 나이와 같은 수치형 데이터는 범주형으로 변환하여 분석에 활용하였고, 피벗 테이블 등 시각화 도구를 이용해 속성별 재발률을 확인하여 핵심 변수를 선정하였다. 예측 모델을 선택한 후 하이퍼파라미터를 조정하여 모델의 성능을 최적화하는 일련의 활동을 통해, 환자의 다양한 진단 정보를 바탕으로 어떤 속성이 갑상선암 재발에 중요한 영향을 미치는지 파악할 수 있었으며, 실제 임상에서도 활용할 수 있는 예측 모델을 만드는 데 필요한 분석 절차와 원리를 익힐 수 있음을 확인하였다.

4
잠을 덜 자면 스트레스에 민감해질까?

활동 키워드 | 모델링 기반 탐색 | 군집화 | Neural Network | 예측 모델링

잠을 덜 자면 스트레스에 민감해질까?

문제 상황

현대 사회에서는 바쁜 업무 일정, 학업 부담 증가, 스마트폰과 같은 전자기기 사용의 증가로 인해 많은 사람이 충분한 수면을 취하지 못하고 있다. 미국 질병통제예방센터(CDC)는 성인의 약 1/3이 만성적인 수면 부족 상태라고 보고했다. 수면 부족은 집중력 저하, 기억력 감퇴, 정서적 불안정, 스트레스 증가와 밀접하게 관련되어 있으며, 장기적으로는 우울증, 불안 장애, 심장 질환 및 비만과 같은 건강 문제를 일으킬 수 있다.

그렇다면 개인의 수면 시간이 인지적 수행 능력, 정서 조절, 스트레스 수준에 어떤 영향을 미치는지 인공지능 모델로 분석하고 예측할 수 있을까?

활동 미리보기

1. 데이터셋 준비하기
① 데이터 수집하기
② 데이터 불러오기

2. 데이터 탐색하기
① 생활 습관과 생체 정보 간의 관계 탐색하기
② 정신 건강과 생체 정보 간의 관계 탐색하기
③ 생활 습관과 생체 정보, 인지 기능 간의 관계 탐색하기

3. 모델 학습하기
① 군집화하기
② 훈련 데이터와 테스트 데이터 나누기
③ 모델 선정 및 학습시키기

4. 모델 성능 확인하기
① 모델 성능 학습 결과 확인하기
② 혼동 행렬로 결과 분석하기
③ 그룹 특성 비교하기
④ 최종 예측 결과 확인하기

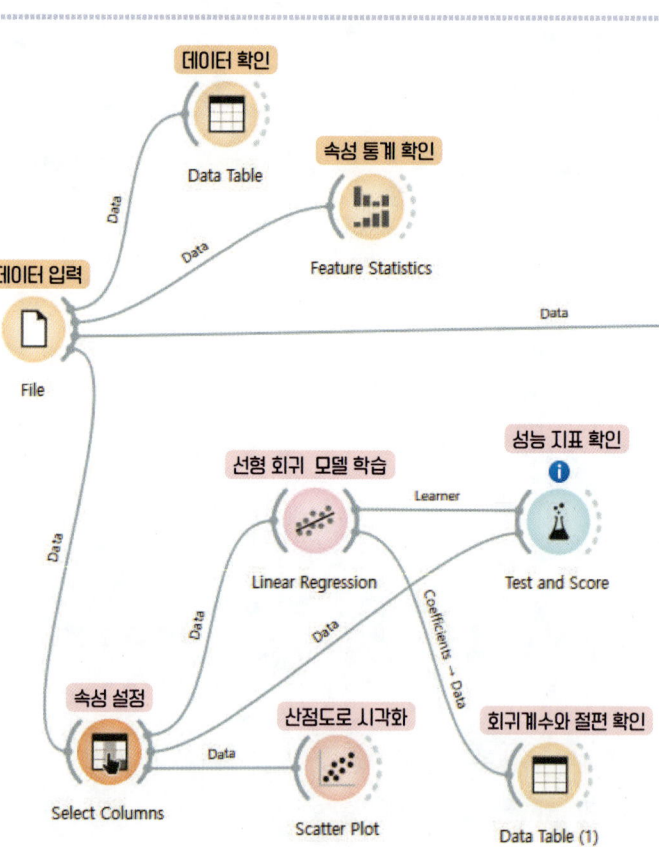

활용 인공지능 〔모델링 기반 탐색〕

데이터 탐색은 단순히 자료를 살펴보고 요약하는 데 그치지 않고, 인공지능을 활용해 데이터를 심층적으로 이해하는 단계로 발전하고 있다. 특히 Orange3와 같은 인공지능 기반 데이터 분석 도구를 사용하면, 데이터를 기계학습 모델로 학습시키고, 속성 간의 관계를 시각화하고 검증하며, 예측 가능성까지 평가할 수 있다.

전통적인 데이터 탐색은 평균, 분포, 상관관계와 같은 기초 통계 정보를 확인하는 수준에서 머물렀다면, Orange3의 인공지능 모델을 활용하면 다음과 같은 확장된 탐색이 가능하다.

- **속성 중요도 분석**: 인공지능 모델이 각 변수(예 생활 습관, 수면 질, 스트레스)가 결과(인지 기능 등) 예측에 기여하는 정도를 정량적으로 평가
- **예측 모델링**: 기계학습을 통해 속성 간 패턴을 학습하고, 새로운 데이터에 대한 결과를 예측
- **그룹 분류(클러스터링)**: 유사한 특성을 가진 데이터를 자동으로 묶어 집단 간 차이를 분석
- **모델 성능 평가**: 다양한 알고리즘과 검증 절차를 적용해 가장 적합한 분석 모델을 선택

즉, 모델링 기반 탐색은 인공지능의 학습·예측 능력을 활용해 데이터에서 숨겨진 관계와 패턴을 발견하고, 단순한 기술 통계를 넘어 의미 있는 의사 결정 도구로 확장된다.

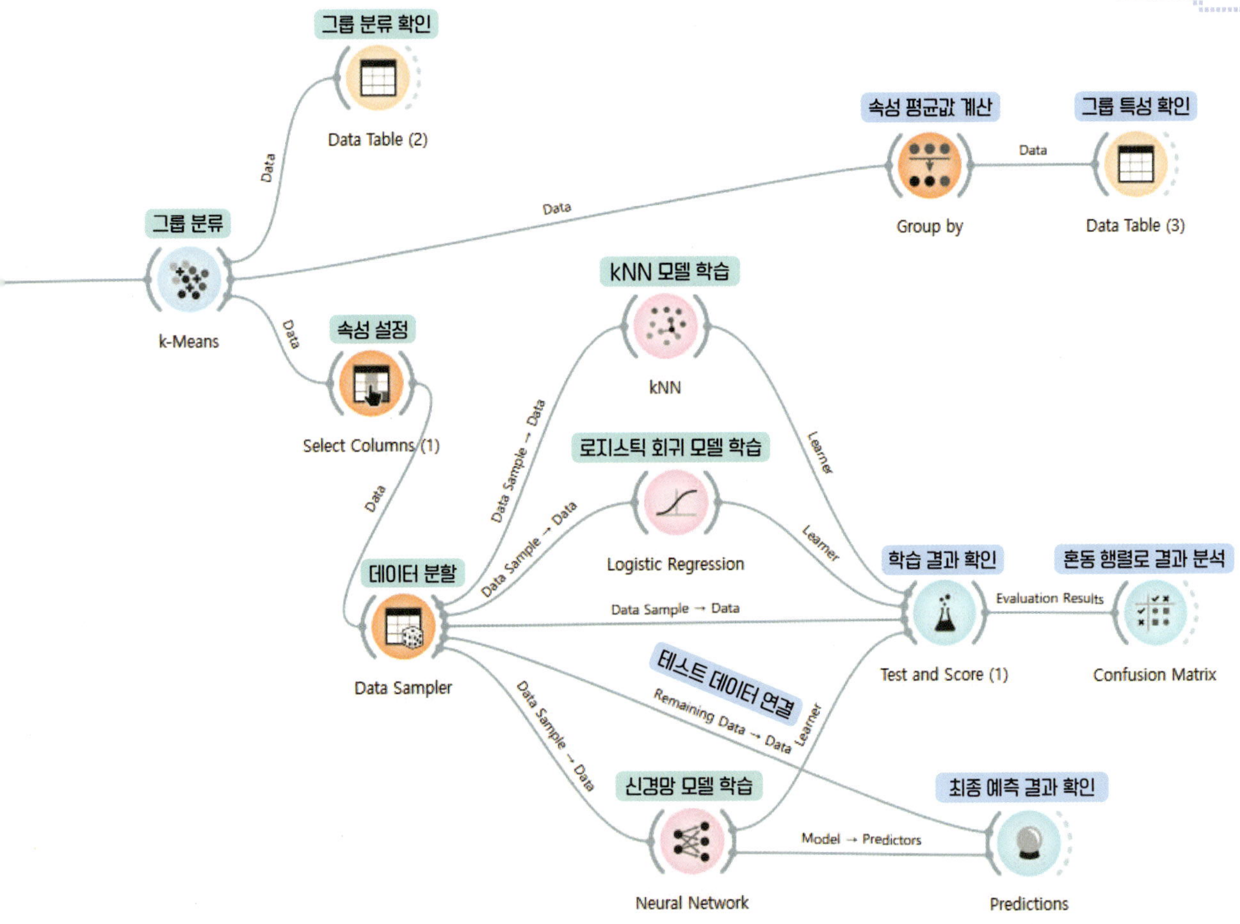

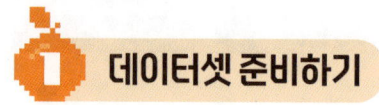

1 데이터 수집하기

캐글 사이트에서 수면 데이터를 다운로드하여 데이터를 수집해 보자.

❶ 데이터 다운로드

캐글에서 'sleep deprivation'을 검색하고 해당 페이지의 'sleep_deprivation_dataset_detailed.csv' 파일을 다운로드한다.

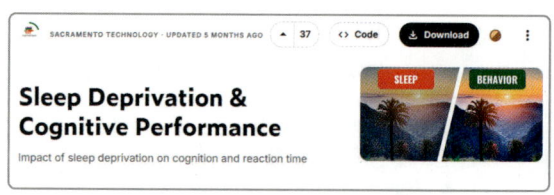

❷ 속성 확인 및 변경

- 영어로 되어 있는 속성명을 한글로 변경한 후 '수면 데이터.csv'로 저장한다.

	A	B	C	D	E	F	G	H	I	J
1	참가자ID	수면 시간	수면 질 점수	주간 졸림 정도	스트룹 과제 반응 시간	N-Back 과제 정확도	정서 조절 점수	정신운동 각성도 반응 시간	연령	성별
2	P1	5.25	15	12	1.6	64.2	12	365.85	35	Female
3	P2	8.7	12	14	2.54	65.27	21	288.95	20	Male
4	P3	7.39	17	10	3.4	74.28	35	325.93	18	Male
5	P4	6.59	14	3	3.54	72.42	25	276.86	18	Male
6	P5	3.94	20	12	3.09	99.72	60	383.45	36	Male
7	P6	3.94	12	6	2.84	58.8	46	224.48	28	Male
8	P7	3.35	8	18	3.16	50.9	31	201.56	22	Male
9	P8	8.2	14	21	3.28	74.69	66	388.37	29	Male
10	P9	6.61	12	1	1.74	58.94	38	258.28	20	Female
11	P10	7.25	0	9	2.61	68.32	23	221.28	18	Male
12	P11	3.12	6	12	2.23	87.21	37	319.04	18	Male

- 속성을 분석 목적에 따른 영역으로 구분하고 각 속성의 정보를 살펴보자.

영역	해당 속성	속성 정보
생활 습관	체질량 지수	체질량 지수(Body Mass Index)
	카페인 섭취량	하루 평균 카페인 섭취량(잔 단위)
	신체 활동 수준	신체 활동 수준을 평가한 점수(점수가 높을수록 활동 수준이 높다.)
생체 정보	수면 시간	참가자가 보고한 하루 평균 수면 시간(시간 단위)
	수면 질 점수	수면의 질을 평가한 점수(점수가 높을수록 수면의 질이 낮다.)
	주간 졸림 정도	낮 동안 졸음의 정도를 측정한 점수(점수가 높을수록 졸음이 많다.)
인지 기능	엔백(N-Back) 과제 정확도	N-Back 과제의 정확도(백분율)
	스트룹 과제 반응 시간	Stroop 과제 수행 시 평균 반응 시간(초 단위)
	정신운동 각성도 반응 시간	정신운동 각성도 검사(PVT)에서의 평균 반응 시간(밀리초 단위)
정신 건강	정서 조절 점수	정서 조절 능력을 평가한 점수(점수가 높을수록 정서 조절 능력이 어렵다.)
	스트레스	스트레스 수준을 평가한 점수(점수가 높을수록 스트레스가 많다.)
기본 정보	연령	참가자의 연령(년 단위)
	성별	참가자의 성별(Female, Male)
	참가자ID	참가자의 고유 식별자

② 데이터 불러오기

수집한 데이터를 Orange3 캔버스로 불러와 확인해 보자.

❶ 데이터 입력

- Data 카테고리에서 [File] 위젯을 가져와 '수면 데이터.csv'를 불러온다.
- [File] 위젯에서 속성의 역할(Role)을 변경하지 않는다.

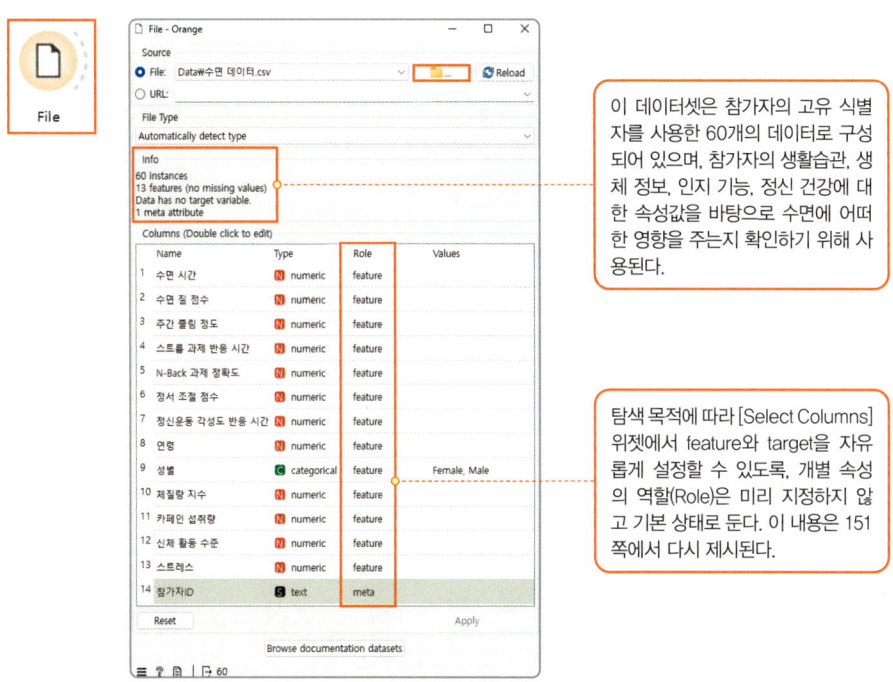

이 데이터셋은 참가자의 고유 식별자를 사용한 60개의 데이터로 구성되어 있으며, 참가자의 생활습관, 생체 정보, 인지 기능, 정신 건강에 대한 속성값을 바탕으로 수면에 어떠한 영향을 주는지 확인하기 위해 사용된다.

탐색 목적에 따라 [Select Columns] 위젯에서 feature와 target을 자유롭게 설정할 수 있도록, 개별 속성의 역할(Role)은 미리 지정하지 않고 기본 상태로 둔다. 이 내용은 151쪽에서 다시 제시된다.

❷ 데이터 확인

Data 카테고리의 [Data Table] 위젯을 [File] 위젯에 연결한 후, 데이터의 내용을 확인한다.

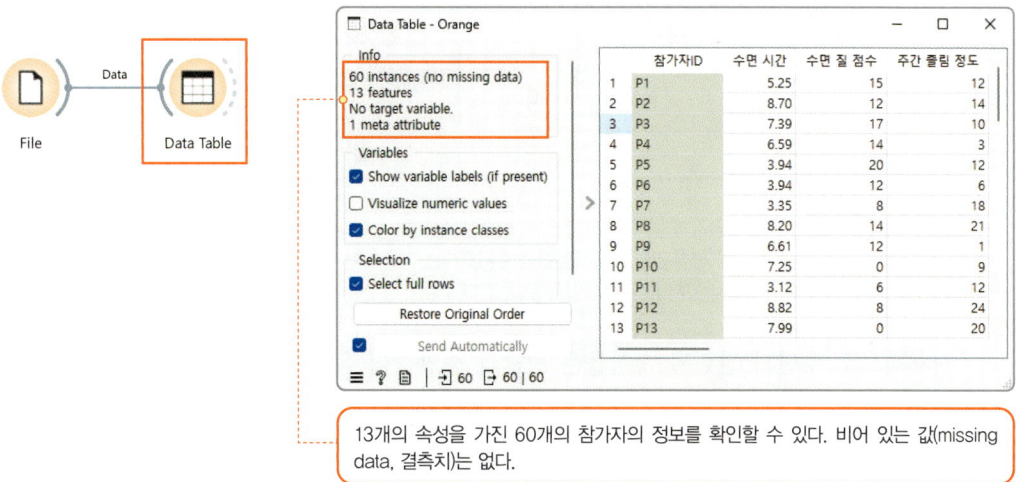

13개의 속성을 가진 60개의 참가자의 정보를 확인할 수 있다. 비어 있는 값(missing data, 결측치)는 없다.

❸ 특성 통계표로 성별 비율 분석

- Data 카테고리의 [Feature Statistics] 위젯을 [File] 위젯에 연결한다.
- Color를 '성별' 속성으로 설정하고 각 속성의 통계값을 확인한다.

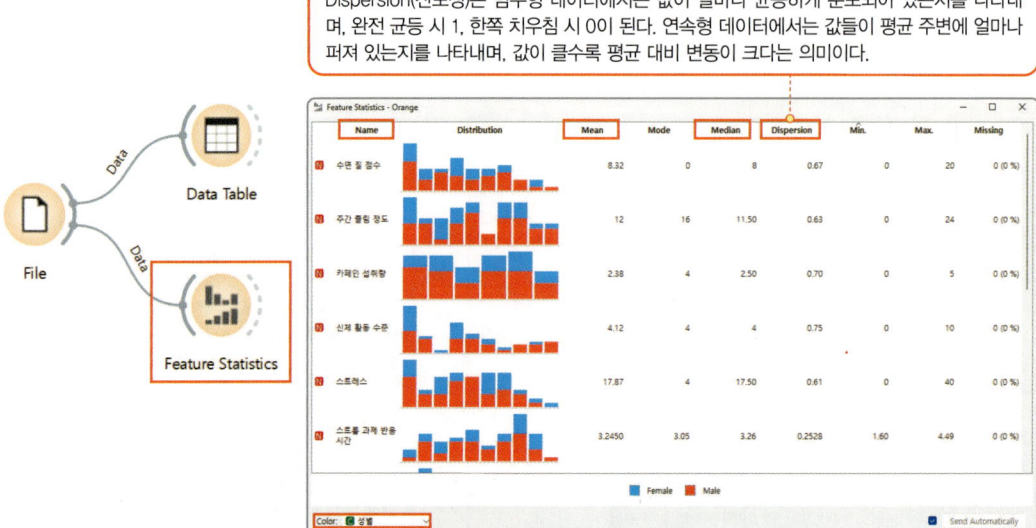

> Dispersion(산포성)은 범주형 데이터에서는 값이 얼마나 균등하게 분포되어 있는지를 나타내며, 완전 균등 시 1, 한쪽 치우침 시 0이 된다. 연속형 데이터에서는 값들이 평균 주변에 얼마나 퍼져 있는지를 나타내며, 값이 클수록 평균 대비 변동이 크다는 의미이다.

- 특성 통계표의 내용 중 평균, 중앙값, 산포성을 표로 정리하면 다음과 같다.

속성명 (Name)	평균 (Mean)	중앙값 (Median)	산포성 (Dispersion)	속성명 (Name)	평균 (Mean)	중앙값 (Median)	산포성 (Dispersion)
수면 질 점수	8.32	8	0.67	수면 시간	5.81	5.69	0.31
주간 졸림 정도	12	11.5	0.63	정서 조절 점수	38.15	37	0.45
카페인 섭취량	2.38	2.5	0.7	연령	29.52	28.5	0.27
신체 활동 수준	4.12	4	0.75	체질량 지수	27.33	27.37	0.16
스트레스	17.87	17.5	0.61	N-Back 과제 정확도	75.01	74.27	0.18
스트룹 과제 반응 시간	3.25	3.26	0.25	정신운동 각성도 반응 시간	332.54	327.21	0.26
				성별			0.67

> **해설** 전체적으로 평균과 중앙값의 차이가 크지 않아 안정적 분포를 보인다. 다른 속성에 비해 상대적으로 산포성이 높은 '신체 활동 수준(0.75)', '카페인 섭취량(0.7)', '수면 질 점수(0.67)'는 개인차가 큰 속성임을 알 수 있다. 또한 성별의 산포는 두 집단이 비교적 한쪽으로 치우쳐 있지 않은 상태임을 보여 준다.

전체적으로 수면과 관련된 속성들은 평균과 중앙값이 유사하며, 극단값 없이 일정한 분포를 보인다. 속성 간 스케일 차이는 존재하지만, 산포성이 과도하게 크거나 분포가 왜곡된 항목이 없기 때문에 별도의 전처리 과정 없이 현재 데이터 그대로 탐색 활동을 진행한다.

2 데이터 탐색하기

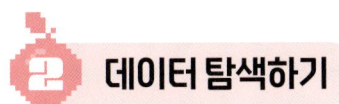 에서 유사한 속성에 따라 생활 습관, 생체 정보, 인지 기능, 정신 건강 영역으로 구분하였다. 영역 간 속성이 서로 영향을 미치는지를 알아보기 위해 다음과 같은 주제를 탐색해 본다.

> **탐색 주제 1.** 생활 습관과 생체 정보 간의 관계
> **탐색 주제 2.** 정신 건강과 생체 정보 간의 관계
> **탐색 주제 3.** 생활 습관과 생체 정보, 인지 기능 간의 관계

탐색을 위해 산점도로 시각화하여 속성 간 관계를 파악하고, 회귀 계수를 비교하며, 성능 지표를 확인하는 과정을 거쳐 속성 간의 상관관계를 분석해 보자.

1 생활 습관과 생체 정보 간의 관계 탐색하기

생활 습관(체질량 지수, 카페인 섭취량, 신체 활동 수준)이 생체 정보(수면 질 점수, 수면 시간, 주간 졸림 정도)에 미치는 영향을 탐색한다.

> **탐색 1-1** 생활 습관이 수면 질 점수에 영향을 주는가?

1 탐색 속성 설정

- 생활 습관 관련 속성들이 수면 질 점수에 어떤 영향을 미치는지 알아보기 위해 Transform 카테고리의 [Select Columns] 위젯을 [File] 위젯에 연결한 후 더블 클릭한다.
- '체질량 지수', '카페인 섭취량', '신체 활동 수준' 속성을 Features로 설정하고 Target은 '수면 질 점수'로 설정한다. 나머지는 Ignored로 옮긴다.

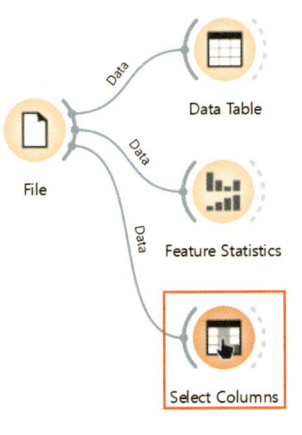

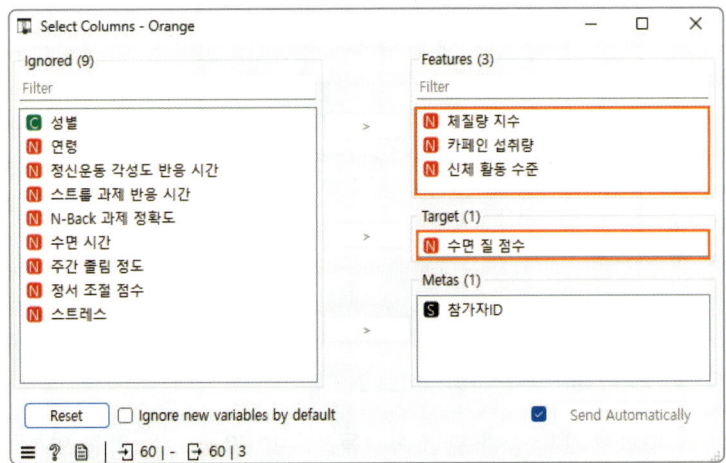

❷ 산점도로 시각화

Visualize 카테고리의 [Scatter Plot] 위젯을 [Select Columns] 위젯에 연결하고 더블 클릭하여 생활 습관과 관련된 속성 세 가지를 각각 x축으로, '수면 질 점수' 속성을 y축으로 설정하고 결과를 확인한다.

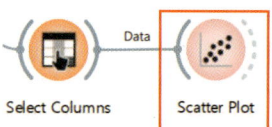

> **Scatter Plot 위젯** 연속형(수치형) 데이터인 두 속성 간의 관계를 시각적으로 표현하는 그래프를 확인할 수 있다. 각 점은 하나의 관측값을 나타내며, x축에는 Features, y축에는 Target을 배치하여 그 관계의 패턴을 확인한다. 회귀선(regression line)을 통해 속성 간 관계를 확인할 수 있다.

▼ 체질량 지수와 수면 질 점수 간의 관계

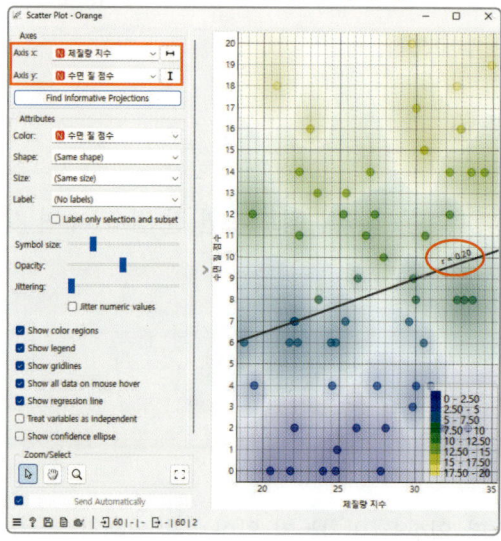

▼ 카페인 섭취량과 수면 질 점수와의 관계

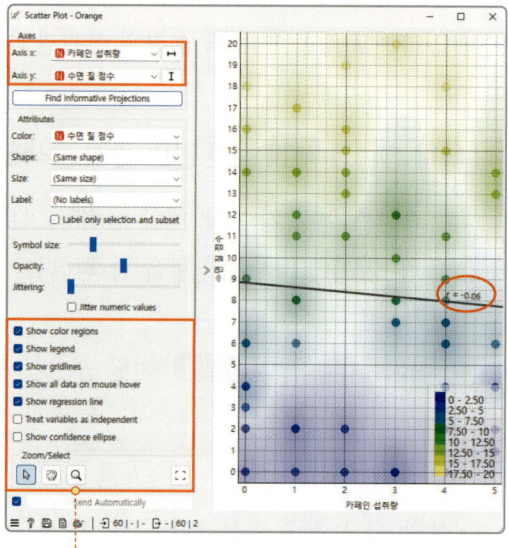

▼ 신체 활동 수준과 수면 질 점수 간의 관계

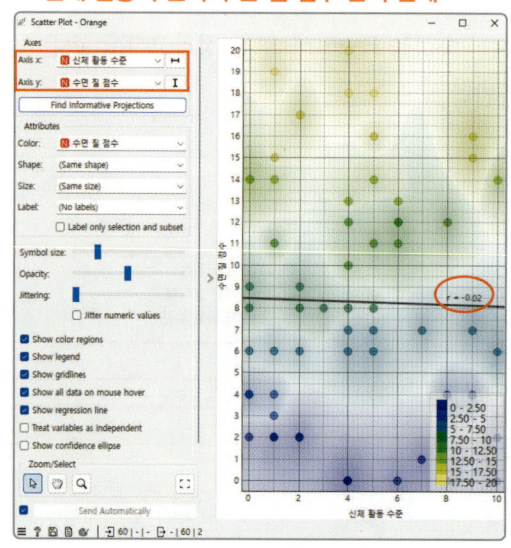

> 초기 화면에서는 'show legend'와 'show all data on mouse hover'만 체크되어 있다. 화면과 같이 추가로 요소를 체크해 준다.

> **해설** 산점도와 회귀선을 통해 확인해 본 결과, 체질량 지수는 수면 질 점수에 약한 양의 상관관계를 보이고 카페인 섭취량과 신체 활동 수준은 수면 질 점수에 약한 음의 상관관계를 보인다. 하지만 그래프에서 볼 수 있듯이 데이터 점들이 넓게 분포되어 있고 상관계수도 −0.06 ~ 0.20 정도로, 속성들이 수면의 질 점수와 유의미한 상관관계가 없음을 알 수 있다.

따라서 생활 습관 관련 속성들은 수면 질 점수에 약한 영향을 미치고 있음을 알 수 있다.

❸ 회귀 계수와 절편 확인

회귀 모델을 사용한 기계학습 수행 후, 평가 지표를 확인하여 생체 정보 속성이 수면의 질을 예측하는 데 사용할 수 있는지를 알아본다.

- Model 카테고리의 [Linear Regression] 위젯을 [Select Columns] 위젯에 연결한다.
- [Linear Regression] 위젯에 [Data Table] 위젯을 연달아 연결하여 각 속성의 회귀 계수(coef)와 절편(intercept)을 확인한다.

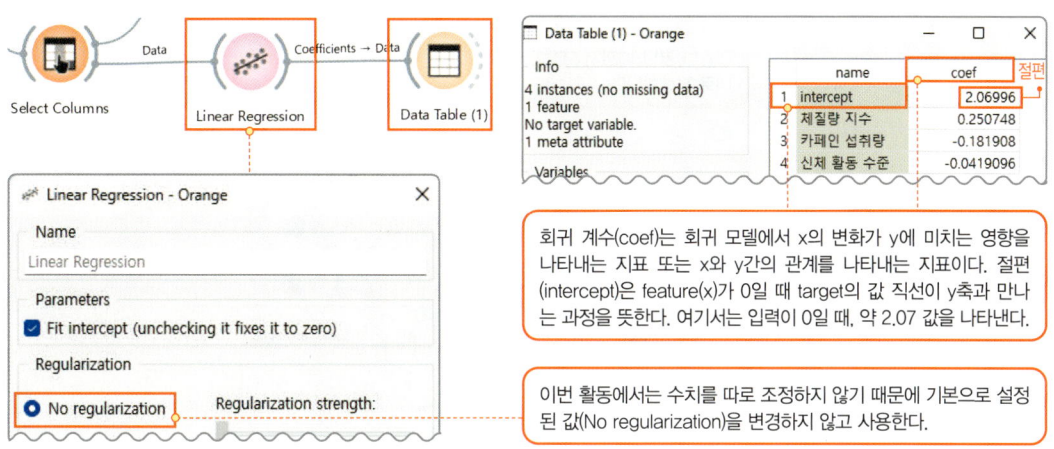

회귀 계수(coef)는 회귀 모델에서 x의 변화가 y에 미치는 영향을 나타내는 지표 또는 x와 y간의 관계를 나타내는 지표이다. 절편(intercept)은 feature(x)가 0일 때 target의 값 직선이 y축과 만나는 과정을 뜻한다. 여기서는 입력이 0일 때, 약 2.07 값을 나타낸다.

이번 활동에서는 수치를 따로 조정하지 않기 때문에 기본으로 설정된 값(No regularization)을 변경하지 않고 사용한다.

해설 체질량 지수는 양의 계수(0.251)로 값이 높을수록 타깃이 증가하는 경향을 보이며, 반면 카페인 섭취량과 신체 활동 수준은 음의 계수로, 해당 속성이 증가할수록 타깃값은 감소하는 경향을 보인다.

❹ 성능 지표 확인

Evaluate 카테고리의 [Test and Score] 위젯을 [Linear Regression] 위젯과 [Select Columns] 위젯에 각각 연결하여 성능 지표와 R2(결정계수) 값을 확인한다.

R2(결정계수)는 회귀 모델이 타깃(target)값의 변동을 얼마나 잘 설명하는지를 나타내는 지표이다. 일반적으로 0에서 1 사이의 값을 가지며 1에 가까울수록 설명력이 높다. 하지만 R2는 예외적으로 음수가 나올 수도 있으며, 이는 모델 성능이 단순히 평균값으로 예측했을 때보다도 낮다는 것을 의미한다. 이 활동에서는 R2=-0.065로 해당 선형 회귀 모델이 타깃의 변동을 거의 설명하지 못하며, 예측력이 매우 낮은 수준임을 나타낸다.

탐색 1-1을 통해서 확인해 본 결과 선형적 관계가 부족하거나 분석에서 중요한 변수가 누락되었을 가능성이 있다. 따라서 추가로 탐색이 필요하다.

탐색 1-2 생활 습관이 수면 시간에 영향을 주는가?

Transform 카테고리의 [Select Columns] 위젯을 다시 클릭하고, Target을 '수면 시간'으로 변경하여 수면 시간에 미치는 영향을 확인해 본다.

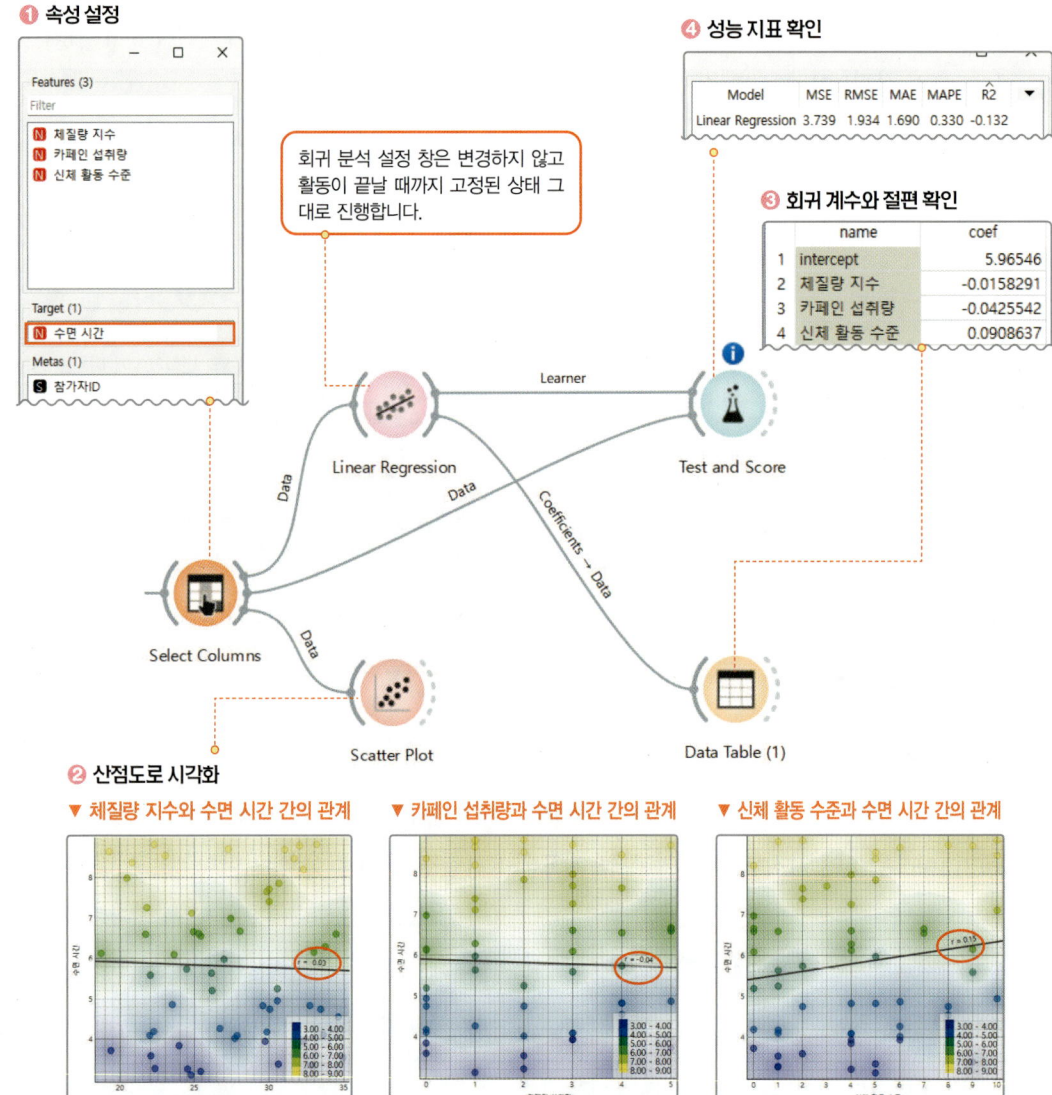

❶ 속성 설정

회귀 분석 설정 창은 변경하지 않고 활동이 끝날 때까지 고정된 상태 그대로 진행합니다.

❹ 성능 지표 확인

Model	MSE	RMSE	MAE	MAPE	R2
Linear Regression	3.739	1.934	1.690	0.330	-0.132

❸ 회귀 계수와 절편 확인

	name	coef
1	intercept	5.96546
2	체질량 지수	-0.0158291
3	카페인 섭취량	-0.0425542
4	신체 활동 수준	0.0908637

❷ 산점도로 시각화

▼ 체질량 지수와 수면 시간 간의 관계   ▼ 카페인 섭취량과 수면 시간 간의 관계   ▼ 신체 활동 수준과 수면 시간 간의 관계

해설 산점도, 회귀 계수와 절편, 성능 지표를 비교하면 다음과 같다.
- **산점도로 시각화**: 체질량 지수, 카페인 섭취량은 주간 졸림 정도와 미미한 음의 상관관계를, 신체 활동 수준은 미미한 양의 상관관계를 보인다.
- **회귀 계수와 절편 확인**: 체질량 지수와 카페인 섭취량은 음의 계수로 각 속성이 증가할수록 타깃값은 미미하게 감소하는 경향을 보인다. 반면 신체 활동 수준은 양의 계수(0.09)를 가지며, 값이 증가할수록 타깃값 또한 미미하게 증가하는 경향을 보인다.
- **성능 지표 확인**: R2(결정계수) 값이 -0.132로 음수를 기록한 것을 보면, 이러한 관계는 통계적으로 유의미하다고 보기 어렵다. 해당 모델이 타깃인 주간 졸림 정도의 변동을 설명하지 못할 뿐 아니라, 예측력이 낮은 수준임을 의미한다.

탐색 1-3 생활 습관이 주간 졸림 정도에 영향을 주는가?

Transform 카테고리의 [Select Columns] 위젯을 다시 클릭하고, Target을 '주간 졸림 정도'로 변경하여 주간 졸림 정도에 미치는 영향을 확인해 본다.

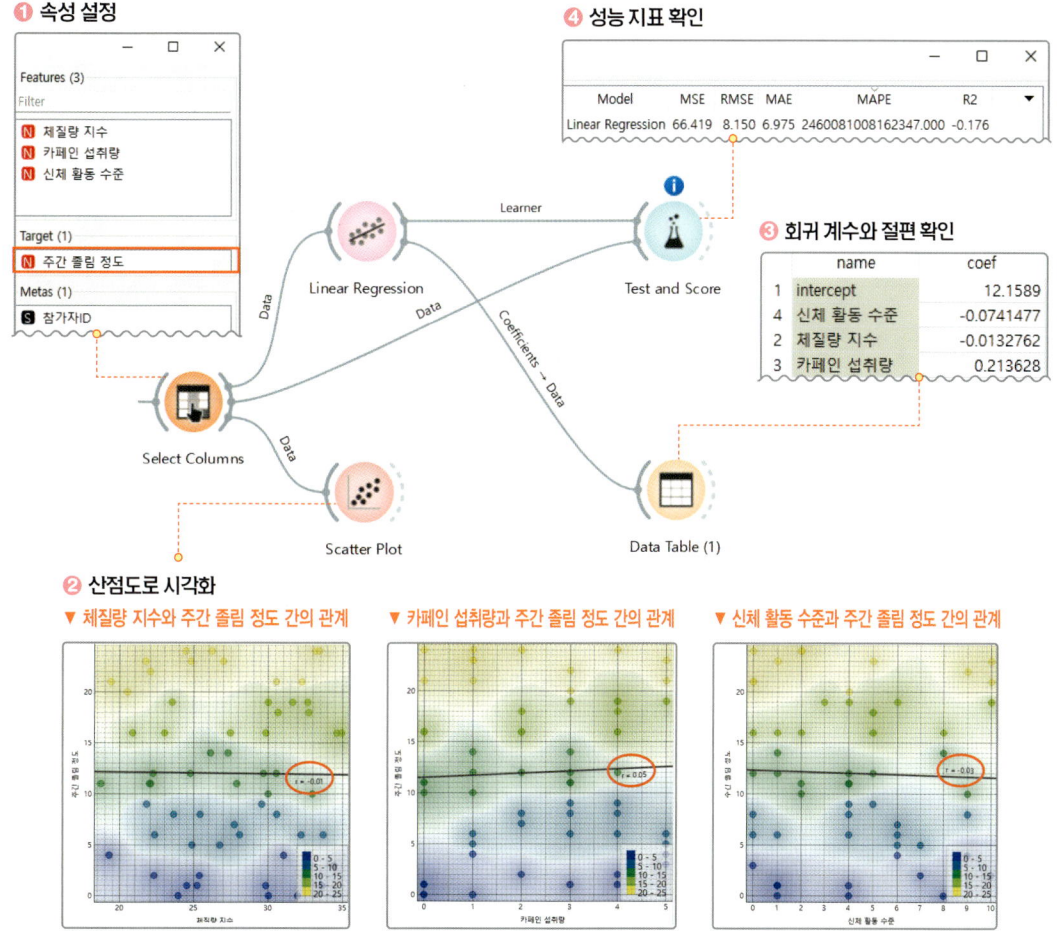

❶ 속성 설정

❷ 산점도로 시각화
▼ 체질량 지수와 주간 졸림 정도 간의 관계
▼ 카페인 섭취량과 주간 졸림 정도 간의 관계
▼ 신체 활동 수준과 주간 졸림 정도 간의 관계

❸ 회귀 계수와 절편 확인

❹ 성능 지표 확인

해설 산점도, 회귀 계수와 절편, 성능 지표를 비교하면 다음과 같다.

- **산점도로 시각화**: 체질량 지수와 주간 졸림 정도는 거의 상관관계가 없으며, 카페인 섭취량과 주간 졸림 정도는 양의 상관관계, 신체 활동 수준과 주간 졸림 정도는 음의 상관관계를 보인다.
- **회귀 계수와 절편 확인**: 신체 활동 수준과 체질량 지수는 음의 계수를 가져 각 속성이 증가할수록 타깃값은 감소하는 경향을 보인다. 반면, 카페인 섭취량은 양의 계수(0.2136)로, 이 값이 증가할수록 타깃값이 증가하는 경향을 보인다.
- **성능 지표 확인**: R^2(결정계수) 값이 -0.176으로 음수를 기록한 것을 보면, 이러한 관계는 통계적으로 유의미하다고 보기 어렵다. 해당 모델이 타깃인 주간 졸림 정도의 변동을 설명하지 못할 뿐 아니라, 예측력이 낮은 수준임을 의미한다.

탐색 ① 에서는 생활 습관이 생체 정보에 영향을 주는지 확인하였다. 산점도와 회귀 계수를 통해 일부 약한 상관관계가 관찰되었으나, 대부분의 결정계수 값이 0에 가까워 예측 모델로서의 설명력은 매우 낮았다. 이는 생체 정보 관련 속성들이 단일한 생활 습관 지표만으로는 충분히 설명되지 않음을 의미한다. 따라서 생활 습관 외 다른 요인들을 추가로 탐색할 필요가 있다.

2 정신 건강과 생체 정보 간의 관계 탐색하기

정신 건강(정서 조절 점수, 스트레스)과 생체 정보(수면 질 점수, 수면 시간, 주간 졸림 정도)의 관계를 탐색하기 위하여 **탐색 1** 과 동일한 방법으로 확인해 보자.

> **탐색 2-1** 정신 건강이 수면 질 점수에 영향을 주는가?

Transform 카테고리의 [Select Columns] 위젯을 다시 클릭하고, '정서 조절 점수', '스트레스' 속성을 Features로, Target은 '수면 질 점수'로 변경한다. 나머지는 Ignored로 옮긴다.

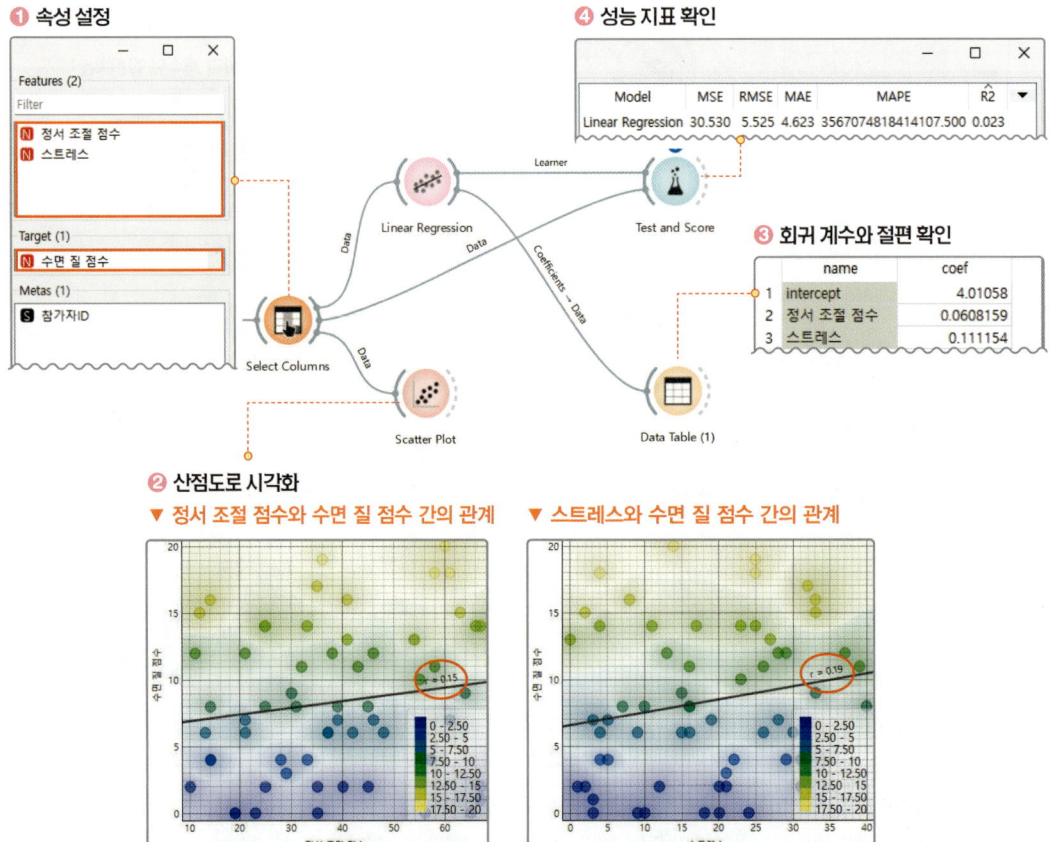

> **해설** 산점도, 회귀 계수와 절편, 성능 지표를 비교하면 다음과 같다.
> - **산점도로 시각화:** 정서 조절 점수(r=0.15)와 스트레스(r=0.19)는 모두 수면 질 점수와 미미한 양의 상관관계를 보였다. 이는 정서 조절 점수가 높을수록, 수면 질 점수도 함께 높아져 정서 조절에 어려움이 클수록, 수면의 질 또한 낮아지는 경향성이 나타났다. 또한 스트레스 수준이 높을수록 수면 질 점수 또한 높아져 스트레스 수준이 높을수록, 수면의 질이 낮아지는 경향을 확인할 수 있다.
> - **회귀 계수와 절편 확인:** 정서 조절 점수(0.0608)와 스트레스(0.1111) 모두 수면 질 점수에 양의 영향을 미치는 것으로 나타났다. 이는 정서 조절의 어려움이 1점 커질 때마다 수면 질 점수는 약 0.06점씩, 스트레스가 1점 높아질 때마다 수면 질 점수는 약 0.11점씩 높아짐을 의미한다. 두 속성 모두 값이 작아 전반적인 영향력은 제한적인 것으로 보여진다.
> - **성능 지표 확인:** 성능 지표를 종합적으로 보면, 이 모델은 수면 질 점수에 도움되는 경향을 설명하거나 예측하는 데 충분하지 않다.

탐색 2-2 정신 건강이 수면 시간에 영향을 주는가?

Transform 카테고리의 [Select Columns] 위젯을 다시 클릭하고, Target을 '수면 시간'으로 변경하여 정신 건강에 미치는 영향을 확인해 본다.

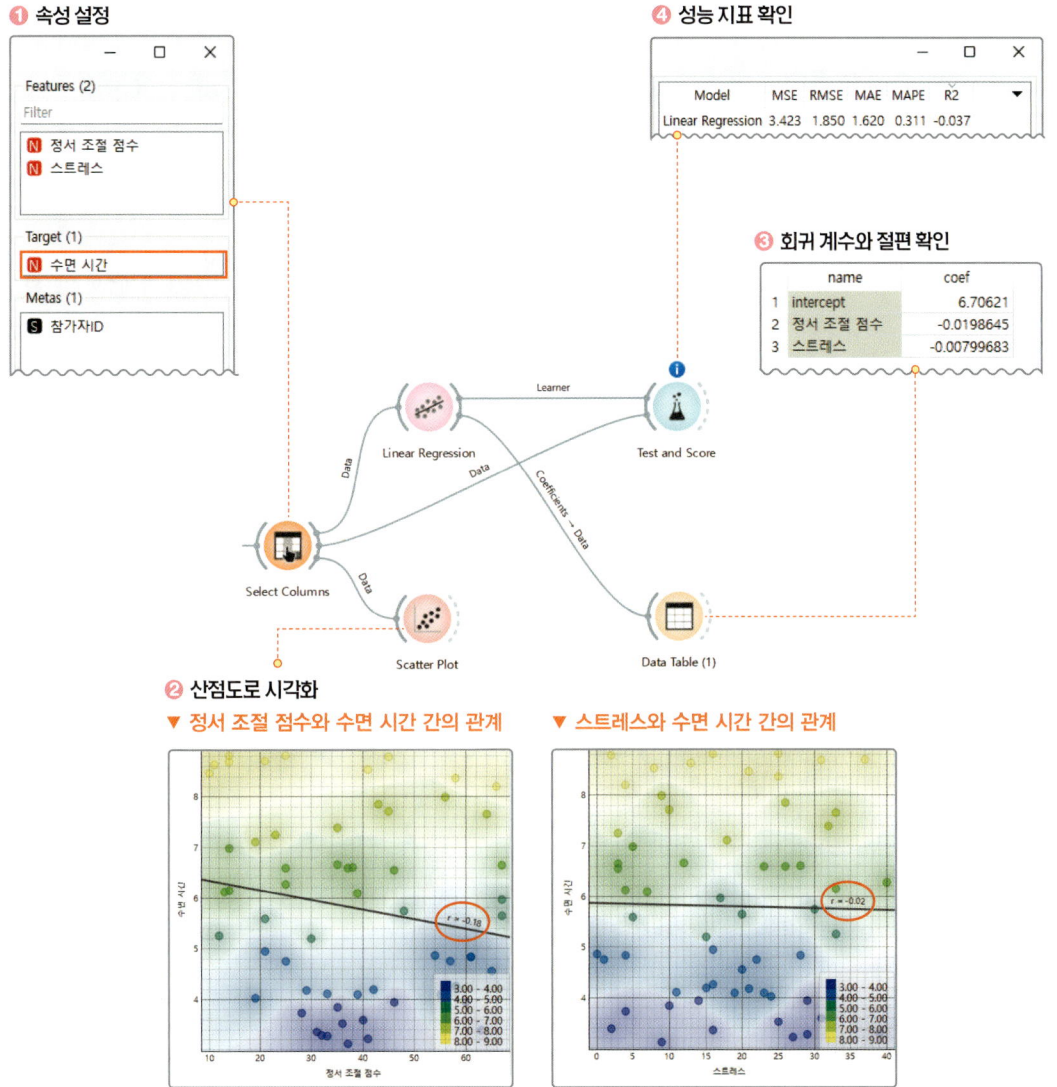

> **해설** 산점도, 회귀 계수와 절편, 성능 지표를 비교하면 다음과 같다.
> - **산점도로 시각화**: 정서 조절 점수와 스트레스 모두 수면 시간과 약한 음의 상관관계를 보였다. 이는 정서 조절 점수가 높을수록 수면 시간은 낮아져 정서 조절에 어려움이 클수록 수면 시간이 줄어드는 경향성이 나타났다. 또한 스트레스 수준이 높을수록 수면 시간 또한 낮아져 스트레스 수준이 높을수록, 수면 시간이 줄어드는 경향을 확인할 수 있다.
> - **회귀 계수와 절편 확인**: 정서 조절 점수와 스트레스 모두 음의 계수로 나타났다. 그러나 두 속성 모두 낮은 상관계수로 크게 영향력을 주지 않음을 알 수 있다.
> - **성능 지표 확인**: 성능 지표를 종합적으로 보면, 이 모델은 수면 질 점수에 도움되는 경향을 설명하거나 예측하는 데 충분하지 않다.

탐색 2-3 정신 건강이 주간 졸림 정도에 영향을 주는가?

Transform 카테고리의 [Select Columns] 위젯을 다시 클릭하고, Target을 '주간 졸림 정도'로 변경하여 정신 건강에 미치는 영향을 확인해 본다.

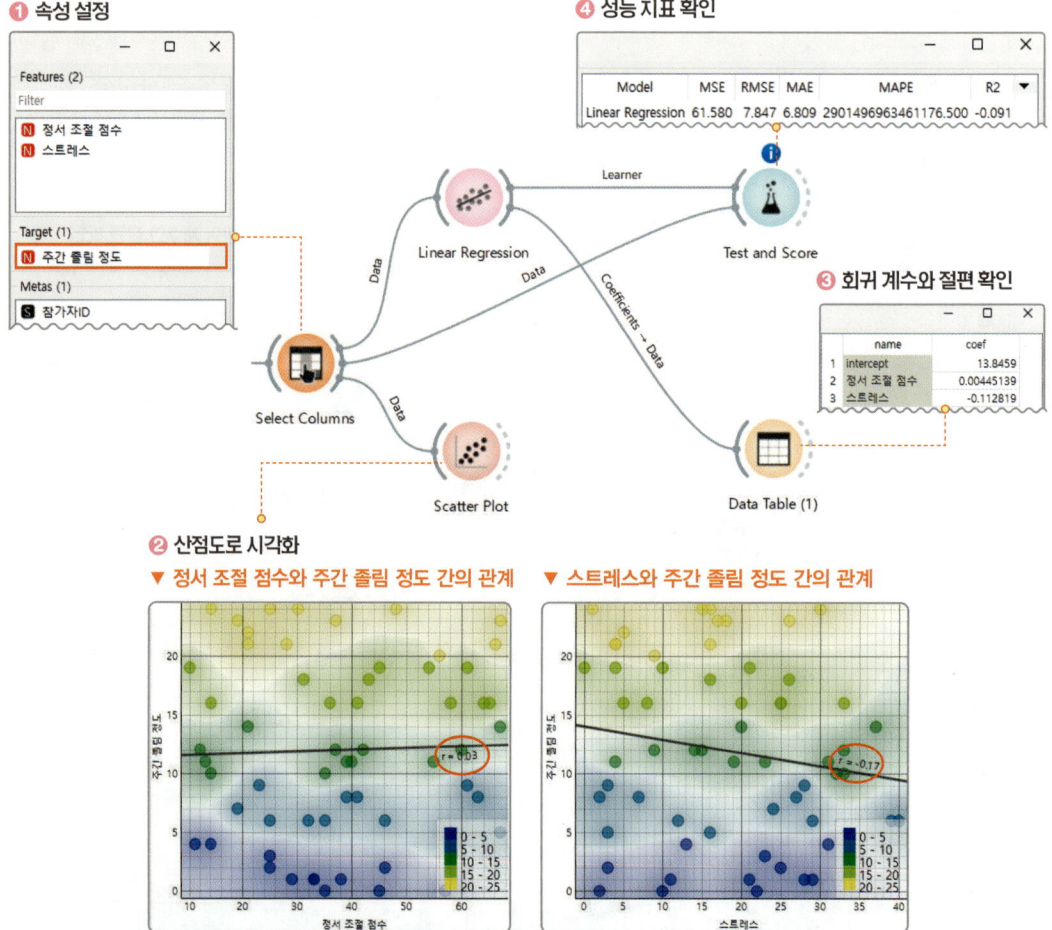

> 해설 산점도, 회귀 계수와 절편, 성능 지표를 비교하면 다음과 같다.
> - **산점도로 시각화**: 정서 조절 점수는 주간 졸림 정도와 양의 상관관계, 스트레스 수준은 주간 졸림 정도와 음의 상관관계를 보인다.
> - **회귀 계수와 절편 확인**: 정서 조절 점수와 스트레스 모두 음의 계수로 나타났다. 그러나 두 속성 모두 낮은 상관계수로 크게 영향력을 주지 않음을 알 수 있다.
> - **성능 지표 확인**: 성능 지표를 종합적으로 보면, 이 모델은 주간 졸림 정도를 설명하거나 예측하는 데 충분하지 않다.

탐색 ② 에서는 정신 건강 지표가 생체 정보에 영향을 주는지를 확인하였다. 요약하면, 정서 조절과 스트레스는 수면 질에 일부 영향을 미치는 것으로 보이지만, 전반적으로 수면 시간이나 주간 졸림 정도에 대한 설명력은 낮았으며, 분석 결과의 회귀 분석 통계적 유의성 또한 제한적이었다. 즉, 모든 수면 관련 지표를 설명하기에는 부족함을 의미한다.

③ 생활 습관과 생체 정보, 인지 기능 간의 관계 탐색하기

생활 습관과 생체 정보가 인지 기능과 어떤 관계를 맺고 있는지 앞과 동일한 방법으로 탐색해 보자.

> **탐색 3-1** 생활 습관과 생체 정보가 N-Back 과제 정확도에 영향을 주는가?

Transform 카테고리의 [Select Columns] 위젯을 다시 클릭하고, 생활 습관(체질량 지수, 카페인 섭취량, 신체 활동 수준) 속성과 생체 정보(수면 시간, 수면 질 점수, 주간 졸림 정도) 속성을 Features로, 인지 기능 속성인 'N-Back 과제 정확도'를 Target으로 변경한다.

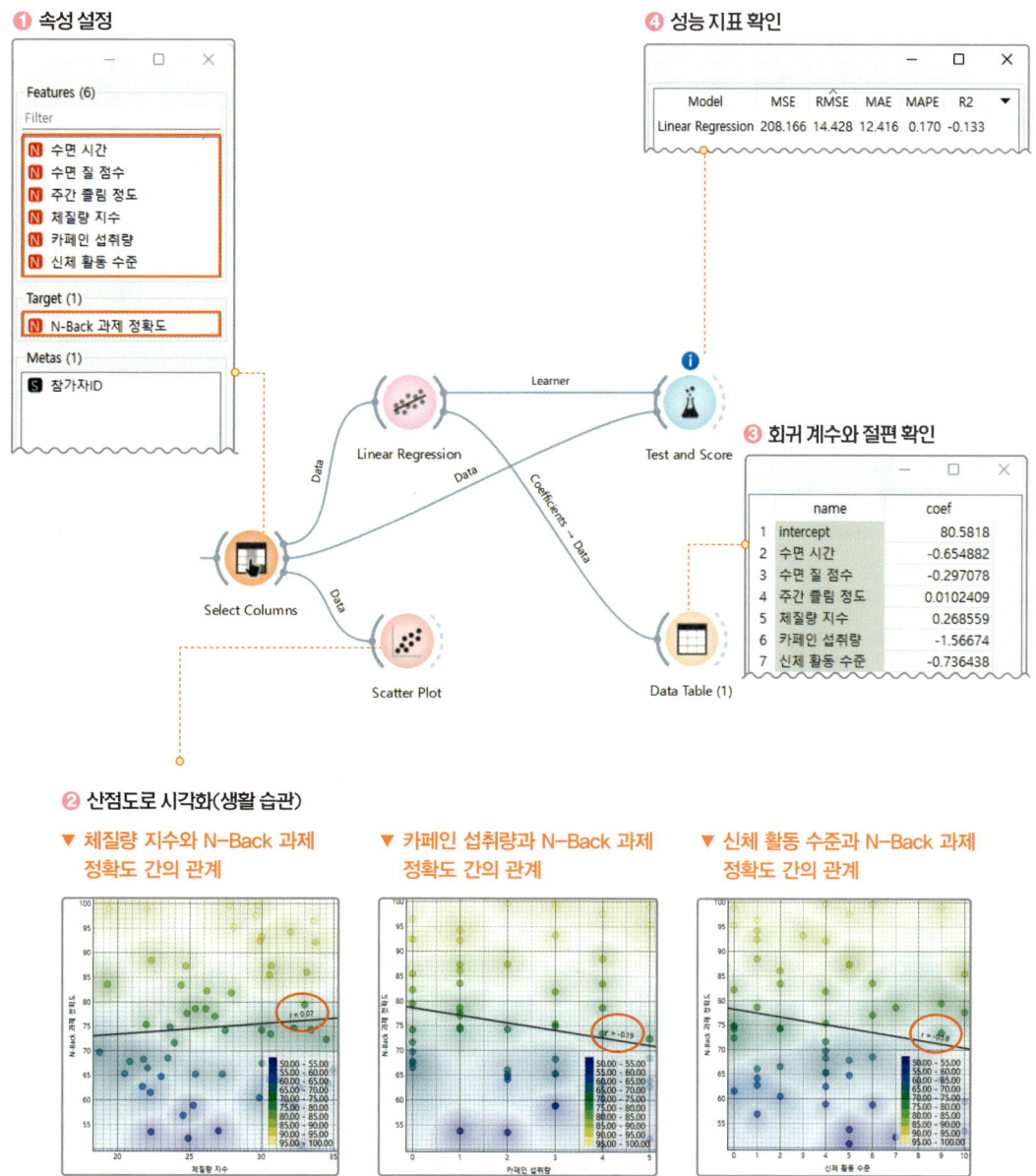

4. 잠을 덜 자면 스트레스에 민감해질까? **159**

❷ 산점도로 시각화(생체 정보)

▼ 수면 시간과 N-Back 과제 정확도 간의 관계

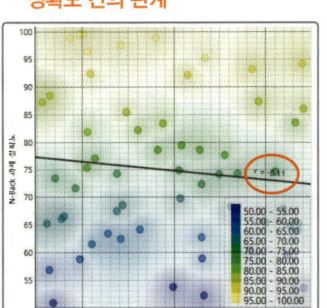

▼ 수면 질 점수와 N-Back 과제 정확도 간의 관계

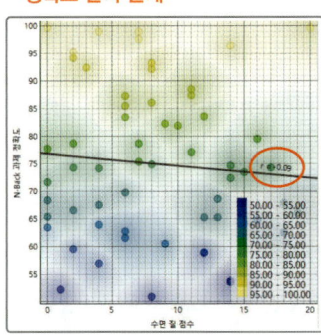

▼ 주간 졸림 정도와 N-Back 과제 정확도 간의 관계

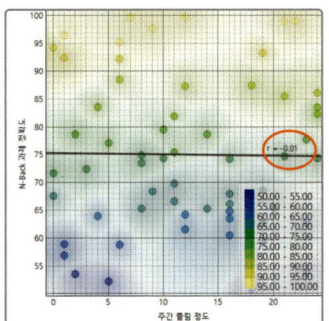

> **해설** 산점도, 회귀 계수와 절편, 성능 지표를 비교하면 다음과 같다.
> - **산점도로 시각화**: 생활 습관 요인(체질량 지수, 카페인 섭취량, 신체 활동 수준)과 생체 정보(수면 시간, 수면 질 점수, 주간 졸림 정도)는 모두 N-Back 과제 정확도와 약한 상관관계를 보인다.
> - **회귀 계수와 절편 확인**: 회귀 계수 분석에서는 카페인 섭취량, 신체 활동 수준, 수면 시간, 수면 질 점수가 N-Back 과제 정확도에 부정적 영향을 주는 것으로 나타났다. 그러나 이 속성들 역시 영향력이 크지는 않는 것으로 보인다.
> - **성능 지표 확인**: 모델 성능 지표를 종합하면, 역시나 예측하는 데 충분하지 않음을 알 수 있다.

🔗 스스로 해 보기

다음 탐색 3-2와 탐색 3-3도 탐색 3-1과 동일한 방법으로 탐색해 보자.

> **탐색 3-2** 생활 습관과 생체 정보가 스트룹 과제 반응 시간에 영향을 주는가?
>
> **탐색 3-3** 생활 습관과 생체 정보가 정신운동 각성 반응 시간에 영향을 주는가?

탐색 결과 보기

탐색 ③에서는 카페인 섭취량, 신체 활동 수준, 수면 시간, 정서 조절 점수, 스트레스 등 일부 변수에서 약한 상관이나 경향이 관찰되었으나, 전반적으로 설명력은 낮았다. 특히 회귀 계수와 성능 지표(MSE, RMSE, R2 등)를 종합하면 생활 습관과 생체 정보만으로는 N-Back 과제 정확도, 스트룹 반응 시간, 정신운동 각성 반응 시간 등과의 관계를 설명하기 어렵다고 볼 수 있다. 따라서 인지 기능을 보다 정확하게 설명하기 위해서는 생활 습관·생체 정보 외에도 정서적 요인, 환경적 맥락, 추가적인 심리·인지적 변인을 함께 고려할 필요가 있다.

탐색 ①~탐색 ③까지의 결과를 종합적으로 확인해 볼 때 생활 습관과 생체 정보, 정신 건강과 생체 정보, 생활 습관과 생체 정보, 인지 기능 관련 속성 간의 관계는 모두 상관관계가 낮음을 알 수 있었다. 즉, 속성 정보로는 수면과 인지 기능의 변화를 충분히 설명하거나 예측하기 어렵다는 점을 보여준다. 이에 따라 비지도 학습인 군집화를 통해 데이터를 그룹화하여 학습시키고, 이를 기반으로 모델의 성능을 관찰해 보고자 한다.

3 모델 학습하기

2 데이터 탐색하기 에서 속성 간 뚜렷한 관계를 찾기 어려웠던 이유는 각 데이터가 모두 다른 특성을 가지고 있었기 때문이다. 이제는 속성의 패턴을 종합적으로 고려하여 데이터를 유사한 그룹으로 묶는 과정을 거친 후, 모델 학습을 진행해 보자.

1 군집화하기

생활 습관, 생체 정보, 인지 기능, 정신 건강이 유사한 그룹을 어떤 하나의 기준으로 구분할 수도 있지만, 기계학습의 비지도학습 군집을 이용하기로 한다.

❶ 그룹 분류

Unsupervisor 카테고리의 [K-Means] 위젯을 [File] 위젯에 연결하고 Number of Clusters 옵션의 Fixed를 '3'으로 설정하여 세 그룹으로 나눈다.

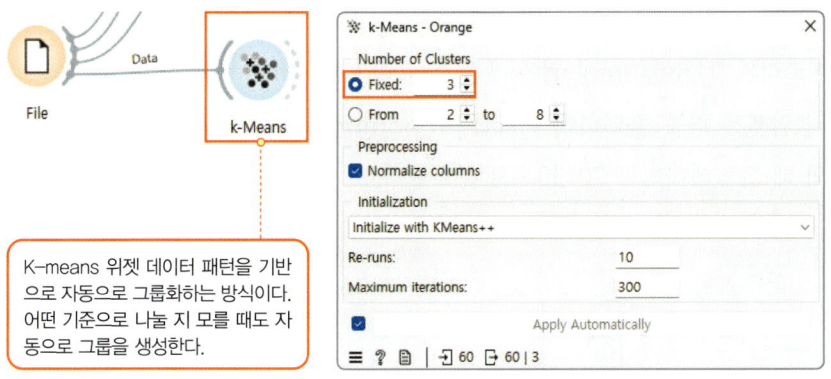

K-means 위젯 데이터 패턴을 기반으로 자동으로 그룹화하는 방식이다. 어떤 기준으로 나눌 지 모를 때도 자동으로 그룹을 생성한다.

❷ 그룹 분류 확인

Data 카테고리의 [Data Table] 위젯을 [k-Means] 위젯에 연결하고 더블 클릭하여 참가자가 세 그룹으로 나눠진 것을 확인한다.

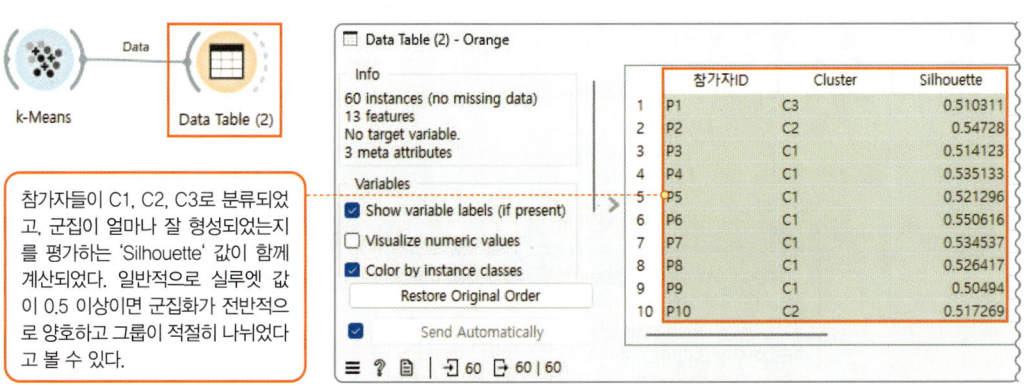

참가자들이 C1, C2, C3로 분류되었고, 군집이 얼마나 잘 형성되었는지를 평가하는 'Silhouette' 값이 함께 계산되었다. 일반적으로 실루엣 값이 0.5 이상이면 군집화가 전반적으로 양호하고 그룹이 적절히 나뉘었다고 볼 수 있다.

❸ 속성 설정

- 군집화가 된 데이터를 이용하여 학습을 진행해야 하므로 Transform 카테고리의 [Select Columns] 위젯을 [k-Means] 위젯에 연결한 후 더블 클릭한다.
- 'Cluster'를 Target으로, '참가자ID', 'Silhouette'를 Metas로, 나머지는 Features로 설정한다.

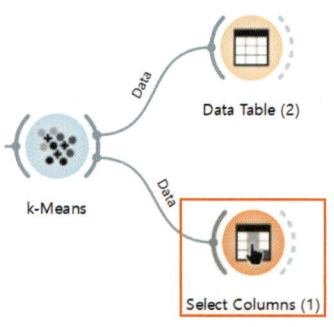 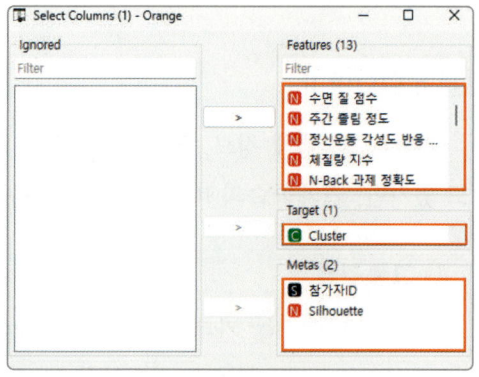

② 훈련 데이터와 테스트 데이터 나누기

- Transform 카테고리의 [Data Sampler] 위젯을 [Select Columns] 위젯과 연결한다.
- [Data Sampler] 위젯을 더블 클릭하여 Fixed proportion of data 옵션을 '70%'로 설정하고 훈련 데이터와 테스트 데이터를 70:30으로 분할한다.

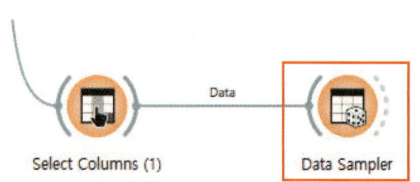 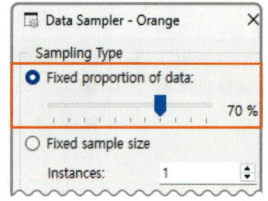

❸ 모델 선정 및 학습시키기

Model 카테고리에서 [kNN], [Logistic Regression], [Neural Network] 위젯을 가져와 [Data Sampler] 위젯에 각각 연결하여 학습시킨다.

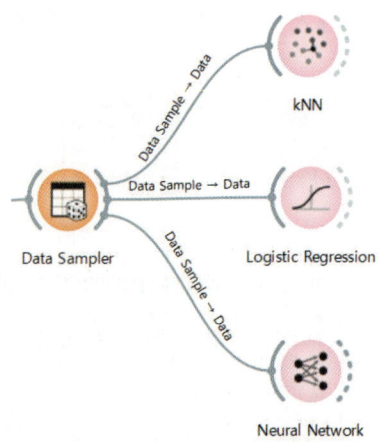

> kNN, Logistic Regression, Neural Network 모델은 Orange3에서 데이터를 학습시켜 결과를 예측하기 위해 사용하는 지도학습 모델이다. 이 모델들의 공통점은 입력 데이터와 정답(레이블)이 함께 주어진 상태에서 학습하는 예측 모델이라는 것이다.

모델 성능 확인하기

학습이 완료된 모델들의 성능을 확인해 보자.

1 모델 성능 학습 결과 확인하기

Evaluate 카테고리의 [Test and Score] 위젯을 각 모델 위젯(kNN, Logistic Regression, Neural Network)과 [Data Sampler] 위젯에 연결하여 결과를 확인한다.

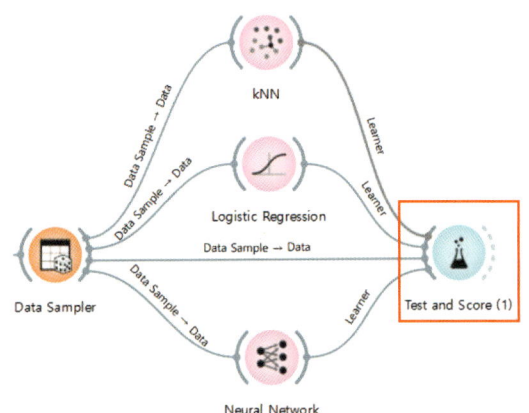
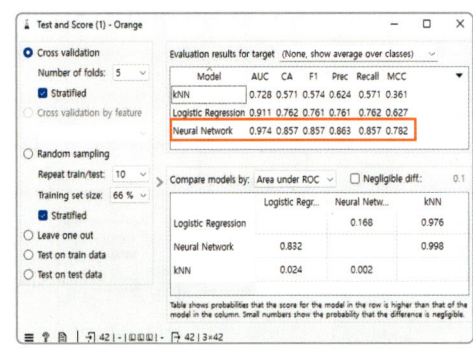

해설 ▶ AUC, CA, F1, Prec, Recall과 같은 성능 지표 모두 Neural Network 모델이 가장 우수하다.

2 혼동 행렬로 결과 분석하기

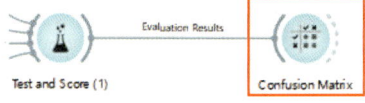

Evaluate 카테고리의 [Confusion Matrix] 위젯을 [Test and Score] 위젯에 연결하여 정답과 오답의 개수를 확인한다.

▼ Logistic Regression의 예측 결과

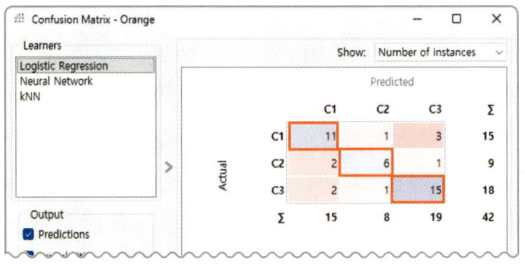

▼ kNN의 예측 결과

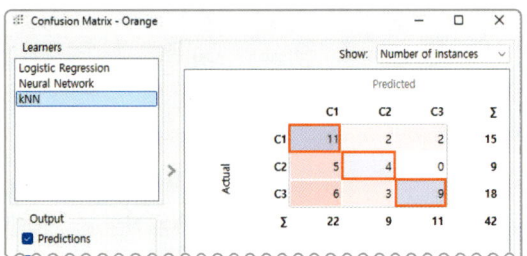

▼ Neural Network의 예측 결과

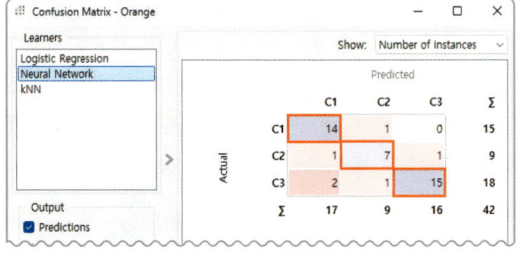

해설 ▶ 혼동 행렬(Confusion Matrix)로 확인해 본 결과, 정답을 맞힌 경우는 Logistic Regression 32, kNN 24, Neural Network 36으로 Neural Network가 가장 우수하였다. 또한 오분류 개수는 Logistic Regression 10, kNN 18로 Neural Network 6보다 높았다. 따라서 가장 적합한 모델은 Neural Network으로 볼 수 있다.

③ 그룹 특성 비교하기

혼동 행렬로 Neural Network 모델이 가장 우수한 것을 확인하였다. 그렇다면 군집화한 각 그룹이 어떤 특성을 보이는지 속성의 평균값을 산출하여 비교해 보자.

- Transform 카테고리의 [Group by] 위젯을 [k-Means] 위젯에 연결하고, 옵션창에서 Cluster를 선택한 후, '성별' 속성만 Mode로, 나머지 속성은 모두 Mean으로 설정한다.
- Data 카테고리의 [Data Table] 위젯을 [Group by] 위젯에 연결하여 각 그룹이 어떤 유사한 특성을 가지고 있는지 살펴본다.

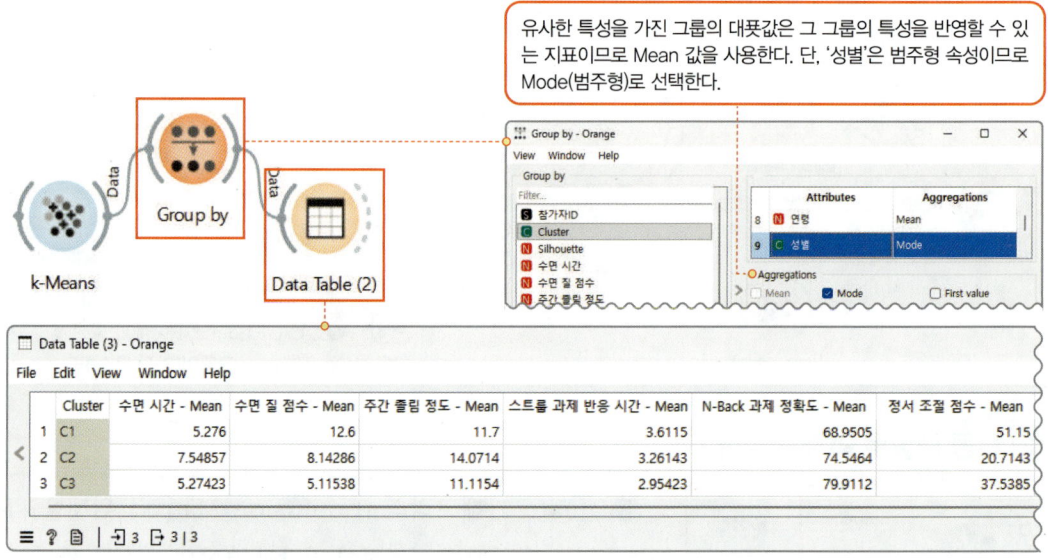

구분		C1	C2	C3
생활 습관	체질량 지수	29.46(과체중)	26.37(정상~과체중)	26.21(정상)
	카페인 섭취량	많음(2.75)	가장 낮음(1.93)	카페인 중간(2.35)
	신체 활동 수준	낮음(4.15)	가장 높음(7.21)	가장 낮음(2.42)
생체 정보	수면 시간(시간)	짧음(5.28)	충분(7.55)	짧음(5.27)
	수면 질 점수	낮음(12.6)	보통(8.14)	우수(5.12)
	주간 졸림 정도	보통(11.7)	다소 높음(14.07)	보통(11.12)
인지 기능	엔백(N-Back) 과제 정확도(%)	낮음(68.95%)	높음(74.55%)	가장 높음(79.91%)
	스트룹 과제 반응 시간(s)	느림(3.61)	빠름(3.26)	가장 빠름(2.95)
	정신운동 각성도 반응 시간(ms)	느림(314)	가장 빠름(307)	가장 느림(360)
정신 건강	정서 조절 점수	매우 불안정(51.15)	가장 안정(20.71)	중간(37.54)
	스트레스	중간(17.6)	중간(18.29)	중간(17.85)
기본 정보	연령	26.3	27.9	32.8
	성별	Male	Male	Female

> **해설** 각 그룹의 특성은 다음과 같다.
> - C1 그룹은 생활 습관, 인지 기능, 정신 건강에서 다소 불균형적 양상을 보이며, 특히 정서 조절, 인지 기능이 취약하다.
> - C2 그룹은 전반적으로 균형 잡힌 건강한 집단으로, 수면 시간, 활동량, 인지 기능, 정서 안정성 모두 우수하다.
> - C3 그룹은 인지 정확도가 가장 뛰어나며 신체 활동이 적고 정서 조절은 중간 수준. 수면의 '질'은 높게 나타났다.

④ 최종 예측 결과 확인하기

Neural Network 모델에 테스트 데이터를 연결하여 최종 예측 결과를 확인해 보자.

- Evaluate 카테고리의 [Predictions] 위젯을 [Neural Network] 모델과 [Data Sampler] 위젯에 연결한다.

- [Data Sampler] 위젯과 [Predictions] 위젯 사이에 연결된 선을 더블 클릭한 후, 'Remaining Data → Data'로 연결해 준다.

- [Predictions] 위젯을 더블 클릭하여 최종 예측 결과를 확인한다.

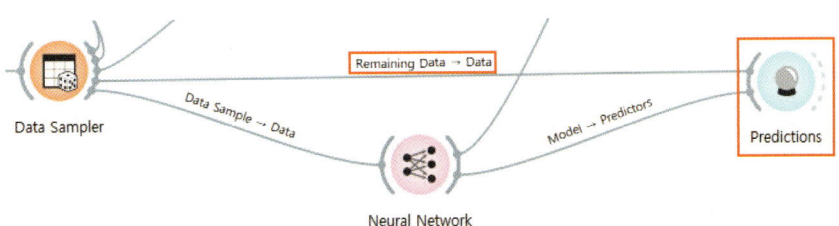

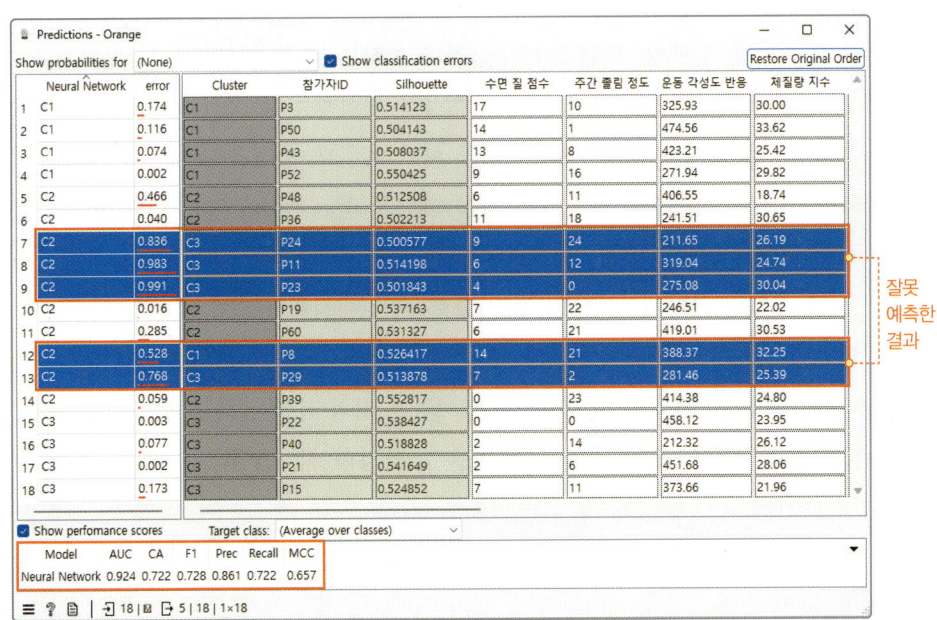

해설 AUC 값이 0.924로 0.9 이상을 기록하여 클래스 구분 능력이 매우 높음을 보여 준다. 정확도(CA)는 0.722로, 전체 예측 중 약 72.2%를 맞춘 것으로 나타났다. 또한 F1(F1 Score)은 0.728로, 정밀도와 재현율 사이에서 균형 잡힌 성능을 보였다. 정밀도(Precision)는 0.861로 예측한 결과 중 정답의 비율이 높았으며, 재현율(Recall)은 0.722로 실제 정답을 찾아낸 비율 역시 무난한 수준이었다. 마지막으로 MCC는 0.657로 나타나, 전반적인 예측 성능이 중상 수준임을 의미한다.

이 모델에 실제 사용자 데이터를 입력했을 때, 개인이 어떤 그룹에 속할 가능성이 높은지 분류해 주고, 그 결과를 바탕으로 다른 그룹과 비교하고 분석하여 개인별 인지 기능을 향상시키는 데 활용하거나 생활 습관을 개선하는 데 활용할 수 있을 것이다.

AI 전문가 되기 — 예측 모델링

예측 모델링(Predictive Modeling)은 입력 속성(예측하고자 하는 속성)과 결과 속성(예측하고자 하는 결과(Target)) 간의 복잡한 상관관계를 학습하여, 새로운 데이터에서의 결과를 정확히 예측하는 것을 목표로 한다. 특히 딥러닝의 발전으로 고차원 데이터, 비정형 데이터(이미지, 음성, 텍스트 등)를 효과적으로 처리할 수 있게 되었고, 서로 다른 데이터를 합쳐서 분석하는 멀티모달 융합 분석이 활성화되어 예측을 더 정확하게 할 수 있게 되었다.

예측 모델링 과정은 데이터 전처리, 특성 선택, 모델 학습의 세 단계로 구분된다.

- **데이터 전처리**: 결측치 대체, 이상치 탐지, 데이터 증강과 같은 기법 사용
- **특성 선택**: 불필요한 속성 제거, 중복된 속성 처리, 설명력이 낮은 속성 제외, 중요한 속성 선택
- **모델 학습**: Logistic Regression, Neural Network, Random Forest, Gradient Boosting 등 다양한 알고리즘 적용

예측 모델링은 여러 산업 분야에서 폭넓게 활용된다. 의료 분야에서는 환자의 각종 정보로 치료 반응과 재발 가능성을 미리 예측하여 개인 맞춤 치료를 지원하고, 금융 분야에서는 고객의 신용도, 대출 위험, 부도 가능성을 사전 예측한다. 제조와 마케팅 분야에서는 설비 고장, 품질 저하, 고객 이탈, 판매량, 트렌드 변화 등을 예측하는 데 활용된다.

앞서 살펴본 관계 모델링이 속성 간 상호 작용을 해석하는 데 중점을 두었다면, 예측 모델링은 관계 모델링을 토대로 실제 미래 결과를 예측하는 데 중점을 둔다. 그 예시로, Logistic Regressions 모델로 환자의 재발 가능성을 예측하고, Orange3의 Test and Score 위젯, Prediction 위젯으로 예측한 결과를 확인하고 성능을 평가한다.

최근 예측 모델링 분야에서 주목받는 기술로는 엣지 컴퓨팅 기반 경량화 인공지능, 대규모 데이터의 분산 학습하는 연합학습, 비지도·자기지도 학습을 통한 데이터 효율성 개선, 그리고 인과 추론과 강화학습 융합 모델 등이 있다. 이들은 점점 더 복잡하고 방대한 데이터를 다루면서 예측 정확도와 해석 가능성, 윤리적 측면을 함께 강화하는 방향으로 발전하고 있다.

정리하기

지금까지 수면 데이터를 활용하여 생활 습관, 수면 관련 생체 정보, 인지 기능, 정신 건강 간의 관계를 탐색하였다. 데이터를 기술 통계와 산점도로 분석하고 선형 회귀 모델을 적용하여 속성 간의 상관관계를 확인하였으나, 결정계수(R^2)가 낮아 단순 선형 모델의 한계를 확인하였다. 이후 k-Means 군집화를 통해 참가자들을 세 그룹으로 분류하고, 그룹별 특성을 도출하여 생활 습관 및 인지·정서 상태의 차이를 파악하였다. 마지막으로 군집 그룹을 예측하는 모델을 학습 및 검증하여 맞춤형 생활 습관 개선 전략에 활용 가능함을 확인하였다.

5

고유한 언어 특성을 분류할 수 있을까?

 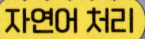   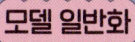

고유한 언어 특성을 분류할 수 있을까?

문제 상황

같은 시대에 활동한 예술가들은 대개 비슷한 성향의 작품을 남긴다. 하지만 일제 강점기에 활동한 이육사와 박목월은 예외였다. 이 두 시인은 같은 시대를 살았지만, 작품에 담긴 정서와 시대정신은 극명하게 달랐다. 이들의 차이를 이해하는 것은 한국 현대시의 스펙트럼을 파악하는 데 있어 중요한 열쇠가 될 수 있다.

==과연 인공지능은 자연어 처리 기술을 활용해 이육사와 박목월, 이 두 시인의 시를 구분할 수 있을까?==

활동 미리보기

 1 데이터셋 준비하기
1. 데이터 수집하기
2. 데이터 불러오기
3. 데이터 전처리하기
4. 데이터 시각화하기

 2 모델 학습하기
1. 데이터 수치화하기
2. 훈련 데이터와 테스트 데이터 나누기
3. 모델 선정 및 학습시키기

 3 모델 성능 확인하기
1. 학습 결과 확인하기
2. 모델 성능 비교하기
3. 모델 일반화 적용하기

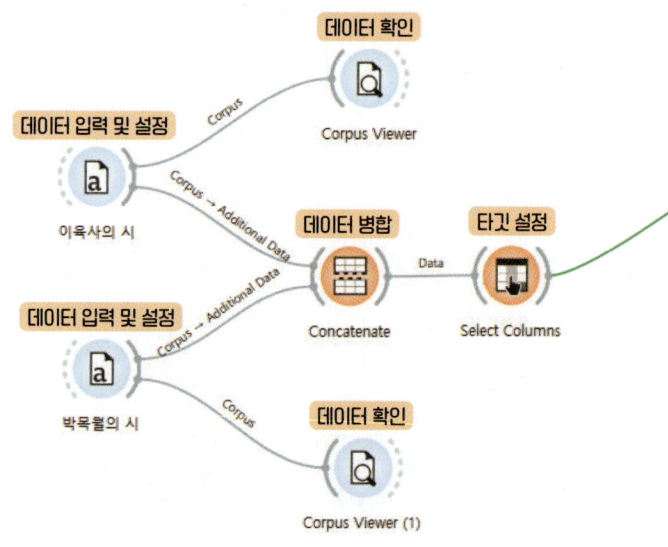

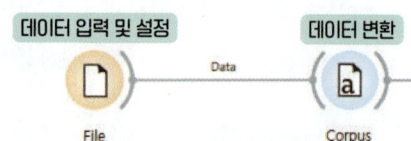

활용 인공지능 〔자연어 처리〕

　자연어 처리(NLP)는 텍스트를 컴퓨터가 이해할 수 있는 형태로 정제하고 구조화하는 기술로, 텍스트에서 의미 있는 정보와 패턴을 추출하는 텍스트 마이닝에도 활용된다. 이를 바탕으로 각 시인의 고유한 언어적 특징(어휘 선택, 구문 구조, 운율, 음성적 패턴 등)을 정밀하게 분석할 수 있다. 최근에는 LSTM(Long Short-Term Memory), Transformer 같은 딥러닝 기반 자연어 처리 모델이 도입되면서 복잡하고 창의적인 텍스트도 높은 정확도로 분류할 수 있게 되었다. 이러한 기술은 작품의 시대적 맥락이나 특정 시기의 문체적 특수성을 포착하고 심층적으로 해석하는 데에도 활용된다.

　이러한 자연어 처리 기술은 문학뿐만 아니라 의료 분야의 진료 기록 분석, 금융 분야의 뉴스 분석, 소셜 미디어의 대중 감정 분석 및 트렌드 예측, 고객 서비스에서의 챗봇과 음성 비서 등 다양한 산업 분야에서 사람 언어의 복잡성을 컴퓨터가 이해하고 활용하게 함으로써 혁신을 이끌고 있다.

> **잠깐** `Text Mining` 카테고리를 설치해야 관련 위젯을 사용할 수 있습니다. 프로그램 메뉴 [Options]-[Add-ons...] 에서 해당 항목을 체크하여 설치합니다(52쪽 참고).

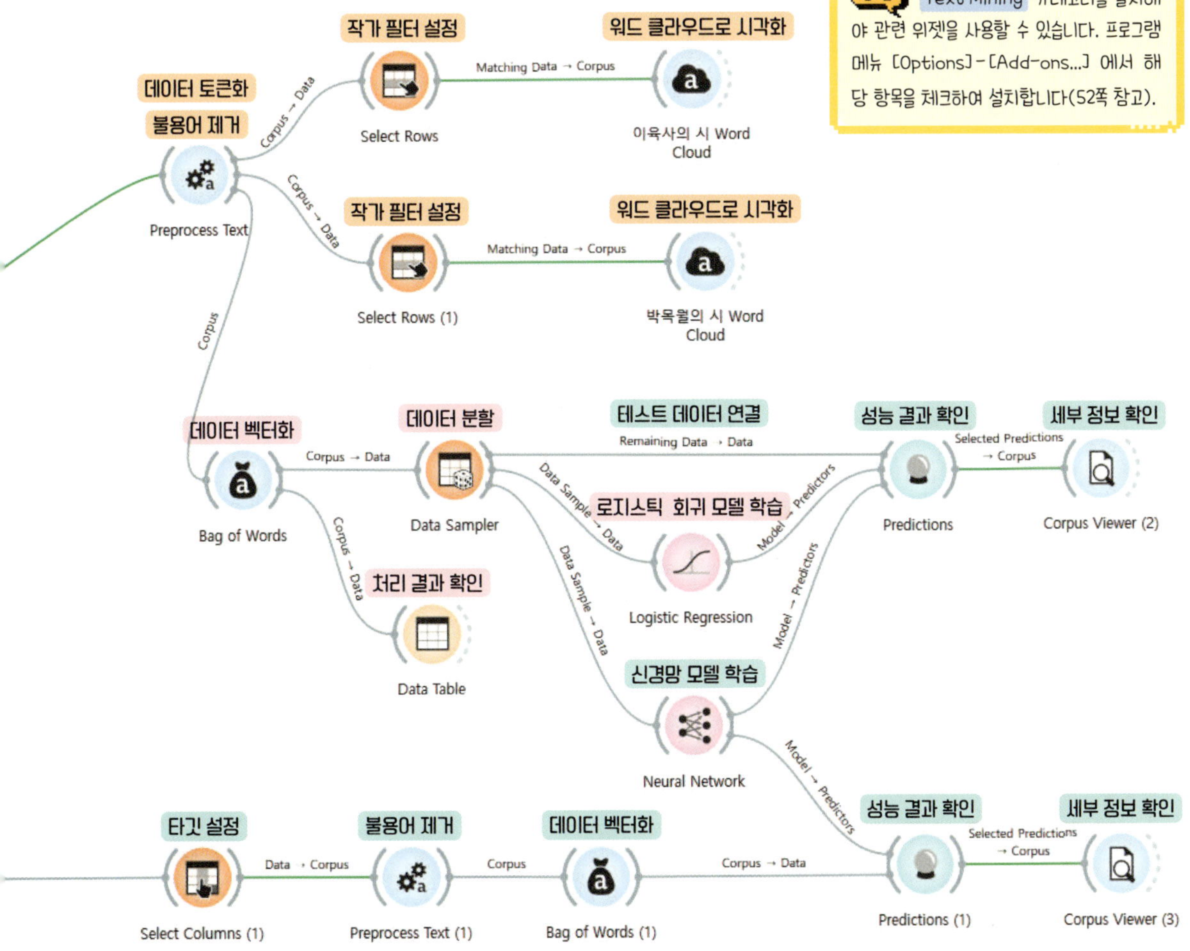

169

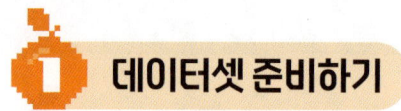

1 데이터셋 준비하기

1 데이터 수집하기

두 시인의 시는 여러 웹사이트와 문학 포털 등에 소개되어 있지만, 인공지능 학습에 적합한 형태로 정리된 데이터셋은 쉽게 구하기 어렵다. 데이터 수집은 단순히 파일을 내려받는 것뿐만 아니라 목적에 맞는 데이터를 직접 찾아내고, 가공하고, 정제하는 창의적이고 주도적인 과정이다. 각 시인의 시를 직접 수집하고, 이를 텍스트 파일로 정제하는 과정을 거친 데이터를 자료실(8쪽 참고)에서 다운로드하여 사용한다.

▼ 이육사의 시.xlsx

	A	B	C
1	author	title	content
2	이육사	청포도	내 고장 칠월은
3	이육사	광야	까마득한 날에
4	이육사	황혼	내 골방의 커-텐을 걷고
5	이육사	교목	푸른 하늘에 닿을 듯이
6	이육사	한 개의 별을 노래하자	한 개의 별을 노래하자 꼭 한개
7	이육사	파초	항상 앓는 나의 숨결이 오늘은
8	이육사	광인의 태양	분명 라이풀 선(線)을 튕겨서

▼ 박목월의 시.xlsx

	A	B	C
1	author	title	content
2	박목월	산이 날 에워싸고	산이 날 에워싸고
3	박목월	나그네	江나루 건너서
4	박목월	청노루	머언 산 청운사(靑雲寺)
5	박목월	물새알 산새알	물새는
6	박목월	임	내 ㅅ사 애달픈 꿈꾸는 사람
7	박목월	메리크리스마스	크리스마스 카드에 눈이 왔
8	박목월	햇탄조	아즈바님

2 데이터 불러오기

다운로드 받은 데이터를 텍스트 분석에 적합한 형태로 불러와 확인해 보자.

❶ 데이터 입력 및 설정

- Text Mining 카테고리에서 [Corpus] 위젯을 가져와 '이육사의 시.xlsx'를 불러온다.
- [Corpus] 위젯을 더블 클릭하여 시의 본문에 해당하는 'content' 속성만 Used text features 영역으로 옮겨 분석에 활용한다. 시 제목에 해당하는 'title' 속성은 학습에 영향을 주지 않도록 Ignored text features 영역으로 옮긴다.

자연어 처리(NLP)나 언어 기반 모델 학습에서는 텍스트 분석에 적합한 [Corpus] 위젯을 사용해 데이터를 불러온다.

※주의
MAC OS 기반 Orange3에서는 한글 깨짐 현상이 발생하므로 'Data' 카테고리의 [CSV File Import] 위젯을 이용해 데이터 변환 후 [Corpus] 위젯을 연결해 주어야 한다.

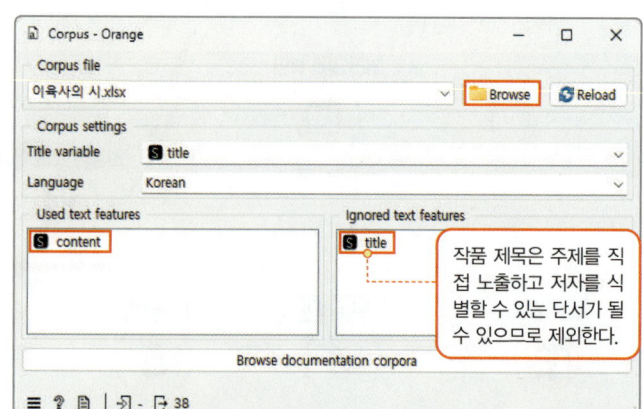

작품 제목은 주제를 직접 노출하고 저자를 식별할 수 있는 단서가 될 수 있으므로 제외한다.

- [Corpus] 위젯을 캔버스에 하나 더 추가하여 '박목월의 시.xlsx'를 불러온다. 동일한 방법으로 'content' 속성만 분석에 사용하도록 설정한 후, 마우스 우클릭하여 위젯 명을 각각 작가 이름으로 수정한다.

❷ 데이터 확인

Text Mining 카테고리에서 [Corpus Viewer] 위젯을 가져와 작가 명으로 수정한 [Corpus] 위젯에 각각 연결한다. 이렇게 하면 이육사의 시 38편, 박목월의 시 46편이 포함된 데이터가 화면에 나타나며 데이터가 제대로 입력되었는지 확인할 수 있다.

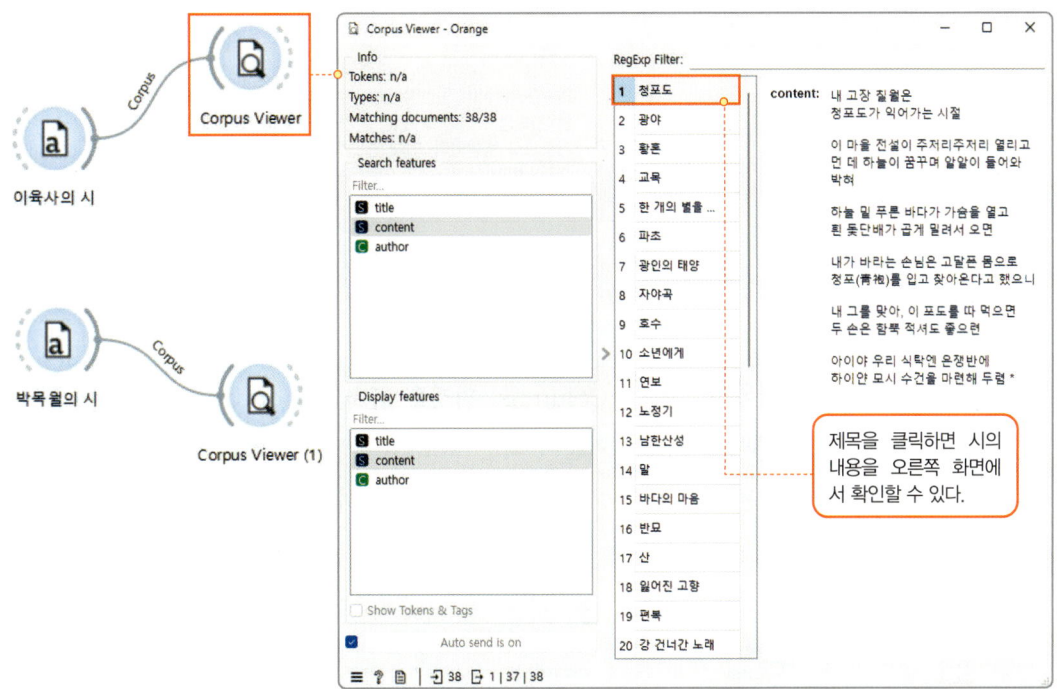

제목을 클릭하면 시의 내용을 오른쪽 화면에서 확인할 수 있다.

참고자료 ※ 이육사와 박목월의 시

이육사와 박목월 시의 특징과 대표작을 알아보자.

- 저항과 희망의 민족 시인, **이육사**(李陸史, 1904~1944)는 일제강점기 한국의 대표적인 저항 시인이자 독립운동가로, 항일 무장투쟁에 적극 참여하며 17차례나 체포되어 옥고를 치렀다. 그의 시는 일제의 억압과 민족의 비극을 담아내면서도, 그 안에는 언제나 소망이 내포되어 있으며, 정제된 형식과 상징적 언어로 식민지의 현실을 저항 정신으로 승화시켰다. 대표작으로는 「청포도」, 「절정」, 「광야」 등이 있다.
- 자연과 인간애의 시인, **박목월**(朴木月, 1916~1978)은 한국 현대시를 대표하는 서정 시인으로, 그는 일제강점기와 한국전쟁, 그리고 산업화의 격동기를 거치며 자연과 인간, 가족에 대한 깊은 애정과 따뜻함을 시로 노래했다. 박목월의 시는 자연 친화적인 세계관과 향토성을 바탕으로 한국인의 정서를 섬세하게 담아냈다는 평가를 받는다. 대표작으로는 「나그네」, 「산도화」, 「바람 소리」, 「윤사월」, 「청노루」 등이 있다.

③ 데이터 전처리하기

데이터를 불러온 뒤에는 본격적으로 두 시인의 시 데이터를 하나로 합쳐 토큰화하고 불용어를 제거하는 전처리 과정을 진행해 보자.

❶ 데이터 병합

Transform 카테고리에서 [Concatenate] 위젯을 가져와 앞서 불러온 이육사와 박목월의 시 데이터 위젯에 각각 연결한다. 이렇게 하면 두 시인의 데이터셋이 하나로 병합되어 총 84개의 시 데이터가 생성된다.

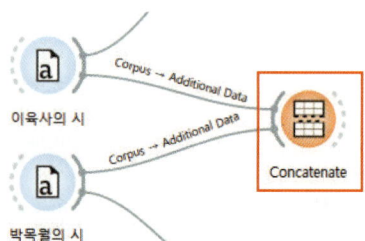

> **Concatenate 위젯** 여러 데이터셋을 세로 방향(행 단위)으로 합치며, 속성이 동일할 경우 데이터를 자연스럽게 이어 붙인다. 만약 속성 구성이 다를 경우 가장 먼저 연결된 데이터의 속성을 기준으로 병합한다. 이때, 첫 번째 데이터에 없는 속성은 제외되고, 첫 번째 데이터에만 있는 속성은 결측치로 처리된다.

❷ 타깃 설정

Transform 카테고리에서 [Select Columns] 위젯을 가져와 [Concatenate] 위젯에 연결한 후, 우리가 실제로 분류하고자 하는 기준이 되는 'author(작가)' 속성을 Target으로 설정한다. 이를 통해 이후 학습되는 모델이 각 시의 본문을 보고 이 시가 어떤 시인의 작품인지 예측할 수 있다.

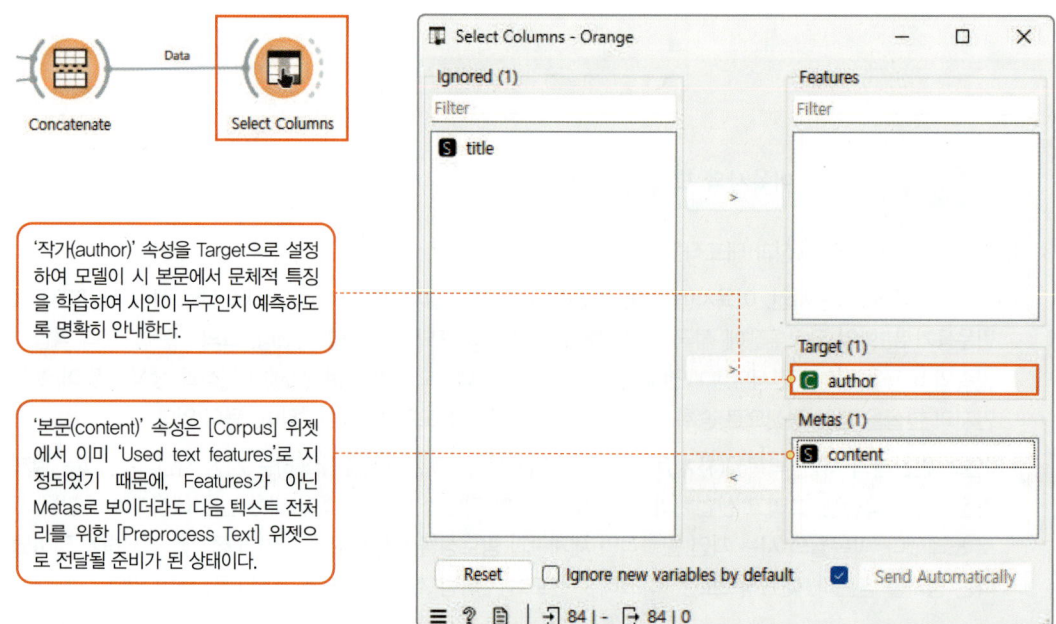

- '작가(author)' 속성을 Target으로 설정하여 모델이 시 본문에서 문체적 특징을 학습하여 시인이 누구인지 예측하도록 명확히 안내한다.

- '본문(content)' 속성은 [Corpus] 위젯에서 이미 'Used text features'로 지정되었기 때문에, Features가 아닌 Metas로 보이더라도 다음 텍스트 전처리를 위한 [Preprocess Text] 위젯으로 전달될 준비가 된 상태이다.

③ 데이터 토큰화

- Text Mining 카테고리의 [Preprocess Text] 위젯을 [Select Columns] 위젯에 연결한다.
- 단어 빈도, 패턴, 관계 등을 파악하기 위해 Tokenization(토큰화) 옵션의 'Regexp'을 활성화하여 문장을 토큰 단위로 분리한다.

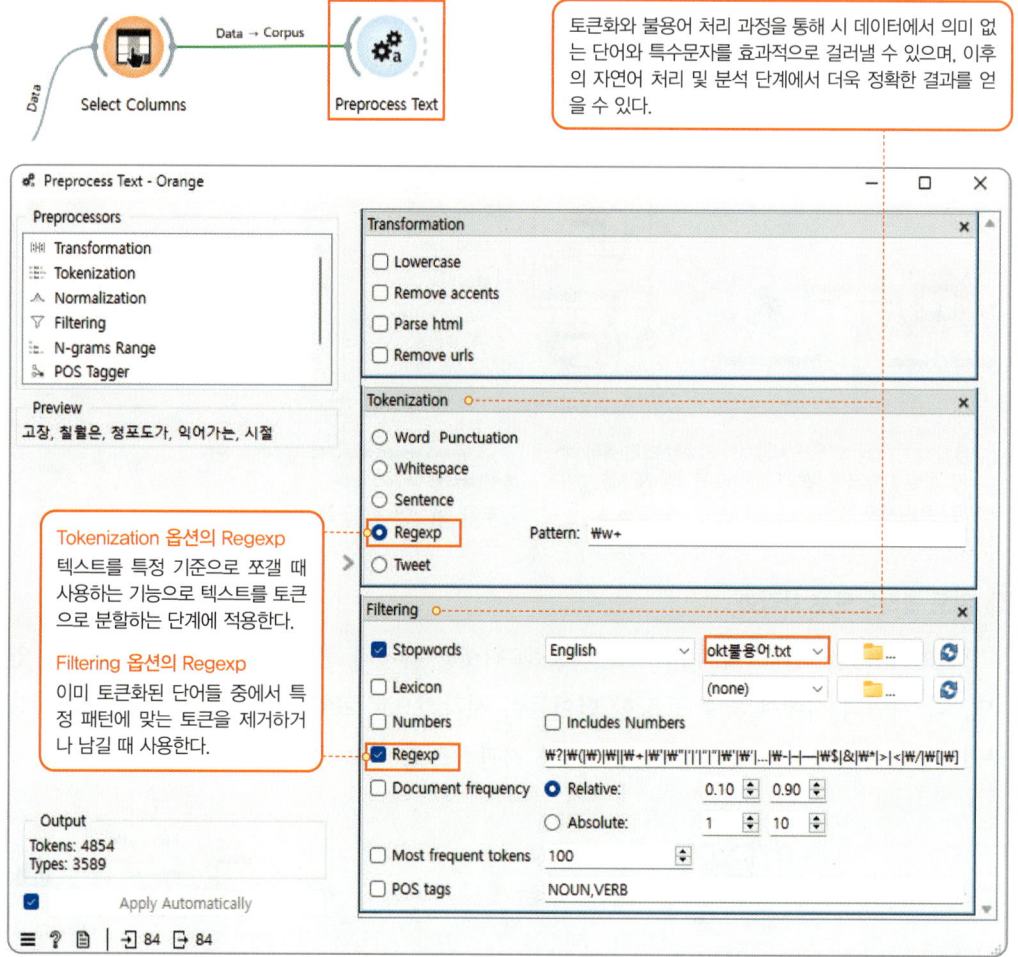

토큰화와 불용어 처리 과정을 통해 시 데이터에서 의미 없는 단어와 특수문자를 효과적으로 걸러낼 수 있으며, 이후의 자연어 처리 및 분석 단계에서 더욱 정확한 결과를 얻을 수 있다.

Tokenization 옵션의 Regexp
텍스트를 특정 기준으로 쪼갤 때 사용하는 기능으로 텍스트를 토큰으로 분할하는 단계에 적용한다.

Filtering 옵션의 Regexp
이미 토큰화된 단어들 중에서 특정 패턴에 맞는 토큰을 제거하거나 남길 때 사용한다.

④ 불용어 제거

분석의 정확성을 높이기 위해 조사, 접속사, 감탄사 또는 특수문자 등의 불용어를 제거한다.

- 인터넷에서 'okt불용어사전' 등으로 검색해 한국어 불용어 사전을 다운로드한다. Filtering 옵션의 'Stopwords' 항목에 해당 사전을 업로드한다. 이렇게 하면 사전에 포함된 불용어들이 자동으로 텍스트에서 제거된다.
- 이어서 Filtering 옵션의 'Regexp'을 활성화하여 시 데이터에 포함된 쉼표, 마침표, 따옴표 등 다양한 특수문자를 일괄적으로 제거한다.

4 데이터 시각화하기

데이터 전처리가 완료되면 자연어 데이터의 대표적인 시각화 방법 중 하나인 워드 클라우드로 시 데이터를 시각화하여 주요 특징을 살펴보자.

❶ 작가 필터 설정

- Transform 카테고리에서 [Select Rows] 위젯을 가져와 [Preprocess Text] 위젯에 연결한다.
- [Preprocess Text] 위젯에 [Select Rows] 위젯을 하나 더 추가하여 연결한 후, 'author' 속성을 기준으로 각각 필터를 설정하면 이육사의 시와 박목월의 시를 다시 분리할 수 있다.

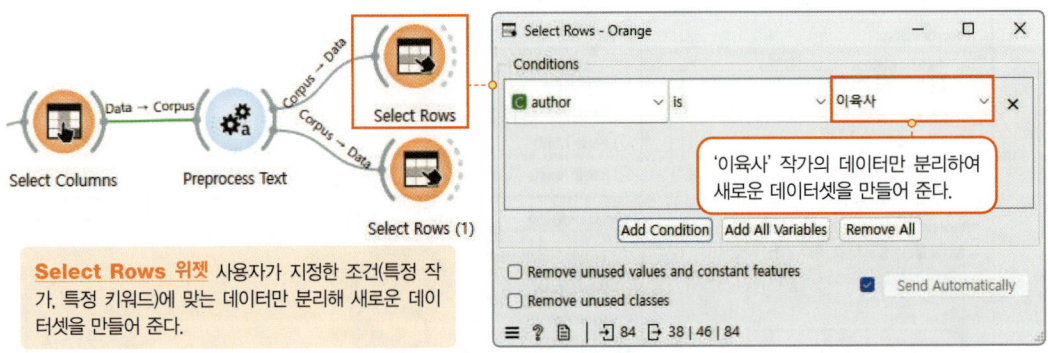

Select Rows 위젯 사용자가 지정한 조건(특정 작가, 특정 키워드)에 맞는 데이터만 분리해 새로운 데이터셋을 만들어 준다.

'이육사' 작가의 데이터만 분리하여 새로운 데이터셋을 만들어 준다.

❷ 워드 클라우드로 시각화

Text Mining 카테고리의 [Word Cloud] 위젯을 가져와 분리된 두 데이터셋에 각각 연결하면, 각 시인의 시에서 자주 등장한 단어들이 시각적으로 표현된다. 이 과정을 통해 이육사와 박목월의 시의 주요 단어와 언어적 특징을 직관적으로 비교·분석할 수 있다.

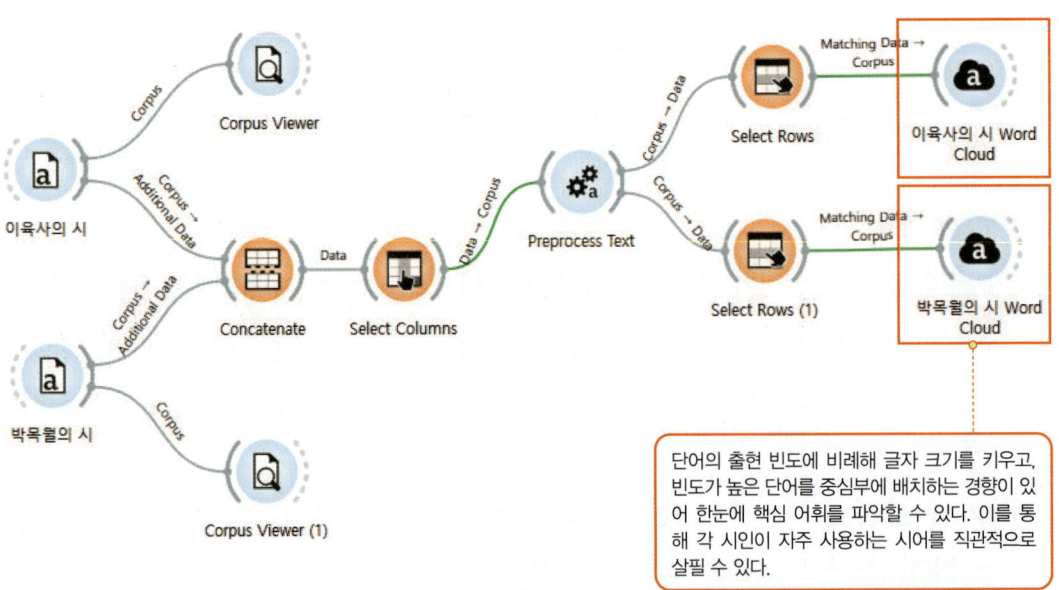

단어의 출현 빈도에 비례해 글자 크기를 키우고, 빈도가 높은 단어를 중심부에 배치하는 경향이 있어 한눈에 핵심 어휘를 파악할 수 있다. 이를 통해 각 시인이 자주 사용하는 시어를 직관적으로 살필 수 있다.

▼ 이육사 시의 주요 시어

[해설] 이육사의 시에서는 '푸른', '흰', '검은' 등의 색채를 표현한 단어가 많이 등장한다. 또한 '검은'과 '흰', '그만'과 '다시', '아래'와 '위', '밤'과 '아침' 등 대조를 이루는 단어들이 자주 등장한다.

▼ 박목월 시의 주요 시어

[해설] 박목월의 시에서는 '아아', '하옵소서', '뭐락카노', '된다', '안다', '살아라' 등 방언과 구어체가 두드러진다. 또한 '흰', '달', '하얀', '바람', '하늘' '달' 등 자연과 계절의 이미지를 담은 단어들도 많이 나타난다.

워드 클라우드 시각화를 통해 각 시인의 시에서 자주 사용된 시어의 분포와 경향을 확인할 수 있다. 이육사 시에서는 주로 색채, 대조, 명확한 상태를 나타내는 단어의 빈도가 높게 나타나며, 박목월 시에서는 방언, 구어체, 자연 풍경을 묘사하는 시어가 상대적으로 자주 등장하는 양상을 보인다. 이처럼 각 시에서 두드러지게 나타난 시어의 빈도 차이는, 데이터 기반으로 시인의 표현 방식 및 시적 특징을 비교·분석하는 근거로 활용될 수 있다.

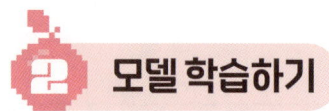

1 데이터 수치화하기

자연어 데이터의 전처리와 워드 클라우드 시각화를 통해 이육사와 박목월 시의 언어적 특징을 파악하였다. 이제 데이터를 수치화하여 본격적으로 기계학습에 활용할 수 있도록 해 보자.

❶ 데이터 벡터화

Text Mining 카테고리에서 [Bag of Words] 위젯을 가져와 [Preprocess Text] 위젯으로 불용어 처리가 된 데이터에 연결한다.

❷ 처리 결과 확인

Data 카테고리에서 [Data Table] 위젯을 가져와 [Bag of Words] 위젯에 연결하면 텍스트 데이터가 벡터화된 결과를 표 형태로 확인할 수 있다.

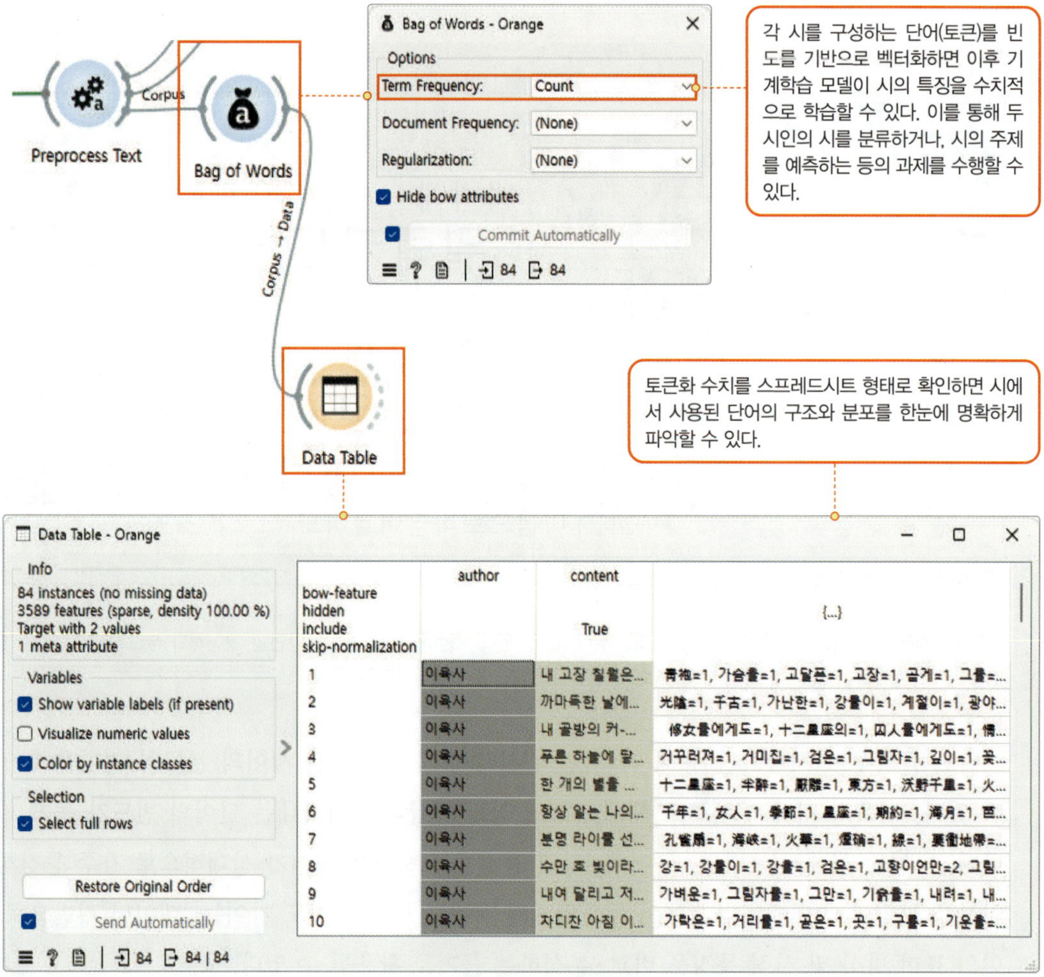

> 각 시를 구성하는 단어(토큰)를 빈도를 기반으로 벡터화하면 이후 기계학습 모델이 시의 특징을 수치적으로 학습할 수 있다. 이를 통해 두 시인의 시를 분류하거나, 시의 주제를 예측하는 등의 과제를 수행할 수 있다.

> 토큰화 수치를 스프레드시트 형태로 확인하면 시에서 사용된 단어의 구조와 분포를 한눈에 명확하게 파악할 수 있다.

2 훈련 데이터와 테스트 데이터 나누기

인공지능 모델이 효과적으로 학습할 수 있도록 데이터를 적절히 분할해 보자.

- Transform 카테고리에서 [Data Sampler] 위젯을 가져와 [Bag of Words] 위젯에 연결한다.

- [Data Sampler] 위젯을 더블 클릭하고 Fixed proportion of data 옵션을 '88%'로 설정하여 훈련 데이터와 테스트 데이터를 분할한다.

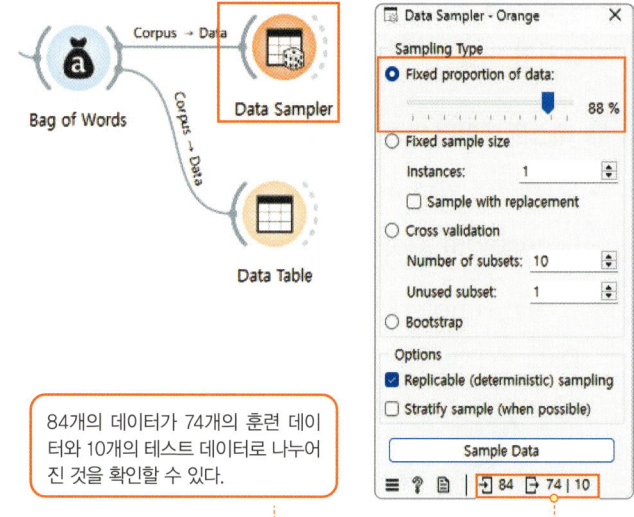

84개의 데이터가 74개의 훈련 데이터와 10개의 테스트 데이터로 나누어진 것을 확인할 수 있다.

3 모델 선정 및 학습시키기

분리한 훈련 데이터에 모델을 연결하여 학습시켜 보자.

- Model 카테고리에서 [Logistic Regression] 위젯을 가져와 [Data Sampler] 위젯에 연결한 후, 박목월과 이육사 시의 언어 패턴(단어 빈도, 문체, 주제 등)을 학습시킨다.

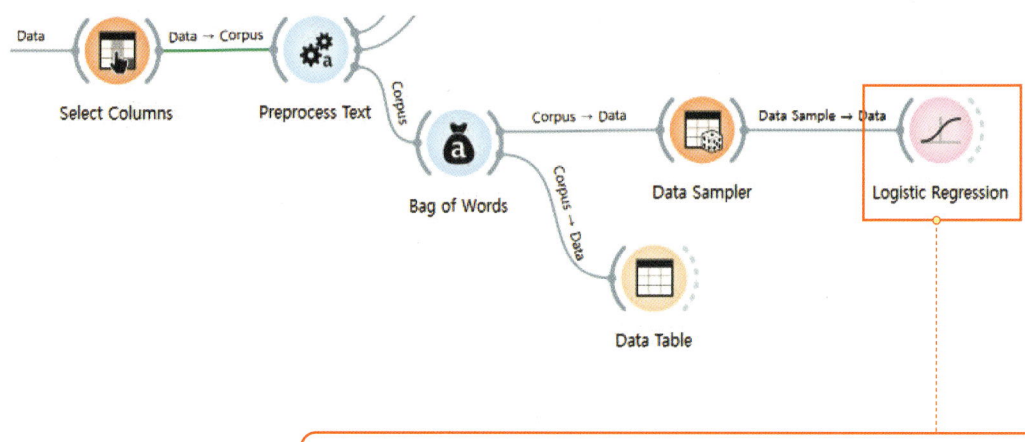

Logistic Regression와 텍스트 분석
Logistic Regression 모델은 텍스트 이진 분류에서 특히 유용하다. 상대적으로 단순한 구조 덕분에 빠르게 결과를 확인할 수 있으며, 흔히 단어의 등장 빈도나 출현 여부로 표현되는 텍스트의 특징을 선형적으로 연결해 각 단어가 분류 결과에 어떤 영향을 주는지 쉽게 해석할 수 있다.

Logistic Regression의 계수
분류 기준에 중요한 단어는 계수(Coefficient)를 통해 확인할 수 있다. 특히 박목월과 이육사처럼 언어적 특성이 뚜렷한 경우, 어떤 단어가 분류에 기여했는지 직관적으로 파악할 수 있다. 계수는 Orange3에서 [Logistic Regression] 위젯에 [Data Table] 위젯을 연결하면 확인할 수 있다.

모델 성능 확인하기

1 학습 결과 확인하기

학습시킨 모델의 예측 성능을 확인해 보자.

❶ 테스트 데이터 연결

- Evaluate 카테고리에서 [Predictions] 위젯을 가져와 [Data Sampler] 위젯과 [Logistic Regression] 위젯에 각각 연결한다.

- [Data Sampler] 위젯과 [Predictions] 위젯 사이의 연결선을 더블 클릭하여 'Remaining Data → Data'로 바꾼다.

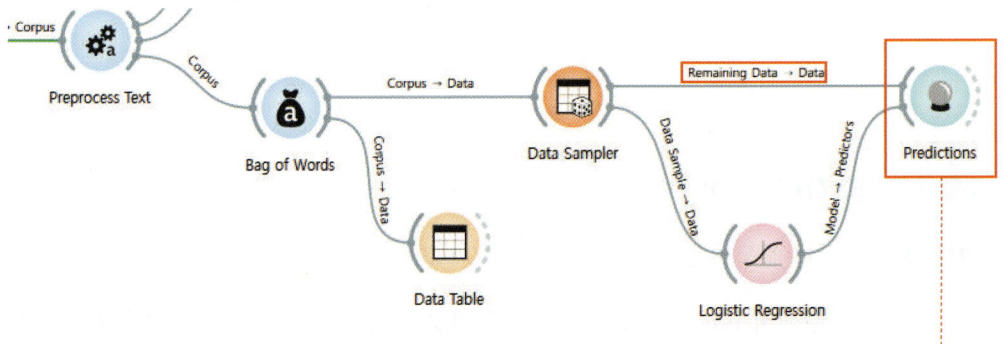

❷ 성능 결과 확인

- [Predictions] 위젯을 더블 클릭하여 테스트 데이터에 대해 예측한 결과를 확인한다.

- Logistic Regression 모델이 박목월과 이육사 시를 분류한 결과, CA(분류 정확도)가 0.900, 즉 90%의 정확도를 기록했다.

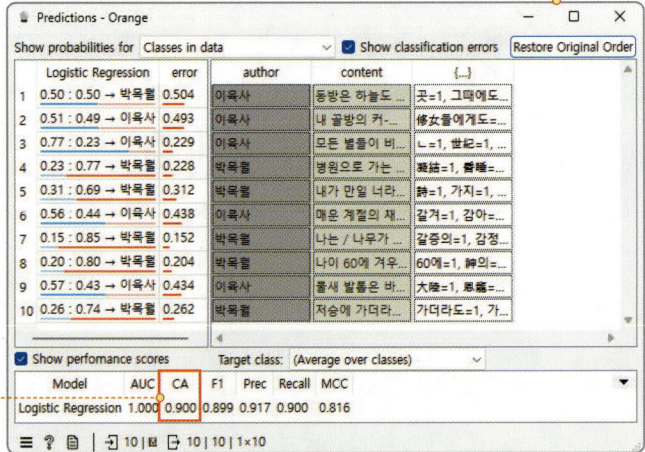

> **분류 평가 지표**
> 평가 지표 중 CA(Classification Accuracy)는 가장 일반적인 성능 평가 지표로, '맞게 분류한 경우의 수'를 '전체 경우의 수'로 나눈 정확도이다. 1에 가까울수록 정확도가 높다.

> **해설** 90%의 분류 정확도는 테스트 데이터 10편 중 9편의 시에서 모델이 실제 작가를 정확히 분류했다는 것을 의미한다. 또한 이 결과는 두 시인의 언어적 특징과 시적 스타일이 확연히 다르다는 점을 수치적으로 보여 준다. 다만, 테스트 데이터의 양이 적기 때문에(10편) 이 결과만으로 모델의 일반화 성능을 단정하기는 어렵다. 교차 검증을 추가하거나 더 많은 데이터를 확보한다면 모델의 신뢰성을 강화할 수 있을 것이다.

❸ 오분류 항목 확인

Text Mining 카테고리에서 [Corpus Viewer] 위젯을 가져와 [Predictions] 위젯에 연결하면, 예측 결과와 실제 데이터를 직관적으로 비교할 수 있다.

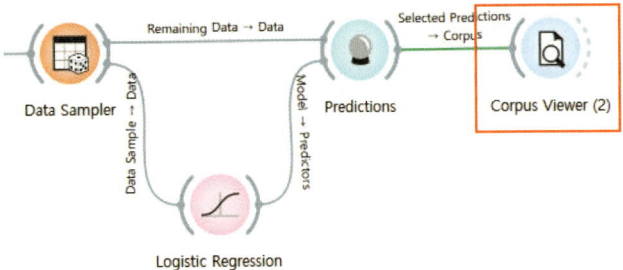

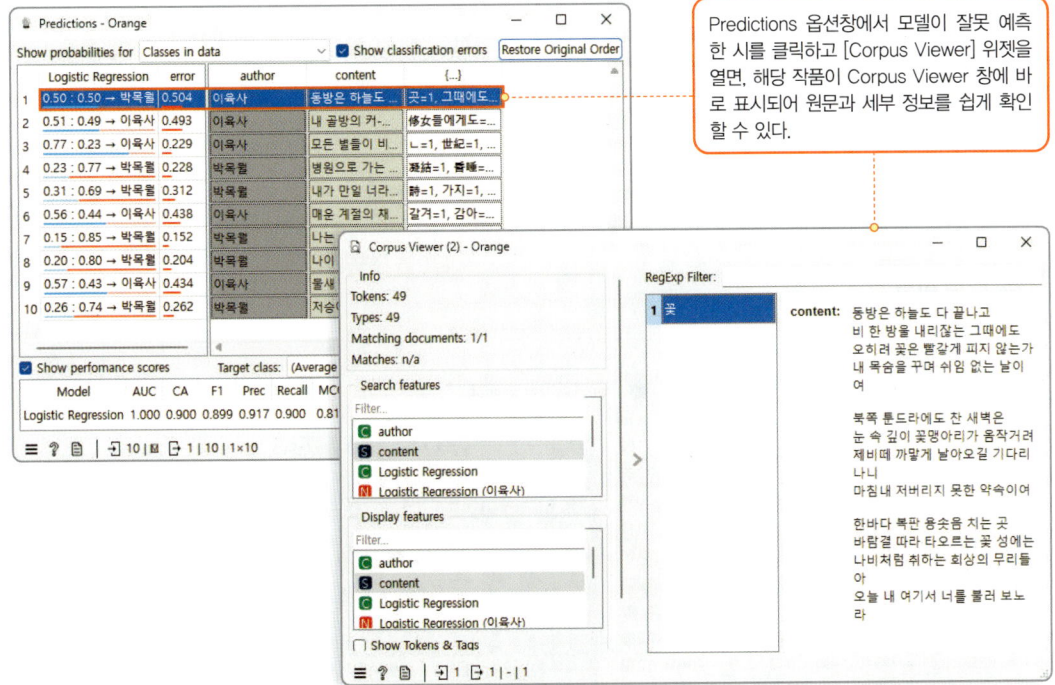

Predictions 옵션창에서 모델이 잘못 예측한 시를 클릭하고 [Corpus Viewer] 위젯을 열면, 해당 작품이 Corpus Viewer 창에 바로 표시되어 원문과 세부 정보를 쉽게 확인할 수 있다.

> **해설** 이번 테스트에서는 「꽃」이라는 시가 잘못 분류되었다. 「꽃」이 오분류된 이유는 여러 측면에서 추정해 볼 수 있다. Logistic Regression는 선형 분류 모델로 입력 특성과 결과 사이에 관계가 선형적으로 구분되지 않는 경우, 일부 데이터를 잘못 분류할 수 있다. 또한 'Bag of Words' 방식의 모델은 단어 순서나 문맥적 뉘앙스를 고려하지 못하기 때문에 특정 단어 빈도만으로는 두 시인의 미묘한 스타일 차이를 포착하지 못했을 수 있다.

이처럼 잘못 분류된 시를 직접 확인하고 분석하는 과정은 모델의 한계와 개선 방향을 찾는 데 매우 중요한 역할을 한다.

Q&A로 알아보기

Q 데이터 병합 시 데이터셋을 연결하는 순서가 결과에 영향을 미칠 수 있나요?

A Logistic Regression 모델은 이론적으로 입력 데이터 순서에 영향을 받지 않지만, 데이터의 연결 순서가 후속 작업의 처리 순서를 결정하게 되고, 이에 따라 데이터의 구성이나 조합이 달라지며 결과에 차이가 발생할 수 있습니다. 이 차이는 데이터셋이 작거나 두 시인의 시가 뚜렷하게 구분될 때 더욱 두드러질 수 있으니, 신뢰도를 높이려면 데이터의 크기를 늘리거나, 여러 번 실험해 평균 성능을 확인하는 것이 바람직합니다.

② 모델 성능 비교하기

Logistic Regression 모델을 적용했을 때 90%의 정확도를 보였다. 이번에는 보다 복잡한 패턴과 문맥을 포착할 수 있는 딥러닝 기반의 Neural Network 모델을 연결해 성능을 비교해 보자.

❶ 분류 결과 확인

Model 카테고리의 [Neural Network] 위젯을 [Data Sampler] 위젯에 연결하고, 나머지 한쪽은 [Predictions] 위젯에 연결하여 결과를 확인한다.

> Neural Network 모델은 단순히 단어의 빈도만을 보는 것이 아니라, 단어들 사이의 관계나 문장 구조, 그리고 미묘한 언어적 특징까지 학습할 수 있다는 장점이 있다.

❷ 성능 비교

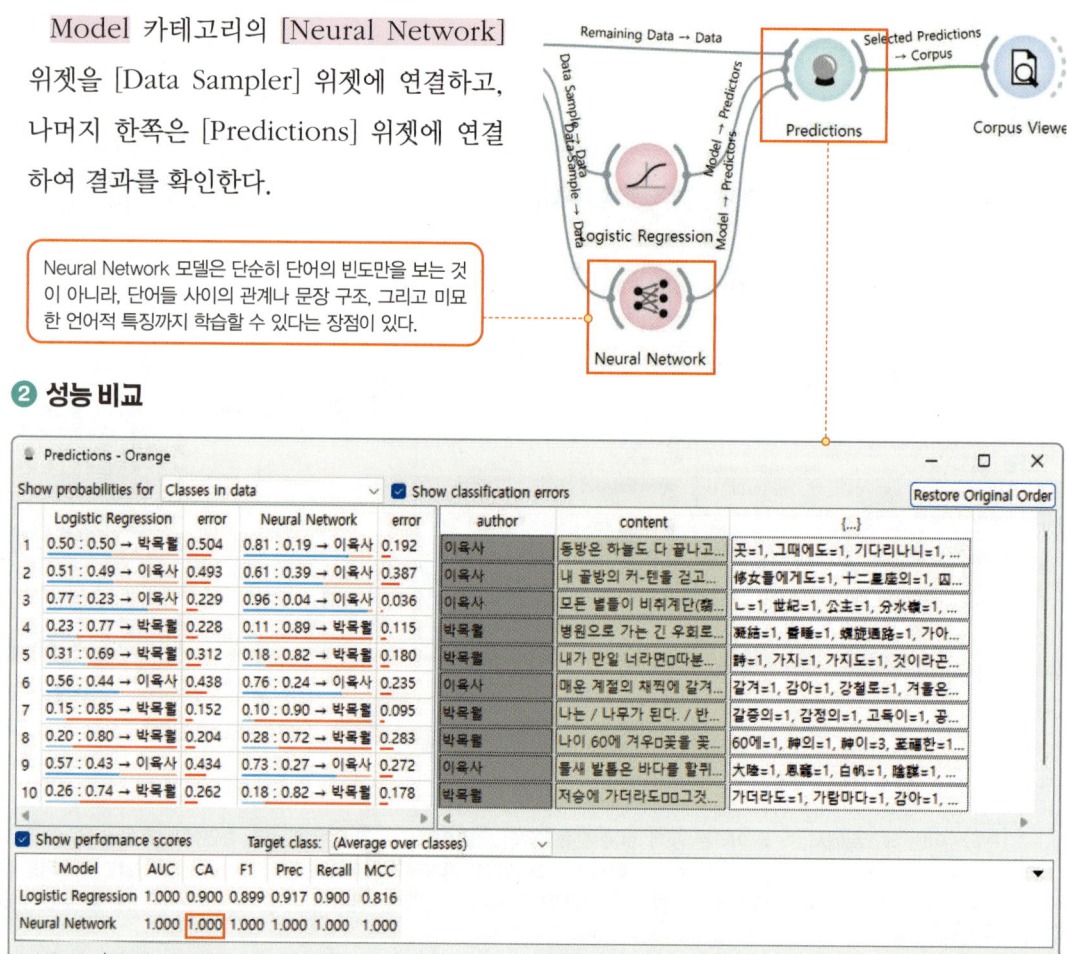

해설 같은 데이터셋을 가지고 Neural Network 모델을 학습시킨 뒤 테스트 데이터를 평가해 본 결과, Neural Network 모델의 CA가 1.0 즉 100%라는 매우 높은 정확도를 기록했다. 이는 테스트에 사용된 시 10편을 모두 정확하게 분류했다는 의미로, Neural Network 모델이 두 시인의 시적 스타일과 언어적 차이를 아주 잘 포착했다는 점을 보여 준다.

이렇게 완벽한 결과가 나왔을 때는 과적합 가능성도 염두에 두어야 한다. 테스트 데이터가 적고 학습 데이터와 유사한 패턴이 반복적으로 등장했다면 Neural Network 모델이 실제로는 새로운 시나 다양한 문체에는 약할 수 있다. Neural Network 모델이 Logistic Regression 모델보다 훨씬 더 복잡한 언어적 특성을 반영할 수 있다는 점은 분명한 강점이지만, 모델의 성능을 제대로 평가하려면 더 많은 데이터와 다양한 검증 방법이 필요하다.

③ **모델 일반화 적용하기**

Neural Network 모델이 새로운 시나 문체에 대해서도 정확하게 분류하는지를 평가하기 위해, 테스트 데이터가 아닌 전혀 다른 새로운 데이터를 사용하여 모델의 일반화 능력을 확인해 보자. 테스트는 자료실의 '조지훈과 윤동주의 시.xlsx'를 사용해 진행한다.

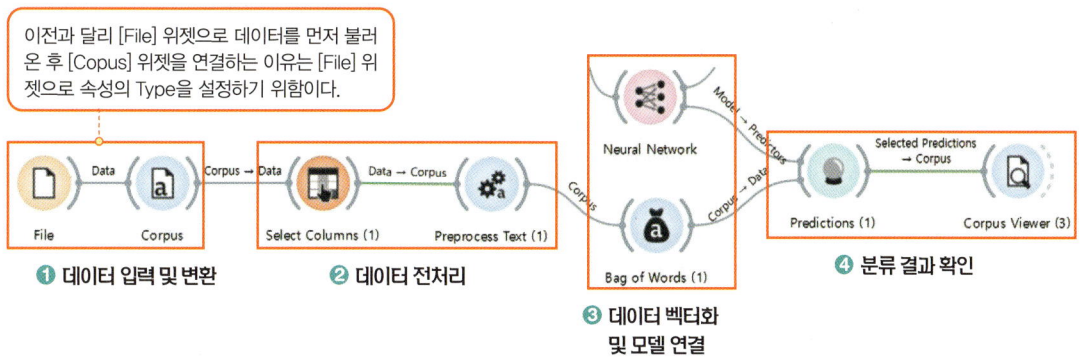

❶ **데이터 입력 및 변환**

- [File] 위젯을 사용해 윤동주 시인의 대표 시인 「별 헤는 밤」과 조지훈 시인의 대표 시인 「완화삼」 파일을 불러온다.

- Type은 'author' 속성만 'categorical'로, 나머지는 'Text'로 설정한다.

- [Corpus] 위젯을 [File] 위젯에 연결하면 시 본문과 메타 데이터가 텍스트 분석에 적합한 코퍼스 형태로 변환된다.

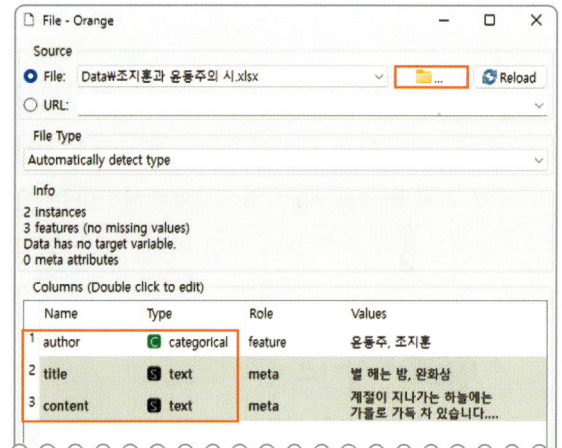

❷ **데이터 전처리**

- [Select Columns] 위젯을 사용해 'author' 속성을 Target으로 설정한다.

- [Preprocess Text] 위젯으로 특수문자와 불용어를 제거한다. 기존에 사용한 한국어 불용어(okt불용어.txt) 사전을 동일하게 적용한다.

❸ **데이터 벡터화 및 모델 연결**

- [Bag of Words] 위젯을 연결해 텍스트 데이터를 수치 데이터(벡터)로 변환한다.

- 전처리가 끝난 데이터를 이미 학습된 Neural Network 모델에 연결하여 조지훈과 윤동주의 시가 박목월 또는 이육사 시로 어떻게 분류되는지 테스트한다.

❹ 분류 결과 확인

[Predictions] 위젯으로 확인한 결과, Neural Network 모델은 조지훈의 시「완화삼」을 박목월의 시로, 윤동주의 시「별 헤는 밤」을 이육사의 시로 분류하였다.

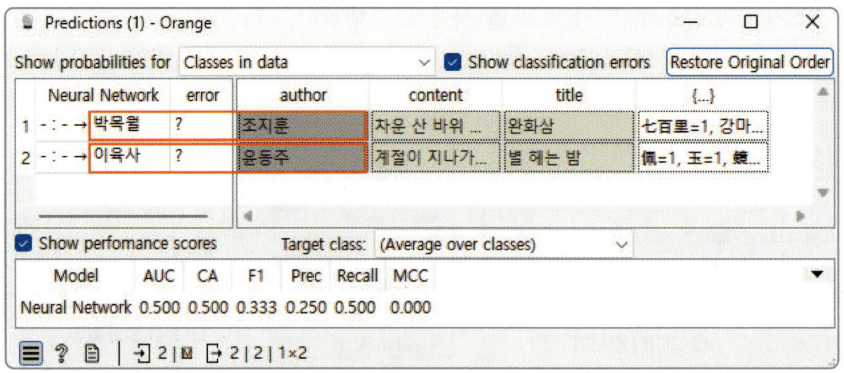

> **해설** 모델은 이육사의 시 학습 과정에서 '밤', '바람', '하늘', '별'과 같은 단어를 주요 특징으로 기억했고, 그에 따라 '밤', '별', '죽음' 같은 단어를 포함하고 있는 윤동주의「별 헤는 밤」은 이육사 작품으로 분류했다. 또한 박목월 시 학습 과정에서 '구름', '강', '달' 같은 키워드를 주요 특징으로 기억했고, 조지훈의「완화삼」에서 유사한 단어가 반복되자 박목월 작품으로 분류했다. 이는 모델이 주제어의 빈도와 연관성을 추론할 수 있다는 강점을 보여 준다.

조지훈과 윤동주의 시는 원래 학습 데이터에 포함되지 않았으며, 이육사와 박목월 시의 분류 기준 자체가 이들 시인에게는 적용되지 않는다. 따라서 모델의 출력 결과는 두 시의 언어적 특성이 박목월·이육사 시와 일부 유사하다는 뜻으로 해석하는 것이 바람직하다. 이번 테스트는 인공지능이 문학 작품의 핵심 키워드와 분위기를 일정 수준 파악할 수 있음을 보여 준다.

Q&A로 알아보기

Q 자연어 처리를 위한 위젯에는 어떤 것들이 있나요?

A Orange3에서 자연어 처리를 위한 주요 위젯은 다음과 같습니다.

위젯명	주요 기능 및 역할
Corpus	텍스트 데이터 불러오기 및 말뭉치 생성
Preprocess Text	텍스트 전처리(토큰화, 불용어 제거 등)
Bag of Words	텍스트 벡터화(수치화)
Word Cloud	단어 빈도 시각화(워드 클라우드)
Statistics	텍스트 통계 정보 제공
Clustering	텍스트 군집화 및 시각화
Select Rows	조건에 따른 텍스트 데이터 필터링
Data Table	데이터 표 형태로 확인
Distance	텍스트 간 거리(유사도) 계산
Hierarchical Clustering	군집 구조 시각화

AI 전문가 되기 — 모델 일반화를 하는 이유는?

모델 일반화란 학습한 모델이 새로운 데이터에 대해서도 안정적이고 일관된 예측 결과를 내는지 확인하는 과정을 말한다. 즉, 테스트 데이터뿐만 아니라 완전히 다른 외부 데이터셋에서도 모델이 얼마나 잘 작동하는지를 평가하는 것이다.

최근 널리 쓰이는 대형 언어 모델은 방대한 데이터를 학습했지만, 특정 상황에서는 오류를 내거나 '헛소리(hallucination)'가 발생하기도 한다. 이는 학습 패턴에 과도하게 의존하거나 새로운 상황(데이터)에 잘 대응하지 못하는 일반화 부족 현상과 연결된다. 모델의 일반화 수준은 훈련 데이터와의 관계에 따라 과소적합, 최적적합, 과적합의 세 형태로 구분된다.

과소적합(Underfitting)
모델이 너무 단순하거나 학습이 부족하여 훈련 데이터의 패턴을 충분히 포착하지 못한 상태

최적적합(Good Fit)
데이터의 일반적인 경향을 잘 학습하여 훈련·테스트 데이터에서 모두 낮은 오차를 보이는 상태

과적합(Overfitting)
모델이 훈련 데이터의 잡음까지 학습하여, 새로운 데이터에 대한 예측력(성능)이 떨어진 상태

모델 학습 시 사용하는 테스트 데이터는 전체 데이터셋에서 일부를 떼어낸 '모델 평가용 데이터셋'으로 모델의 성능을 통제된 검증 환경에서 평가하는 것이다. 일반화 능력을 기본적으로 확인할 수 있으나, 데이터가 원래의 분포나 특징과 크게 다르지 않을 수도 있다.

반면, 일반화 성능 평가에서 새로운 데이터를 넣는 것은 실제 환경에서 모델을 실험하는 것으로, 뛰어난 일반화 성능을 가진 모델은 테스트셋뿐만 아니라 완전히 새로운 외부 데이터셋에서도 안정적이고 일관된 예측 결과를 제공한다.

모델 일반화 평가의 주요 목표

예측력 검증	훈련 데이터뿐 아니라 처음 보는 데이터에서도 모델이 안정적으로 작동하는지 확인
과적합 방지	훈련 데이터에 과도하게 맞춘 모델이 새로운 데이터에서 실패하지 않도록 예방
실제 적용 준비	다양한 환경의 데이터에 대해 신뢰성 있는 결과를 제공하여 실제 환경에서의 신뢰성을 확보

즉, 모델 일반화 평가는 단순한 모델 성능의 기술적 평가를 넘어, 인공지능을 실제 문제 해결에서 신뢰할 수 있는 도구로 만들기 위한 핵심 과정이다. 기계학습과 딥러닝의 모든 연구와 응용은 결국 '얼마나 잘 일반화하는가?'라는 질문으로 귀결된다. 따라서 인공지능 전문가로 성장하기 위해서는 일반화의 개념을 깊이 이해하고, 실제 프로젝트에 적용할 수 있어야 한다.

정리하기

　인공지능의 자연어 처리 기술을 활용해 이육사와 박목월, 이 두 시인의 시를 어떻게 구분할 수 있는지 알아보고자 하였다. 그 결과, 인공지능은 박목월의 '달빛'과 이육사의 '밤'을 구분했고, 조지훈의 '강물'과 윤동주의 '별'에서도 시의 공통된 숨결을 읽어냈다.

　테스트 데이터의 양이 적기 때문에 이 결과만으로 모델의 일반화 성능을 단정하기는 어려우나 이번 활동을 통해 인공지능이 문학 작품의 핵심 키워드와 분위기를 일정 수준 파악할 수 있음을 확인하였다. 이를 통해 적은 분량의 테스트라는 한계에도 불구하고 기계학습 모델이 어떻게 텍스트의 특징을 추출하고 분류하는지 직관적으로 이해할 수 있다.

MEMO

AI는 어떻게 오차를 줄이며 예측할까?

 활동 키워드  Linear Regression  경사하강법  파이썬 스크립트

AI는 어떻게 오차를 줄이며 예측할까?

문제 상황

여름철 날씨에 따라 아이스크림 가게의 일일 매출은 크게 달라진다. 가게 주인은 기온이 높을수록 매출이 증가한다는 직감을 가지고 있지만, 단순한 감에만 의존해서는 다음 날의 판매량을 예측하거나, 재료 준비와 인력 배치를 효율적으로 계획하기 어렵다. 최근 원재료 가격이 상승하고 날씨 변화도 잦아지면서, 재고 낭비를 줄이고 매장을 효율적으로 운영하는 일이 더욱 중요해졌다. 만약 기온과 매출의 관계를 데이터로 분석하고 이를 수학적 모델로 표현할 수 있다면, 다음 날의 기온만으로도 매출을 미리 예측할 수 있을 것이다.

그렇다면 기온과 매출의 관계를 가장 잘 설명해 주는 '예측선'은 어떻게 찾을 수 있을까?

활동 미리보기

1 회귀 모델로 오차 비교하기
① 데이터 불러오기
② 모델 학습과 성능 확인하기

2 기울기 변화에 따른 오차 비교하기
① 파이썬 스크립트 작성하기
② 산점도로 시각화하기

3 경사하강법으로 최적의 예측선 구하기
① 파이썬 스크립트 작성하기
② 산점도로 시각화하기

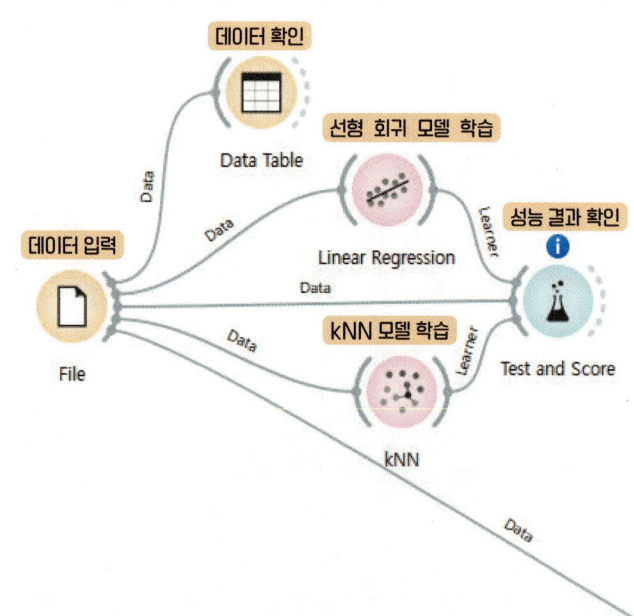

활용 인공지능   학습률별 최적화

학습률 α는 추세선 $f(x)=wx$를 최적화할 때 갱신하는 w의 값의 변화 정도를 결정하는 상수로서, 인공지능의 학습 속도를 결정하는 중요한 요소이다. 가중치 w는 단일 특성 선형 회귀 모델에서는 직선의 기울기이며, b는 절편이다. 경사하강법을 이용한 최적화 과정에서 가중치(w)의 값은 인공지능이 계산을 통해 스스로 갱신하지만, 학습률(α)의 값은 사람이 직접 결정해 주어야 하는 하이퍼파라미터이다.

다음 그림에서 볼 수 있듯이 학습률(α)의 값이 너무 작으면 최적화가 지나치게 느리게 진행되고, 반대로 학습률(α)의 값이 너무 크면 손실함수의 값이 오히려 커지거나 진동할 수 있다.

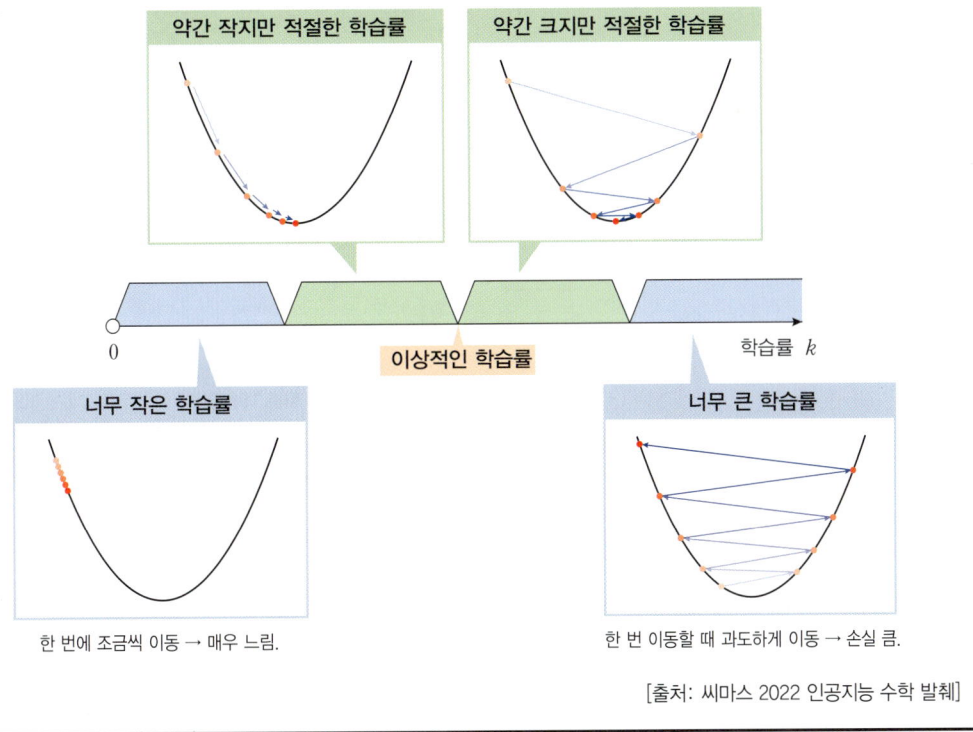

[출처: 씨마스 2022 인공지능 수학 발췌]

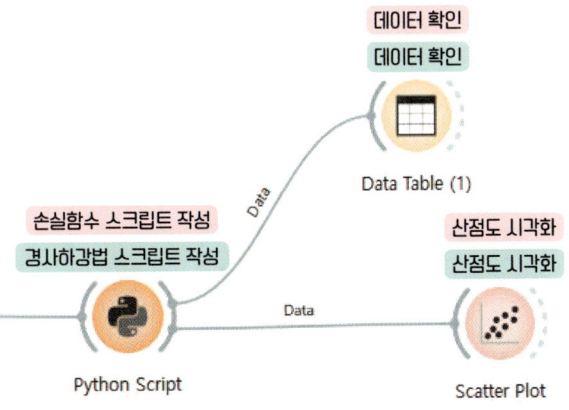

회귀 모델로 오차 비교하기

 기온이 높아질수록 아이스크림 매출이 늘어날 것이라는 가설을 실제 예측 모델로 확인할 수 있을까? 자료실에서 '여름 카페 매출.csv' 데이터를 다운로드받아 선형 회귀(Linear Regression)와 k-최근접 이웃(kNN)의 두 가지 회귀 모델을 학습시키고 각 모델의 성능을 평가해 보자.

1 데이터 불러오기

❶ 데이터 입력

- Data 카테고리에서 [File] 위젯을 가져와 '여름 카페 매출.csv'를 불러온다.
- '매출(만원)' 속성의 역할(Role)을 'target'으로 설정하며, 이때 target의 유형(Type)은 수치형(numeric)이어야 한다.

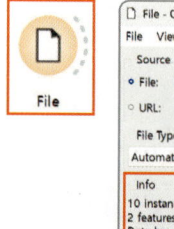
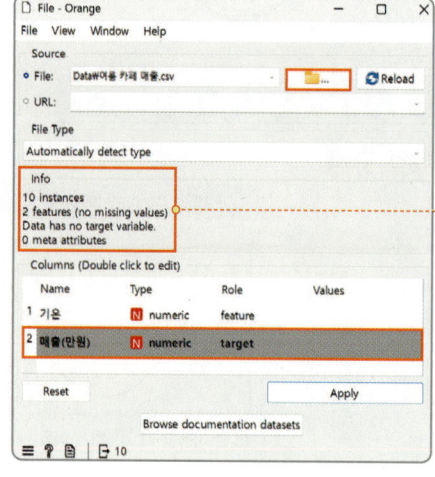

이 데이터셋은 한 카페의 여름철 10일 동안의 일별 '기온'과 그에 따른 '매출(만원)' 정보를 담고 있는 10개의 데이터로 구성되어 있으며, 기온이 매출에 미치는 영향을 분석하는 데 사용할 수 있다.

❷ 데이터 확인

Data 카테고리에서 [Data Table] 위젯을 가져와 [File] 위젯에 연결하여 기온에 따른 매출을 확인한다.

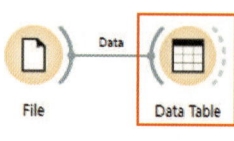
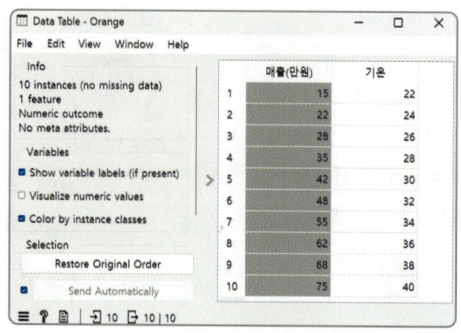

2 모델 학습과 성능 확인하기

❶ 모델 선정 및 학습

- Model 카테고리에서 [Linear Regression], [kNN] 위젯을 가져와 [File] 위젯에 연결한다.

- [Linear Regression] 위젯을 더블 클릭하여 Regularization 옵션을 'No regularization'으로 설정한다.

- [kNN] 위젯을 더블 클릭하여 Neighbors 옵션의 Number of neighbors(이웃의 수)를 '3'으로 설정한다.

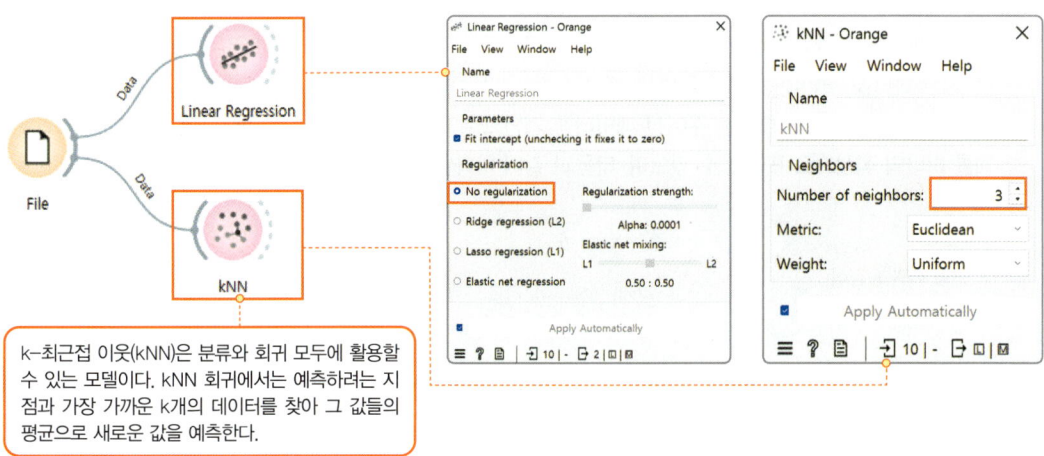

k-최근접 이웃(kNN)은 분류와 회귀 모두에 활용할 수 있는 모델이다. kNN 회귀에서는 예측하려는 지점과 가장 가까운 k개의 데이터를 찾아 그 값들의 평균으로 새로운 값을 예측한다.

❷ 성능 결과 확인

Evaluate 카테고리에서 [Test and Score] 위젯을 가져와 학습이 완료된 각 모델과 [File] 위젯에 연결한다. 평가 방법은 기본 선택되어 있는 10-fold Cross validation을 사용한다.

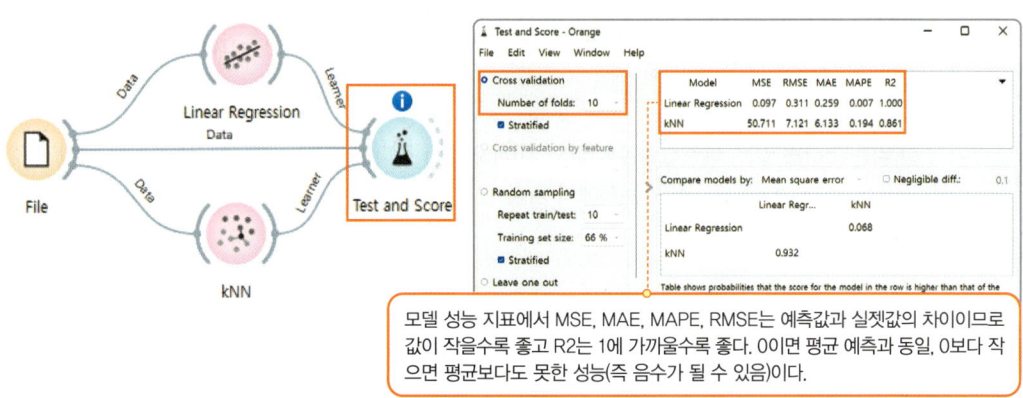

모델 성능 지표에서 MSE, MAE, MAPE, RMSE는 예측값과 실젯값의 차이이므로 값이 작을수록 좋고 R2는 1에 가까울수록 좋다. 0이면 평균 예측과 동일, 0보다 작으면 평균보다도 못한 성능(즉 음수가 될 수 있음)이다.

해설 ▶ k-최근접 이웃 회귀(kNN Regression)는 입력값 주변의 데이터만 참고하여 예측을 수행하기 때문에, 예측값이 불안정하고 전체 추세를 반영하지 못하는 경우가 많다. 반면, 선형 회귀(Linear Regression)는 전체 데이터를 관통하는 직선 하나를 찾기 때문에, 전체적인 경향을 안정적으로 반영할 수 있다. 따라서 성능 지표(MSE, MAE 등)를 비교해 보면, 선형 회귀 모델이 훨씬 우수한 성능을 보인다.

기울기 변화에 따른 오차 비교하기

선형 회귀 모델은 주어진 데이터에 가장 잘 맞는 직선을 찾는 것이 목표임을 이해하였다. 그렇다면 수많은 직선 중에서 어떤 것이 '가장 잘 맞는 직선'일까? 이 활동에서는 절편 b를 0으로 고정한 상태에서 다양한 기울기(w) 값을 적용해 보고, 평균제곱오차(MSE)가 어떻게 변하는지 확인해 보자.

참고자료 : 선형 회귀 모델

▶ **수학 모델이 필요할까?**

기온과 매출의 관계를 시각화해 보면, 어느 정도 직선적인 경향을 보인다. 이런 경우, 데이터를 잘 설명하는 직선 하나를 찾아내는 문제로 바꿔 생각할 수 있다. 이 직선을 구하는 과정이 바로 선형 회귀(Linear Regression)이다. 선형 회귀는 주어진 데이터를 기반으로 예측하는 모델이다. 입력값과 출력값 사이의 관계를 하나의 직선으로 표현할 수 있으며, 다음과 같이 나타낼 수 있다.

선형 회귀 방정식	$\hat{y} = wx + b$ • $\hat{y}$: 예측값 • x: 독립변수 • w: 기울기(slope), 가중치(weight)(x가 증가할 때 y가 얼마나 변하는가) • b: 절편(intercept), 편향(bias)(x가 0일 때의 y의 값)

이 수식을 만족하는 직선 중 '데이터에 가장 잘 맞는 직선'을 찾는 것이 선형 회귀의 목표이다.

▶ **데이터에 가장 잘 맞는 직선은?**

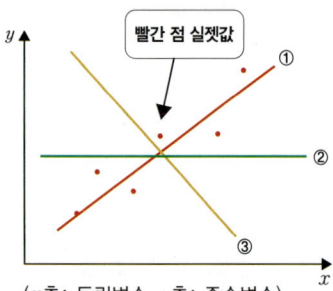

(x축: 독립변수, y축: 종속변수)

①번 빨간색 직선은 실젯값과 가장 가까운 거리의 직선으로, 데이터에 잘 맞는 모델이다.
②번 초록색 직선은 모든 입력(x)에 대해 동일한 값(y)을 예측하므로 데이터를 제대로 설명하지 못한다.
③번 노란색 직선은 대부분의 데이터(실젯값)와 차이가 커 오차가 크다.

따라서 ①, ②, ③번 직선 중 ①번 직선이 가장 학습이 잘된 모델이다.

'가장 잘 맞는다'라는 말은, 예측값과 실젯값의 차이(오차)가 작다는 뜻이다. 이 오차를 수치로 나타낸 것이 손실함수(Loss Function)이며, 회귀 문제에서 가장 많이 쓰는 지표는 평균제곱오차(MSE: Mean Squared Error)이다.

손실함수와 오차 계산	$MSE = L(w, b) = \dfrac{1}{N} \sum_{i=1}^{N} (y_i - \hat{y}_i)^2$ • N: 데이터 개수 • y_i: i번째 실젯값 • $\hat{y}_i = wx_i + b$: i번째 데이터 x_i에 대한 모델의 예측값 • $(y_i - (wx_i + b))^2$: 오차(실젯값-예측값)를 제곱하여 모두 양수로 만듦.

이 손실함수 L의 값이 가장 작아지도록 기울기 w와 절편 b 값을 조정하는 것이, 가장 잘 맞는 회귀선을 찾는 과정이다.

1 파이썬 스크립트 작성하기

Orange3의 기본 위젯만으로 할 수 없는 기능은 직접 코딩하여 처리할 수 있다. 파이썬 스크립트를 작성해 직접 기울기를 바꿔가며 평균제곱오차(MSE)를 계산하고 이를 시각화해 보자.

❶ 항목 설정

- Transform 카테고리에서 [Python Script] 위젯을 가져와 [File] 위젯에 연결한다.
- [Python Script] 위젯을 더블 클릭하여 Library 컨트롤의 '+' 버튼을 클릭하여 새 항목(New Script)을 추가하고 이름을 '손실함수'로 설정한다.
- Editor 영역에서 스크립트 작성이 모두 끝나면 'Update' 버튼을 클릭하여 저장한다.

Python Script 위젯
기존 위젯에 적합한 기능이 구현되어 있지 않을 때 파이썬 스크립트를 사용하여 구현하는 기능이다.

> **라이브러리 컨트롤 사용법**
> - **스크립트 저장**: 라이브러리 컨트롤을 사용하여 여러 스크립트를 관리할 수 있다. '+' 키를 누르면 새 항목이 추가된다. Python 스크립트 편집기에 변경 사항이 있으면 'Update' 키를 누르면 스크립트가 저장된다.
> - **스크립트 삭제**: 삭제할 스크립트를 선택하고 '-' 키를 누르면 스크립트가 삭제된다.
> - **스크립트 실행**: 'Run' 버튼을 누르면 스크립트가 실행되어, 콘솔 창에 출력된다.

> **Python Script 데이터 입력과 출력**
> - **입력 데이터(in_data)**: [File] 위젯에서 받은 데이터를 'in_data' 변수에 자동으로 넣어 준다. 이 데이터를 넘파이 배열이나 판다스 데이터프레임으로 변환하여 처리한다.
> - **출력 데이터(out_data)**: Python Script에서 처리한 결과를 다음 위젯으로 전달하려면, 반드시 'out_data'에 저장해야 한다. 보통 from_numpy( ) 등을 사용해 생성한다.

❷ 코드 작성 및 실행

Edit 영역에 다음의 코드를 입력한 후, Run 버튼을 클릭하면 스크립트가 실행된다.

- 필요한 라이브러리와 데이터를 연결한다.

```python
1   import numpy as np
2   import pandas as pd    # 데이터를 표 형태로 다루기 위한 라이브러리
3   from Orange.data import Domain, Table, ContinuousVariable  # Orange3 위젯과 연동
4
5   data = in_data        # [File] 위젯에서 받은 데이터
6   X = data.X            # 데이터의 속성 역할이 feature인 경우
7   y = data.Y            # 데이터의 속성 역할이 target인 경우
```

— Orange.data: Orange3 프로그램에서 데이터를 다룰 수 있게 해 주는 API이다.
— Domain, Table, ContinuousVariable: Orange3의 데이터 포맷 구성 요소이다.

- 0.0에서 3.0까지 10개의 기울기(slopes) 값을 일정 간격으로 생성한다.

```python
8
9   # 다양한 기울기 값 테스트
10  slopes = np.linspace(0.0, 3.0, 10)
```

- 기울기마다 예측값을 만들고, MSE를 계산하여, mse_values 리스트에 저장한다.

```python
11  mse_values = []
12
13  for w in slopes:
14      predictions = w * X    # 예측값
15      mse = np.mean((y - predictions) ** 2)
16      mse_values.append(mse)
```

- 분석을 위한 기울기(slope)와 mse를 속성으로 갖는 데이터프레임을 생성한다.

```python
17
18  # 결과 데이터프레임 생성
19  results = pd.DataFrame({
20      'slope': slopes,
21      'mse': mse_values
22  })
```

- Orange3에서 데이터를 읽을 수 있는 형식으로 변환한다.

```python
23
24  # 두 속성(slope, mse) 정의 및 Orange Table로 변환
25  domain = Domain([ContinuousVariable('slope'),
26                  ContinuousVariable('mse')])
27  out_data = Table.from_numpy(domain, results.values)
```

— Domain: 데이터 구조가 정의(속성 이름과 형식 설정)된 명령어이다.
— ContinuousVariable: 설정한 속성명으로 데이터 속성을 만든다.
— Table.from_numpy(...): 넘파이 배열로부터 Orange Table을 생성하는 명령어이다.

❸ **실행 결과 확인**

Data 카테고리의 [Data Table] 위젯을 [Python Script] 위젯에 연결하여 결과를 확인한다.

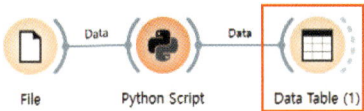

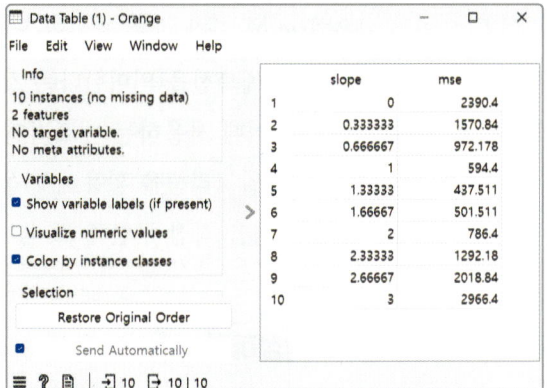

해설▶ 10개의 slope(기울기)값과 각각 대응하는 mse(평균제곱오차)값을 확인할 수 있다.

② 산점도로 시각화하기

- Visualize 카테고리의 [Scatter Plot] 위젯을 [Python Script] 위젯에 연결한다.

- [Scatter Plot] 위젯을 더블 클릭하여 x축을 'slope(기울기)', y축을 'mse(평균제곱오차)', Color를 'slope'로 선택하고 결과를 확인한다.

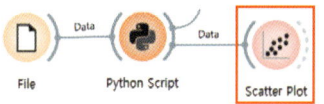

각 점은 하나의 데이터 포인트를 나타낸다. 각 점의 위치는 해당 slope에 대한 mse 값을 시각화한 것이다.

점의 색이 slope 값에 따라 다르게 표시된다.

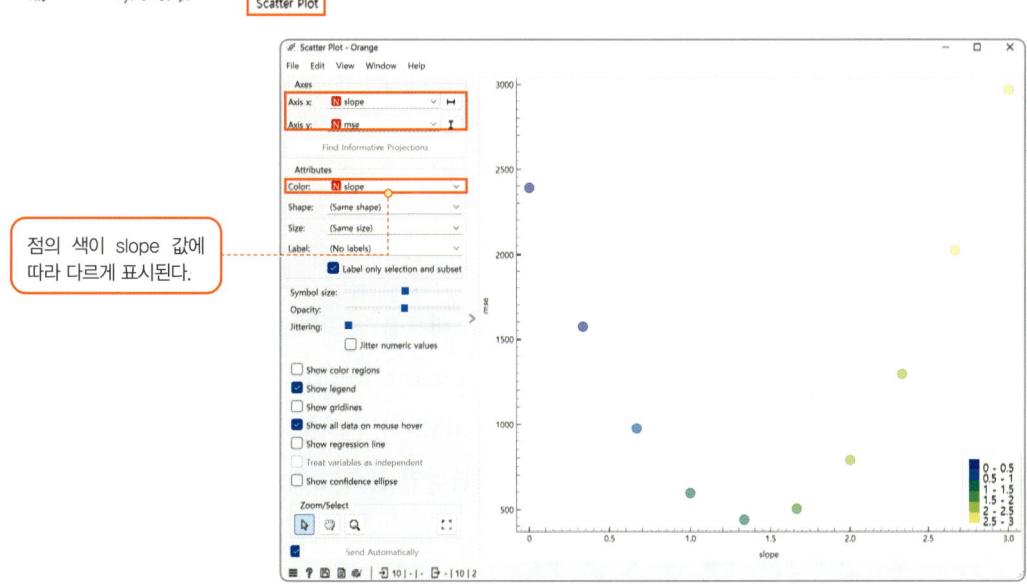

해설▶ 이 산점도는 다양한 기울기(slope)에 따른 평균제곱오차(mse)의 변화를 시각화한 것이다. 이를 통해 mse 값이 최소가 되는 최적의 기울기 값을 직관적으로 파악할 수 있으며, 기울기 값이 1.5에 가까울수록 mse가 0에 근접함을 확인할 수 있다.

경사하강법으로 최적의 예측선 구하기

앞서 우리는 기울기(w)에 따라 예측 오차가 달라지고, 평균제곱오차(MSE)가 가장 작은 기울기일수록 오차가 가장 작은 예측선을 의미한다는 것을 확인했다. 그렇다면 실제로 이러한 직선을 어떻게 찾아낼 수 있을까? 이때 사용하는 대표적인 방법이 바로 경사하강법(Gradient Descent)이다. 이제부터 경사하강법 알고리즘을 활용해 기울기(w)와 절편(b)을 자동으로 조정하면서 오차를 점점 줄여나가는 학습 과정을 직접 구현해 보자.

1 파이썬 스크립트 작성하기

❶ 항목 설정

[Python Script] 위젯의 Library 컨트롤에서 '+' 버튼을 클릭하여 새 항목(New Script)을 추가하고 이름을 '경사하강법'으로 설정한다.

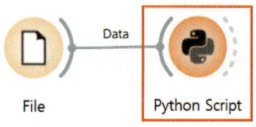
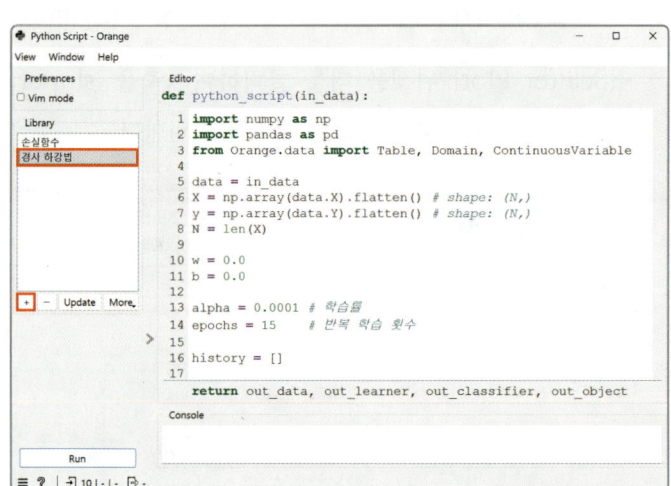

❷ 코드 작성 및 실행

Editor 영역에 다음의 코드를 입력한 후, Run 버튼을 클릭하면 스크립트가 실행된다. 이 코드는 경사하강법을 통해 $y=wx+b$ 형태의 Linear Regression 모델을 학습시키며, 각 epoch마다 기울기(w), 절편(b), 평균제곱오차(MSE)의 변화를 추적한다. 학습 과정의 결과는 Orange3에서 시각화할 수 있도록 변환하여 직관적인 분석이 가능하도록 한다.

• 필요한 라이브러리를 불러온다.

```
1  import numpy as np
2  import pandas as pd
3  from Orange.data import Domain, Table, ContinuousVariable
```

- 필요한 데이터를 불러오고 입력 데이터를 정의한다.

```
4   # 데이터 정의
5   data = in_data
6   X = np.array(data.X).flatten() # shape: (N,) 입력값
7   y = np.array(data.Y).flatten() # shape: (N,) 출력값
8   N = len(X) # 데이터 개수
```

- 선형 모델($y=wx+b$)의 초깃값으로 기울기(w)와 절편(b)을 모두 0으로 설정한다.

```
9    # 파라미터 초깃값
10   w = 0.0
11   b = 0.0
```

- 두 개(alpha, epochs)의 하이퍼파라미터를 설정한다.

```
12   # 하이퍼파라미터 설정
13   alpha = 0.0001  # 학습률
14   epochs = 15     # 반복 학습 횟수
```

- alpha: 기울기와 절편을 얼마나 크게 조정할지 결정한다.
- epochs: 전체 데이터를 몇 번 반복해 학습할지 설정한다.

- 학습 중 기록을 저장할 리스트를 선언하고, epoch, w, b, mse 값을 저장하여 학습 경향을 추적한다.

```
15   # 기록용 리스트 선언
16   history = []
17
```

- 경사하강법 알고리즘 중 기울기 계산 부분을 구현한다.

```
18   for epoch in range(epochs):
19       y_pred = w * X + b   # 예측값
20
21       # 기울기 계산(수식 그대로)
22       dw = (2/N) * np.sum(-X * (y - y_pred))
23       db = (2/N) * np.sum(-(y - y_pred))
```

- 현재 파라미터로 예측값(y_pred)을 계산한다.
- 기울기(w)와 절편(b)에 대한 편미분 값을 계산한다.

참고자료 · 기울기 계산

최적의 w와 b를 찾는 과정을 수학적으로 표현하면 다음과 같다.

수식	코드 및 해석
$\dfrac{\partial L}{\partial w} = \dfrac{2}{N}\sum_{i=1}^{N} -x_i(y_i - \hat{y}_i)$	**코드** dw = (2/N) * np.sum(-X * (y - y_pred)) **해석** 오차($y_i - \hat{y}_i$)가 크고 x_i가 클수록 w를 많이 수정함(오차와 독립변수(x_i)에 영향).
$\dfrac{\partial L}{\partial b} = \dfrac{2}{N}\sum_{i=1}^{N} -(y_i - \hat{y}_i)$	**코드** db = (2/N) * np.sum(-(y - y_pred)) **해석** 오차($y_i - \hat{y}_i$)가 클수록 b를 많이 수정함(오차만 영향).

- 경사하강법 알고리즘의 파라미터 업데이트, 손실 계산, 학습 기록을 구현한다.

```
24
25      # 파라미터 업데이트
26      w = w - alpha * dw
27      b = b - alpha * db
28      print(dw)
29      # 손실 계산
30      mse = np.mean((y - y_pred) ** 2)
31
32      # 1 epoch마다 기록
33      if epoch % 1 == 0:
34          history.append([epoch + 1, w, b, mse])
```

- 해당 편미분 값을 이용해 파라미터를 업데이트하고, 현재 예측의 평균제곱오차(MSE)를 계산한다.
- 매 1 epoch마다 결과를 기록한다.

- 기록한 학습 결과를 판다스 데이터프레임으로 정리한다.

```
35
36    results = pd.DataFrame(history, columns = ['epoch', 'w', 'b', 'mse'])
```

- Orange3의 시각화 도구에서 활용할 수 있도록 Orange Table 포맷으로 변환한다.

```
37
38    domain = Domain([
39        ContinuousVariable('epoch'),
40        ContinuousVariable('w'),
41        ContinuousVariable('b'),
42        ContinuousVariable('mse')
43    ])
44    out_data = Table.from_numpy(domain, results.values)
```

참고자료 > 경사하강법 파라미터 업데이트

경사하강법 파라미터 업데이트의 수학적 원리를 수식으로 나타내면 다음과 같다. 수식에 해당하는 코드와 해석을 보며 경사하강법의 원리를 이해해 본다.

수식	코드 및 해석
$w \leftarrow w - \alpha \cdot \dfrac{\partial L}{\partial w}$	**코드** `w = w - alpha * dw` **해석** 오차($y_i - (wx_i + b)$)가 크고 x_i가 클수록 w를 많이 수정함(오차와 독립변수에 영향).
$b \leftarrow b - \alpha \cdot \dfrac{\partial L}{\partial b}$	**코드** `b = b - alpha * db` **해석** 오차($y_i - (wx_i + b)$)가 클수록 b를 많이 수정함(오차만 영향).

❸ 실행 결과 확인

- Data 카테고리의 [Data Table] 위젯을 [Python Script] 위젯에 연결하여 결과를 확인한다.

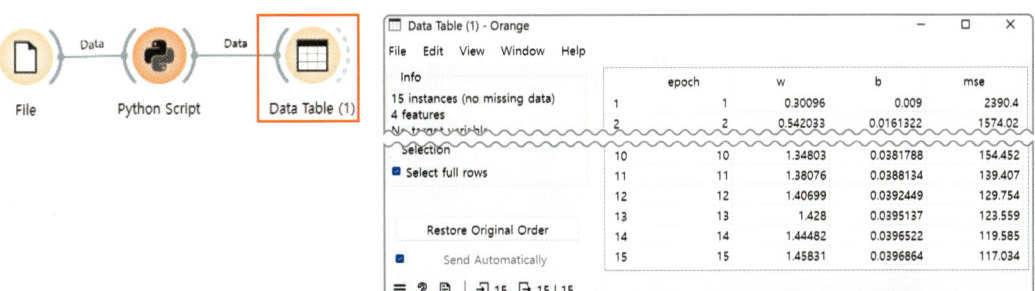

해설 초기 설정(기울기(w)=0.30096, 절편(b)=0.009)에서 평균제곱오차(mse)가 2390.4였으나, epoch가 증가함에 따라 w와 b는 점진적으로 조정되면서 오차가 꾸준히 줄어 10번째 epoch 이후부터 완만하게 줄어들어, 모델이 점차 실제 데이터를 더 잘 설명하는 방향으로 학습되고 있음을 확인할 수 있다.

② 산점도로 시각화하기

epoch가 반복될수록 w와 b가 조정되어 MSE가 점차 감소하는 방향으로 학습이 진행되는 것을 알게 되었다. [Scatter Plot] 위젯을 [Python Script] 위젯에 연결하여 epoch, 기울기(w), 절편(b)에 따라 평균제곱오차(MSE)가 어떻게 변화하는지를 시각적으로 분석해 보자.

▼epoch에 따른 mse 값의 변화

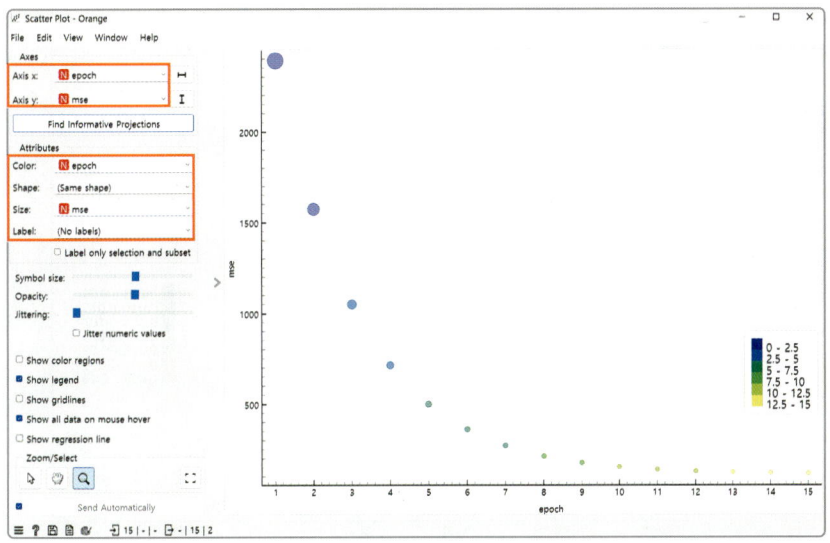

해설 이 시각화는 경사하강법을 통한 학습이 효과적으로 이루어졌음을 보여 준다. 학습 초기인 epoch=1에서는 평균제곱오차(mse)가 2300 이상으로 매우 높았으며, 이 구간의 점은 진한 파란색으로 표기되고 크기도 크게 나타난다. 학습이 진행됨에 따라, 즉 epoch가 증가할수록 mse는 급격히 감소하고, epoch=14를 전후로 하여 값이 거의 일정하게 유지되며 수렴하는 양상을 보인다. 이러한 변화는 손실값(mse)이 빠르게 줄어든 뒤 일정 수준에 도달하면 더 이상 크게 변하지 않음을 의미하며, 모델이 점차 데이터를 잘 예측할 수 있도록 안정적으로 학습되었음을 나타낸다.

6. AI는 어떻게 오차를 줄이며 예측할까? **197**

▼ 기울기(w)에 따른 mse 값의 변화

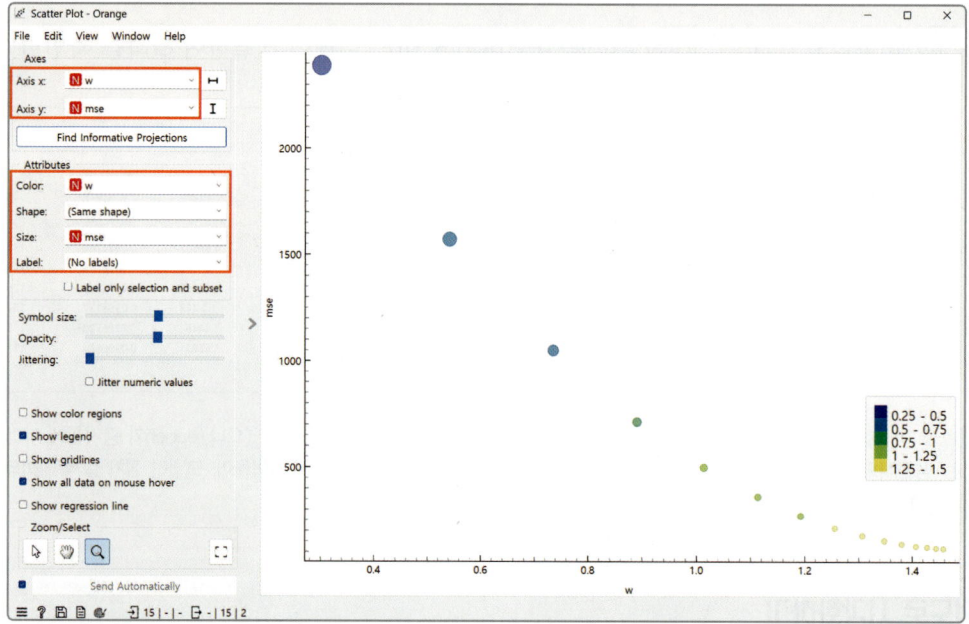

해설 학습 초반에는 기울기(w)의 예측 오차가 크지만, 학습이 진행되면서 점차 mse가 줄어드는 방향으로 w가 조정된다. 이 과정을 반복하면서 모델은 점차 오차가 최소화되는 지점, 즉 손실함수의 최저점을 향해 수렴하게 된다. 결국, 이 최적의 w값은 데이터를 가장 잘 설명하는 직선을 결정하며, 선형 회귀 모델의 핵심 목표가 된다.

▼ 절편(b)에 따른 mse 값의 변화

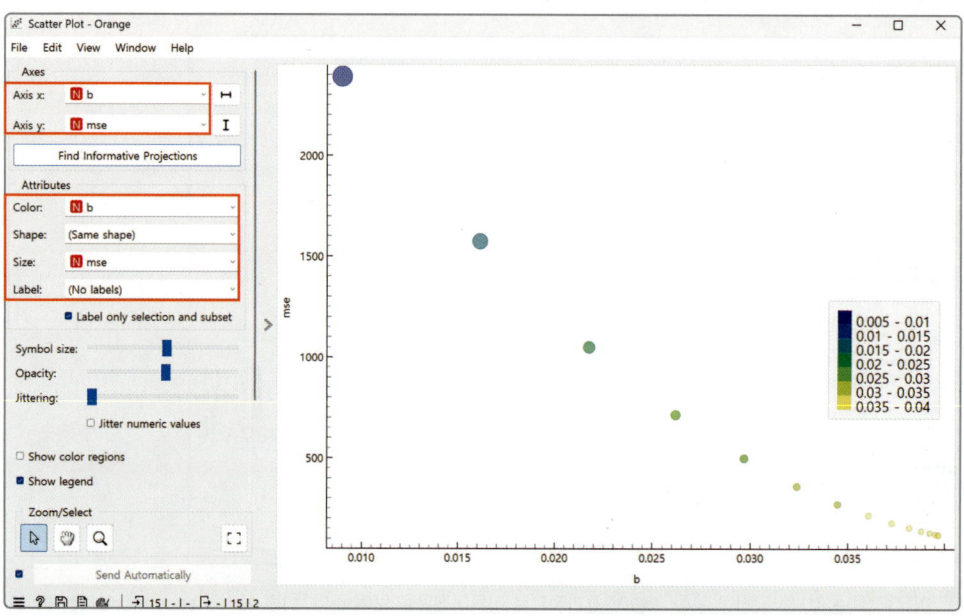

해설 기울기(w)뿐만 아니라 절편(b) 역시 mse에 영향을 미친다. b의 값이 작으면 모델이 데이터를 제대로 설명하지 못해 예측 오차가 커지게 된다. 따라서 b 또한 경사하강법을 통해 적절하게 학습되어야 하며, w와 함께 손실을 최소화하는 방향으로 조정되어야 한다.

🤖 전문가 되기 — 경사하강법의 작동 원리

경사하강법(Gradient Descent)은 기계학습에서 모델이 오차를 줄이도록 학습할 때 사용하는 대표적인 최적화 기법이다. 전체 과정은 다음과 같다.

① **초기화**: 공처럼 보이는 점이 처음에 임의의 위치(초깃값)에 놓여 있다.
② **기울기 계산**: 그 위치에서 그래프의 기울기(경사도)를 계산한다. 기울기는 공이 어느 쪽으로 더 가파르게 내려갈지를 알려준다.
③ **업데이트**: 공은 경사가 가파른 쪽, 즉 내리막 방향으로 아주 조금씩 이동한다. 여기서 이동 크기를 '학습률'이라고 부른다.
④ **반복하기**: 이 과정을 여러 번 반복하면 공은 점점 아래로 내려가고, 결국 가장 낮은 지점(손실함수가 최소가 되는 지점)에 도착한다.

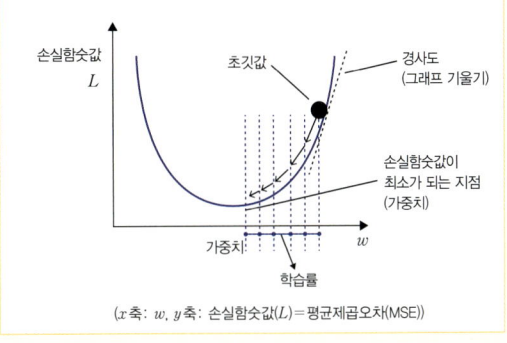

(x축: w, y축: 손실함숫값(L)=평균제곱오차(MSE))

이 과정을 수식으로 나타내면 다음과 같다.

$$w \leftarrow w - \alpha \cdot \frac{\partial L}{\partial w}$$

($\frac{\partial L}{\partial w}$: 비용 함수 L을 w에 대해 편미분한 값)

$$b \leftarrow b - \alpha \cdot \frac{\partial L}{\partial b}$$

($\frac{\partial L}{\partial b}$: 비용 함수 L을 b에 대해 편미분한 값)

여기서 ∂는 학습률(learning rate)이라 불리는 매우 중요한 하이퍼파라미터로, 한 번에 이동하는 '보폭'의 크기를 조절한다. 학습률은 편미분 값에 곱해져서 얼마나 이동할지를 조절하는 스케일러 역할을 하며, 수렴 속도나 발산 가능성에 직접 영향을 준다.

※ **편미분을 하는 이유**

경사하강법에서 편미분은 $y=wx+b$의 여러 변수(w, b)가 손실함수(L)에 얼마나 영향을 주는지 따로 알아보기 위함이다. 이렇게 해야 변수별로 손실을 줄이기 위해 어느 방향으로 얼마나 움직여야 하는지 알 수 있고 경사하강법을 이용해 변수를 업데이트할 수 있다. 예를 들어, 음식의 맛이 이상하다면 재료(소금, 설탕 등)를 조금씩 바꿔가면서 맛이 얼마나 변하는지 확인하는 것에 비유할 수 있다.

정리하기

이 활동에서는 선형 회귀 모델을 통해 데이터를 가장 잘 설명하는 직선을 찾는 방법을 배우고, 경사하강법을 이용해 오차를 줄여가는 학습 과정을 직접 구현해 보았다. 오차의 변화를 시각화하고 최적의 기울기와 절편을 찾아가는 과정은 수학적 모델링의 기본을 익히고, 인공지능 예측 모델의 핵심 원리를 이해하는 데 중요하다. 최적의 기울기(w)와 절편(b)를 찾은 후, 새로운 x값을 넣으면 예측 y값을 계산할 수 있어, 미래의 매출, 수요 등 다양한 현상을 예측하는 데 활용할 수 있음을 확인하였다.

MEMO

7

기저귀와 맥주는 왜 함께 팔릴까?

 # 기저귀와 맥주는 왜 함께 팔릴까?

문제 상황

최근 한 대형 마트에서는 흥미로운 소비 패턴이 발견되었다. 기저귀를 구매하는 고객들이 맥주를 함께 구매하는 경우가 빈번하게 나타난 것이다. 구매 데이터를 분석해 본 결과, 주로 젊은 아버지들이 퇴근길에 배우자의 부탁으로 기저귀를 사러 마트에 들렀다가 잠깐의 여유를 즐기기 위해 맥주도 함께 구매하는 경향이 있었다. 이를 바탕으로 마트는 기저귀 코너 근처에 맥주를 진열하는 전략을 도입했고, 그 결과 두 제품의 판매량이 모두 증가하였다. 이 사례는 소비자의 실제 구매 데이터를 분석하여 매장 배치와 마케팅 전략에 반영할 경우, 직관에 의존한 방식보다 훨씬 효과적으로 매출을 높일 수 있음을 보여 준다.

그렇다면 이러한 소비 패턴 분석을 인공지능을 활용하여 어떻게 수행할 수 있을까?

활동 미리보기

❶ 연관분석 이해하기
① 데이터 수집하기
② 데이터 불러오기
③ 연관분석하기

❷ 장바구니 분석하기
① 데이터 수집하기
② 데이터 불러오기
③ 데이터 탐색하기
④ 파이썬 스크립트로 연관분석하기
⑤ 피벗 테이블로 연관분석하기

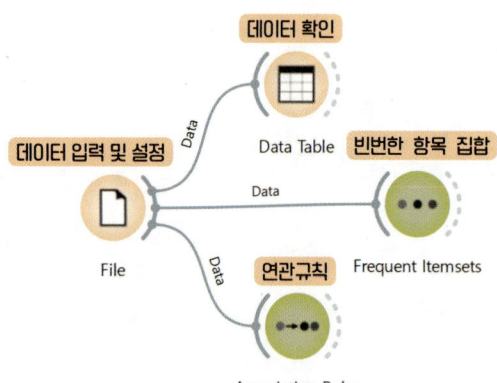
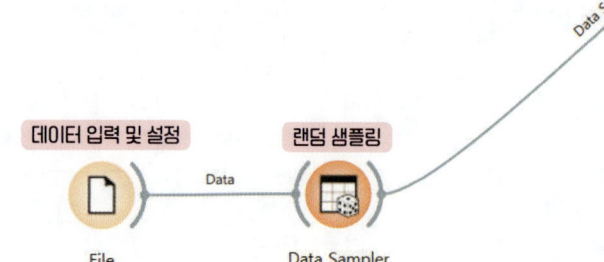

활용 인공지능 — 연관분석과 연관규칙

연관분석(Association Analysis)은 대용량의 거래 데이터베이스에서 상품의 구매, 서비스 등 일련의 거래 또는 사건 간의 규칙을 발견하여 연관성을 파악하는 기법이다. 흔히 '장바구니 분석(Market Basket Analysis)'이라고 불리며, 고객이 특정 상품을 구매할 때 함께 구매하는 다른 상품을 찾아내는 분석에 주로 활용된다. 예를 들어, 고객이 우유와 빵을 구매할 때 기저귀도 함께 구매하는 경향이 있다면, 이는 마케팅 전략에 중요한 정보를 제공한다. 이 분석 과정에 발견되는 규칙이 연관규칙(Association Rule)이다.

즉, 연관규칙은 'A 상품을 구매한 고객이 B 상품도 구매할 가능성이 높다'는 규칙을 발견하는 것을 의미한다. 다만, 연관규칙은 단지 함께 나타나는 패턴을 보여줄 뿐 인과관계를 보장하지는 않는다. 이러한 연관규칙 분석은 고객의 구매 행동을 이해하는 데 도움을 주어, 개인화된 마케팅이나 상품 추천 시스템에 활용할 수 있다.

연관규칙은 다음과 같이 표현하고 해석할 수 있다.

연관규칙 표현	해석
A → B	If A then B(만약 A가 발생했다면, B도 발생할 가능성이 높다.)
예 삼겹살 → 상추	삼겹살을 구매한 고객이 상추도 구매할 확률이 높다.
예 노트북 → 무선 마우스	노트북을 구매한 고객이 무선 마우스를 구매할 확률이 높다.

> **잠깐** Associate 카테고리를 설치해야 [Association Rules] 위젯을 사용할 수 있습니다. 프로그램 메뉴 [Options]-[Add-ons...]에서 해당 항목을 체크하여 설치합니다(52쪽 참고).

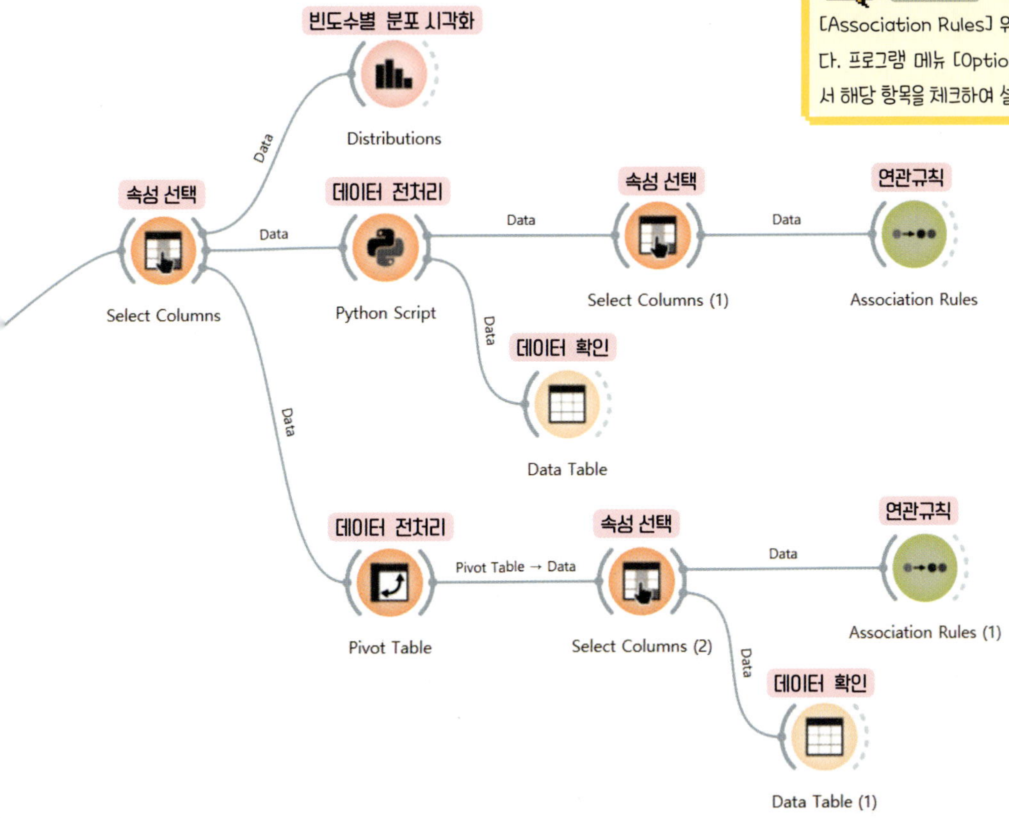

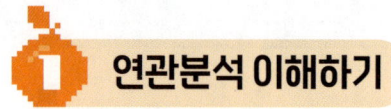

연관분석 이해하기

1 데이터 수집하기

고객들의 주문 패턴을 분석하기 위해 다음과 같은 거래 데이터를 수집하였다. 스프레드시트에서 'coffee_shop'이라는 이름의 시트를 생성하고, 분석에 필요한 데이터를 다음과 같이 입력한 후, 'coffee_shop.csv'로 저장한다.

거래 ID	아메리카노	라떼	크루아상	쿠키	거래 ID	아메리카노	라떼	크루아상	쿠키
T001	1	0	1	0	T006	0	1	0	1
T002	0	1	0	1	T007	1	0	1	0
T003	0	1	1	1	T008	1	1	0	1
T004	1	0	0	0	T009	0	1	1	1
T005	0	1	0	1	T010	1	0	0	1

2 데이터 불러오기

- Data 카테고리에서 [File] 위젯을 가져와 'coffee_shop.csv'를 불러온다.
- 분석 대상인 구매 상품(아메리카노, 라떼, 크루아상, 쿠키) 속성은 'feature'로 설정하고, 분석에 필요하지 않은 '거래 ID' 속성은 'meta'로 설정한다.
- Data 카테고리에서 [Data Table] 위젯을 가져와 [File] 위젯에 연결하여 데이터를 확인하고 데이터의 값이 올바른지 검토한다.

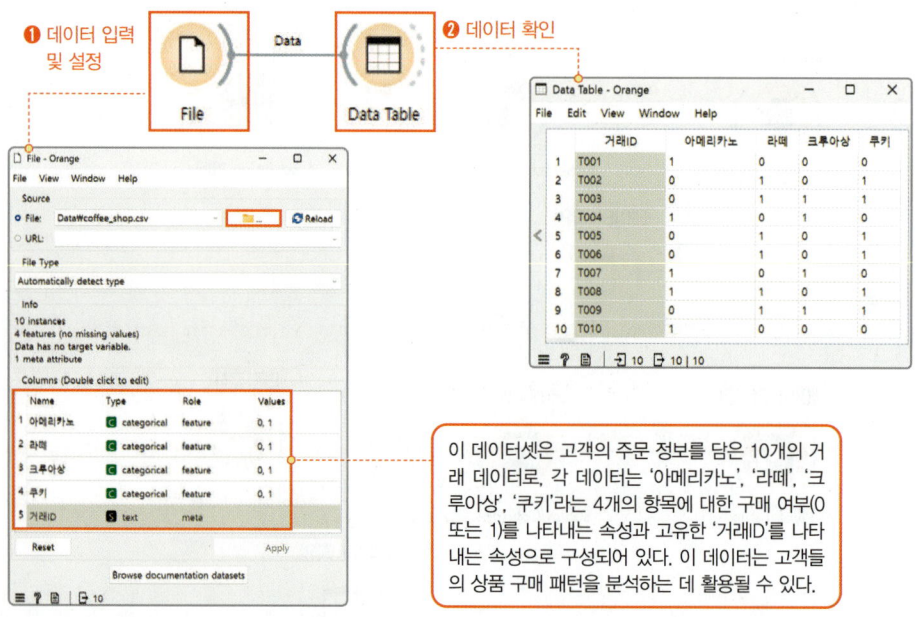

이 데이터셋은 고객의 주문 정보를 담은 10개의 거래 데이터로, 각 데이터는 '아메리카노', '라떼', '크루아상', '쿠키'라는 4개의 항목에 대한 구매 여부(0 또는 1)를 나타내는 속성과 고유한 '거래ID'를 나타내는 속성으로 구성되어 있다. 이 데이터는 고객들의 상품 구매 패턴을 분석하는 데 활용될 수 있다.

참고자료 | 연관분석 지표: 연관규칙을 어떻게 평가할까?

데이터 분석에서는 서로 다른 항목이 함께 나타나는 다양한 조합이 발견된다. 그러나 이 조합이 단순한 우연인지, 의미 있는 규칙인지 판단하려면 지지도, 신뢰도, 향상도 같은 지표가 필요하다.

예를 들어, 마트에서 100명의 고객 20명은 식빵(A)을, 30명은 우유(B)를, 그리고 15명은 식빵과 우유를 모두 구매했다고 하자. 이때 '식빵 → 우유' 규칙의 강도를 세 지표를 통해 계산해 보자.

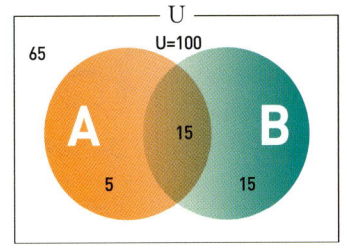

❶ 지지도(Support): 전체 거래 중 특정 항목 집합이 함께 등장한 비율(빈도성)

식빵(A)과 우유(B)를 함께 산 사람이 전체에서 얼마나 될까?

$$\text{Support}(A \to B) = S(A \to B) = P(A \cap B) = \frac{A \cap B}{\text{전체 거래 수}} = \frac{15}{100} = 0.15$$

* 최소 지지도는 전체 데이터 중 최소 몇 %에서 해당 항목 집합이 등장해야 '빈번하다'고 판단할지를 정하는 기준이다.

해석 전체 고객 중 15%는 식빵과 우유를 함께 구매했다.

평가 지지도 값이 너무 낮으면 규칙이 우연이나 잡음일 가능성이 크므로 최소 지지도(min support)*를 설정해 희귀 규칙을 제거한다. 반대로 지지도 값이 너무 높으면 규칙이 당연해서 정보 가치가 낮아지므로, 최대 지지도(max support) 값을 설정하거나 추가적인 조건을 부여해 변별력을 확보한다.

❷ 신뢰도(Confidence): 특정 항목이 주어졌을 때 다른 항목이 함께 등장할 조건부 확률(정확성)

식빵(A)를 구매한 고객이 우유(B)도 함께 구매한 비율은 얼마나 될까?

$$\text{Confidence}(A \to B) = C(A \to B) = P(B|A) = \frac{P(A \cap B)}{P(A)} = \frac{A \cap B}{A\text{를 구매한 고객 수}} = \frac{15}{20} = 0.75$$

해석 식빵을 구매한 고객 중 75%가 우유도 함께 구매했다.

평가 신뢰도 값이 너무 낮다면, 선행 항목 A가 발생하더라도 결과 항목 B는 자주 발생하지 않으므로 신뢰할 수 있는 규칙으로 보기 어렵다. 반대로 신뢰도 값이 높으면, A가 발생할 때 B도 함께 발생할 가능성이 커 예측력이 높은 규칙으로 평가할 수 있다.

❸ 향상도(Lift): 두 항목이 함께 나타날 확률이 서로 아무 관련이 없을 때 기대되는 확률보다 얼마나 증가했는지를 나타내는 비율(의미성)

식빵(A)을 산 사람이 우유(B)를 구매한 비율 vs 전체 중 우유(B)를 구매한 비율보다 얼마나 더 높을까?

$$\text{Lift}(A \to B) = L(A \to B) = \frac{C(A \to B)}{P(B)} = \frac{P(B|A)}{P(B)} = \frac{P(A \cap B)}{P(A)P(B)} = \frac{\text{신뢰도}}{\text{우유를 산 비율}} = \frac{0.75}{0.3} = 2.5$$

해석 식빵을 구매한 고객이 우유도 함께 구매할 가능성이, 그냥 우연히 함께 사게 될 확률보다 2.5배 높다. 향상도가 1보다 크므로 식빵과 우유는 강한 연관관계를 가진다고 할 수 있다.

평가
- 향상도=1: 독립(A와 B가 우연히 같이 나타난 것일 뿐, 아무 관련이 없다.)
- 향상도>1: 긍정적인 연관관계(A와 B가 함께 발생할 가능성이 높다.)
- 향상도<1: 부정적인 연관관계(A가 발생할 때 B가 발생할 가능성이 낮다.)

③ 연관분석하기

연관규칙 분석을 도와주는 위젯으로 고객들의 주문 패턴을 분석해 보자.

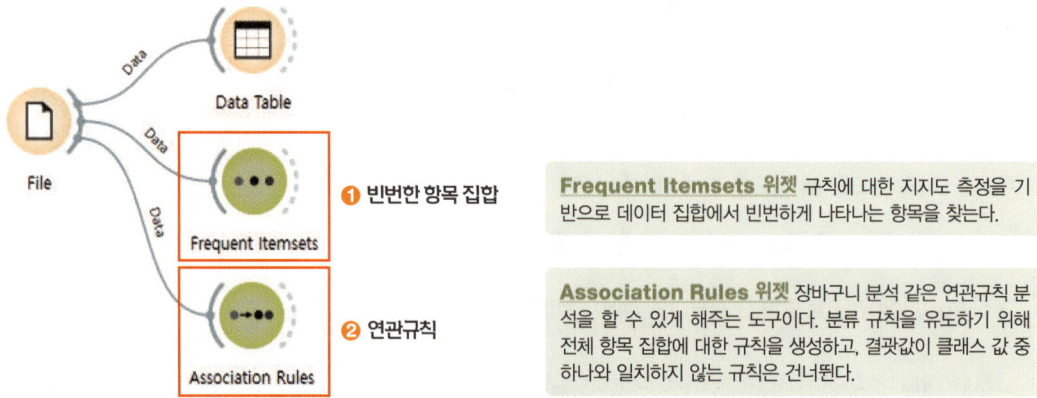

❶ 빈번한 항목 집합

Frequent Itemsets 위젯 규칙에 대한 지지도 측정을 기반으로 데이터 집합에서 빈번하게 나타나는 항목을 찾는다.

❷ 연관규칙

Association Rules 위젯 장바구니 분석 같은 연관규칙 분석을 할 수 있게 해주는 도구이다. 분류 규칙을 유도하기 위해 전체 항목 집합에 대한 규칙을 생성하고, 결괏값이 클래스 값 중 하나와 일치하지 않는 규칙은 건너뛴다.

❶ 빈번한 항목 집합

Associate 카테고리에서 [Frequent Itemsets] 위젯을 가져와 [File] 위젯에 연결한 후, 최소 지지도를 적절히 조정하여 빈번하게 함께 구매되는 항목을 확인한다.

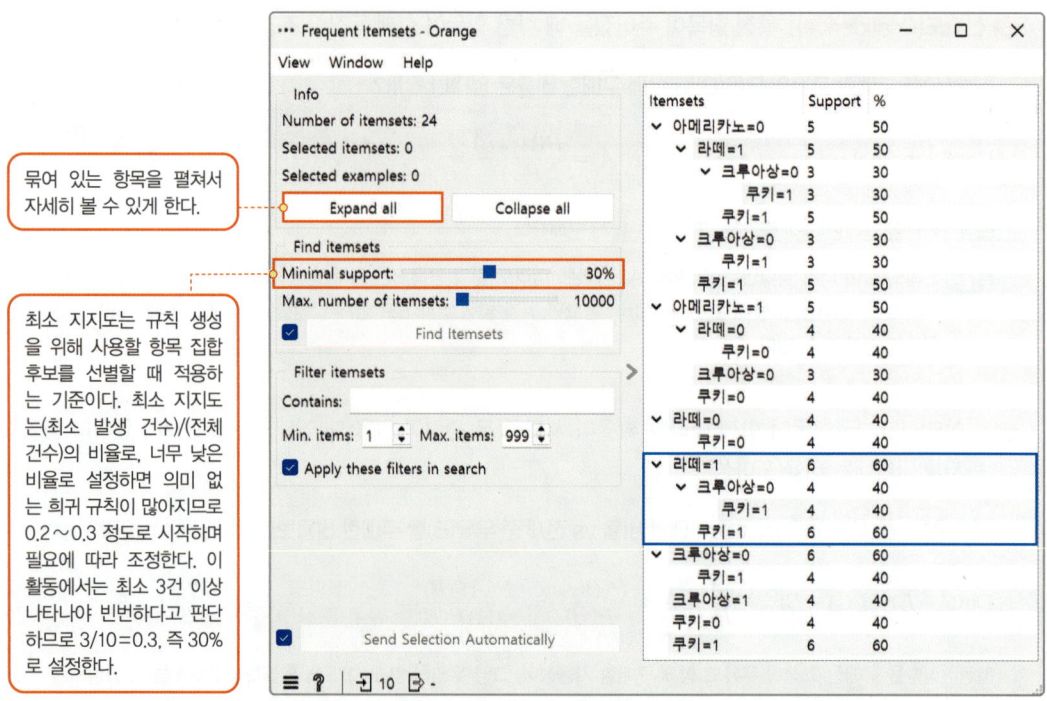

묶여 있는 항목을 펼쳐서 자세히 볼 수 있게 한다.

최소 지지도는 규칙 생성을 위해 사용할 항목 집합 후보를 선별할 때 적용하는 기준이다. 최소 지지도는 (최소 발생 건수)/(전체 건수)의 비율로, 너무 낮은 비율로 설정하면 의미 없는 희귀 규칙이 많아지므로 0.2~0.3 정도로 시작하며 필요에 따라 조정한다. 이 활동에서는 최소 3건 이상 나타나야 빈번하다고 판단하므로 3/10=0.3, 즉 30%로 설정한다.

해설 결과 창에서 Itemsets는 자주 함께 구매된 항목(상품)을 보여 주는 열이고, Support는 해당 조합을 구매한 고객 수를 의미한다. Itemsets에서 메뉴=1은 구매함, 메뉴=0은 구매하지 않음을 의미한다. 결과 창에서 박스로 표시된 부분을 살펴보면, '라떼=1'에서 라떼를 구매한 사람은 6명이고, 전체의 60%이다. '라떼=1 → 쿠키=1'은 라떼를 구매할 때 쿠키를 함께 구매한 사람으로 6명, 전체의 60%를 의미한다. 그리고 '라떼=1 ∧ 크루아상=0 → 쿠키=1'은 라떼를 구매하고 크루아상을 구매하지 않고 쿠키를 구매한 사람으로 4명, 전체의 40%이다.

❷ 연관규칙

- Associate 카테고리의 [Association Rules] 위젯을 [File] 위젯에 연결한다.
- Find association rules의 옵션을 ❶과 같이 설정하여 최소 지지도와 최소 신뢰도를 정한다.
- Filter by Antecedent와 Filter by Consequent 옵션을 ❷, ❸과 같이 설정하여 조건부와 결과부에 나타나는 최소/최대 항목수를 정하고 Find Rules 버튼을 클릭하여 결과를 확인한다.

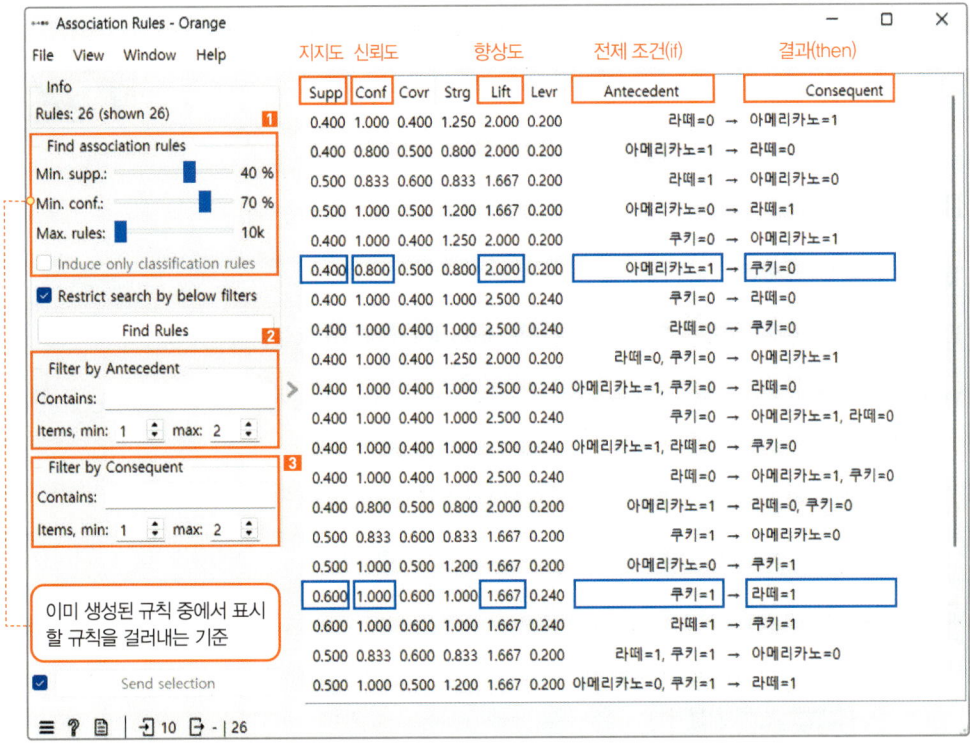

❶ **Find association rules(연관규칙 설정)**
- Min. supp.(최소 지지도): 40%(전체 거래 중 최소 40% 이상 등장하는 규칙만 탐색)
- Min. conf.(최소 신뢰도): 70%(A를 구매했을 때 B를 구매할 확률이 70% 이상인 규칙)
- Max. rules(최대 규칙 수): 10k(최대 규칙 수를 10,000개로 설정)

❷ **Filter by Antecedent(연관규칙 조건부)**
- Contains: 조건부(if)에 특정 패턴과 일치하는 항목이 있으면 필터링한다.
- min = 1, max = 2: 조건부(왼쪽)에 포함된 상품의 개수가 최소 1개, 최대 2개인 규칙이다.

❸ **Filter by Consequent(연관규칙 결과부)**
- Contains: 결과부(then)에 특정 패턴과 일치하는 항목이 있으면 필터링한다.
- min = 1, max = 2: 결과부(오른쪽)에 포함된 상품의 개수가 최소 1개, 최대 2개인 규칙이다.

해설 결과 창에서 박스로 표시된 부분에 대한 해석이다. 현재 연관규칙은 26개 탐색되었다.

아메리카노=1 → 쿠키=0	쿠키=1 → 라떼=1
전체 주문 중 40%(Supp 0.400)에서 아메리카노 구매 시 쿠키를 구매하지 않았다. 아메리카노를 산 고객 중에서는 80%(Conf 0.800)가 쿠키를 사지 않았다. 아메리카노 구매 시 쿠키를 사지 않을 가능성은 아무 조건 없이 쿠키를 사지 않을 확률보다 2배(Lift 2.000) 높다. 분석 결과, 아메리카노를 구매한 고객이 쿠키를 사지 않을 가능성이 매우 높으므로, 쿠키 구매를 유도하려면 아메리카노와 쿠키 세트 할인 상품을 고려할 수 있다.	전체 주문 중 60%(Supp 0.600)에서 쿠키 구매와 라떼 구매가 함께 나타난다. 쿠키를 구매한 고객 모두(Conf 1.000)가 라떼도 구매했다. 쿠키를 구매했을 때 라떼를 구매할 가능성은 아무 조건 없이 라떼를 구매할 확률보다 약 1.67배(Lift 1.667) 높아 긍정적 연관성이 뚜렷하다. 분석 결과, 쿠키를 구매한 고객은 100% 라떼를 함께 구매하므로, 쿠키와 라떼 세트 판매나 동시 진열 전략이 효과적일 가능성이 높다.

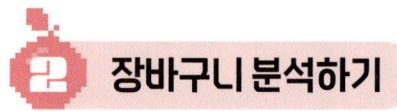
장바구니 분석하기

파이썬과 피벗 테이블을 이용하여 장바구니를 분석해 보자.

1 데이터 수집하기

캐글에서 'The Bread Basket'을 검색하고, 해당 페이지의 'bread_basket.csv' 파일을 다운로드한다.

2 데이터 불러오기

❶ 데이터 입력 및 설정

- Data 카테고리에서 [File] 위젯을 가져와 'bread_basket.csv'를 불러온다.
- 'date_time' 속성의 역할(Role)을 'meta'로 설정하고 나머지 속성은 모두 'feature'로 설정한다.

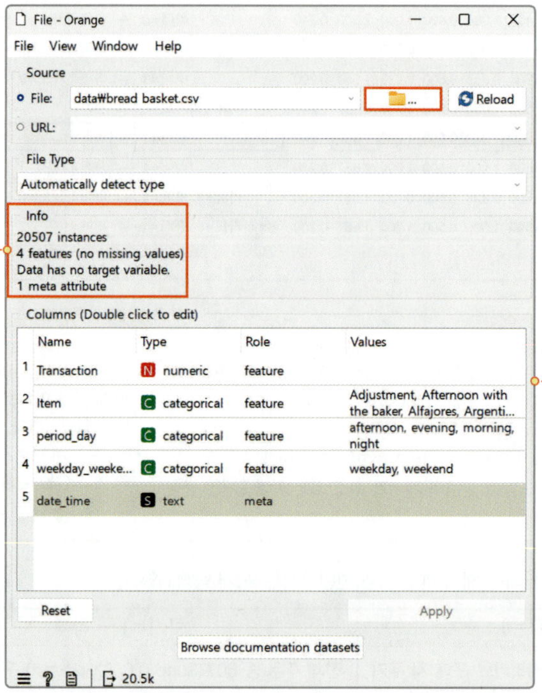

속성 알아보기

이 활동에 사용할 속성의 정보는 다음과 같다.

속성명	속성 정보
Transaction	거래 ID
Item	고객이 주문/배치해야 할 품목
period_day	고객이 주문한 시간대 (afternoon, evening, morning, night)
weekday_weekend	주중, 주말
date_time	거래 날짜, 시간

이 데이터셋에는 총 20,507건의 거래 내역이 있으며, 각 행은 에든버러에 위치한 제과점 'The Bread Basket' 빵집에서 온라인으로 주문한 고객의 거래 품목이 포함된 베이커리 데이터이다.

❷ 랜덤 샘플링

- 메모리 부족으로 Orange3 프로그램이 다운되는 현상을 방지하기 위해 전체 데이터에서 일정 수량의 데이터만 랜덤하게 추출하여 활동에 사용한다.

- Transform 카테고리의 [Data Sampler] 위젯을 [File] 위젯에 연결한다.

- [Data Sampler] 위젯에서 Fixed sample size 옵션의 Instances를 '6000'으로 설정하여 6,000개의 샘플 데이터를 추출한다.

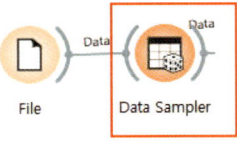
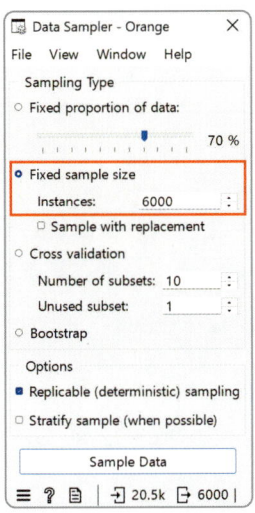

③ 데이터 탐색하기

❶ 속성 선택

- Transform 카테고리의 [Select Columns] 위젯을 [Data Sampler] 위젯에 연결한다.

- [Select Columns] 위젯에서 Features에 'Transaction'과 'Item' 속성만 선택하고 나머지는 Ignored에 둔다.

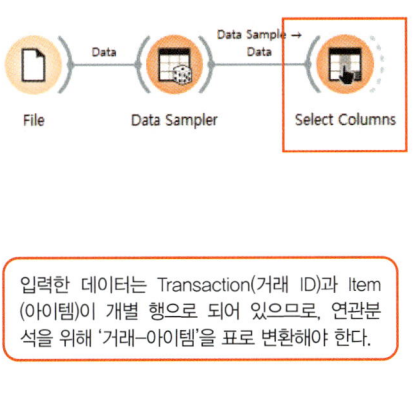
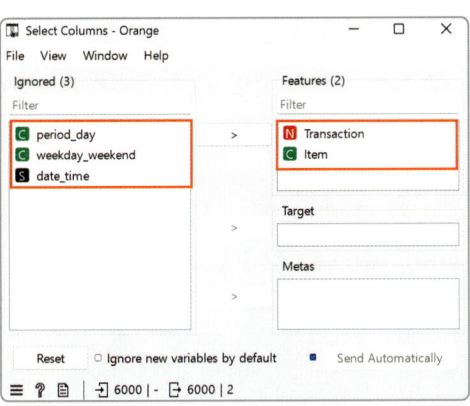

입력한 데이터는 Transaction(거래 ID)과 Item(아이템)이 개별 행으로 되어 있으므로, 연관분석을 위해 '거래-아이템'을 표로 변환해야 한다.

❷ **빈도수별 분포 시각화**

- Visualize 카테고리의 [Distributions] 위젯을 [Select Columns] 위젯에 연결한다.
- x축은 항목에 해당한 Item을 나타내기 위해 Variable 영역에서 'Item'을 선택한다.
- y축은 각 항목이 등장한 빈도수(횟수)를 나타내므로 'Sort categories by frequency'를 체크한 후, 결과를 확인한다.

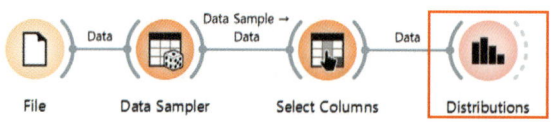

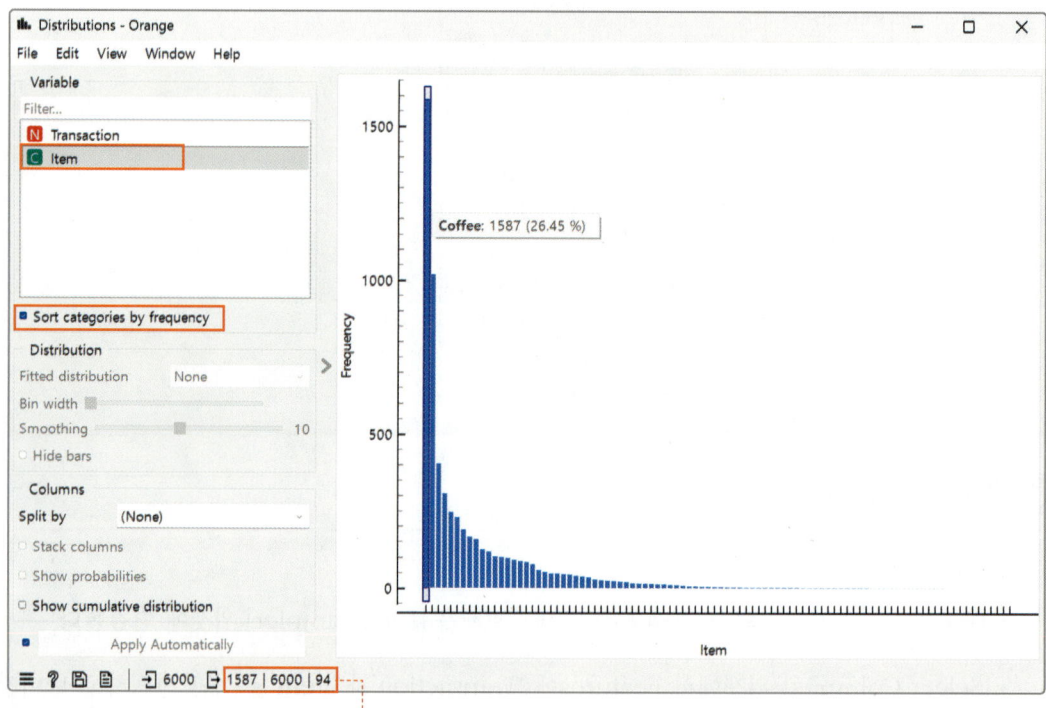

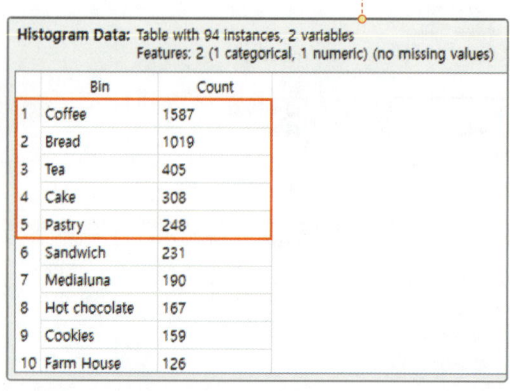

해설 파란색 막대는 각 상품이 얼마나 자주 등장하는지를 보여 준다. 가장 빈도가 높은 첫 번째 막대를 클릭하면 'Coffee' 항목이 1,587번 등장하며, 이 등장 빈도는 전체의 26.45%임을 알 수 있다. 그리고 창 하단의 숫자(6000 | 94)를 클릭하면 빈도순 항목과 빈도수를 확인할 수 있다. 빈도수가 많은 item 상위 5개는 Coffee, Bread, Tea, Cake, Pastry로 나타난다.

④ 파이썬 스크립트로 연관분석하기

Orange3로 데이터 전처리를 하기 어려울 경우(중복 상품 제거, 상위 N개 상품 추출 등)에는 파이썬 스크립트를 이용하여 전처리한 후, 연관분석을 할 수 있다. 그 과정을 살펴보자.

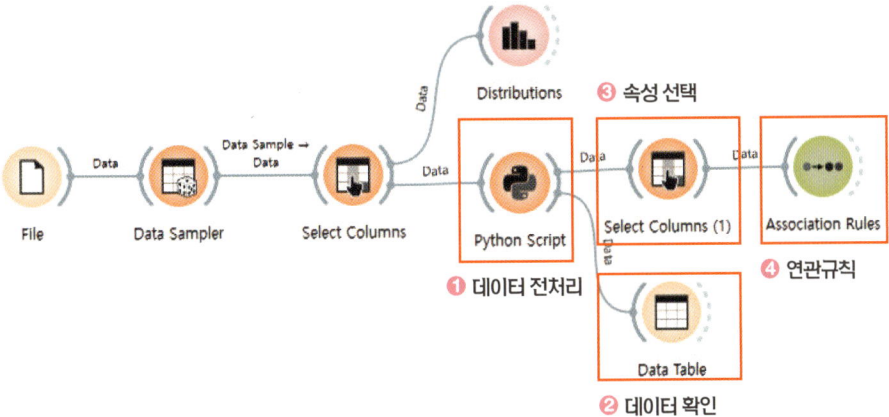

❶ 데이터 전처리

- **Transform** 카테고리에서 [Python Script] 위젯을 가져와 [Select Columns] 위젯에 연결한 후, 연관분석을 위한 데이터 전처리 코드를 작성하고 실행한다.

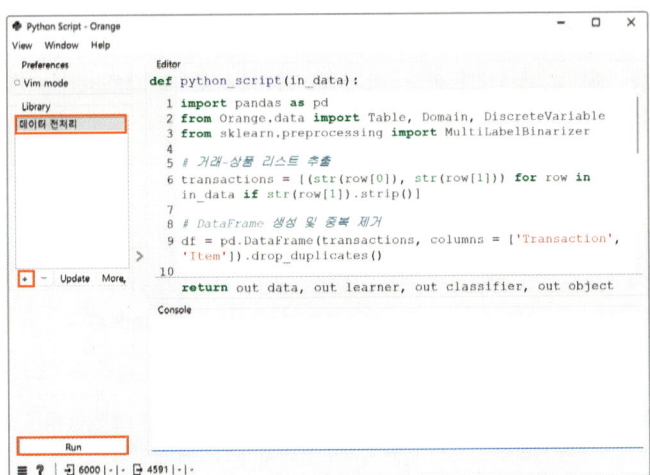

- 필요한 라이브러리를 불러온다.

```
1  import pandas as pd  # 데이터를 표 형태로 다루기 위한 라이브러리
2  from Orange.data import Table, Domain, DiscreteVariable   # Orange3 위젯과 연동
3  from sklearn.preprocessing import MultiLabelBinarizer    # 0/1 형태의 이진 행렬로 변환
4
```

— Orange.data: Orange3에서 사용하는 데이터 형식(Table 등)을 만들기 위한 라이브러리이다.
— MultiLabelBinarizer: 리스트 형태의 데이터를 0 또는 1로 변환하는 데 사용된다.

- 거래 데이터를 추출한다.

```
9   # 거래-상품 리스트 추출(총 6,000개)
10  transactions = [(str(row[0]), str(row[1])) for row in in_data if str(row[1]).strip()]
11
```

- in_data: Orange3에서 받은 입력 데이터(테이블 형태)이다.
- transactions: [('6103', 'Farm House'), ('1259', 'Hearty & Seasonal'), ..., ('5465', 'Coffee')]로 출력되므로 거래 ID(row[0])와 상품명(row[1])을 문자열(str)로 뽑아, 튜플 형태의 리스트로 저장되어 있다.

- 거래 데이터를 표로 만들고 중복을 제거한다.

```
8   # DataFrame 생성 및 중복 제거
9   df = pd.DataFrame(transactions, columns = ['Transaction', 'Item']).drop_duplicates()
10
```

- drop_duplicates( ): Transaction(거래 ID)과 Item(상품)이 모두 동일한 행이 여러 번 등장할 경우, 첫 번째만 남기고 중복 행은 제거한다.
- df에는 중복이 제거된 5,848개의 거래-상품 쌍만 남은 DataFrame이 저장된다.

- 거래 ID별 상품들을 리스트로 묶는다.

```
11  # 거래별 상품 묶기
12  grouped = df.groupby('Transaction')['Item'].apply(list)
13
```

- Transaction 열을 기준으로 그룹화(같은 거래 번호에 속한 행끼리 묶임)하고, 그룹화된 결과에서 Item 열만 선택한다.
- 동일한 거래 번호의 상품들을 리스트로 변환한다(총 4,636개 그룹 생성).

- 가장 많이 팔린 상품 50개를 선택한다.

```
14  # 상위 50개 상품만 추출
15  all_items = [item for sublist in grouped for item in sublist]
16  top_items = pd.Series(all_items).value_counts().head(50).index
17
```

- grouped 안의 상품들을 모두 펼쳐서 하나의 리스트로 만들고, value_counts( )로 많이 나온 순서대로 정렬한다.
- 너무 많은 상품을 분석하면 느려지고, 의미 없는 규칙도 많아지기 때문에 상위 50개 상품의 이름만 추출하여 top_items 에 저장한다.

- 인기 상품만 포함한 거래를 만든다.

```
18  # 인기 상품만 포함한 거래 만들기
19  filtered = grouped.apply(lambda items: [item for item in items if item in top_items])
20  filtered = filtered[filtered.map(len) > 0]   # 1개 이상 상품 포함된 거래만 유지
21
```

- 거래별 아이템 리스트에서 인기 품목(상위 50개)만 남기고, 최소 1개 이상 남은 거래만 filtered에 저장한다(총 4,591개 저장됨).

- 상품 거래 여부를 0/1로 표현하기 위해 원-핫 인코딩한다.

```
22  # 0/1 이진 매트릭스 변환
23  mlb = MultiLabelBinarizer()
24  X = mlb.fit_transform(filtered)  # NumPy 배열
25
```

[예시 결과]

거래	우유	빵	커피
T001	1	1	0
T002	0	0	1

- MultiLabelBinarizer( )를 이용해 각 거래를 0 또는 1 벡터로 변환한다.
- 각 열은 상품, 각 행은 거래를 나타내며, 상품을 샀으면 1, 안 샀으면 0이다.
- 연관분석 알고리즘 또는 다른 기계학습 알고리즘에 입력하려면 거래 데이터를 0/1 매트릭스 형태로 바꿔야 하므로 원-핫 인코딩이 필요하다.

- Orange3에서 사용할 수 있도록 테이블로 변환한다.

```
26  # Orange3용 Table로 변환
27  domain = Domain([DiscreteVariable(name, values=['0', '1']) for name in mlb.classes_])
28  out_data = Table.from_numpy(domain, X.astype(float))
```

- mlb.classes_는 상품 이름 리스트(예 ['빵', '커피', '우유', ...])를 의미한다.
- 각 상품을 DiscreteVariable( )로 정의(0 또는 1 값만 가짐)한다.
- 최종적으로 Orange3에서 사용하는 Table 형식으로 바꿔 out_data에 저장한다.
- out_data는 이후 Orange3의 [Association Rules], [Tree], [k-Means] 등의 위젯에 연결해 사용할 수 있다.

❷ 데이터 확인

- Data 카테고리의 [Data Table] 위젯을 [Python Script] 위젯에 연결한다.

- 최종적으로 분석에 사용되는 데이터의 이진 매트릭스 형태를 보여 준다.

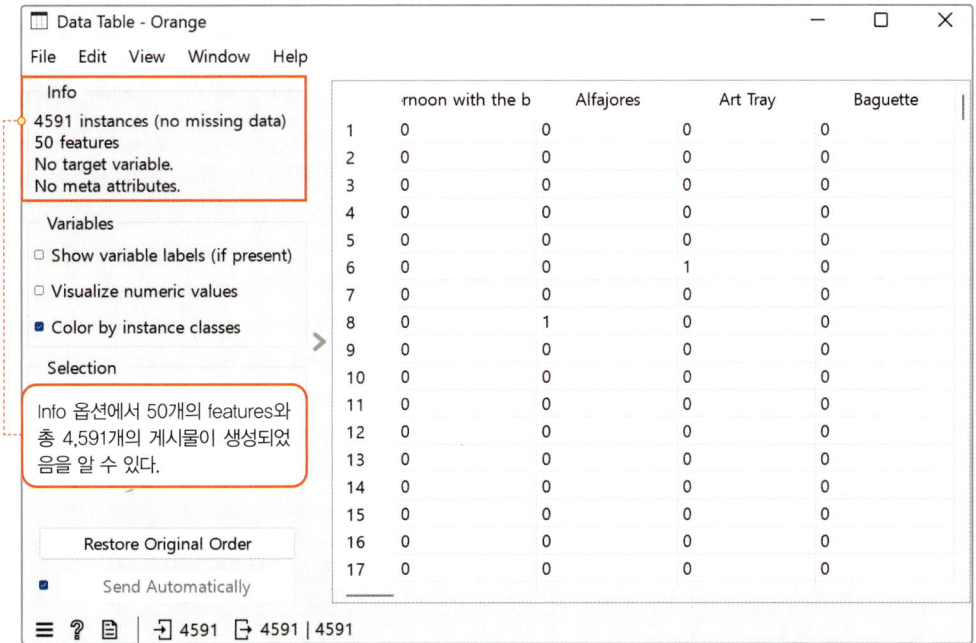

❸ 속성 선택

- Transform 카테고리의 [Select Columns] 위젯을 [Python Script] 위젯에 연결한다.

- Select Columns 창에서 총 50개의 속성 중 5개 (Coffee, Bread, Tea, Cake, Pastry) 속성은 연관 분석에 사용하기 위해 Features 영역으로 이동하고, 나머지 45개는 Ignored 영역에 그대로 둔다.

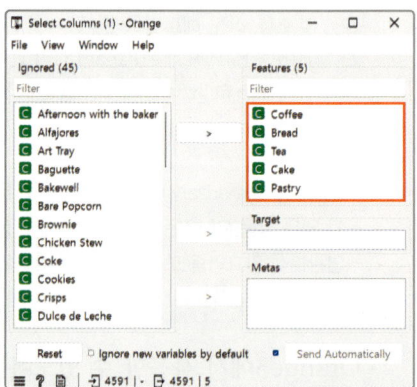

❹ 연관규칙

- Associate 카테고리의 [Association Rules] 위젯을 [Select Columns] 위젯에 연결한다.

- 각 옵션의 조건을 ❶, ❷와 같이 설정하고 Find Rules 버튼을 클릭하여 결과를 확인한다.

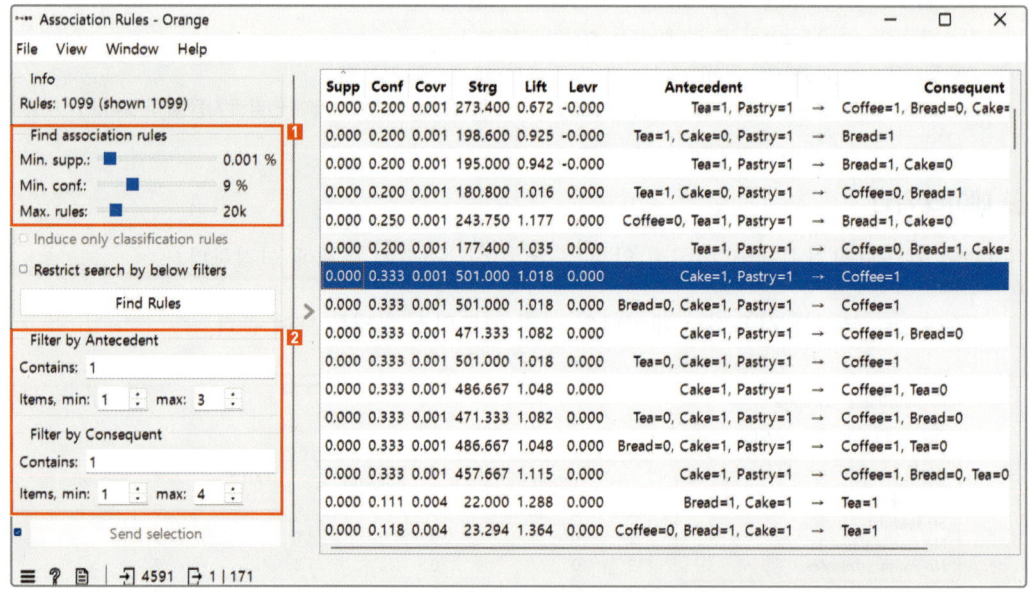

❶ **Find association rules(연관규칙 설정)**
- Min. supp.(최소 지지도): 0.001%(전체 거래 중 최소 0.001% 이상 등장하는 규칙만 탐색)
- Min. conf.(최소 신뢰도): 9%(A를 구매했을 때 B를 구매할 확률이 9% 이상인 규칙)
- Max. rules(최대 규칙 수): 20k(최대 규칙 수를 20,000개로 설정)

❷ **Filter by Antecedent(연관규칙 조건부) / Filter by Consequent(연관규칙 결과부)**
- Filter by Antecedent는 Contains=1, min=1, max=3으로 설정한다. ⇒ 조건부(if)의 항목의 값에 1이 포함된 상품의 개수가 최소 1개, 최대 3개인 규칙이다.
- Filter by Consequent는 Contains=1, min=1, max=4로 설정한다. ⇒ 결과부(then)의 항목의 값에 1이 포함된 상품의 개수가 최소 1개, 최대 4개인 규칙이다.

> **해설** 결과 창에서 파란색으로 표시된 부분에 대한 해석이다. 현재 연관규칙은 1,099개 탐색되었다. Supp(지지도)는 전체 거래 중 케이크와 페이스트리를 함께 구매하고, 커피도 구매한 거래 비율이 0으로 절대 빈도가 매우 낮아 드문 패턴이다. Conf(신뢰도)는 케이크 + 페이스트리를 구매한 고객의 약 33.3%가 커피도 구매하였다. Lift(향상도)는 커피 구매 확률이 전제(케이크+페이스트리 구매)가 없는 경우보다 약 1.018배 더 자주 함께 발생한다.

5 피벗 테이블로 연관분석하기

이번에는 피벗 테이블을 이용하여 연관분석을 해 보자.

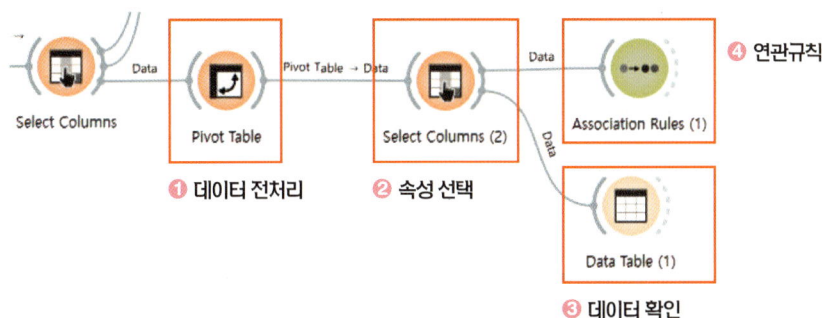

1 데이터 전처리

- Transform 카테고리의 [Pivot Table] 위젯을 [Select Columns] 위젯에 연결한다.

- [Pivot Table] 위젯에서 옵션을 화면과 같이 설정하여 각 거래에 어떤 항목이 포함됐는지를 0 또는 1로 표현할 수 있는 피벗 테이블 형식으로 변환한다(※ 시간이 다소 소요됨).

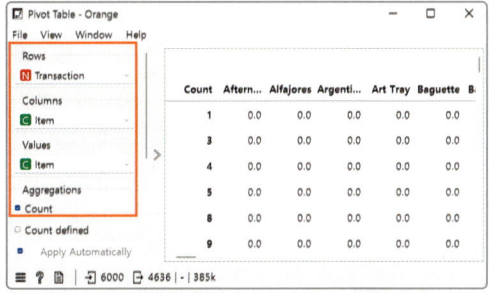

2 속성 선택

- Transform 카테고리의 [Select Columns] 위젯을 [Pivot Table] 위젯에 연결한다.

- [Select Columns] 위젯에서 총 50개의 항목 중 5개(Coffee, Bread, Tea, Pastry, Cake) 속성은 연관분석에 사용할 Features 영역으로 이동하고, 나머지 45개는 Ignored 영역에 그대로 둔다.

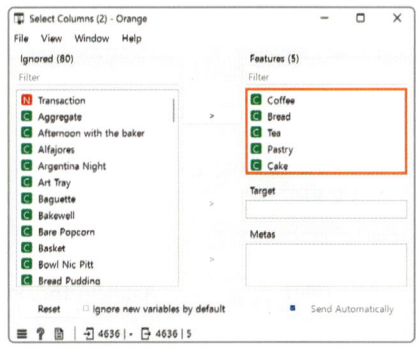

3 데이터 확인

- Data 카테고리의 [Data Table] 위젯을 [Select Columns] 위젯에 연결한다.

- 최종적으로 분석에 사용되는 데이터의 이진 매트릭스 형태를 보여 준다.

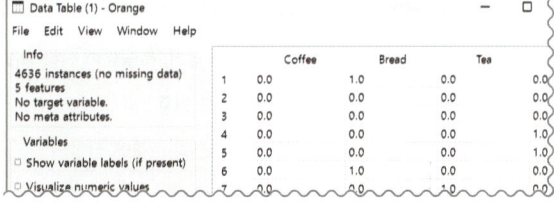

❹ 연관규칙

- Associate 카테고리의 [Association Rules] 위젯을 [Select Columns] 위젯에 연결한다.
- 각 옵션의 조건을 ❶, ❷와 같이 설정하고 결과를 확인한다.

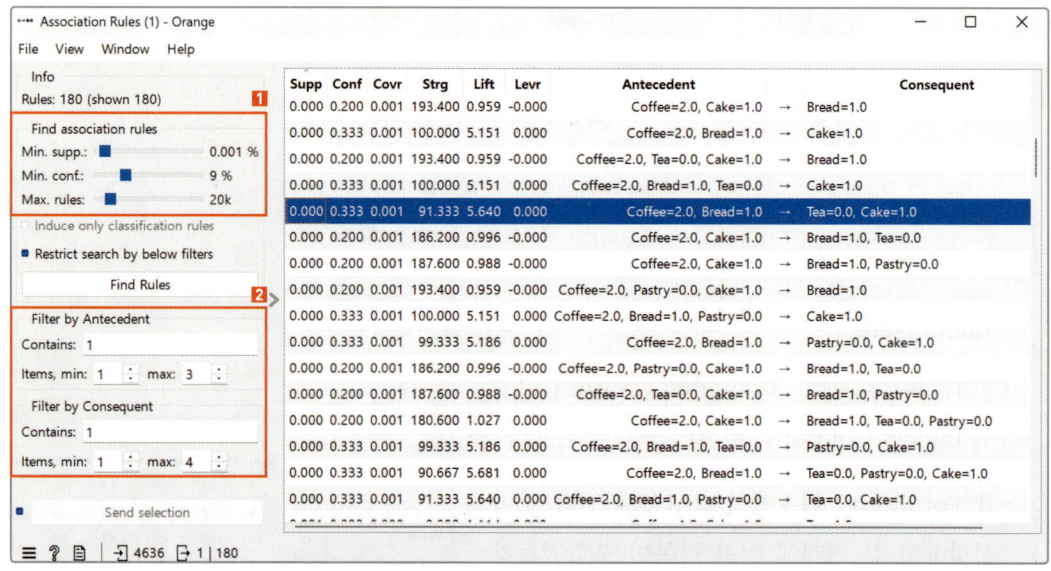

❶ Find association rules(연관규칙 설정)
- **Min. supp.(최소 지지도)**: 0.001%(전체 거래 중 최소 0.001% 이상 등장하는 규칙만 탐색)
- **Min. conf.(최소 신뢰도)**: 9%(A를 구매했을 때 B를 구매할 확률이 9% 이상인 규칙)
- **Max. rules(최대 규칙 수)**: 20k(최대 규칙 수를 20,000개로 설정)

❷ Filter by Antecedent(연관규칙 조건부) / Filter by Consequent(연관규칙 결과부)
- Filter by Antecedent는 Contains=1, min=1, max=3으로 설정한다. ⇒ 조건부(if)의 항목의 값에 1이 포함된 상품의 개수가 최소 1개, 최대 3개인 규칙이다.
- Filter by Consequent는 Contains=1, min=1, max=4로 설정한다. ⇒ 결과부(then)의 항목의 값에 1이 포함된 상품의 개수가 최소 1개, 최대 4개인 규칙이다.

> **해설** 결과 창에서 파란색으로 표시된 부분에 대한 해석이다. 현재 연관규칙은 180개 탐색되었다. Coffee=2.0→Bread=1.0→Tea=0.0 커피, Cake=1.0 커피를 2개 구매하고 빵을 1개 구매한 고객은 케이크를 구매할 가능성이 높으며, 차와 페이스트리는 구매하지 않을 가능성이 높다. 따라서 커피를 많이 사는 고객에게 케이크를 함께 추천하는 전략을 고려할 수 있다.

참고자료: Association Rules 결과가 다른 이유

다음은 전처리 방식 차이로 인해 연관규칙 결과가 달라진 핵심 요인을 정리한 것이다.

항목	Python Script 기반	Pivot Table 기반
데이터 범위	상위 50개 인기 상품만 선택	전체 거래를 일괄 변환
정제 수준	중복 제거, 빈값 제거, 불필요한 상품 제외	선택한 열만 사용하는 기본 정제
규칙 결과	적지만 핵심 규칙 위주	규칙 수가 많고 다양
활용 관점	인기 상품 중심 전략 도출에 적합	전체 구매 패턴 파악

AI 전문가 되기 — 연관분석으로 만드는 비즈니스 인사이트

과거 마케팅에서 연관분석은 '기저귀와 맥주'처럼 단순히 '무엇이 함께 팔리는가'를 발견하는 데 그쳤다. 하지만 인공지능 시대의 연관분석은 여기서 한 걸음 더 나아간다. 찾아낸 규칙을 비즈니스 성과로 직결되는 '자동화된 액션'으로 만들고, 끊임없이 학습하며 최적화하는 '운영 시스템'을 설계하는 것이 핵심이다.

- **데이터의 결을 살린 정교한 규칙 찾기**
  인공지능은 FP-Growth 같은 효율적인 알고리즘을 기반으로, 단순히 장바구니가 아닌 '고객의 접속 시간(세션)' 단위로 분석하거나 '신규/재방문 고객'처럼 그룹을 나누는 등 데이터의 숨은 결을 파악해 훨씬 정교한 규칙을 찾아낸다. 이는 모든 고객에게 동일한 규칙을 적용하는 구시대적 방식에서 벗어나, 상황과 고객 그룹에 맞는 맞춤형 전략의 기반이 된다.

- **규칙을 실제 비즈니스 액션으로 연결**
  발견된 규칙은 인공지능 시스템을 통해 구체적인 액션으로 즉시 연결된다. 예를 들어, {삼각김밥 → 바나나우유} 규칙이 유효하다면, 온라인몰에서는 두 상품을 묶어 할인 프로모션을 자동으로 생성하고, 신규 고객에게는 관련 상품 추천 로직으로 활용한다. 이때 AI는 단순히 통계 수치만 보는 것이 아니라, 상품의 재고나 수익성 같은 현실적인 비즈니스 제약까지 고려하여 가장 효과적인 액션의 우선순위를 결정한다.

- **인공지능을 통한 연관분석의 확장**
  최신 인공지능 기술은 연관분석을 거래 데이터 너머로 확장한다. 고객 리뷰나 검색어 같은 텍스트를 분석해 '감성적으로 비슷한' 상품들을 묶어 추천하거나, 상품들을 점(노드)과 관계로 연결한 '네트워크 지도'를 그려 개별 규칙에서는 보이지 않던 상품 커뮤니티(예 캠핑족 필수템)를 발견한다. 이는 대규모 테마 프로모션이나 브랜드 협업의 중요한 근거가 된다.

결론적으로, 인공지능 시대의 연관분석은 일회성 보고서가 아닌 '규칙을 발굴하고, 실행하며, 검증하고, 재학습하는' 역동적인 자동화 시스템 그 자체이다. 데이터 속에서 고객의 마음을 읽어 더 나은 경험을 제공하고 비즈니스 성장을 이끄는 것이 바로 현대 마케터의 핵심 역량이다.

정리하기

이 활동의 핵심은 연관분석으로, 대량의 거래 데이터에서 '무엇과 무엇이 함께 등장하는가'라는 규칙을 찾는 기법이다. 먼저 지지도(빈도), 신뢰도(정확성), 향상도(의미/상대적 증가)라는 세 지표의 의미를 정확히 구분해 해석하는 법을 알아보았고, 최소 지지도와 최소 신뢰도 같은 임곗값 설정이 희귀 규칙 제거와 과도한 일반 규칙 언제를 동시에 돕는다는 점을 확인하였다. 또한 Orange3에서 Pivot Table 방식과 Python Script 방식을 비교해 보았는데 Pivot Table 방식은 전체 데이터를 폭넓게 살펴 다양한 패턴을 탐색하는 데 유리하고, Python Script 방식은 상위 상품을 중심으로 분석하여 핵심적이고 실용적인 규칙을 도출하는 데 적합함을 알게 되었다. 동일한 데이터라도 전처리와 필터 기준이 다르면 규칙의 개수와 성격이 달라질 수 있으므로, 목적에 맞춰 방식을 선택하는 것이 중요함을 확인하였다.

Part 3

내가 직접 만드는
인공지능 프로젝트

Orange3로 나만의 위젯을 직접 만들어
악성 댓글을 분류하고 마이크로비트를 제어해 보자!

1 Orange3로 LLM 위젯을 만들어 볼까?
      ↳ 악성 댓글 분류하기

2 Orange3로 Microbit 위젯을 만들어 볼까?
      ↳ 마이크로비트에 표정 출력하기

Data Mining Fruitful and Fun

Orange3로 LLM 위젯을 만들어 볼까?

문제 상황

학교 커뮤니티 앱에서는 학생들이 자유롭게 의견을 나누고 일상생활을 공유할 수 있다. 하지만 최근 조롱이나 혐오 표현이 담긴 악성 댓글이 늘어나면서, 모두가 안전하게 소통할 수 있는 공간을 만드는 것이 중요한 과제가 되었다. 문장의 전체 맥락을 이해하고 표현의 의도를 분석할 수 있는 인공지능 시스템이 있다면, 댓글을 입력하는 것만으로도 악성 여부를 정밀하게 분류할 수 있을 것이다. 하지만 Orange3 프로그램에는 이러한 고도화된 언어 처리 기능을 수행할 수 있는 LLM 기반 위젯이 기본적으로 탑재되어 있지 않다.

그렇다면 우리가 직접 위젯을 만들어 악성 댓글을 분류해 보면 어떨까?

활동 미리보기

잠깐! 현재 Orange3의 텍스트 마이닝은 통계적 텍스트 분석에 초점을 맞추고 있어, 자연어의 의미를 깊이 있게 해석하거나 사용자 맞춤형 분석을 제공하는 데 한계가 있다. 이러한 한계를 보완하기 위한 새로운 LLM 위젯을 만들어 보자!

1 필수 환경 설정하기
1. 개발 환경 설치하기
2. 라이브러리 설치하기
3. 개발용 폴더 생성하기

2 예제 위젯 만들기
1. 기본 설정 파일 작성하기
2. 예제 위젯 구현하기
3. 예제 위젯 작동 확인하기

3 LLM 위젯 만들기
1. 핵심 모듈 파일 작성하기
2. LLM 위젯 구현하기
3. LLM 위젯 작동 확인하기

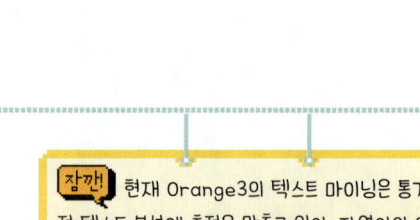

실습 ▶ 악성 댓글 분류하기

활용 인공지능 LLM

LLM이란?

LLM(Large Language Model)은 대규모 텍스트 데이터를 학습하여 자연어를 이해하고 생성하는 인공지능 모델이다. 대표적인 예로 챗GPT(ChatGPT), 클로드(Claude), 제미나이(Gemini) 등이 있으며, 이들은 수십억 개 이상의 문장을 학습하여 질문에 답하고 요약하며, 문서를 생성할 수 있는 능력을 갖추고 있다.

LLM은 전통적인 기계학습 모델과는 달리 문맥을 이해하고, 논리적 추론을 수행하며, 인간 수준의 자연스러운 언어 표현을 생성하는 데 매우 뛰어난 성능을 보인다. 이러한 특성 덕분에 LLM은 최근 교육, 연구, 소프트웨어 개발, 헬스케어, 금융 등 다양한 분야에서 빠르게 활용 영역을 확장하고 있다.

Orange3에서 LLM 활용하기

Orange3는 GUI 기반의 기계학습 워크플로 도구로, 일반적으로는 LLM처럼 대규모 모델을 직접 학습하거나 실행하는 기능은 내장되어 있지 않다. 하지만 파이썬 스크립트 위젯을 활용하면 외부 라이브러리나 API와 연동이 가능하므로, ChatGPT, GPT-5 등의 LLM을 Orange3 환경에 통합할 수 있다. 또한 사용 목적에 따라, 외부 LLM을 호출하고 결과를 시각화할 수 있는 맞춤형 사용자 정의 위젯을 추가로 개발하여 Orange3의 기능을 확장할 수 있다. 이를 통해 사용자는 자연어 분류, 요약, 감정 분석 등 고도화된 텍스트 처리 작업을 Orange3 안에서 보다 직관적으로 수행할 수 있다.

악성 댓글 분류 실습하기

▷ 데이터 수집하기
▷ 데이터 불러오기
▷ 악성 댓글 분류하기

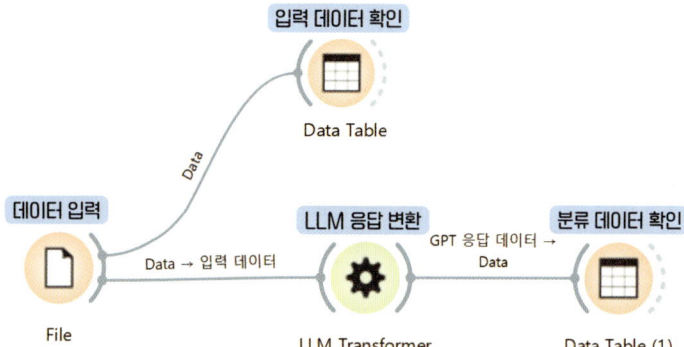

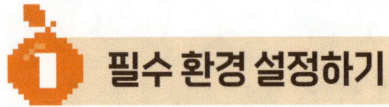 **필수 환경 설정하기**

Orange3는 위젯 기반의 데이터 분석이 편리한 프로그램이지만, 새로운 위젯을 만들거나 고급 기능을 추가하려면 별도의 개발 환경이 필요하다. 패키지 설치와 환경 관리가 편리한 PyCharm (파이참)을 기반으로 Orange3를 설치하여 위젯 개발에 필요한 필수 환경을 설정해 보자.

> Orange3에 LLM 위젯을 만들기 위한 필수 환경 설정
> 1. 개발 환경 설치하기(PyCharm, Python)
> 2. 라이브러리 설치하기(Orange3, PyQt5, OpenAI)
> 3. 개발용 폴더 생성하기(orange-addon)

1 개발 환경 설치하기

빠르고 단순한 개발 환경에서 학습자가 바로 실습할 수 있도록 설정을 최소화하여 프로그램을 설치하고, 프로젝트를 생성한다.

❶ Python이 설치되어 있지 않은 경우, Python 공식 웹사이트(https://www.python.org/)에서 권장 버전(Python 3.10~3.11)을 다운로드하여 설치한다. 본 교재에서는 Windows installer(64-bit) Python 3.11.9를 기준으로 설치한다.

❷ PyCharm 공식 웹사이트(https://www.jetbrains.com/pycharm/)에서 프로그램을 다운로드하여 설치한다.

❸ PyCharm을 실행하여 [파일]-[새 프로젝트]를 클릭한다. 인터프리터 타입을 '프로젝트 vnv'로 선택한 후, '생성'을 클릭하여 새 프로젝트를 만든다.

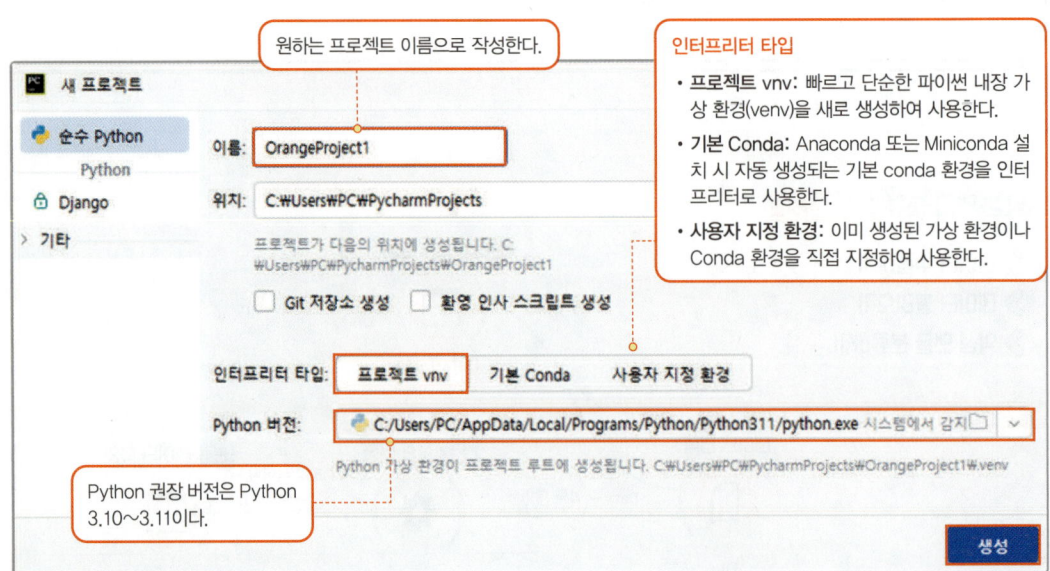

② 라이브러리 설치하기

Orange3와 LLM 기능을 활용하기 위해 필요한 Orange3, PyQt5, OpenAI 라이브러리를 설치한다.

❶ PyCharm 왼쪽 바의 아이콘에서 >_ 터미널 을 클릭하여 터미널 창을 연다.

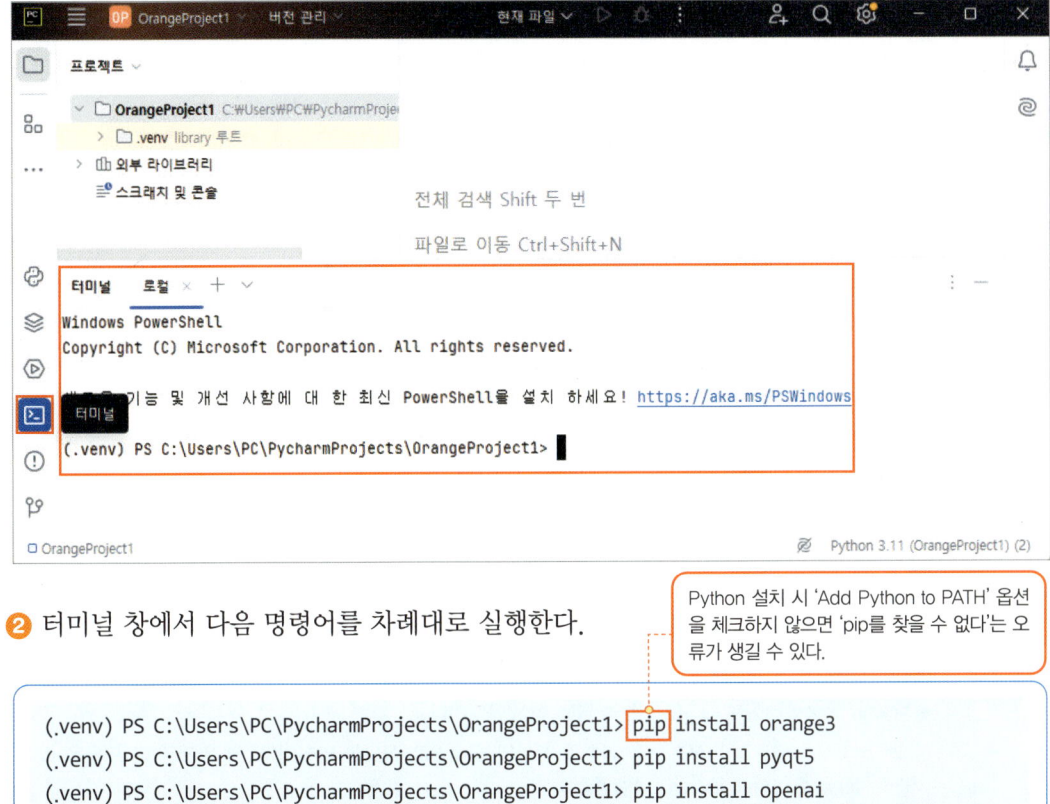

❷ 터미널 창에서 다음 명령어를 차례대로 실행한다.

> Python 설치 시 'Add Python to PATH' 옵션을 체크하지 않으면 'pip를 찾을 수 없다'는 오류가 생길 수 있다.

```
(.venv) PS C:\Users\PC\PycharmProjects\OrangeProject1> pip install orange3
(.venv) PS C:\Users\PC\PycharmProjects\OrangeProject1> pip install pyqt5
(.venv) PS C:\Users\PC\PycharmProjects\OrangeProject1> pip install openai
```

pyqt5 라이브러리 Python에서 GUI 프로그램을 만들 수 있도록 지원하는 라이브러리이다. Orange3는 사용자 인터페이스(UI)를 전부 PyQt5로 구현하며, 새로운 위젯을 만들 때 PyQt5 기반 클래스(OWWidget)를 상속한다.

openai 라이브러리 GPT, DALL-E, Whisper 등 OpenAI 모델을 Python 코드에서 사용할 수 있게 하는 공식 라이브러리이다. 복잡한 API 호출 과정을 직접 구현할 필요 없이 Python 코드만으로 GPT 모델을 쉽게 사용할 수 있다.

- (.venv): 가상 환경을 의미한다.
- C:\Users\PC\PycharmProjects\OrangeProject1: 프로젝트 위치를 의미한다.
- pip install orange3: Orange3 프로그램을 설치하는 명령어로, 이 명령을 실행하면 Orange3의 기본 기능과 필요한 종속 패키지들이 함께 설치된다.
- pip install pyqt5: 그래픽 사용자 인터페이스(GUI)를 구현하는 데 필요한 PyQt5 라이브러리를 설치하는 명령어로, Orange3에는 PyQt5가 기본 종속 패키지로 포함되지 않으므로, 별도로 설치하지 않으면 실행 오류가 발생할 수 있다.
- pip install openai: Orange3 위젯 개발 과정에서 GPT API를 호출하려면 반드시 필요하다.

3 개발용 폴더 생성하기

Orange3는 다양한 위젯을 손쉽게 찾고 설치할 수 있도록 폴더 구조 기반으로 설계되어 있다. 새로운 LLM 위젯을 Orange3에 추가하기 위해, PyCharm에서 애드온(orange-addon) 폴더를 생성한다.

▼ LLM 위젯 애드온 구조　　　　　　　　　　▼ PyCharm 폴더 구조

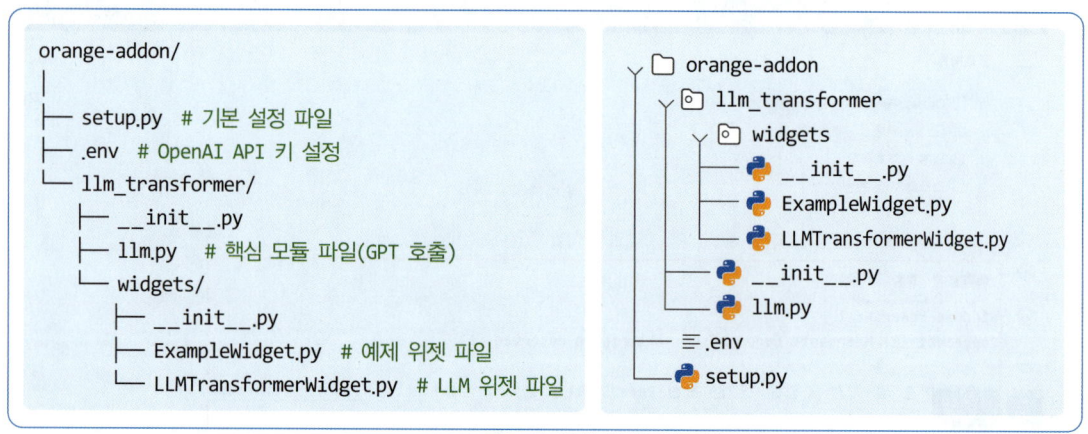

※ 실습을 모두 마치고 나면 위와 같은 완성된 애드온 형태의 폴더 구조가 만들어진다.

▼ 폴더 및 파일 설명

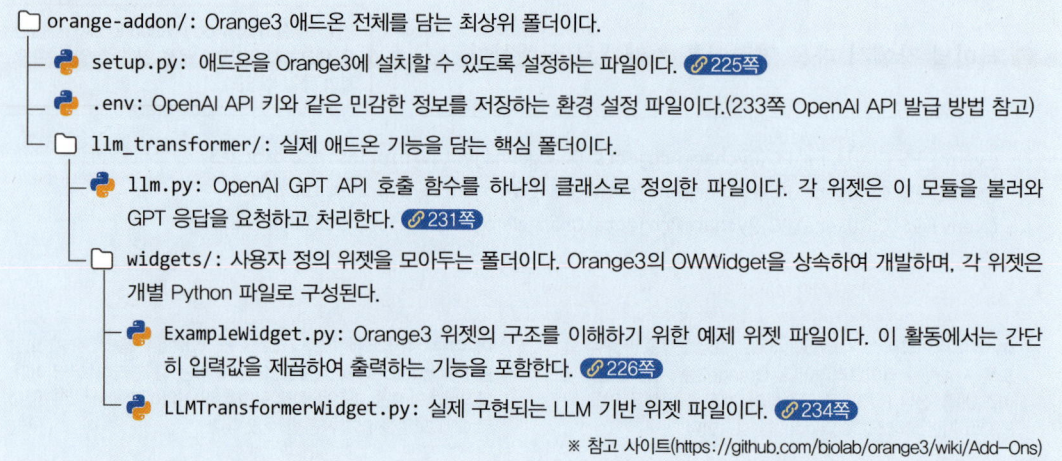

※ 참고 사이트(https://github.com/biolab/orange3/wiki/Add-Ons)

참고자료 ✻ PyCharm에서 폴더와 파일 생성 방법

- **폴더 생성:** 프로젝트 창에서 새 폴더를 만들고 싶은 위치(⑩ orange-addon)의 상위 폴더를 마우스 오른쪽 클릭한다. [새로 만들기] → [경로]를 선택하여 [디렉터리]에 폴더 이름(orange-addon)을 입력하고 Enter 키를 누른다.
- **파이썬 파일 생성:** 새로 만든 폴더(orange-addon)를 마우스 오른쪽 클릭한다. [새로 만들기] → [Python 파일]을 선택하여 파일 이름(setup.py)을 입력한다. PyCharm이 자동으로 .py 확장자를 붙여 Python 파일을 생성한다.
- **일반 파일 생성:** .env 파일처럼 특별한 용도의 일반 파일은 원하는 위치에서 마우스 오른쪽 클릭하여 [새로 만들기] → [파일]을 선택하여 직접 파일 이름(.env)을 입력한다.

2 예제 위젯 만들기

위젯 만들기의 기본 구조를 익히기 위해 입력한 텍스트 데이터를 대문자로 변환해 주는 예제 위젯을 만들어 보자.

1 기본 설정 파일 작성하기

예제 위젯을 구현하기 전에 새로운 위젯을 등록하기 위한 기본 정보를 담은 'setup.py' 파일을 작성한다.

orange-addon/setup.py

```python
1   from setuptools import setup, find_packages
2   
3   setup(
4       name = 'LLM Transformer',  # 애드온 이름
5       version = '0.1',  # 애드온 버전
6       description = 'Orange3 LLM 기반 사용자 정의 위젯입니다.', # 애드온 설명
7       packages = find_packages(),
8       include_package_data = True,
9       # 위젯을 사용하기 위해 필요한 라이브러리 확인
10      install_requires = ['Orange3', 'OpenAI', 'PyQt5'],
11      entry_points = {
12          # 위젯 그룹 등록
13          # LLM Widgets라는 그룹에
14          # llm_transformer.widgets 안에 있는 위젯이 자동으로 포함
15          'orange.widgets':[
16              'LLM Widgets = llm_transformer.widgets',
17          ]
18      },
19  )
```

'LLM Widgets' → Orange3 캔버스에서 표시될 카테고리 이름

1줄	• setuptools는 파이썬 패키지 설정 및 배포를 위한 표준 도구이다. • find_packages는 현재 폴더 내에서 __init__.py가 있는 모든 서브 패키지를 자동으로 찾아 리스트로 반환한다.
8줄	현재 폴더부터 시작하여 모든 하위 폴더 중 파이썬 패키지(__init__.py가 있는 폴더)를 자동으로 찾아 설치 대상에 포함시킨다.
10줄	이 애드온이 작동하기 위해 반드시 필요한 외부 패키지들을 명시한다. 즉, Orange3 위젯 엔진인 'Orange3', ChatGPT API 호출을 위한 'OpenAI', Orange3 GUI를 위한 필수 라이브러리인 'PyQt5'이다.
11~18줄	• Orange3는 여기 정의된 entry_points를 통해 위젯을 자동으로 불러온다. • 'orange.widgets'은 Orange3가 위젯을 검색할 때 사용하는 위젯 전용 식별 그룹 이름이다. • 'LLM Widgets'는 Orange3 캔버스 상에서 사용자 위젯들이 표시될 카테고리 이름이다. • 'llm_transformer.widgets'는 해당 패키지 내부에서 실제 위젯 모듈들이 정의된 경로이다.

② 예제 위젯 구현하기

실제 LLM 위젯을 구현하기 전에 예제 위젯 파일인 'ExampleWidget.py'를 작성하여 위젯의 입출력 처리 흐름을 살펴본다.

▼위젯의 기본 구성 요소

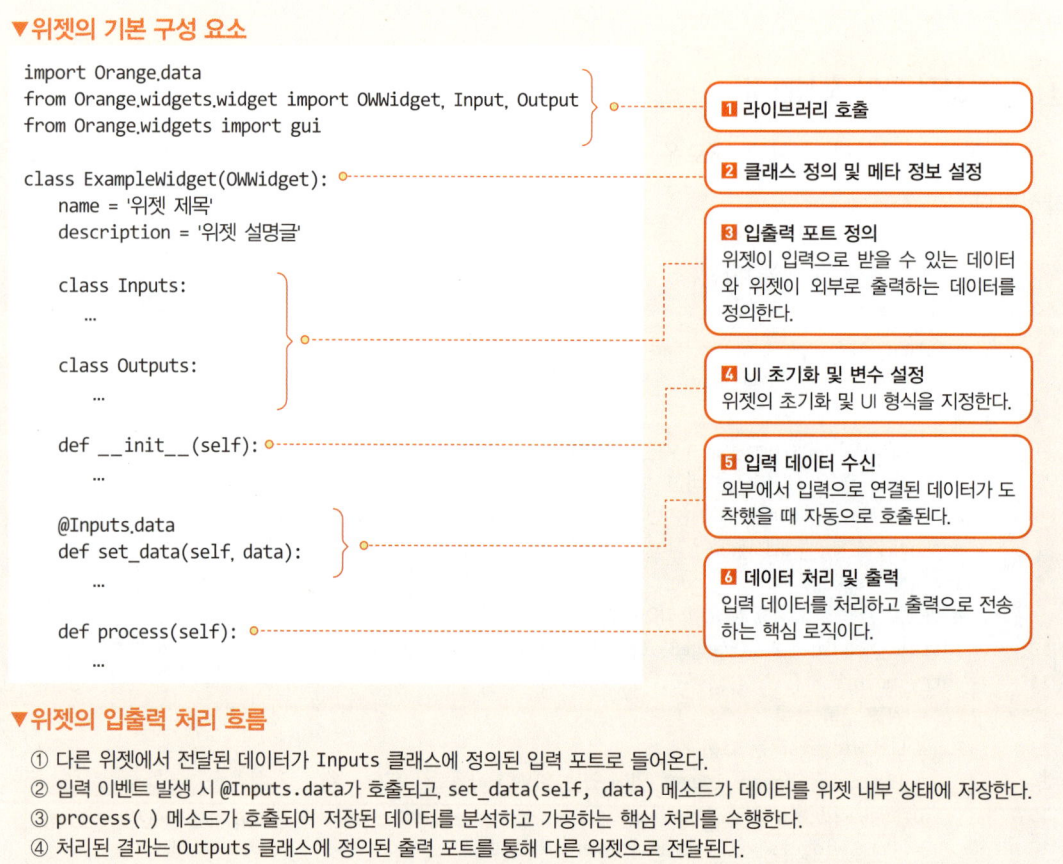

▼위젯의 입출력 처리 흐름

① 다른 위젯에서 전달된 데이터가 Inputs 클래스에 정의된 입력 포트로 들어온다.
② 입력 이벤트 발생 시 @Inputs.data가 호출되고, set_data(self, data) 메소드가 데이터를 위젯 내부 상태에 저장한다.
③ process( ) 메소드가 호출되어 저장된 데이터를 분석하고 가공하는 핵심 처리를 수행한다.
④ 처리된 결과는 Outputs 클래스에 정의된 출력 포트를 통해 다른 위젯으로 전달된다.

1 라이브러리 호출

Orange3 위젯 개발에 필요한 데이터 구조(Orange.data), 위젯 정의 및 입출력(OWWidget, Input, Output), 그리고 GUI 구성 라이브러리를 불러온다.

orange-addon/llm_transformer/widgets/ExampleWidget.py

```
1  import Orange.data  # Orange3의 데이터 구조와 도메인 정의
2  from Orange.widgets.widget import OWWidget, Input, Output  # 입출력 정의
3  from Orange.widgets import gui  # Orange3에서 제공하는 GUI 도구 모음 라이브러리
4
```

- Orange.data: Orange3에서 사용하는 데이터 객체(例 Table, Domain, Variable 등)를 다루는 모듈이다. 이 모듈을 통해 입력 데이터 구조를 정의하고, 위젯 간 데이터를 주고받을 수 있다.
- OWWidget: Orange3의 모든 사용자 정의 위젯의 기반 클래스이다.
- Input, Output: 다른 위젯과 연결하기 위한 데이터 입출력 포트를 정의하는 데 사용한다.

2 클래스 정의 및 메타 정보 설정

클래스를 정의하고 위젯의 이름, 설명, 정렬 순서를 설정한다.

```
5   class ExampleWidget(OWWidget):  # OWWidget 클래스 상속
6       name = 'Example Widget'  # 위젯 이름
7       description = '사용자 정의 Orange3 위젯'  # 위젯 설명(툴팁 등에 표시)
8       priority = 10    # 위젯 목록에서 정렬 순서(숫자가 작을수록 상단에 위치)
9
```

- priority = 10: 위젯 그룹 내 정렬 순서를 지정한다. 숫자가 작을수록 더 위에 표시되며, 같은 그룹 안에서의 배치 위치를 제어할 수 있다. 예를 들어, priority = 1이면 가장 위에 올 수 있다는 의미이다.

3 입출력 포트 정의

- '입력 데이터'를 통해 Orange3의 테이블 형식 데이터를 [File] 위젯으로부터 수신한다.
- '출력 데이터'로 변환된 데이터(GPT 응답)를 외부([Data Table] 위젯)에 전달한다.

```
10      class Inputs:
11          data = Input('입력 데이터', Orange.data.Table)
12
13      class Outputs:
14          transformed_data = Output('출력 데이터', Orange.data.Table)
15
```

- Inputs 클래스: 외부에서 위젯으로 들어오는 입력 데이터 포트를 정의한다.
- Outputs 클래스: 위젯에서 외부로 나가는 출력 데이터 포트를 정의한다.
- Input('입력 데이터', Orange.data.Table): '입력 데이터'라는 이름으로 Orange.data.Table 형식의 데이터를 수신한다.
- Output('출력 데이터', Orange.data.Table): '출력 데이터'라는 이름으로 Orange.data.Table 형식의 데이터를 전송한다.

4 UI 초기화 및 변수 설정

__init__ 메소드에서는 위젯이 실행될 때 오류 없이 동작할 수 있도록 변수를 초기화하고, 사용자가 직접 기능을 실행할 수 있도록 UI 버튼을 추가한다.

```
16      def __init__(self):
17          super().__init__()  # OWWidget의 초기화 수행
18          self.data = None    # 입력받은 원본 데이터를 저장할 변수 초기화
19          self.result = None  # 처리 후, 결과 데이터를 저장할 변수 초기화
20
21          # UI 추가(버튼 생성)-사용자가 원할 때 수동으로 재처리 가능
22          gui.button(self.controlArea, self, '텍스트 대문자 변환', callback = self.process)
23
```

- self.data = None: 외부 입력 데이터를 임시로 저장할 변수(입력 포트 Inputs.data에 연결됨)이다.
- self.result = None: 내부 처리 후, 결과 데이터를 저장할 변수(출력 포트 Outputs.transformed_data에 연결됨)이다.
- gui.button(···): Orange3 위젯 왼쪽 패널에 '텍스트 대문자 변환' 버튼을 생성하며, 생성된 버튼을 클릭하면 self.process( ) 메소드가 실행된다.

5 입력 데이터 수신

입력이 들어오면 self.data에 저장하고 자동으로 process( )를 실행한다. Orange3 위젯은 이벤트 기반이므로 이와 같이 데이터 수신 시 바로 처리하도록 설계가 가능하다.

```
24    @Inputs.data    # @을 읽는 방법: 데코레이터, 데이터가 입력되면 자동으로 set_data 호출
25    # 입력 데이터를 수신하고 자동으로 처리 시작
26    def set_data(self, data):
27        self.data = data
28        self.process()
29
```

6 데이터 처리 및 출력

- process( ) 메소드는 입력으로 받은 데이터에서 문자열 메타 정보를 추출한 후, 이를 모두 대문자로 변환한다.
- 변환된 결과는 self.result에 저장되며, Outputs.transformed_data.send( )를 통해 위젯 밖으로 전달된다.

```
30    # 텍스트 대문자 변환 수행
31    def process(self):
32        if self.data:
33            # 입력 데이터에서 문자열 메타 추출
34            string_meta_indices = [
35                idx for idx, var in enumerate(self.data.domain.metas)
36                if isinstance(var, Orange.data.StringVariable)
37            ]
38            # 각 행에서 문자열 메타 데이터를 결합
39            texts = [
40                ' '.join(str(row.metas[idx]) for idx in string_meta_indices if row.metas[idx] is not None)
41                for row in self.data
42            ]
43
44            # 모두 대문자로 변환
45            transformed_texts = [t.upper() for t in texts]
46
47            # 새로운 Orange3 Table 생성
48            new_domain = Orange.data.Domain([], metas = [Orange.data.StringVariable('Transformed Text')])
49            self.result = Orange.data.Table(new_domain, [[t] for t in transformed_texts])
50
51            # 결과 데이터를 출력 포트로 전송
52            self.Outputs.transformed_data.send(self.result)
```

> 수치형, 범주형 변수 외에 추가 정보로 저장된 열들을 의미한다.

- string_meta_indices: 데이터 도메인에서 문자열 메타 속성의 위치를 찾아, 이후 텍스트만 추출한다.
- texts 리스트: 각 행의 문자열 메타 데이터와 공백을 하나로 합쳐, 위젯이 처리할 원본 텍스트 데이터를 구성한다.
- transformed_texts: 모든 문자열을 대문자로 변환하여, 단순하지만 직관적인 텍스트 처리 과정을 보여 준다.
- self.result: 새로운 Orange.data.Table을 생성하여 변환된 텍스트를 저장하고, 이를 출력 포트로 전달해 다른 위젯과 연결할 수 있도록 한다.

③ 예제 위젯 작동 확인하기

orange-addon 폴더를 Orange3 환경에 연동하여 구현한 예제 위젯이 제대로 작동하는지 확인한다.

❶ 애드온 연동

터미널 창에서 다음 명령어를 실행하여 애드온을 Orange3에 연동한다.

```
(.venv) PS C:\Users\PC\PycharmProjects\OrangeProject1> cd orange-addon
(.venv) PS C:\Users\PC\PycharmProjects\OrangeProject1\orange-addon> pip install -e .
```

명령어 실행 후, 디렉터리 폴더에 'LLM_Transformer.egg-info/' 폴더가 생겼는지 확인한다.

▼ LLM_Transformer.egg-info/ 폴더 구조

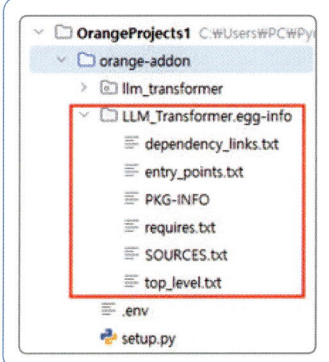

※ 명령어 실행 후, 생성되는 LLM_Transformer.egg-info/ 폴더는 파이썬 패키지 설치 과정에서 생기는 메타 데이터 저장소로, 애드온의 이름, 버전, 구성 정보를 관리한다.

- dependency_links.txt: 외부 의존성이 있는 경우 링크 정보 기록
- entry_points.txt: Orange3에 위젯 그룹을 연결한 정보
- PKG-INFO: 패키지 이름, 버전, 설명 등 setup( )에서 지정한 메타 정보
- requires.txt: 의존 패키지 정보(예 Orange3, PyQt5, OpenAI 등)
- top_level.txt: 최상위 import 가능한 모듈 이름 정보

❷ Oragne3에서 작동 확인

- 정상적으로 애드온이 설치되었다면, 다음 명령어를 입력해 Orange3 실행 환경(Orange Canvas)을 시작한다.

```
(.venv) PS C:\Users\PC\PycharmProjects\pythonProject1\orange-addon> orange-canvas
```

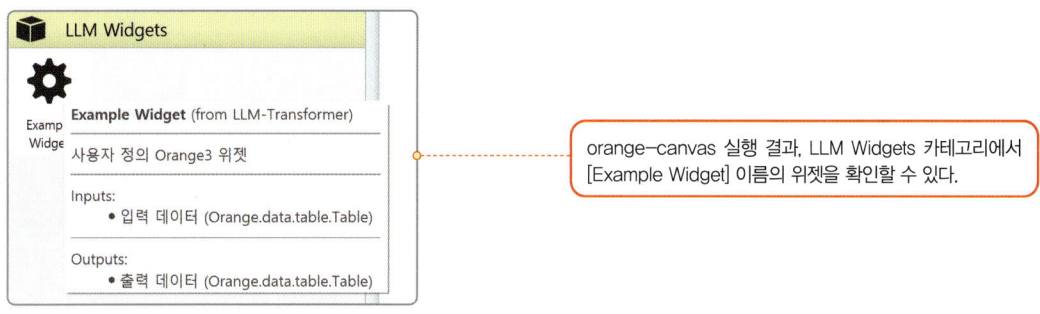

orange-canvas 실행 결과, LLM Widgets 카테고리에서 [Example Widget] 이름의 위젯을 확인할 수 있다.

- Orange3 메뉴에서 [Options]-[Add ons...]를 클릭하여 카테고리가 정상적으로 설치되었는지 확인한다.

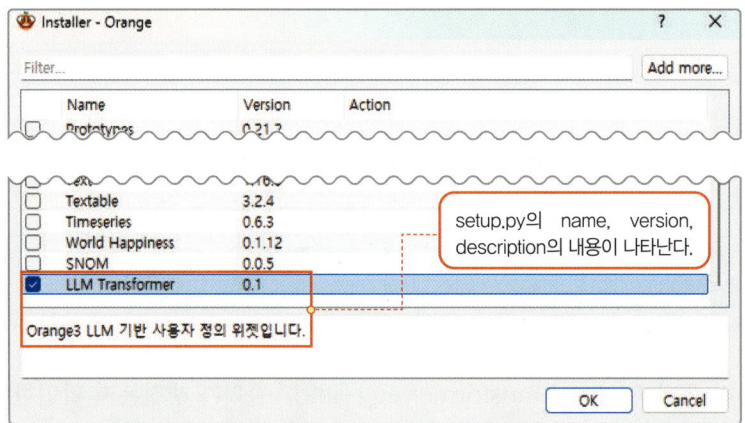

- Data 카테고리의 [File] 위젯으로 zoo 데이터셋을 불러와 LLM Widgets 카테고리의 [Example Widget] 위젯에 연결한다.
- [Example Widget] 위젯이 입력 데이터를 받아 동물 이름(name)을 모두 대문자로 변환한 결과는 [Data Table] 위젯을 연결하여 확인한다.

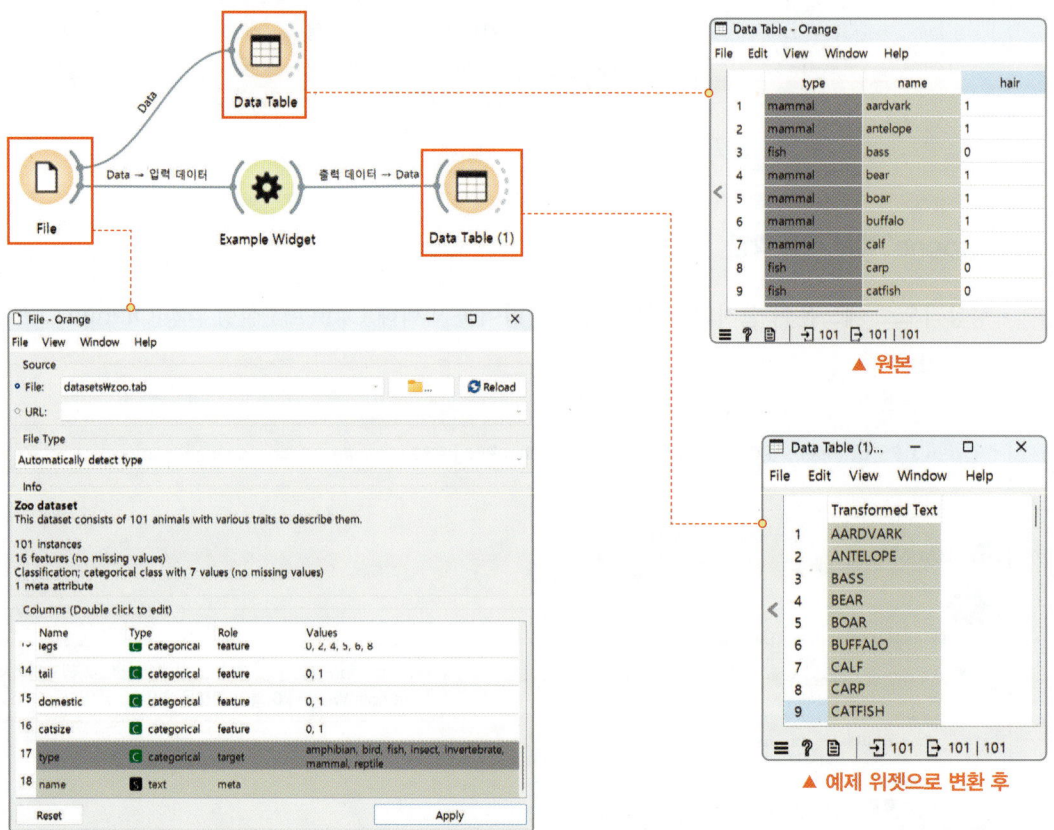

230 Part 3. 내가 직접 만드는 인공지능 프로젝트

③ LLM 위젯 만들기

본격적으로 Orange3 환경 내에서 GPT 모델과 연동하여 텍스트 데이터를 받아 응답을 생성하는 LLM 위젯을 만들어 보자.

1 핵심 모듈 파일 작성하기

❶ 사용자가 입력한 프롬프트와 데이터를 GPT에 전달하고 응답을 받아오는 LLM 클래스를 'llm.py'에 작성한다. 이 모듈은 위젯과 생성형 언어 모델을 연결하는 핵심 처리부로, 위젯에서는 LLM.get_response(prompt, texts)처럼 호출해 문자열 리스트를 결과로 받는다.

orange-addon/llm_transformer/llm.py

```python
import os    # 환경 변수(.env)에서 API 키를 불러오기 위한 시스템 모듈
from openai import OpenAI  # OpenAI의 Python API 클라이언트
from dotenv import load_dotenv    # .env 파일에서 API키를 불러오기 위해 사용

# GPT 모델을 호출하고 응답을 받아오는 클래스
class LLM:
    # API 키를 불러와 OpenAI 클라이언트 초기화
    def __init__(self):
        load_dotenv()  # .env 파일을 불러와 환경 변수로 등록
        api_key = os.getenv('OPENAI_API_KEY')  # 키 이름에 해당하는 값 로드
        self.openai_client = OpenAI(api_key = api_key)

    # GPT 응답 생성 메소드
    def get_response(self, prompt, data_list):
        # GPT의 응답을 받아서 그대로 반환
        results = []
        for data in data_list:
            try:
                response = self.openai_client.chat.completions.create(
                    model = 'gpt-4o-mini',
                    messages = [
                        {'role' : 'system', 'content' : prompt},
                        {'role' : 'user', 'content' : str(data)},
                    ],
                    temperature = 0,
                )
                results.append(response.choices[0].message.content.strip())

            except Exception as e:
                results.append(f'Error: {str(e)}')  # 오류 발생 시 메시지 추가

        return results
```

> ModuleNotFoundError: No module named 'dotenv' 오류가 발생하는 경우, 이는 dotenv 모듈이 설치되지 않았기 때문이며, 터미널에서 pip install python-dotenv 명령어를 실행하면 문제를 해결할 수 있다.

> ChatGPT 무료 사용자는 API를 사용할 수 없다. 'gpt-4o-mini'는 최신 GPT-4o 아키텍처 기반의 경량 모델로, 'gpt-3.5-turbo'보다 성능이 우수하고 API 비용이 저렴하여 실습 환경에 적합하다. 이 외에도 GPT-5 계열 등 다양한 모델이 제공되므로, 예산과 필요한 성능에 따라 선택하면 된다.

메시지 역할(role)
- system: 모델의 전반적인 행동 지침(말투, 역할, 제한 조건 등)을 설정 ⓔ "너는 친절한 선생님이야.", "결과를 JSON으로 요약해."
- user: 사용자가 모델에게 입력한 요청이나 질문 ⓔ "이 문단을 요약해 줘.", "표로 정리해 줘."

1~3줄	.env 파일에서 API 키를 불러오고 OpenAI를 사용하는 데 필요한 모듈들을 불러온다.
8~11줄	.env 파일에 저장된 OPENAI_API_KEY를 불러와 OpenAI 객체를 생성한다. openai 라이브러리의 버전에 따라 OpenAI(api_key=...) 방식이 다르게 작동할 수 있으므로 라이브러리의 버전을 확인한다.
14줄	prompt는 시스템 메시지(지시 역할)에 해당하며, data_list는 사용자 입력으로 보낼 여러 개의 텍스트 데이터(예 댓글 목록)이다.
19~20줄	chat.completions.create(...)를 통해 GPT 모델(gpt-4o-mini)을 호출한다.
21~24줄	system 메시지는 GPT의 전반적 역할 지시이며, user 메시지는 실제 입력값이다.
27줄	response.choices[0].message.content는 GPT 응답 본문이다.
32줄	GPT 응답을 리스트 형태로 반환[응답1, 응답2, ..., 오류 메시지] 형태)한다.

❷ 'llm.py' 파일 작성이 끝났다면 해당 모듈을 불러와 코드를 실행하고 GPT 응답이 정상적으로 반환되는지 간단한 테스트 코드(test_llm.py)를 통해 확인한다.

orange-addon/llm_transformer/test_llm.py

```
1  from llm import LLM          # llm.py에서 정의한 LLM 클래스를 불러오기
2
3  llm = LLM() # LLM 객체 생성
4  prompt = '다음 문장을 영어로 번역해 주세요.'   # GPT에 전달할 지시문
5  data_list = ['안녕하세요.', '저는 학생입니다.']  # 변환 대상인 입력 데이터 리스트
6
7  results = llm.get_response(prompt, data_list) # LLM 클래스의 get_response 메소드를 호출
8  for i, r in enumerate(results, start = 1):  # 결과 리스트를 순회하면서 응답을 번호와 함께 출력
9      print(f'[응답 {i}] {r}')
```

> [응답 1] Hello!
> [응답 2] I am a student

❸ 실행할 지시문을 prompt 변수에 저장하고, 변환 대상인 입력 데이터 텍스트 리스트를 data_list에 저장한다. llm 객체의 get_response( ) 메소드에 두 개의 매개 변수를 전달한 후, 그 응답을 results 변수에 받아 출력하여 LLM 클래스가 잘 작동하고 있음을 확인한다.

해보기

프롬프트와 입력 데이터를 원하는 주제로 작성한 후, 어떤 결과가 나오는 출력 결과 칸에 작성해 보자.

```
1  from llm import LLM
2
3  llm = LLM()
4  prompt = "                    "
5  data_list = [ "          ", "          " ]
6
7  results = llm.get_response(prompt, data_list)
8  for i, r in enumerate(results, start = 1):
9      print(f "[응답 {i}] {r}")
```

> [응답 1] _____
> [응답 2] _____

OpenAI API 발급 방법

LLM 위젯이 외부 OpenAI 서버와 통신하기 위해 필요한 API 키의 발급 방법을 알아보자.

❶ OpenAI 계정 만들어 로그인하기
- https://platform.openai.com 접속한다.
- 구글 계정, 마이크로소프트 계정 또는 이메일로 회원 가입 후 로그인한다.

❷ API 키 발급하기
- 로그인 후, 오른쪽 상단 프로필 아이콘 > Your profile을 클릭한다.
- 왼쪽 메뉴에서 API keys 메뉴를 선택한다. 또는 https://platform.openai.com/api-keys에 접속한다.
- `+ Create new secret key` 버튼을 클릭한다.

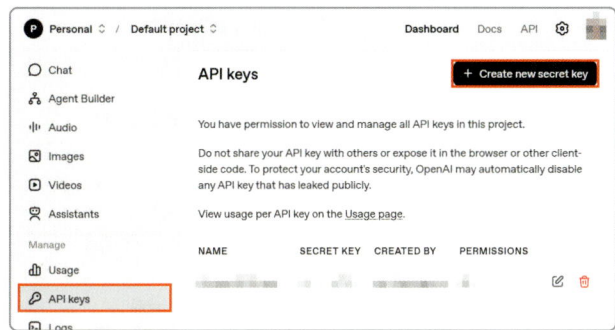

- 원하는 이름(Name)을 입력한 뒤 `Create secret key` 버튼을 클릭한다.
- 생성된 키는 한 번만 전체 표시되므로 안전한 곳에 복사해 보관한다.
- 프로젝트의 .env 파일에 생성한 키를 OPENAI_API_KEY=sk-xxxx... 형태로 저장한다.

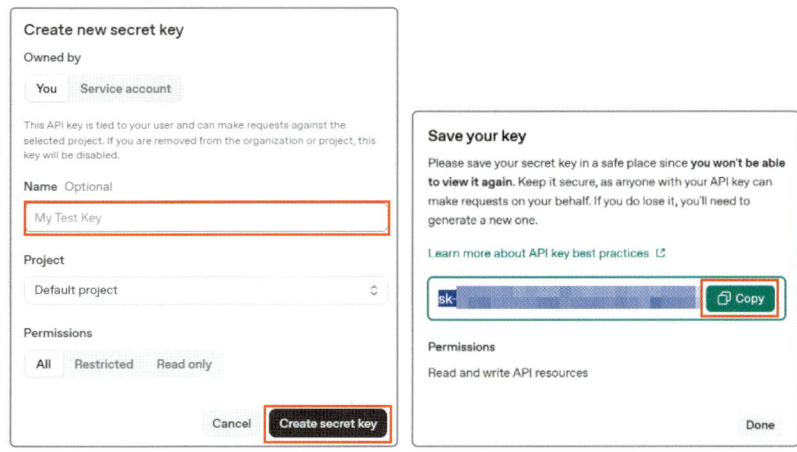

※ 주의 사항
- 키는 비밀 값이므로 외부에 공개하지 않아야 한다. 깃허브, 블로그, 노션 등 공유 문서에 직접 올리지 않는다. (키 유출 시 반드시 폐기)
- OpenAI API 사용 시, Usage(사용량) 탭을 통해 실시간 토큰 사용량과 과금 내역을 반드시 확인한다. 사용량이 초과되면 API 호출이 자동 중단될 수 있으며, 무료 크레딧 기간이 만료된 계정은 요금이 즉시 부과된다.

2 LLM 위젯 구현하기

앞서 작성한 LLM 클래스를 이용해 'LLMTransformerWidget.py' 파일을 작성하여 LLM 응답 변환 위젯을 구현한다.

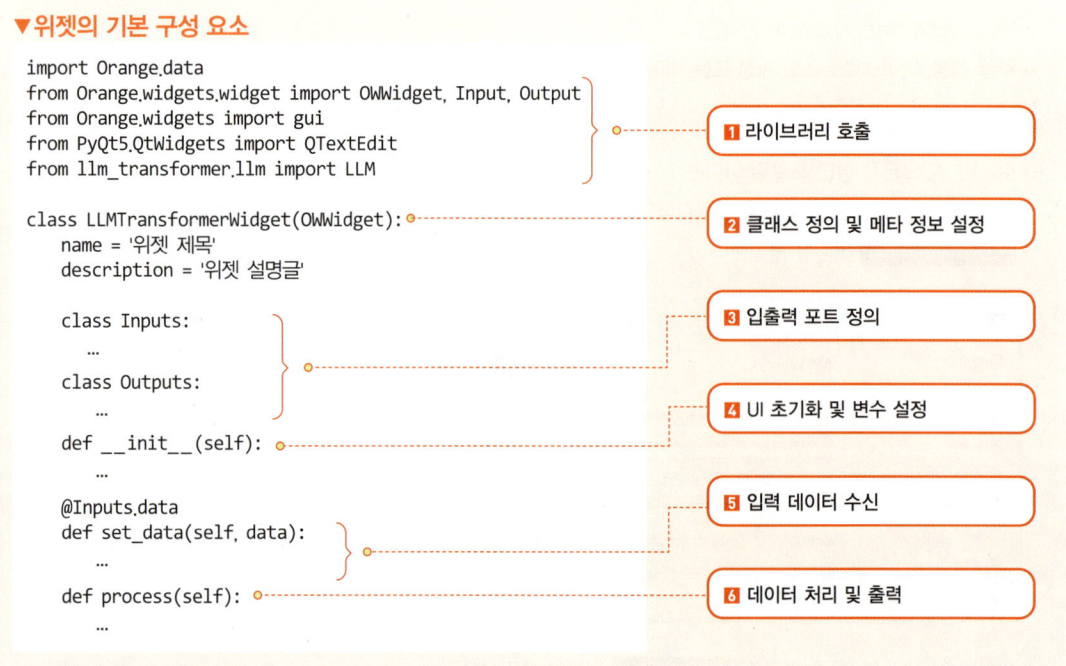

1 라이브러리 호출

llm_transformer/llm.py 파일 안에 정의된 LLM 클래스를 불러온다.

```
orange-addon/llm_transformer/widgets/LLMTransformerWidget.py
1  import Orange.data # Orange3에서 사용하는 데이터 구조와 도메인 정의
2  from Orange.widgets.widget import OWWidget, Input, Output
3  from Orange.widgets import gui # Orange3에서 제공하는 GUI 도구 모음 라이브러리
4  from PyQt5.QtWidgets import QTextEdit # PyQt5의 위젯 중 하나인 QTextEdit를 불러옴
5  from llm_transformer.llm import LLM
6
```

– PyQt5 위젯은 개발자가 위젯(UI 구성 요소)을 만들 때 내부적으로 사용하는 도구로, 사용자는 Orange3 실행 화면에서 PyQt5 위젯 이름을 직접 볼 수 없다.

2 클래스 정의 및 메타 정보 설정

Orange3 위젯의 기본 클래스인 OWWidget를 상속받고, 위젯 이름과 설명을 설정한다.

```
7   class LLMTransformerWidget(OWWidget):
8       name = 'LLM Transformer' # 위젯 이름
9       description = 'GPT API를 통해 입력 데이터를 변환하는 Orange3 위젯'
10      priority = 10
11
```

3 입출력 포트 정의

- Inputs 클래스에서는 Oragne3의 테이블 형식 데이터를 입력받는다.
- Outputs 클래스에서는 GPT 응답을 다시 테이블 형태로 출력한다.

```
12    class Inputs:
13        text_data = Input('입력 데이터', Orange.data.Table)
14
15    class Outputs:
16        predict_data = Output('GPT 응답 데이터', Orange.data.Table)
17
```

4 UI 초기화 및 변수 설정

__init__ 메소드에서 입출력창, 변환 버튼 등 UI를 배치하고, 기본 프롬프트와 결과 표시 설정 및 입력 데이터를 저장할 변수를 초기화한다.

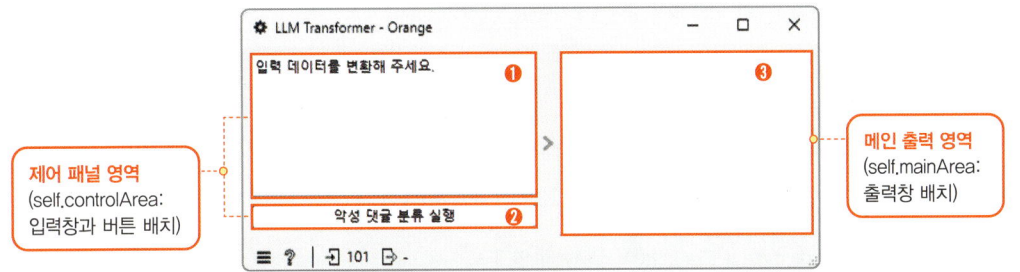

```
18    def __init__(self):
19        super().__init__()  # OWWidget의 초기화 수행
20
21        self.prompt = '입력 데이터를 변환해 주세요.'  # 기본 프롬프트 문자열 설정
22        self.prompt_input = QTextEdit(self.controlArea)  # 텍스트 입력 박스 추가
23        self.prompt_input.setPlainText(self.prompt)
24        self.prompt_input.setPlaceholderText('여기에 프롬프트를 입력하세요...')
25        self.prompt_input.setMinimumHeight(100)
26        self.controlArea.layout().addWidget(self.prompt_input)
27
28        self.transform_button = gui.button(
29            self.controlArea, self, '악성 댓글 분류 실행', callback = self.process
30        )
31        self.transform_button.setDisabled(True)
32
33        self.result_text = ''
34        self.result_display = QTextEdit()
35        self.result_display.setReadOnly(True)
36        self.mainArea.layout().addWidget(self.result_display)
37
38        # 외부 입력 포트(Inputs.text_data)로부터 수신한 데이터를 저장할 변수
39        self.text_data = None
40        self.orig_table = None     # 원본 Table 보관
41
```

❶ 입력 텍스트 박스

23줄	기본 프롬프트 텍스트('입력 데이터를 변환해 주세요.')를 QTextEdit에 채워 넣는다.
24줄	입력 창에 표시될 회색 안내 문구(Placeholder)를 설정하여 사용자에게 입력을 유도한다.
25줄	텍스트 입력창의 최소 높이를 100px로 설정한다.
26줄	생성한 입력창(QTextEdit)을 왼쪽 제어 영역에 추가한다.

❷ 버튼

28~30줄	'악성 댓글 분류 실행' 버튼을 생성하고, process( ) 메소드를 연결한다. 초기에는 입력 데이터가 없기 때문에 버튼이 비활성화된다.
31줄	처음에는 입력 데이터가 없으므로 비활성화 상태로 둔다.

❸ 출력 텍스트 박스

33줄	변환 결과를 문자열 형태로 임시 저장할 변수이다.
34줄	출력 전용 QTextEdit 창을 생성한다.
35줄	결과 출력창은 읽기 전용으로 편집 불가능하게 설정한다.
36줄	결과창을 오른쪽 메인 출력 영역에 추가한다.

5 입력 데이터 수신

set_data( )는 Orange3 위젯의 입력 포트로부터 데이터가 들어왔을 때 실행되며, 들어온 데이터를 GPT가 처리할 수 있는 형태(문자열 리스트)로 전처리한다.

```
42    @Inputs.text_data  # 외부 위젯에서 데이터 연결 시 자동으로 set-data 호출
43    def set_data(self, data):  # data: Orange.data.Table 객체, 표 형태의 데이터
44        if isinstance(data, Orange.data.Table):  # Orange.data.Table 타입일 때만 처리
45            self.orig_table = data    # 원본 table 저장
46
47            string_meta_indices = [
48                idx for idx, var in enumerate(data.domain.metas)
49                if isinstance(var, Orange.data.StringVariable)
50            ]
51
52            data = [
53                ' '.join(str(row.metas[idx]) for idx in string_meta_indices)
54                for row in data
55            ]
56
57            self.text_data = data
58            self.transform_button.setDisabled(False)
59
```

수치형, 범주형 변수 외에 추가 정보로 저장된 열들을 의미한다.

42~43줄	@input.text_data는 Orange3 위젯의 입력 이벤트 핸들러를 등록하는 데코레이터(decorator)이다. 데이터가 입력 포트를 통해 들어올 때, 자동으로 set_data( ) 가 호출되어 위젯 내부 상태를 갱신한다.
47~50줄	Orange3의 Table 객체에서 메타 속성 중 문자열 변수만 골라낸다. 문자열 처리에 적합한 변수만 골라내는 전처리 역할을 한다.
52~55줄	각 행의 문자열 메타 속성들만 공백으로 연결하여 하나의 문장으로 만든다. 이 과정의 결과는 List[str] 형태의 데이터이며, GPT API에 직접 전달할 수 있는 형태가 된다.

6 데이터 처리 및 출력

Orange3 위젯에서 사용자가 '악성 댓글 분류 실행' 버튼을 눌렀을 때 실행되며, GPT API를 호출하여 입력 데이터를 변환하고, 결과를 출력 및 전송한다.

```
60  def process(self):
61      self.prompt = self.prompt_input.toPlainText()  # GPT 호출시 system 메시지의 프롬프트로 사용
62      # 결과 데이터를 저장할 Orange Table의 도메인(domain) 정의
63      domain = Orange.data.Domain([], metas=[Orange.data.StringVariable('pred_label')])
64
65      llm = LLM()   # LLM 인스턴스 생성과 OpenAI API 호출
66      results = llm.get_response(self.prompt, self.text_data)  # 프롬프트와 입력 데이터를 LLM에 전달
67      predict_data = Orange.data.Table(domain, [[str(result)] for result in results])
68
69      if self.orig_table is not None:
70          in_dom = self.orig_table.domain
71          predict_var = Orange.data.StringVariable('pred_label')
72          new_dom = Orange.data.Domain(
73              attributes = in_dom.attributes,
74              class_vars = in_dom.class_vars,
75              metas = in_dom.metas + (predict_var,)
76          )
77          out_table = Orange.data.Table.from_table(new_dom, self.orig_table)
78          for i, r in enumerate(results):
79              out_table[i, predict_var] = str(r)
80
81          self.Outputs.predict_data.send(out_table)  # 합본 테이블로 출력
82      else:
83          # Orange Table 데이터를 Output 포트(Predict_data)를 통해 다른 위젯으로 전달
84          self.Outputs.predict_data.send(predict_data)
85
86      self.result_text = '\n'.join(results)
87      self.result_display.setPlainText(self.result_text)  # 결과 출력창(QTextEdit)에 표시
```

③ LLM 위젯 작동 확인하기

LLM 위젯을 Orange3에서 실행하기 위해 터미널을 이용해 다음 명령어를 실행하여 애드온을 설치하고, Orange3 실행 환경(Orange Canvas)에서 위젯을 열어 테스트해 본다.

```
(.venv) PS C:\Users\PC\PycharmProjects\OrangeProject1\orange-addon> pip install -e .
(.venv) PS C:\Users\PC\PycharmProjects\OrangeProject1\orange-addon> orange-canvas
```

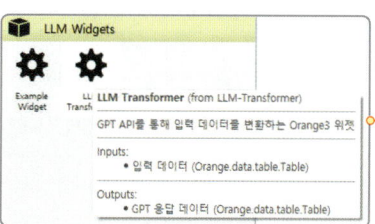

실행 결과, LLM Widgets 카테고리에 [LLM Transformer] 이름의 위젯이 추가되었음을 확인할 수 있다.

악성 댓글 분류 실습하기

앞에서 만든 [LLM Transformer] 위젯을 활용하여 온라인에서 발생하는 악성 댓글을 자동으로 분류해 보자.

데이터 수집하기

- 캐글(Kaggle) 사이트에 접속하여 검색창에서 'toxic comment'를 검색한다.
- 검색 결과 중 'jigsaw-toxic-comment-classification-challenge' 페이지에서 학습용 데이터셋(train.csv)을 다운로드한다.

▼ 주요 속성 알아보기

속성	속성 정보	속성	속성 정보
id	고유한 ID	obscene	음란/외설적 표현 여부
comment_text	사용자가 작성한 댓글(텍스트)	threat	위협 여부
toxic	악성 댓글 유무(1: 악성, 0: 정상)	insult	모욕 여부
severe_toxic	심각한 악성 댓글 여부	identity_hate	정체성 혐오 여부

- 다운로드한 'train.csv'에서 toxic 값이 0인 댓글 10개와 1인 댓글 10개를 임의로 추출한다.
- 추출한 데이터에서 'comment_text'와 'toxic' 두 개의 속성만 남겨 새로 저장한다. 재구성한 데이터셋(comment_datasets_eng.csv)은 씨마스에듀 자료실에서 다운로드받아 사용한다.

데이터 불러오기

- Data 카테고리의 [File] 위젯으로 'comment_datasets_eng.csv'를 불러온다.
- Data 카테고리의 [Data Table] 위젯을 [File] 위젯에 연결하여 데이터를 확인한다.

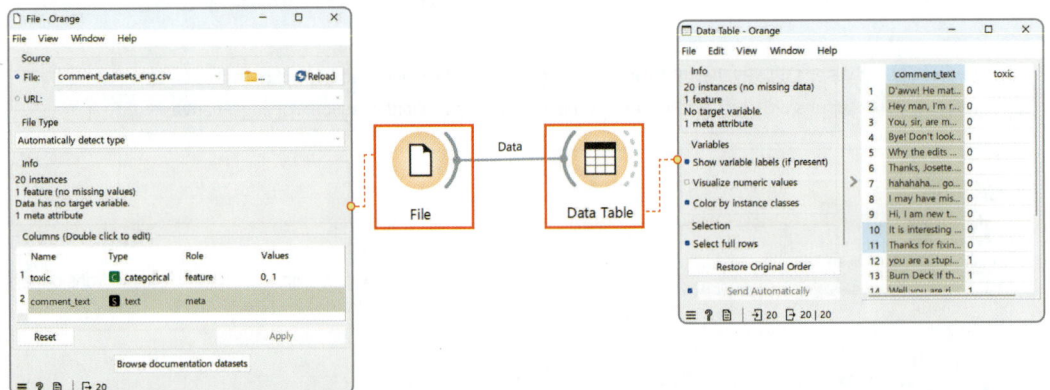

악성 댓글 분류하기

- LLM Widgets 카테고리의 [LLM Transformer] 위젯을 [File] 위젯에 연결하고, [LLM Transformer] 위젯을 더블 클릭하여 프롬프트를 입력할 수 있도록 한다.

- 불러온 데이터의 댓글을 분류하도록 [LLM Transformer] 위젯에게 명령할 질문을 프롬프트 창에 입력하고, [Data Table] 위젯을 연결하여 결과를 확인한다.

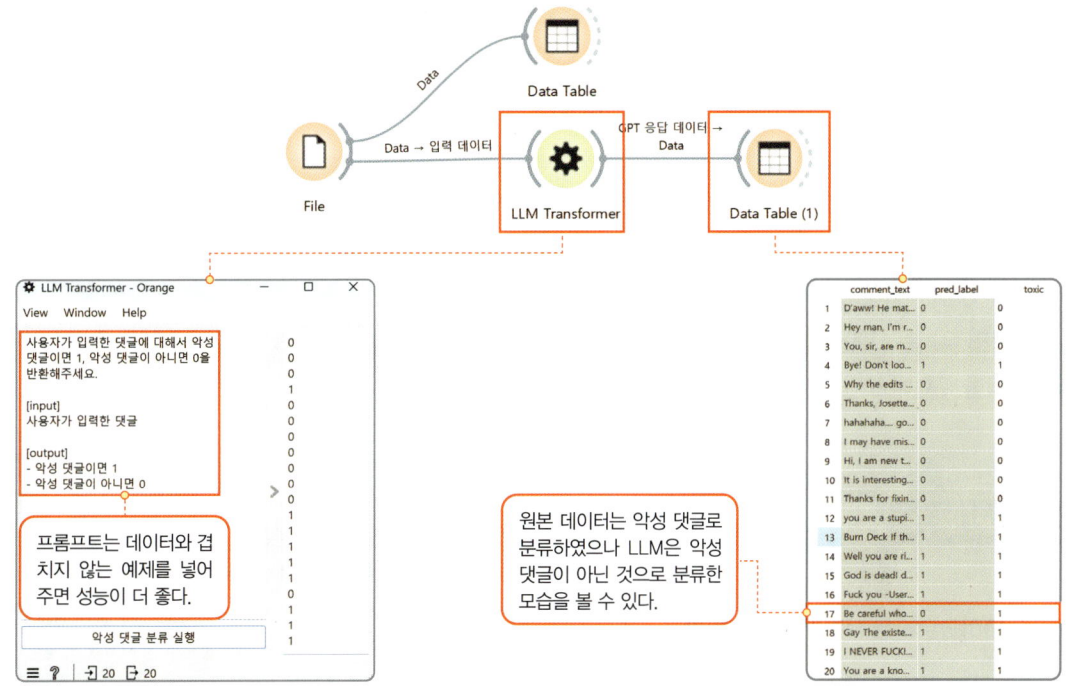

해보기

동일한 절차에 따라 한국어 데이터로도 실습을 진행해 보자.

예시 네이버 영화 리뷰 데이터를 이용하여 부정 댓글과 긍정 댓글을 분류한다.

① 리뷰 데이터(https://github.com/e9t/nsmc/)에 접속하여 'ratings_test.txt'를 다운로드한다.

② label이 0(부정 댓글)인 경우 10개와 1(긍정 댓글)인 경우 10개를 선택하여 'review_data.csv' 파일로 저장한다.

③ 저장된 파일을 불러온다.

④ [LLM Transformer] 위젯에 '사용자가 입력한 영화 리뷰 댓글에 대해서 부정 댓글이면 0, 긍정 댓글이면 1로 반환해 주세요.'라고 적은 후 '악성 댓글 분류 실행' 버튼을 클릭하여 예측한다.

⑤ [Data Table] 위젯을 이용하여 분류 결과를 확인한다.

# Orange3로 Microbit 위젯을 만들어 볼까?

문제 상황

만약 여러분이 인공지능 개발자라고 가정하고, IoT 기반 스마트 카페의 주문 시스템을 개선하라는 과제를 받았다면 어떻게 할까? 예를 들어, 고객이 케이크와 페이스트리를 동시에 주문하면 "커피도 함께 주문하시겠어요?"라는 메시지를 LED 화면에 실시간으로 표시하는 기능을 구현할 수 있다. 이를 통해 고객에게 실시간으로 추천 메시지를 보내는 로직을 설계할 수 있다. 이 과정에서 스마트 센서와 Orange3 플랫폼의 통합, 실시간 추천 시스템, 데이터 분석 등의 기술을 결합하여 스마트 카페의 주문 시스템의 핵심 기능을 설계하고 구현할 수 있을 것이다.

<u>그렇다면 우리는 그 출발점으로, 마이크로비트라는 장치를 통해 직접 위젯을 만들고, 실시간으로 메시지를 주고 받는 활동을 구현해 보면 어떨까?</u>

활동 미리보기

> **잠깐!** 앞서 만든 LLM 위젯과 이번 Microbit 위젯은 Orange3 애드온의 작동 원리를 학습하기 위한 예제이다. 이 기능들은 orange3-example 애드온 패키지를 설치하면 동일하게 바로 사용할 수 있다. 따라서 마지막 '실습하기'에서는 구현 대신 활용에 초점을 맞추어, 해당 애드온 패키지를 설치하고 위젯을 즉시 사용해 활동을 진행한다.

1 마이크로비트 시리얼 통신 준비하기

시리얼 통신용 자바스크립트 코딩하기

2 필수 환경 설정하기

① 라이브러리 설치하기
② 개발용 폴더 생성하기

3 Microbit 위젯 만들기

① 핵심 통신 파일 작성하기
② 기본 설정 파일 작성하기
③ Microbit 위젯 구현하기
④ 애드온에 연동하기
⑤ Microbit 위젯 작동 확인하기

실습 ▶ 마이크로비트에 표정 출력하기

활용 인공지능 — 피지컬 AI와 마이크로비트 시리얼 통신

피지컬 AI는 인공지능이 단순히 가상 공간의 데이터를 분석하고 예측하는 것을 넘어, 물리적 환경과 실시간으로 상호 작용하며 실제 세상의 변화를 능동적으로 이끌어내는 혁신적인 기술을 의미한다. 엔비디아의 젠슨 황 CEO는 이러한 인공지능의 진화를 강조하며, 인공지능이 물리적 시스템과 결합되어 동적이고 능동적으로 반응하는 시대가 도래했음을 역설했다. 이는 인공지능이 주변 환경을 인지하고, 그에 맞춰 스스로 판단하며, 물리적인 행동으로 결과를 만들어내는 과정을 포함한다.

피지컬 AI의 대표적인 예시로는 자율주행 자동차를 들 수 있다. 자율주행 자동차는 도로 위의 다양한 장애물(다른 차량, 보행자, 표지판 등)을 실시간으로 정확하게 인식하고, 예측 불가능한 상황에 즉각적으로 반응하여 회피 기동을 수행한다. 또한 주변 교통 상황과 날씨 변화를 종합적으로 반영하여 최적의 경로를 자동으로 조정하며 안전하고 효율적인 운행을 가능하게 한다. 가정에서 흔히 볼 수 있는 로봇 청소기 역시 피지컬 AI의 한 형태로, 집 안의 복잡한 구조와 가구 배치를 스스로 학습하고, 장애물을 피해가며 가장 효율적인 청소 경로를 찾아 작업을 수행한다. 이처럼 피지컬 AI는 인공지능이 사물 인터넷(IoT), 로봇공학, 자동화 시스템과 긴밀하게 결합하여 실세계에서 스스로 학습하고 대응하는 능력을 발휘하는 핵심적인 과정이다.

피지컬 AI는 인공지능 기술의 진화 방향을 제시하며, 단순 데이터 분석을 넘어서 일상생활 속 스마트 시스템과의 실시간 상호 작용을 통해 변화를 이끌어내고 있다. 이러한 피지컬 AI의 원리를 이해하고 직접 경험하는 데 있어 마이크로비트와의 시리얼 통신 활동은 매우 훌륭한 예시이다. 이 활동을 통해 우리는 인공지능이 물리적 장치(마이크로비트)와 데이터를 송수신하고, 그 데이터를 기반으로 물리적 환경에 영향을 미치는 과정을 실시간으로 직접 경험하고 학습할 수 있다.

마이크로비트에 표정 출력 실습하기

> 환경 설정하기
> 위젯 확인하기
> 마이크로비트에 표정 출력하기

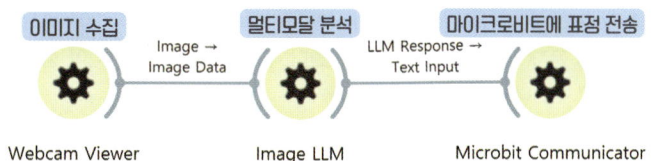

마이크로비트 시리얼 통신 준비하기

Orange3 위젯에서 문자열을 입력하여 마이크로비트 LED 화면에 출력하는 예제 프로그램을 만들며, 마이크로비트 제어의 기초를 익히려고 한다. 이를 위해 먼저 외부 장치와 데이터를 주고받거나 디버깅하는 등 효율적인 통신과 프로젝트 구현을 위한 시리얼 통신용 자바스크립트를 코딩해 보자.

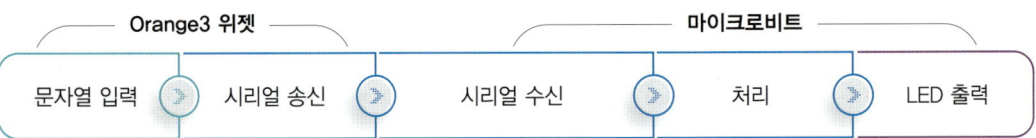

1. MakeCode(https://makecode.microbit.org)에서 마이크로비트용 시리얼 통신 자바스크립트 코드를 작성한다.
2. 생성된 .hex 파일을 내 PC에 다운로드한다.
3. 마이크로비트를 USB로 컴퓨터에 연결한다.
4. 다운로드한 .hex 파일을 'MICROBIT' 드라이브로 복사해 플래시한다.

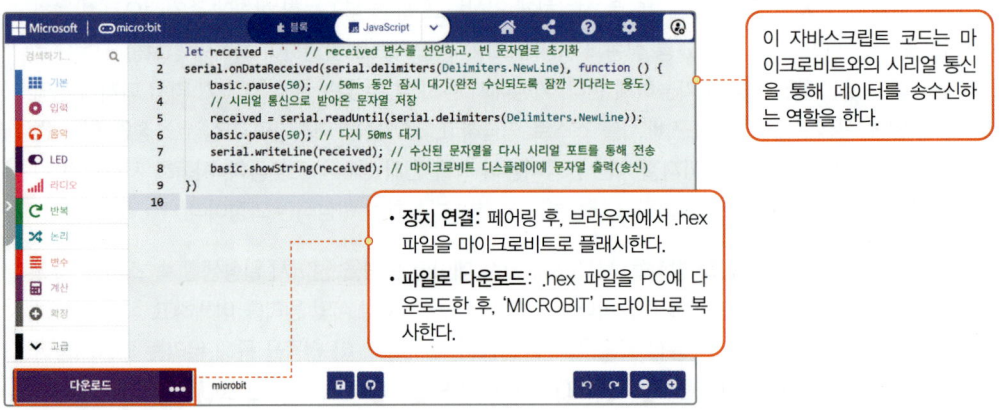

이 자바스크립트 코드는 마이크로비트와의 시리얼 통신을 통해 데이터를 송수신하는 역할을 한다.

- **장치 연결**: 페어링 후, 브라우저에서 .hex 파일을 마이크로비트로 플래시한다.
- **파일로 다운로드**: .hex 파일을 PC에 다운로드한 후, 'MICROBIT' 드라이브로 복사한다.

microbit.js

```
1  let received = '' // received 변수를 선언하고, 빈 문자열로 초기화
2  serial.onDataReceived(serial.delimiters(Delimiters.NewLine), function() {
3      basic.pause(50); // 50ms 동안 잠시 대기(완전 수신되도록 잠깐 기다리는 용도)
4      // 시리얼 통신으로 받아온 문자열 저장
5      received = serial.readUntil(serial.delimiters(Delimiters.NewLine));
6      basic.pause(50); // 다시 50ms 대기
7      serial.writeLine(received); // 수신된 문자열을 다시 시리얼 포트를 통해 전송
8      basic.showString(received); // 마이크로비트 디스플레이에 문자열 출력(송신)
9  })
```

- serial.onDataReceived(serial.delimiters(Delimiters.NewLine), function( ){...}: 시리얼 통신으로 데이터를 받을 때 종결 문자(Delimiter)가 NewLine(엔터, 줄바꿈 문자)일 경우 이 함수가 실행된다.(NewLine은 \n 혹은 CRLF와 같은 개행 문자를 나타냄.)
- received = serial.readUntil(serial.delimiters(Delimiters.NewLine)): 시리얼 포트로부터 데이터를 읽는다. 줄바꿈 문자(\n)가 나올 때까지 읽고, 그 결과를 received에 저장한다.

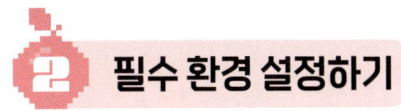 필수 환경 설정하기

Microbit 위젯 개발에 필요한 필수 환경을 설정해 보자.

1 라이브러리 설치하기

❶ PyCharm을 실행하여 [파일]-[새 프로젝트]를 클릭한다. 인터프리터 타입을 '프로젝트 vnv'로 선택하고 '생성'을 클릭하여 새 프로젝트를 만든다.

❷ Orange3, PyQt5, PySerial 라이브러리를 설치하기 위해 터미널 창에서 다음 명령어를 차례대로 실행한다.

```
(.venv) PS C:\Users\PC\PycharmProjects\OrangeProject2> pip install orange3
(.venv) PS C:\Users\PC\PycharmProjects\OrangeProject2> pip install pyqt5
(.venv) PS C:\Users\PC\PycharmProjects\OrangeProject2> pip install pyserial
```

> Python에서 마이크로비트로 메시지를 송수신하는 코드를 실행하기 위해 필요한 라이브러리이다.

2 개발용 폴더 생성하기

Microbit 위젯을 Orange3에 추가하기 위해 애드온(orange-addon) 폴더를 생성한다.

▼ Microbit 위젯 애드온 구조

```
orange-addon/
├── setup.py      # 기본 설정 파일
├── microbit.js   # 마이크로비트의 자바스크립트 코드
└── microbit/
    ├── __init__.py
    ├── icons/
    │   └── microbit.svg
    ├── utils/
    │   └── microbit.py   # 마이크로비트와 송수신 파일
    └── widgets/
        ├── __init__.py
        └── OWMicrobit.py   # Microbit 위젯 파일
```

▼ PyCharm 폴더 구조

```
orange-addon
├── microbit
│   ├── icons
│   │   └── microbit.svg
│   ├── utils
│   │   └── microbit.py
│   ├── widgets
│   │   ├── __init__.py
│   │   └── OWMicrobit.py
│   └── __init__.py
├── microbit.js
└── setup.py
```

▼ 폴더 및 파일 설명

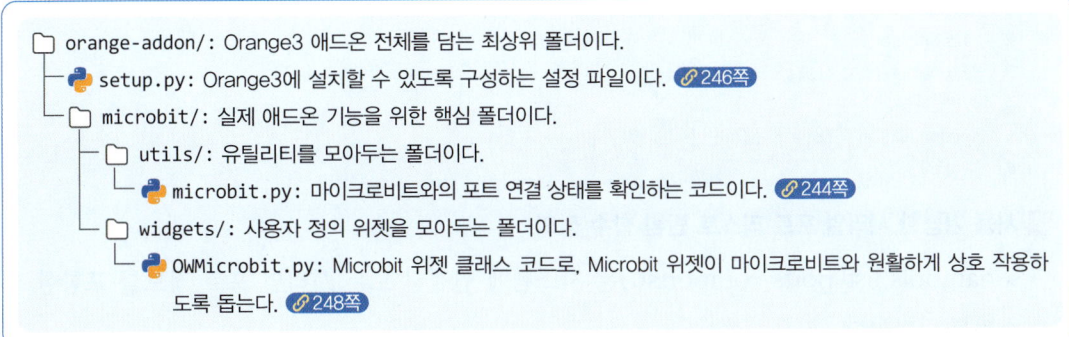

Microbit 위젯 만들기

Orange3에서 입력한 문자열을 시리얼 통신으로 마이크로비트와 송수신하는 Microbit 위젯을 만들어 보자.

1 핵심 통신 파일 작성하기

PySerial로 마이크로비트의 포트 검색, 연결 및 해제, 연결 상태 확인, 메시지 송수신을 처리하는 시리얼 통신 유틸리티 모듈인 'Microbit.py' 파일을 작성한다.

1 라이브러리와 전역 변수 정의

- 마이크로비트와 시리얼 통신을 위한 하드웨어 제어 및 시간 지연을 위해 사용되는 라이브러리를 불러온다.
- _connection 변수는 전역 변수로, 현재 열려 있는 시리얼 포트 연결 객체(serial.Serial)를 저장한다.

```
orange-addon/utils/microbit.py
1  import time
2  import serial
3  import serial.tools.list_ports
4
5  _connection = None  # 전역 변수 초기화
6
```

2 사용 가능한 시리얼 포트 리스트 반환 함수 정의

- serial.tools.list_ports.comports( )는 시스템에 연결된 모든 시리얼 포트 정보를 포함한 리스트를 반환한다.

- port.device는 각 시리얼 포트 객체가 지니고 있는 '포트 이름'을 문자열 리스트로 반환한다.

```
7   def list_ports() -> list:
8       # 사용 가능한 시리얼 포트 리스트 반환
9       return [port.device for port in serial.tools.list_ports.comports()]
10
```

3 시리얼 포트 연결 함수 정의

- 해당 포트로 시리얼 통신을 연결하기 위해 이전 연결을 종료하고 새로운 연결을 시작한다.
- 마이크로비트는 포트 연결 직후, 정상적인 데이터를 송수신하기 위해 2초 정도 대기한다.

```
11  # port: 포트 이름, baudrate: 통신 속도, timeout: 응답 대기 시간
12  def connect(port: str, baudrate: int = 115200, timeout: float = 1.0) -> str:
13      # 포트에 연결 시도, 성공 시 포트 이름 반환, 이전 연결이 있을 경우 새로운 연결 시작
14      global _connection
15      if _connection:  # 이전 연결이 있으면 종료
16          _connection.close()
17      _connection = serial.Serial(port, baudrate = baudrate, timeout = timeout)   # 새로운 연결
18      time.sleep(2)  # 연결 안정화 대기
19      return _connection.port  # 연결된 객체와 포트 이름 반환
20
```

4 시리얼 포트 연결 해제 함수 정의

- _connection 연결이 열려 있으면 종료하고 _connection을 None으로 초기화한다.
- 연결을 안전하게 종료하고 상태를 초기화하는 기능을 제공한다.

```
21  def disconnect():
22      # 연결 해제
23      global _connection
24      if _connection and _connection.is_open:
25          _connection.close()       # 연결 종료
26          _connection = None        # 연결 상태 초기화
27
```

5 마이크로비트 연결 상태 확인 함수 정의

_connection이 존재하고, _connection.is_open이 True이면 연결된 상태이다.

```
28  def is_connected() -> bool:
29      # 현재 연결 여부 반환
30      global _connection  # 전역 변수 사용
31      # 연결 상태이면 True 반환, 그렇지 않으면 False 반환
32      return _connection is not None and _connection.is_open
```

6 메시지 전송하고 응답 수신

- 입력 메시지를 시리얼 통신으로 전송하고, 응답을 받아 문자열로 반환한다.
- 예외 처리와 타임아웃 등 통신 과정에서 발생할 수 있는 다양한 상황에 적절하게 대응한다.

```python
33
34  def send_and_receive(message: str, wait_time: float = 2.0) -> str:
35      # 메시지 전송 후 응답 수신
36      global _connection
37      if not _connection or not _connection.is_open:
38          raise RuntimeError('Microbit 연결 X. connect(port)를 먼저 호출하세요.')
39
40      _connection.reset_input_buffer()  # 이전 수신 버퍼 정리
41      _connection.write((message + '\n').encode('utf-8'))  # 메시지 전송
42
43      time.sleep(wait_time)
44
45      if _connection.in_waiting > 0:  # in_waiting: 수신 버퍼에 저장된 바이트 수
46          try:
47              # 수신 데이터 읽기
48              response = _connection.readline().decode('utf-8', errors='ignore').strip()
49              return response if response else '[응답 없음]'
50          except Exception as e:
51              return f'[디코딩 오류: {str(e)}]'
52      else:
53          return '[타임아웃: 응답 없음]'
```

37~38줄	연결되지 않은 상태에서 메시지를 보내려고 하면 오류가 발생한다.
40줄	이전에 수신되었지만 읽지 않은 데이터를 제거하고 새로 전송한 메시지의 응답만 정확하게 수신하도록 한다.
41줄	마이크로비트는 줄바꿈 문자(\n)를 기준으로 메시지 경계를 판단하기 위해 메시지 끝에 \n을 추가하여 메시지를 전송한다. utf-8로 인코딩한다.
43줄	응답을 기다리기 위해 일정 시간 대기(기본 2초)한다.
45줄	수신된 데이터가 존재하는지 여부를 판단한다.
48~49줄	readline( )은 줄바꿈 문자가 나올 때까지 수신(마이크로비트도 줄 단위로 응답)한다. utf-8로 디코딩하고 디코딩 오류는 무시한다.
50~51줄	디코딩 오류 혹은 readline( ) 예외 시 메시지를 문자열로 반환하여 사용자에게 알린다.
53줄	대기 시간 내 응답이 없을 경우, 타임아웃 메시지를 출력한다.

② 기본 설정 파일 작성하기

위젯을 등록하기 위한 기본 정보를 담은 'setup.py' 파일을 orange-addon 폴더 아래 작성한다.

orange-addon/setup.py 225쪽 참고

```python
1  from setuptools import setup, find_packages
2
3  setup(
4      name = 'Orange3-Microbit',  # 애드온 이름
5      version = '0.1',            # 애드온 버전
6      description = 'Orange3 Microbit 연동 사용자 정의 예제 위젯입니다.',  # 애드온 설명
7      packages = find_packages(),
8      include_package_data = True,
9      install_requires = [
```

```
10          'Orange3', 'PyQt5', 'PySerial'
11      ],
12      entry_points = {
13          'orange3.addon': (
14              'microbit = microbit',
15          ),
16          'orange.widgets': (
17              'Microbit Widgets = microbit.widgets',
18          ),
19      },
20
21  )
```

Orange3 캔버스에서 표시될 카테고리 이름

③ Microbit 위젯 구현하기

앞서 작성한 시리얼 통신 유틸리티 함수들을 이용해 'OWMicrobit.py' 파일을 작성하여 마이크로비트와 통신하는 Microbit 위젯을 구현한다.

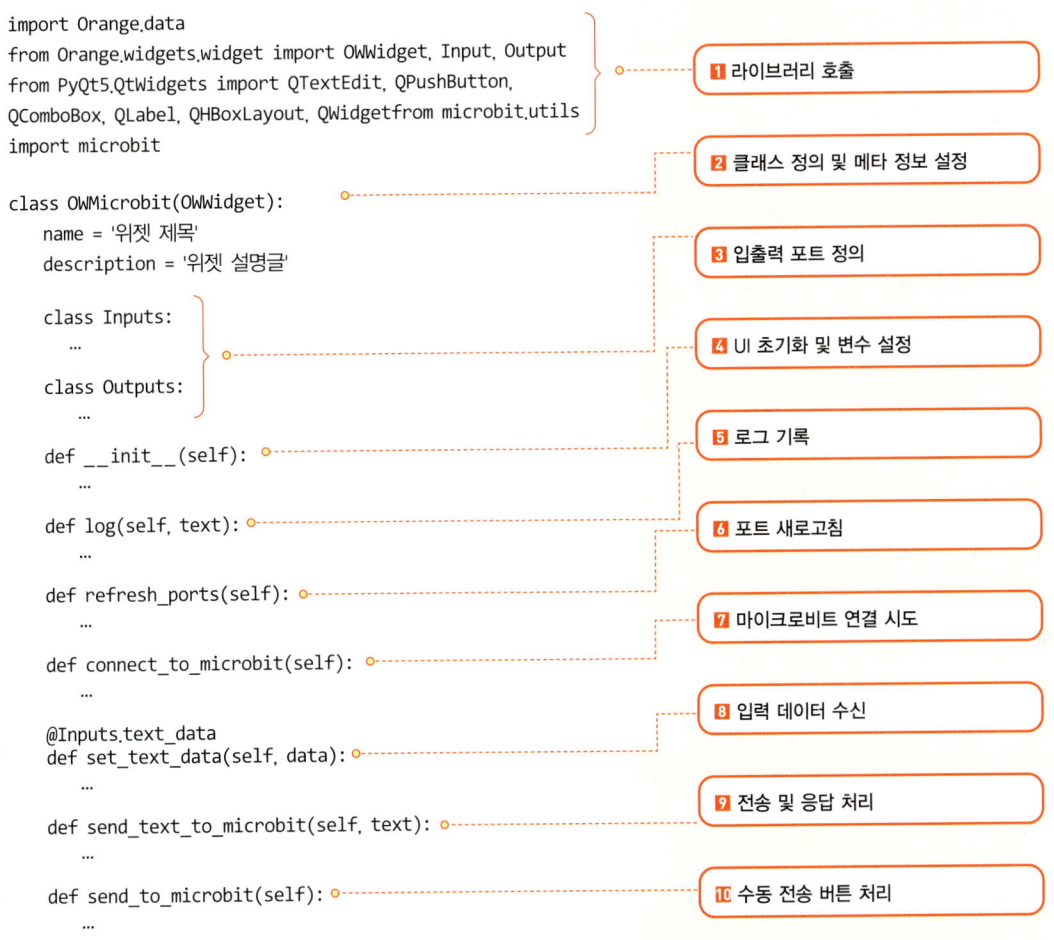

1 라이브러리 호출

- Orange3 위젯 개발에 필요한 데이터 구조(Orange.data), 위젯 정의 및 입출력(OWWidget, Input, Output), GUI 요소 생성용 라이브러리인 PyQt5.QtWidgets를 불러온다.
- 시리얼 통신을 담당하는 사용자 정의 유틸리티 모듈 microbit를 불러온다.

orange-add/microbit/widgets/OWMicrobit.py

```python
1  import Orange.data # Orange3 데이터 객체 모듈
2  from Orange.widgets.widget import OWWidget, Input, Output
3  from Orange.widgets import get_distribution # 현재 설치된 패키지 정보 확인
4  from PyQt5.QtWidgets import QTextEdit, QPushButton, QComboBox, QLabel, QHBoxLayout, QWidget
5  from microbit.utils import microbit  # 사용자 정의 마이크로비트 시리얼 통신 모듈
6
```

- get_distribution: 현재 설치된 Orange3의 패키지 정보를 확인할 때 사용한다.
- PyQt5.QtWidgets: PyQt5 기반 GUI 위젯을 불러오는 라이브러리이다.
- GUI 구성 요소: QTextEdit(텍스트 박스), QPushButton(버튼), QComboBox(포트 선택 콤보 박스), QLabel(텍스트나 이미지를 화면에 출력), QHBoxLayout(수평 방향 위젯 정렬 레이아웃), QWidget(PyQt에서의 컨테이너 위젯)을 의미한다.
- microbit.utils: 사용자가 만든 마이크로비트 시리얼 통신 모듈로, 시리얼 통신용 핵심 로직을 Orange3 위젯에서 재사용하기 위해 분리한 유틸리티 모듈이다.

2 클래스 정의 및 메타 정보 설정

- OWMicrobit 클래스를 정의하고 위젯의 이름(name), 설명(description), 아이콘 경로(icon), 정렬 순서(priority) 설정한다.

```python
7  class OWMicrobit(OWWidget):
8      name = 'Microbit Communicator' # 위젯 이름
9      description = '통신 포트를 통해 마이크로비트와 데이터를 주고받는 위젯' # 위젯 설명
10     icon = '../icons/microbit.svg' # 아이콘 경로
11     priority = 10 # 정렬 순서
12
```

3 입출력 포트 정의

- '입력 데이터'는 [File] 위젯으로부터 Orange3의 테이블 형식 데이터를 수신한다.
- '출력 데이터'로 변환된 데이터를 외부([Data Table] 위젯)에 전달한다.

```python
13     class Inputs:
14         text_data = Input('입력 텍스트', Orange.data.Table)
15
16     class Outputs:
17         received_data = Output('수신 데이터', Orange.data.Table)
18
```

4 UI 초기화 및 변수 설정

마이크로비트와 시리얼 통신하기 위한 UI 구성으로, 포트 선택 콤보 박스부터 로그 출력 영역까지 초기화를 한다.

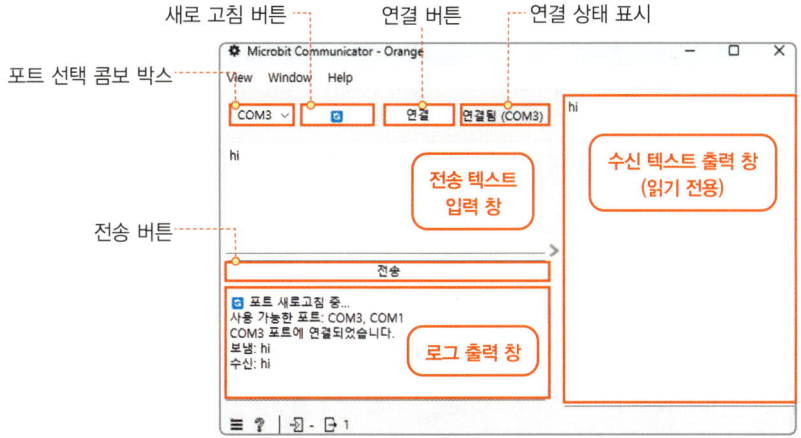

```python
19    def __init__(self):
20        super().__init__()
21
22        self.text_data = None           # 통신 관련 변수 초기화
23        self.received_text = ''
24
25        # 포트 선택 UI
26        port_layout = QHBoxLayout()
27        port_widget = QWidget()
28        port_widget.setLayout(port_layout)
29
30        self.port_combo = QComboBox()  # 포트 선택 콤보 박스
31        self.port_combo.setEditable(True)
32        port_layout.addWidget(self.port_combo)
33
34        self.refresh_button = QPushButton('🔄')  # 새로고침 버튼
35        self.refresh_button.clicked.connect(self.refresh_ports)  # 포트 새로고침
36        port_layout.addWidget(self.refresh_button)
37
38        self.connect_button = QPushButton('연결')  # 마이크로비트 연결 버튼
39        self.connect_button.clicked.connect(self.connect_to_microbit)
40        port_layout.addWidget(self.connect_button)
41
42        self.status_label = QLabel('연결되지 않음')  # 연결 상태 표시
43        port_layout.addWidget(self.status_label)
44
45        self.controlArea.layout().addWidget(port_widget)
46
47        # 전송 텍스트 입력
48        self.send_box = QTextEdit()  # 전송할 텍스트 입력
49        self.send_box.setPlaceholderText('microbit로 보낼 텍스트를 입력하세요')
```

```
50        self.controlArea.layout().addWidget(self.send_box)
51
52        self.send_button = QPushButton('전송') # 수동 전송 버튼
53        self.send_button.clicked.connect(self.send_to_microbit)
54        self.controlArea.layout().addWidget(self.send_button)
55
56        # 수신 텍스트 출력
57        self.receive_box = QTextEdit() # 수신된 메시지 표시(읽기 전용)
58        self.receive_box.setReadOnly(True)
59        self.mainArea.layout().addWidget(self.receive_box)
60
61        # 로그 출력 창
62        self.log_box = QTextEdit() # 시스템 로그, 오류, 상태 메시지 출력할 텍스트 박스 생성
63        self.log_box.setReadOnly(True)
64        self.controlArea.layout().addWidget(self.log_box)
65
66        # 포트 초기화
67        self.refresh_ports() # 사용 가능한 시리얼 포트 출력
68
```

5 로그 기록

로그 출력 창에 텍스트를 한 줄씩 추가하여 출력한다.

```
69    def log(self, text):
70        self.log_box.append(text)  # 전달된 내용을 log_box에 추가
71
```

6 포트 새로고침

'microbit.py'의 list_ports( )를 이용하여 연결 가능한 포트를 검색하여 콤보 박스에 표시한다.

```
72    def refresh_ports(self):  # 마이크로비트와 연결이 가능한 포트를 갱신
73        self.port_combo.clear() # 기존 콤보 박스 항목 제거
74        self.log('포트 새로고침 중...') # 로그 출력
75        if microbit:
76            try:
77                ports = microbit.list_ports() # 연결 가능한 포트 목록 가져오기
78                if ports:
79                    self.port_combo.addItems(ports)  # 포트가 있으면 콤보 박스에 추가
80                    self.log(f'사용 가능한 포트: {', '.join(ports)}')
81                else:
82                    self.log('사용 가능한 포트가 없습니다.')
83            except Exception as e: # 포트 검색 실패한 경우
84                self.log(f'포트 검색 실패: {str(e)}') # 예외 처리와 실패 로그 출력
85        else:
86            self.log('microbit 모듈이 로드되지 않았습니다.')
87
```

7 마이크로비트 연결 시도

- Microbit 위젯의 '연결' 버튼을 클릭했을 때, 사용자가 선택한 포트에 microbit.connect( ) 함수를 이용해 마이크로비트에 연결한다.
- 연결 성공과 실패 여부를 status_label(현재 상태)과 로그(누적)에 반영한다.

```python
88      def connect_to_microbit(self): # 선택한 포트에 연결하는 코드
89          if not microbit:
90              self.status_label.setText('microbit 모듈 없음')
91              self.log('microbit 모듈이 없습니다.')
92              return
93
94          port = self.port_combo.currentText()  # 콤보 박스에서 형태 선택된 포트 정보 가져오기
95          try: # 마이크로비트와 선택된 포트로 연결 시도
96              microbit.connect(port)
97              self.status_label.setText(f'연결됨 ({port})')
98              self.log(f'{port} 포트에 연결되었습니다.')
99          except Exception as e:
100             self.status_label.setText(f'연결 실패')
101             self.log(f'연결 실패: {str(e)}')
102
```

- connect_to_microbit( ) 함수: Microbit 위젯에서 마이크로비트 장치와 시리얼 포트를 통해 연결한다.
- self.port_combo.currentText( ): port_combo는 QComboBox 위젯으로, 시스템에 연결된 COM 포트 목록이 표시된다. currentText( )는 현재 선택된 포트 문자열(예: "COM4" 등)을 반환한다.

8 입력 데이터 수신

- Orange3의 Microbit 위젯으로부터 전달받은 데이터를 읽어 텍스트를 추출하고 자동으로 마이크로비트에 전송한다.
- 외부에서 데이터 연결이 있다면, 그것을 text_data(외부 입력)와 text(입력 폼)에 저장한다.

```python
103     @Inputs.text_data
104     def set_text_data(self, data): # 마이크로비트에 보낼 텍스트 변수 설정
105         if isinstance(data, Orange.data.Table):
106             self.text_data = data # self.text_data: 외부 입력
107             try:
108                 text = str(data[0][0]) # text: 입력 폼
109                 self.log(f'입력 데이터를 수신했습니다: {text}')
110                 self.send_text_to_microbit(text)  # 마이크로비트로 텍스트 자동 전송
111             except Exception as e:
112                 self.log(f'입력 텍스트 추출 실패: {e}')
113
```

- @Inputs.text_data: Orange3의 입력 포트에 연결된 데이터를 받을 때 자동 실행되는 데코레이터이다.
- set_text_data( ): Orange3의 입력 포트(Inputs.text_data)에 데이터가 들어왔을 때 자동으로 호출되는 메소드로, 입력된 데이터를 내부에 저장하고 로그창에 수신 상태를 표시하며 마이크로비트로 데이터를 자동 전송한다.

9 전송 및 응답 처리

- 전송할 텍스트가 있는지 확인하고 연결 상태를 확인한 후, microbit.send_and_receive( ) 를 호출한다.
- 마이크로비트로 텍스트를 전송하고 응답을 수신하여 화면에 출력한다.
- 응답을 테이블로 변환하여 외부로 전송하며, 전송 과정에서 발생할 수 있는 오류를 처리한다.

```python
114    def send_text_to_microbit(self, text: str):
115        if not text:  # 전송할 텍스트가 있는지 확인
116            self.receive_box.setPlainText('전송할 텍스트가 없습니다.')
117            self.log('전송할 텍스트가 없습니다.')
118            return
119
120        if not microbit:  # 모듈이 있는지 확인
121            self.receive_box.setPlainText('[Error] microbit 모듈이 없습니다.')
122            self.log('microbit 모듈이 없습니다.')
123            return
124
125        if not microbit.is_connected():  # 연결 상태를 확인
126            self.receive_box.setPlainText('먼저 포트를 연결하세요.')
127            self.log('포트가 연결되지 않았습니다.')
128            return
129
130        try:  # 텍스트 전송 및 응답 수신
131            response = microbit.send_and_receive(text)
132            self.receive_box.setPlainText(response)
133
134            domain = Orange.data.Domain([], metas = [Orange.data.StringVariable('Received')])
135            out_table = Orange.data.Table(domain, [[response]])
136            self.Outputs.received_data.send(out_table)  # Output Table 형태로 외부에 전송
137
138            self.log(f'보냄: {text}')
139            self.log(f'수신: {response}')
140        except Exception as e:
141            self.receive_box.setPlainText(f'[Error] {str(e)}')
142            self.log(f'전송 중 오류 발생: {str(e)}')
143
```

10 수동 전송 버튼 처리

- 사용자가 직접 입력창에 작성한 텍스트를 전송한다.
- send_box에 직접 입력한 텍스트를 가져와 양쪽 공백을 제거한다.
- send_text_to_microbit를 호출하여 텍스트를 전송한다.

```python
144    def send_to_microbit(self):    # 사용자가 작성한 텍스트 전송
145        text = self.send_box.toPlainText().strip()    # 불필요한 공백 제거
146        self.send_text_to_microbit(text)
```

④ 애드온에 연동하기

지금까지 Orange3와 마이크로비트 간의 통신을 관리하는 위젯 구현 코드를 살펴보았다. 이 위젯을 Orange3에서 실행하려면, 먼저 개발 중인 애드온을 Orange3 환경에 연동해야 한다. 다음 절차에 따라 터미널에서 설치와 실행을 진행한 후, 실제 Orange3 환경에서 결과를 확인해 본다.

❶ orange-addon 폴더에서 다음 명령어를 실행하여 애드온을 Orange3에 연동한다.

```
(.venv) PS C:\Users PC\PycharmProjects\OrangeProject2> cd orange-addon
(.venv) PS C:\Users\PC\PycharmProjects\OrangeProject2\orange-addon> pip install -e .
```

❷ 정상적으로 애드온이 설치되었다면, 다음 명령어를 입력해 Orange3를 실행 환경을 시작한다.

```
(.venv) PS C:\Users\PC\PycharmProjects\pythonProject2\orange-addon> orange-canvas
```

실행 결과, Microbit Widgets 카테고리에서 [Microbit Communicator] 위젯을 확인할 수 있다.

❸ Orange3 메뉴에서 [Options]-[Add ons...]를 통해 설치 여부를 확인할 수 있다.

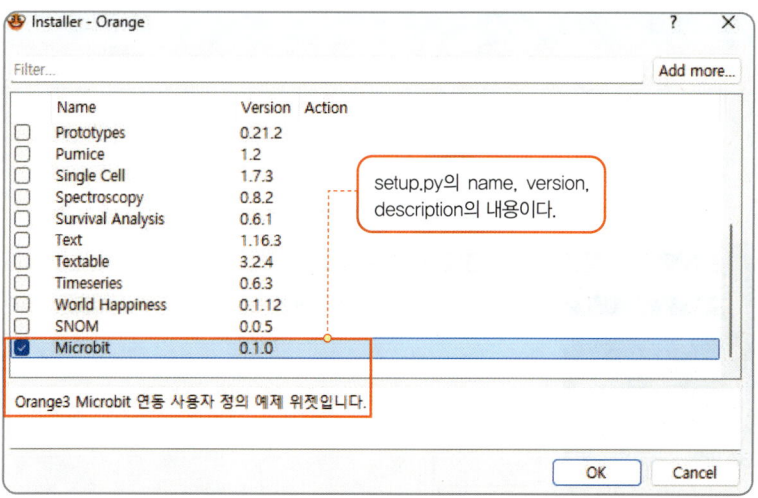

setup.py의 name, version, description의 내용이다.

5 Microbit 위젯 작동 확인하기

 Orange3에서 Microbit 위젯을 구현하고, 이를 통해 마이크로비트와의 데이터 통신을 실시간으로 확인하는 과정이다. 먼저, Microbit 위젯을 Orange3에 추가하고, 포트를 선택하여 연결 상태를 점검한다. 이후 텍스트를 입력하고 전송하는 과정을 통해, 마이크로비트와의 실시간 데이터 송수신을 구현할 수 있다. 이 과정을 통해 Orange3 환경에서 마이크로비트와의 통신을 손쉽게 관리하고, 결과를 직접 확인하는 방법을 배울 수 있다.

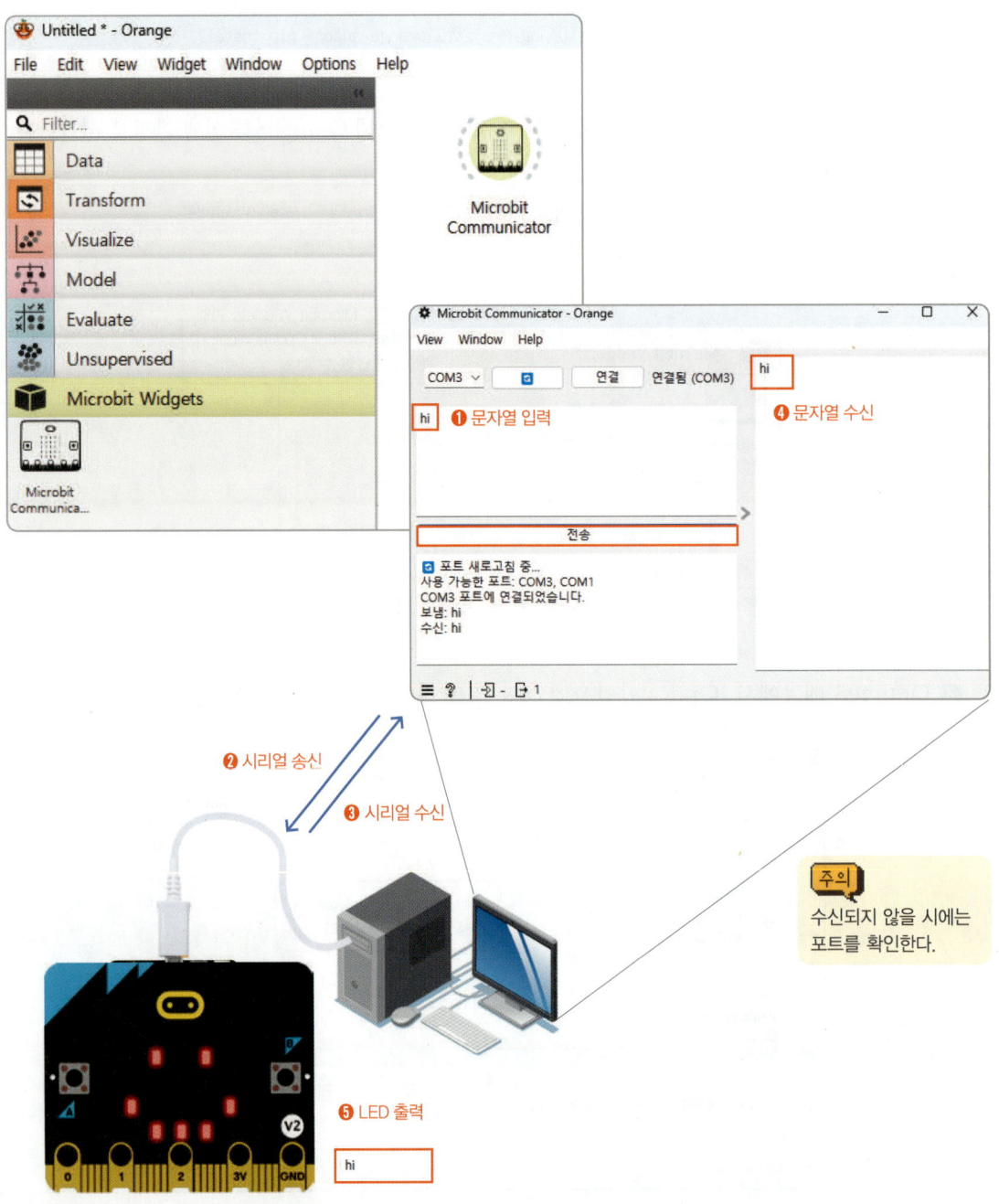

마이크로비트에 표정 출력 실습하기

이 활동은 Orange3 3.38.1 이하 버전에서만 실행 가능합니다.

웹캠에 웃는 표정을 지으면 마이크로비트가 LED 디스플레이에 웃는 이모티콘을, 시무룩한 표정을 지으면 찡그린 이모티콘을 출력하도록 해 보자.

준비물: 웹캠, Orang3(3.38.1 이하 버전), 마이크로비트 본체 + USB 케이블, OpenAI API Key

작동 구조:

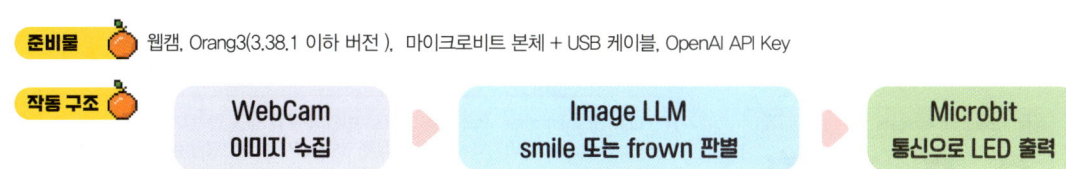

WebCam 이미지 수집 ▶ Image LLM smile 또는 frown 판별 ▶ Microbit 통신으로 LED 출력

1. 환경 설정하기

▶ 애드온 설치

앞서 만든 위젯은 직접 코딩하여 개발하였으나 이 활동에서는 이미 개발해 놓은 애드온을 설치하여 활용한다.

- Orange3 프로그램을 실행하여 메뉴에서 [Options]-[Add-ons...]를 클릭한다.
- 애드온에서 [Add more...]을 클릭해 'orange3-example'이라 적고 Add 버튼을 클릭하여 추가한다.(설치는 관리자 권한을 권장한다.)

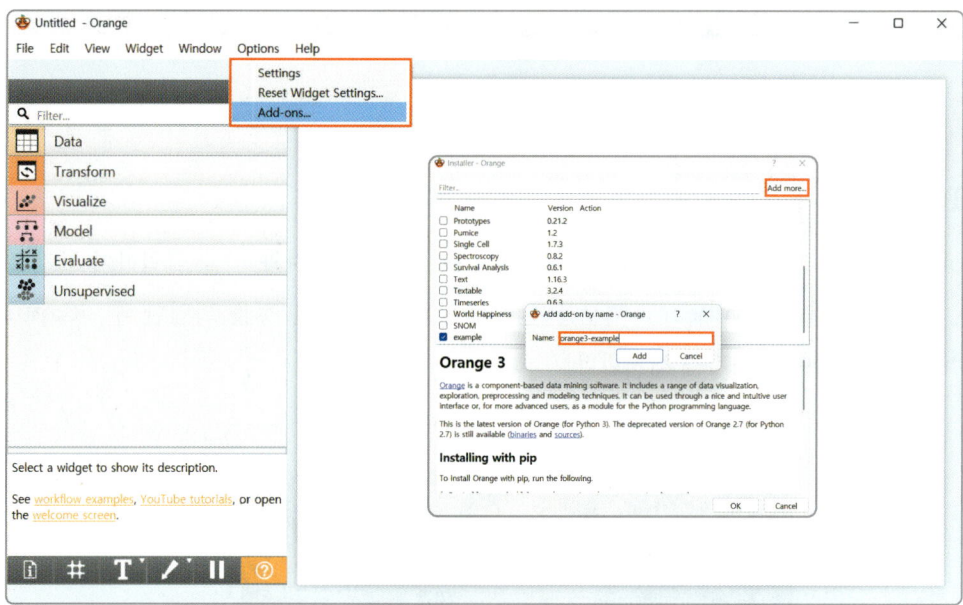

▶ 마이크로비트 연결 및 초기 설정

실습 전에 마이크로비트를 컴퓨터에 연결하고 시리얼 통신용 헥사 파일을 설치한다.

- 내 컴퓨터의 USB 단자에 마이크로비트를 연결한다.
- 마이크로비트와 연결된 포트를 장치관리자를 통해 직접 확인한다.
- 씨마스에듀 자료실에서 'smile_frown_microbit.hex' 파일을 다운로드받아 'MICROBIT' 드라이브에 복사하여 넣는다.

마이크로비트에 표정 출력 실습하기

2. 위젯 확인하기

애드온 설치가 끝나면 왼쪽 위젯 도구 상자에서 다음과 같은 위젯을 확인할 수 있다.

- **LLM Transformer**: 텍스트를 GPT로 변환해 분류 등을 한 번에 수행한다.
- **Image LLM**: 이미지와 텍스트를 함께 받아 GPT로 멀티모달 분석을 수행한다.
- **Microbit Communicator**: 시리얼 포트로 마이크로비트에 텍스트를 자동/수동 전송한다.
- **Webcam Viewer**: 웹캠 영상을 캡처해 다른 위젯으로 보낸다.

3. 마이크로비트에 표정 출력하기

카메라로부터 얼굴 이미지를 읽어 들여 LLM으로 웃는 얼굴인지 아닌지를 물어 얼굴 표정을 판단하게 한 후, 그 결과를 'smile' 또는 'frown'으로 답하게 하고, 해당 이모티콘을 마이크로비트의 LED 디스플레이에 출력한다.

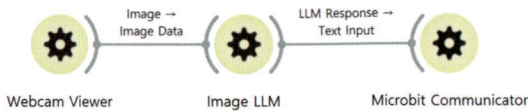

1 이미지 수집

Example Widgets 카테고리에서 [Webcam Viewer] 위젯을 가져와 더블 클릭하여 웹캠으로 이미지를 수집한다. 'Start Webcam' 버튼을 클릭하여 웹캠이 켜진 것을 확인한 후, 'Capture Image' 버튼을 클릭하여 이미지를 캡처한다.

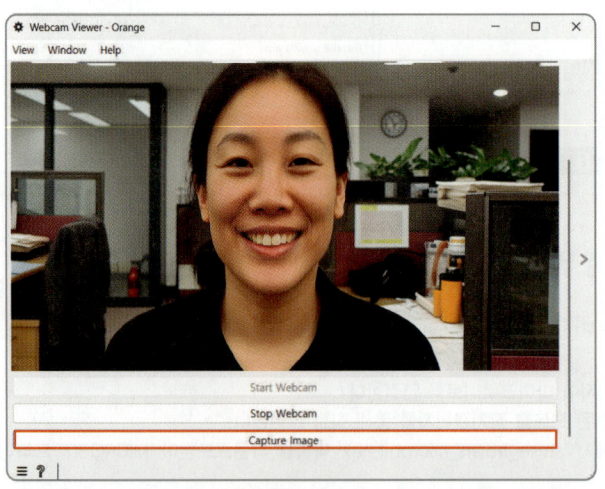

2 LLM으로 표정 읽기

- [Image LLM] 위젯을 연결해 더블 클릭하면 [Webcam Viewer] 위젯에서 캡처한 이미지가 왼쪽 위에 표시된다.
- 개별적으로 받아 놓은 OpenAI API Key를 입력한다(233쪽 OpenAI API 발급 방법 참고).
- 프롬프트 창에 "사람이 웃는 표정이면 smile, 그렇지 않으면 frown이라고 출력해 줘."라고 질문을 입력한다. 어떤 질문도 상관없으나 답은 smile 또는 frown으로만 나와야 한다.

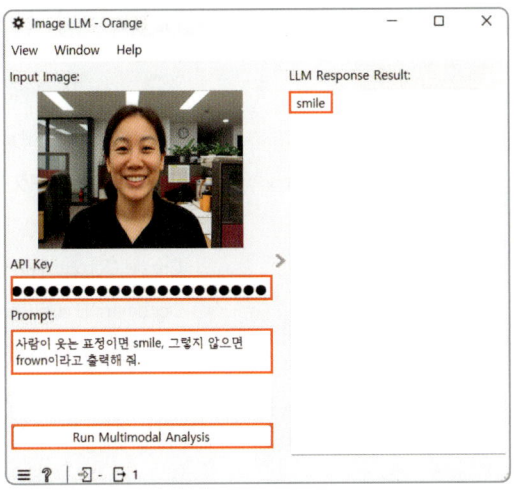

3 마이크로비트에 표정 출력하기

- LLM이 대답해 준 답(smile 또는 frown)을 마이크로비트로 전달하기 위해 [Microbit Communicator] 위젯을 연결한다.
- [Microbit Communicator] 위젯을 더블 클릭하여 마이크로비트의 포트를 선택하고 'Connect' 버튼을 클릭하여 위젯과 마이크로비트를 연결한다.
- 앞에서 인식한 표정이 smile이면 웃는 이모티콘이, frown이면 찡그린 이모티콘이 LED 디스플레이에 출력된다.

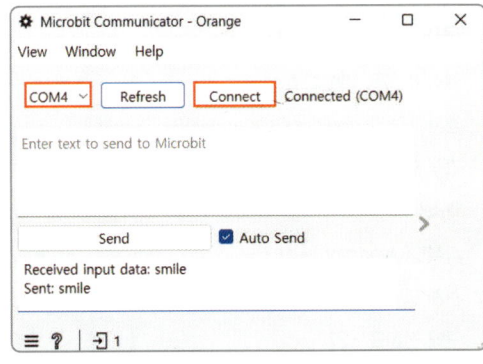 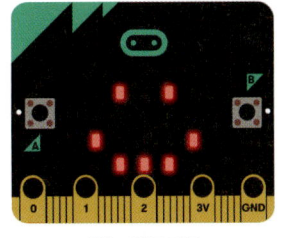 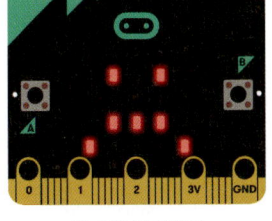

웃는 이모티콘　　　　찡그린 이모티콘

INDEX

위젯

Data

Data Table 위젯 • 27
Edit Domain 위젯 • 29
Feature Statistics 위젯 • 27
File 위젯 • 26

Transform

Concatenate 위젯 • 172
Data Sampler 위젯 • 30
Formula 위젯 • 32
Group by 위젯 • 101
Impute 위젯 • 28
Pivot Table 위젯 • 132
Preprocess 위젯 • 100
Python Script 위젯 • 191
Select Columns 위젯 • 29
Select Rows 위젯 • 174

Visualize

Box Plot 위젯 • 40, 41, 121
Distribution 위젯 • 118
Scatter Plot 위젯 • 152

Evaluate

Confusion Matrix 위젯 • 56, 108
Predictions 위젯 • 31
Test and Score 위젯 • 55

Unsupervised

Correlations 위젯 • 105
Distance Map 위젯 • 88
Distance Matrix 위젯 • 87
Distances 위젯 • 87

Image Analytics

Image Embedding 위젯 • 54
Image Viewer 위젯 • 53
Import Image 위젯 • 52

Associate

Association Rules 위젯 • 206
Frequent Itemsets 위젯 • 206

Educational

Pie Chart 위젯 • 120

Text Mining

Bag of Words 위젯 • 67, 69, 73
Corpus Viewer 위젯 • 62
Corpus 위젯 • 62
Create Corpus 위젯 • 66
Document Embedding 위젯 • 72
Extract Keywords 위젯 • 80
Preprocess Text 위젯 • 64
Word Cloud 위젯 • 63, 86
Word List 위젯 • 80

모델

Gradient Boosting • 21, 122, 123, 124
k-Means • 21, 161
kNN • 21, 189
Linear Regression • 20, 30, 34, 190
Logistic Regression • 21, 44, 55, 177
Neural Network • 21, 44
Random Forest • 21, 55, 106, 123, 124
SVM • 21, 106, 107

용어

결측치 • 28, 100, 117
경사하강법(Gradient Descent) • 194, 196, 199
고객 행동(구매) 분석 • 37
과소적합(Underfitting) • 183
과적합(Overfitting) • 183
관계 모델링(Relational Modeling) • 144
구매 전환율 • 37

단어 사전(vocabulary) • 66
모델 일반화 • 183
모델링 기반 탐색 • 147
문서 유사도 분석(Similarity Analysis) • 82
밀집 벡터(Dense Vector) • 71
박스 플롯(Box Plot) • 41, 132
배깅(Bagging) • 123, 124
벡터(vector) • 69
벡터화(vectorization) • 73
부스팅(Boosting) • 123, 124
불용어(stopwords) • 65
비정형 데이터 • 22
빈도수 기반 벡터(BoW: Bag of Words) • 69, 70, 73
상관관계(correlation) • 104
선형 회귀 모델 • 190
성능 지표 • 189
속성 간 탐색(Feature Exploration) • 127
손실함수 • 190
스태킹(Stacking) • 123
시리얼 통신 • 242
앙상블 알고리즘(Ensemble Methods) • 113, 123, 124
애드온(addon) • 224
연관규칙(Association Rule) • 203
연관분석(Association Analysis) • 203, 205
예측 모델링(Predictive Modeling) • 147, 166
워드 클라우드 • 63, 86
원-핫 인코딩(One-hot Encoding) • 70, 71, 73
유사도 기반 추천 시스템 • 89
이미지 분석(Image Analytics) • 49
이미지 임베딩(Image Embedding) • 54, 58
이진 분류(Binary Classification) • 46, 97, 106, 177
인코딩(encoding) • 73
임베더 • 54
임베딩 벡터(Embedding Vector) • 71, 73
자연어 처리(NLP) • 61, 169
자카드 유사도(Jaccard Similarity) • 82
장바구니 분석(Market Basket Analysis) • 203

절편(intercept) • 153
정규화(Regularization) • 63, 102, 141
정수 인코딩(Integer Encoding) • 66, 73
정형 데이터 • 20
최적적합(Good Fit) • 183
카이제곱 검정(χ^2 검정) • 131
코사인 유사도(Cosine Similarity) • 82
코퍼스(Corpus) • 62
텍스트 마이닝(Text Mining) • 61
텍스트 전처리(Text Preprocessing) • 63
텍스트 표현(Text Representation) • 66
편미분 • 199
평균제곱오차(MSE) • 190
피벗 테이블(Pivot Table) • 132
피어슨 상관계수(Pearson correlation) • 105
피지컬 AI • 241
하이퍼파라미터 튜닝 • 110, 140
하이퍼파라미터(hyperparameter) • 110
학습률 • 187
회귀 계수(coef) • 153
회귀 분석 • 25
희소 벡터(Sparse Vector) • 71
Activation(활성화 함수) • 44
AUC • 45
Categorical(범주형) • 29
CNN • 58
IDF(Inverse Document Frequency) • 67, 77, 79
Inception v3 • 54
MAE(평균절대오차) • 31
Meta Data(메타 데이터) • 29
Numeric(수치형) • 103
PyCharm • 222, 224
R^2(결정계수) • 31, 153
ROC 곡선 • 45
Student's t 값 • 121
TF(Term Frequency) • 77, 79
TF-IDF • 77, 78, 81

하루 1시간 15일 완성 학습 플래너

학습 플래너는 씨마스에듀 홈페이지 (cmassedumall.com)의 〈자료실〉에서 다운로드받을 수 있습니다!

기간	영역	활동	학습 요소	점검
1일	들어가기	인공지능과 Orange3 맛보기	Orange3 플랫폼 둘러보기	☐
2일	Part 1. 유형으로 맛보는 인공지능 프로젝트	1. 태양광 발전량을 예측할 수 있을까?	회귀 분석, Linear Regression	☐
3일		2. 구매 가능성이 높은 고객을 분류할 수 있을까?	고객 행동(구매) 분석, 시각화, Neural Network	☐
4일		3. 셀카 사진으로 감정 상태를 알 수 있을까?	이미지 분석, 이미지 임베딩, Logistic Regression	☐
5일		4. 텍스트를 어떻게 숫자로 바꿀까?	자연어 처리, 텍스트 마이닝, 시각화	☐
6일		5. 텍스트에 숨어 있는 의미를 어떻게 알까?	TF-IDF, 코사인 유사도	☐
7일	Part 2. 융합으로 맛보는 인공지능 프로젝트	1. 마실 수 있는 물일까?	이진 분류, SVM, 하이퍼파라미터	☐
8일		2. 보험 사기 청구, 어떻게 찾아낼까?	앙상블 알고리즘, Random Forest, Gradient Boosting	☐
9일		3. 어떤 환자의 암이 재발할까?	속성 간 탐색, Logistic Regression, 관계 모델링	☐
10일		4. 잠을 덜 자면 스트레스에 민감해질까?	모델링 기반 탐색, 군집화, Neural Network, 예측 모델링	☐
11일		5. 고유한 언어 특성을 분류할 수 있을까?	자연어 처리, 벡터화, Neural Network, 모델 일반화	☐
12일		6. AI는 어떻게 오차를 줄이며 예측할까?	Linear Regression, 경사하강법, 파이썬 스크립트	☐
13일		7. 기저귀와 맥주는 왜 함께 팔릴까?	연관분석, 연관규칙, 장바구니 분석, 파이썬 스크립트	☐
14일	Part 3. 내가 직접 만드는 인공지능 프로젝트	1. Orange3로 LLM 위젯을 만들어 볼까?	LLM	☐
15일		2. Orange3로 Microbit 위젯을 만들어 볼까?	LLM, Microbit	☐

예시

활동별 학습 플래너

| 영역 | Part 1. 유형으로 맛보는 인공지능 프로젝트 | 활동 | 1. 태양광 발전량을 예측할 수 있을까? |

예측 (회귀)

| 학습 요소 | 회귀 분석, Linear Regression |

학습 전 학습 순서에 따른 학습 내용을 확인하고, 학습 후 스스로 점검해 봅시다.

학습 순서	학습 내용	활동	점검
들어가기	문제 상황·활용 인공지능 살펴보기	태양광 발전량 예측이 필요한 문제 상황과 문제 해결에 필요한 인공지능 기술인 회귀 분석에 대해 살펴본다.	☐
데이터셋 준비하기	1. 데이터 수집하기	씨마스에듀 자료실에서 '태양광 발전.xlsx' 파일을 다운로드한다.	☐
	2. 데이터 불러오기	[File] 위젯으로 데이터를 Orange3로 불러오고, [Data Table] 위젯으로 데이터의 내용을 확인한다.	☐
	3. 데이터 전처리하기	[Feature Statistics] 위젯으로 결측치를 확인해 [Impute] 위젯으로 처리하고, [Edit Domain] 위젯으로 속성 유형을 정리, [Select Columns] 위젯으로 타깃을 정한다.	☐
모델 학습하기	1. 훈련 데이터와 테스트 데이터 나누기	[Data Sampler] 위젯으로 훈련 데이터와 테스트 데이터의 비율을 80:20으로 분할한다.	☐
	2. 모델 선정 및 학습시키기	[Linear Regression] 위젯으로 모델을 학습시킨다.	☐
모델 성능 확인하기	1. 테스트 데이터 연결하기	[Data Sampler] 위젯과 [Predictions] 위젯 사이에 연결된 선을 더블 클릭하여 테스트 데이터를 연결한다.	☐
	2. 성능 결과 확인하기	[Predictions] 위젯으로 모델의 성능을 확인한다.	☐
모델 성능 개선하기	1. 새 속성 추가하기	[Formula] 위젯으로 새로운 속성(이슬점)을 추가한다.	☐
	2. 속성 설정 및 학습시키기	[Select Columns] 위젯으로 속성의 역할을 설정하고, [Data Sampler] 위젯으로 데이터를 분할한 후, [Linear Regression] 위젯으로 학습시킨다.	☐
	3. 개선 모델 성능 결과 확인하기	[Predictions] 위젯으로 개선된 모델의 성능을 확인하고, 이전 결과와 비교한다.	☐
정리하기		전체 활동을 되돌아보고 학습 과정에서 발생한 오류나 어려웠던 부분을 다시 한번 점검한 후, 학습을 마무리한다.	☐

하루 1시간 15일 완성 학습 플래너

활동별 학습 플래너

분류

| 영역 | Part2. 융합으로 맛보는 인공지능 프로젝트 | 활동 | 1. 마실 수 있는 물일까? |

학습 요소: 이진 분류, SVM, 하이퍼파라미터

학습 전 학습 순서에 따른 학습 내용을 확인하고, 학습 후 스스로 점검해 봅시다.

학습 순서	학습 내용	활동	점검
들어가기	문제 상황·활용 인공지능 살펴보기	매일 마시는 물이 안전한지 예측 및 관리가 필요한 문제 상황과 문제 해결에 필요한 인공지능 기술인 이진 분류에 대해 살펴본다.	☐
데이터셋 준비하기	1. 데이터 수집하기	캐글(Kaggle) 사이트에서 'water_potability.csv' 파일을 다운로드하고, 속성을 확인한다.	☐
	2. 데이터 불러오기	[File] 위젯으로 데이터를 Orange3로 불러오고, target을 설정한 다음, [Data Table] 위젯으로 데이터의 내용을 확인한다.	☐
	3. 데이터 전처리하기	[Preprocess] 위젯으로 결측치를 처리하고, [Group by] 위젯으로 '음용 가능성' 속성값의 개수를 집계하도록 설정한 후, 전처리 전후의 개수를 비교하여 데이터 편향 여부를 확인한다.	☐
	4. 데이터 탐색하기	[Feature Statistics] 위젯으로 각 속성의 통계값을 확인하고 [Preprocess] 위젯으로 값을 0~1 사이로 정규화한다. [Edit Domain] 위젯으로 속성 유형을 바꾸고, [Data Table] 위젯으로 확인한 뒤, [Correlations] 위젯으로 속성 간 상관관계를 확인한다.	☐
모델 학습하기	1. 훈련 데이터와 테스트 데이터 나누기	[Data Sampler] 위젯으로 훈련 데이터와 테스트 데이터의 비율을 70:30으로 분할한다.	☐
	2. 모델 선정 및 학습시키기	[Random Forest], [Logistic Regression], [SVM] 위젯으로 모델을 학습시킨다.	☐
모델 성능 확인하기	1. 모델 성능 비교하기	각 모델의 하이퍼파라미터를 조정해 [Test and Score] 위젯으로 결과를 확인하며 성능을 비교한다.	☐
	2. 혼동 행렬로 결과 분석하기	[Confusion Matrix] 위젯으로 각 모델의 혼동 행렬을 확인하고, 가장 적절한 모델이 무엇인지 확인한다.	☐
	3. 최종 예측 결과 확인하기	[Predictions] 위젯으로 해당 모델의 최종 예측 결과를 확인한다.	☐
정리하기		전체 활동을 되돌아보고 학습 과정에서 발생한 오류나 어려웠던 부분을 다시 한번 점검한 후, 학습을 마무리한다.	☐

활동별 학습 플래너

영역	Part3. 내가 직접 만드는 인공지능 프로젝트	활동	1. Orange3로 LLM 위젯을 만들어 볼까?

학습 요소: LLM

학습 전 학습 순서에 따른 학습 내용을 확인하고, 학습 후 스스로 점검해 봅시다.

학습 순서	학습 내용	활동	점검
들어가기	문제 상황·활용 인공지능 살펴보기	안전한 소통 공간을 만들기 위한 문제 상황과 문제 해결에 필요한 인공지능 기술인 LLM에 대해 살펴본다.	☐
필수 환경 설정하기	1. 개발 환경 설치하기	Python(권장 버전 Python 3.10~3.11)과 PyCharm 공식 웹사이트에서 프로그램을 다운로드받아 설치한다.	☐
	2. 라이브러리 설치하기	Orange3와 LLM 기능을 활용하기 위해 필요한 Orange3, PyQt5, OpenAI 라이브러리를 설치한다.	☐
	3. 개발용 폴더 생성하기	새로운 LLM 위젯을 Orange3에 추가하기 위해 애드온(orange-addon) 폴더를 생성한다.	☐
예제 위젯 만들기	1. 기본 설정 파일 작성하기	새로운 위젯을 등록하기 위한 기본 정보를 담은 'setup.py' 파일을 작성한다.	☐
	2. 예제 위젯 구현하기	예제 위젯 파일인 'ExampleWidget.py'를 작성하며 위젯의 입출력 처리 흐름을 살펴본다.	☐
	3. 예제 위젯 작동 확인하기	orange-addon 폴더를 Orange3 환경에 연동하고, 구현한 예제 위젯 [Example Widget]이 제대로 작동하는지 확인하기 위해 [File] 위젯과 [Data Table] 위젯 연결해 확인한다.	☐
LLM 위젯 만들기	1. 핵심 모듈 파일 작성하기	사용자가 입력한 프롬프트와 데이터를 GPT에 전달하고 응답을 받아오는 LLM 클래스를 'llm.py'에 작성하고, 테스트 코드로 확인한다.	☐
	2. LLM 위젯 구현하기	LLM 클래스를 이용해 'LLMTransformerWidget.py' 파일을 작성하여 응답 변환을 구현한다.	☐
	3. LLM 위젯 작동 확인하기	애드온을 설치하고, Orange3 실행 환경(Orange Canvas)에서 위젯을 열어 테스트해 본다.	☐
악성 댓글 분류 실습하기	1. 데이터 수집하기	캐글(Kaggle) 사이트의 'jigsaw-toxic-comment-classification-challenge' 페이지에서 학습용 데이터셋(train.csv)을 다운로드해서 재구성 하거나, 씨마스에듀 홈페이지 자료실에서 'comment_datasets_eng.csv'를 다운로드한다.	☐
	2. 데이터 불러오기	[File] 위젯으로 데이터를 Orange3로 불러오고, [Data Table] 위젯으로 데이터를 확인한다.	☐
	3. 악성 댓글 분류하기	[LLMTransformer] 위젯에서 프롬프트를 작성하여 악성 댓글을 분류한다.	☐
정리하기		전체 활동을 되돌아보고 학습 과정에서 발생한 오류나 어려웠던 부분을 다시 한번 점검한 후, 학습을 마무리한다.	☐

나는
오렌지3로
인공지능한다

초판발행 2025년 12월 1일

지 은 이 장병철, 서미란, 박지훈, 정종호
펴 낸 이 이미래
펴 낸 곳 (주)씨마스
주　　소 서울특별시 강서구 강서로33가길 78 씨마스빌딩
등록번호 제2021-000078호
내용문의 02)2274-1590~2 | 팩스 02)2278-6702

개발책임 권소민
편　　집 윤예영, 서경숙, 조창경
디 자 인 표지_이기복　내지_이여비
마 케 팅 김진주

홈페이지 www.cmass.kr | **이메일** cmass@cmass21.co.kr
이 책에 대한 의견이나 잘못된 내용에 대한 수정 정보는 씨마스 홈페이지나 이메일로 알려 주시기 바랍니다.
잘못된 책은 구매처 또는 본사에서 교환해 드립니다.

ISBN 979-11-5672-634-0

이 책에 실린 모든 내용, 디자인, 편집 구성의 저작권은 지은이와 (주)씨마스에 있습니다.
저작권법에 의해 보호받는 저작물이므로 무단 복제 및 전재를 금합니다.

무료 동영상　씨마스에듀
소스 코드 · 학습 플래너　씨마스에듀 홈페이지